평생교육론

평생 교육론

김동일 · 이학곤 · 박지유 · 이경수 · 김예경 공저

dm 동문사

PREFACE

머리말

4차 산업혁명과 정보화 시대에 걸맞게 교육의 개혁이 필요하다는 논의가 확산하고 있으며, 국내 교육현장도 많은 영향을 받고 있다. 인공지능으로 대변되는 산업사회에서 인간이 인공지능보다 잘할 수 있는 직업환경 변화에 대비하기 위해서는 현재의 산업사회형 대량생산 방식 특성인 표준화, 규격화, 정형화된 학교교육에서 벗어나 사회의 변화에 따라 다양성, 창의성, 유연성을 강화할 수 있는 교육의 변모가 이루어져야 할 것이다.

지구촌은 현대사회의 급격한 속도로 생산해 내는 엄청난 양의 지식과 정보가 국가를 하나의 공동체로 연결하는 네트워크를 형성해 나간다. 이러한 변화는 산업의 모양이나 형태뿐만 아니라 우리 삶까지도 영향을 받고 있다. 너무 빠른 변화로 인해 이에 적응하는 것조차 힘든 상황이 되었다. 이처럼 놀라운 변화는 산업구조 변화를 가져와 현대인은 새로운 지식, 기술, 정보에 빠르게 적응하기 위해 끊임없는 재교육과 자기주도학습을 진행해야 한다. 따라서 교육은 현실의 바탕 위에서 미래를 전망하고 이를 기초로 새로운 방식의 교육으로 변모해야 할 필요성과 당위성이 존재한다.

지금 배우는 학교교육의 내용이 30년 뒤에 90%는 쓸모없다고 한다면(Harari, 2014), 앞으로 이러한 주기는 더 짧아질 것이다. 그러므로 쓸모없는 지식을 대처하기 위해서는 끊임없는 재교육이 필요하다. 그래서 21세기 지식기반사회를 주도할 인재를 육성하는 것이 평생교육의 관건이다. 폭발적으로 쏟아지는 정보 가운데 활용할 수 있는 정보를 선택하고, 분석·종합하여 새로운 정보를 창출할 수 있는 자기 주도적인 능력을 갖춘 사람을 필요로 한다. 특히, 4차 산업혁명에서 교육의 변화는 인간존중을 지향하면서 인간의 삶이 중심이 될 수 있도록 역량과 인성이 강조되는 학습이 핵심이 되어야 하며, 공동체를 중심으로 하여 교육적 공공성뿐 아니라 개별성도 강조되어야 한다. 자신의 문화와 생활방식을 주체적으로 발전시켜 나갈 수 있는 사람, 타인을 존중하며 더불어 협력하는 가운데 창조적 삶을 영위할 수 있는 인재를 발굴하는 것이 과제이다. 그러므로 평생교육이 그 해답을 찾을 수 있을 것으로 본다.

본 교재는 기존에 소개된 다양한 평생교육 관련 자료의 정리를 바탕으로 하여 평생교육이란 무엇이고 무엇을 추구하는가에 대한 개념적 차원의 정리를 우선하였다. 또한 평생교육을 전공하는 학습자를 포함하여 평생교육기관에서 근무하는 실무자와 평생교육사 자격증을 취득하고자 하는 학습자들이 평생교육에 관심을 가지고 평생교육이란 무엇인지를 쉽게 이해할 수 있도록 기본적인 개념서로서의 정보와 새로운 지식을 담고자 했다. 가급적 미래 지향적인 관점에서 평생교육의 역사와 정책을 재구성하고 학습자가 미래의 전망을 모색할 수 있도록 다양한 자료를 제시하고자 노력하였다. 평생교육 기초로서 '01 평생교육 이해', '02 평생교육 역사', '03 평생교육의 학문적 배경', '04 평생교육법', '05 평생교육 전문인력'으로 정리하였다. 대상별 평생교육 영역에 따라 '06 청소년교육', '07 다문화교육', '08 노인교육', '09 원격교육', '10 문화예술교육', '11 세계시민교육', '12 지역사회교육', '13 장애인 평생교육'으로 수록하였다.

평생교육에 관한 관심을 가지고 입문하는 학습자들이 더욱 친숙하면서도 쉽게 평생교육을 이해할 수 있을 것으로 생각한다. 또한, 출판에 이르기까지 도움을 주신 대표님과 편집부에 감사의 말을 전한다. 끝으로 이 교재가 평생교육의 미래를 밝히는 교량 역할로서 널리 활용되기를 기대한다.

2025년 2월

공저자 대표 김동일

CONTENTS

차 례

Chapter 07 다문화교육

Chapter 08 노인교육

Chapter 09 원격교육

Chapter 10 문화예술교육

01

Chapter

평생교육 이해

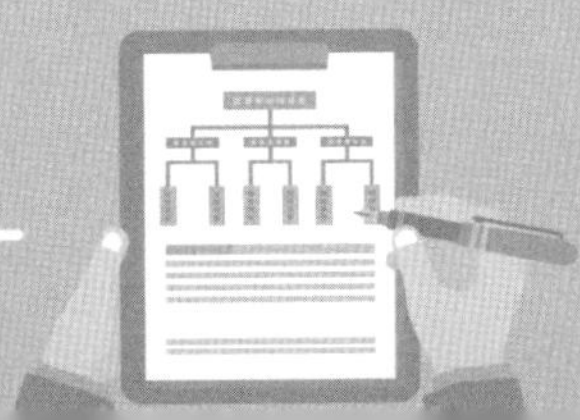

01 평생교육 태동 및 발전

현대사회의 변화로 인공지능이 등장하고 산업의 지형뿐 아니라 우리의 삶도 변화시키고 있다. 하루가 지나고 나면 새로운 정보와 지식으로 정신이 없을 정도이다. 이러한 사회환경의 변화는 새로운 지식과 기술의 습득을 요구하고 있으며, 변화하는 환경에 잘 적응하고, 그것이 잘사는 삶으로 연계하기 위해서는 지속적인 학습이 필요하기에 평생교육이 화두가 되고 있다.

1) 급속한 과학기술의 발달

평생교육의 태동은 기술혁신에 따른 직업구조와 산업구조의 변화이다. 미래학자 칸(Kahn)은 과학기술의 발달이 산업의 구조를 변화시키며 새로운 직업 창출로 직업구조를 바꾸어 놓게 될 것이라 하였다(차경수 외, 1995). 4차 산업혁명과 함께 의사, 검사, 회계사 등 '사' 자 돌림의 전문직을 최고라고 여겼던 사회통념이 무너지고 있다. 10년 전에는 존재하지 않았던 앱 개발자, 드론 조종사, 소셜 미디어 관리자, 우버 택시 운전자, 유튜브 콘텐츠 크리에이터, 클라우드 컴퓨팅 전문가, 빅데이터 분석전문가 등이 생겨나 유망 직업으로 주목받는 현실만 봐도 쉽게 알 수 있는 일이다. 미래 일자리 변화의 속도가 빨라지고 있는 만큼, 일자리에 영향을 미치는 환경 변화를 살펴보고 인간에게 필요한 핵심역량을 찾는 일도 점점 더 중요해지고 있다(전미경 외, 2017).

| 그림 1-1 | 예상되는 미래 직업 사례

출처: 미래창조과학부 미래준비위원회 외. (2017). 10년 후 대한민국 미래 일자리의 길을 찾다: 미래 전략 보고서. 서울: 진한엠앤비.

2) 4차 산업혁명의 인공지능화

4차 산업혁명이라는 개념을 처음 제기한 연구자는 클라우스 슈밥(Klaus Schwab)으로 인공지능, 사물인터넷, 빅데이터 활용 등을 특징으로 하는 새로운 산업환경의 도래를 4차 산업혁명 시대라고 할 수 있다. 슈밥(Schwab, 2016)에 의하면, 1차 산업혁명은 기계화, 2차 산업혁명은 전기화, 3차 산업혁명은 정보화, 그리고 4차 산업혁명은 인공지능화로 핵심 키워드를 정리하였다(송경진, 2017). 1~4차 산업혁명의 특징을 정리하면 다음과 같다(임종헌 외, 2017).

| 표 1-1 | 1~4차 산업혁명 특징

구분	특징	내용
1차	물, 증기	물과 증기를 이용한 증기기관을 활용 생산성 향상
2차	전기	전기 에너지 이용을 통한 대량생산 체제 구축
3차	전자, 정보기술	전자와 정보기술을 이용한 자동화 및 디지털화
4차	디지털, 물리학, 생물학	디지털 기술을 바탕으로 물리학, 생물학 결합

출처: 임종헌 외. (2017). 4차 산업혁명 사회에서 교육의 방향과 교원의 역량에 관한 탐색적 연구. 한국교육, 44(2), 5-32.

4차 산업혁명 시대에 대한 여러 학자의 주장으로 인해 교육개혁이 필요하다는 논의가 확산하고 있으며, 국내 교육현장도 많은 영향을 받게 되었다. 2017년 국제미래학회에서 발간한 '제4차 산업혁명 시대 대한민국 미래교육보고서'를 살펴보면, 4차 산업혁명 시대 교육의 방향과 개혁과제, 그리고 교육방식에 대한 구체적인 내용이 포함되어 있음을 알 수 있다(김대식, 2017). 인공지능으로 대변하는 4차 산업사회에서 인간이 인공지능보다 잘할 수 있는 직업환경 변화에 대비하기 위해서는 현재의 산업사회형 대량생산 방식 특성인 표준화, 규격화, 정형화된 학교교육에서 벗어나 사회의 변화에 따라 다양성, 창의성, 유연성을 강화할 수 있는 교육의 변모가 이루어져야 할 것이다.

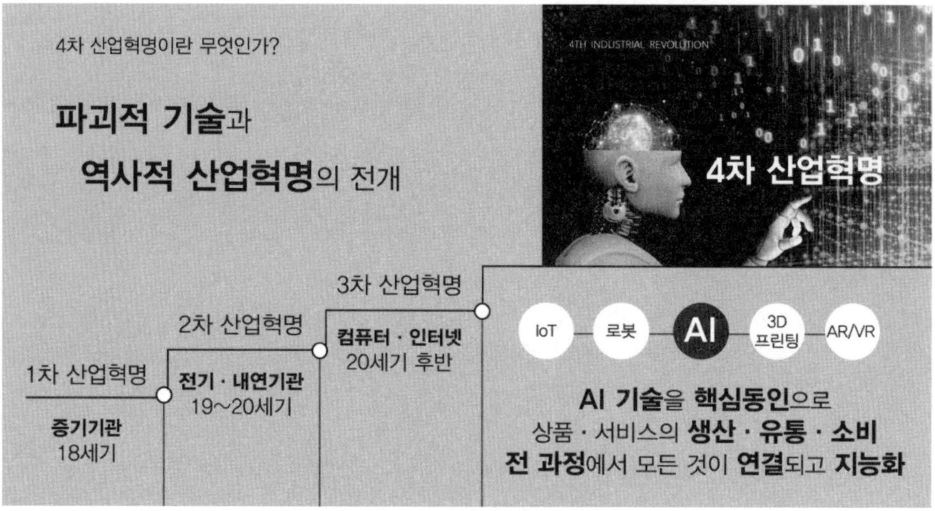

| 그림 1-2 | 산업혁명의 흐름

출처: https://steemkr.com/kr/@tanama/xzykv-4

1차 산업혁명은 증기기관의 발명으로 인한 제조업에서 생산성 향상, 2차 산업혁명은 전기를 통한 대량생산, 3차 산업혁명은 정보기술을 바탕으로 한 인터넷 발달로 제조업의 변화를 토대로 구분될 수 있는 개념이다. 이에 4차 산업혁명은 3차 산업혁명의 디지털 기술을 바탕으로 물리학, 생융합이 되면서 일어난 산업 변화로 생산 패러다임의 혁명적 변화를 예고하고 있다. 4차 산업혁명은 3차 산업혁명의 연장선에 있지만, 3차 산업혁명의 모습에 물리와 생물이 융합되면서 인공지능 등 다양한 분야의 기술이 통합하는 현상이 주요 특징으로 나타나게 될 것이다. 물리학, 디지털학, 생물학의 영역을 다음과 같이 구분하고 있다(Schwab, 2016).

| 표 1-2 | **4차 산업혁명의 핵심 기술**

영역	핵심 기술
물리학	무인 운송수단, 3D 프린터, 로봇공학, 신소재
디지털	사물인터넷, 블록체인
생물학	유전학, 유전자 편집, 합성생물학

출처: 임종헌 외. (2017). 4차 산업혁명 사회에서 교육의 방향과 교원의 역량에 관한 탐색적 연구. 한국교육, 44(2), 5-32.

현대사회의 급격한 속도로 생산해 내는 엄청난 양의 지식과 정보는 국가를 하나의 공동체로 연결하는 네트워크를 형성해 나간다. 이러한 변화는 산업의 모양이나 형태뿐만 아니라 우리 삶까지도 영향을 받고 있다. 너무 빠른 변화로 인해 적응하는 것조차 힘든 상황이 되었다. 이는 산업구조의 변화를 가져와 새로운 지식, 기술, 정보에 빠르게 적응하기 위해 끊임없는 재교육과 자기주도학습을 진행해야 한다. 따라서 교육은 현실의 바탕 위에서 미래를 전망하고 이를 기초로 새로운 방식의 교육으로 변모해야 할 필요성과 당위성이 존재한다(권건일 외, 2011).

이처럼 현대사회는 정보화, 개방화, 다양화의 세 가지 특징을 가진다. 정보통신의 기술은 다양한 분야에서 많은 양의 지식과 정보를 생산해 내고 있으며, 교통과 통신의 발달로 지역과 지역 간, 국가와 국가 간에 교류 증대를 확대하고, 경제와 문화 분야를 하나로 연결하는 영향을 받는다. 이제 세계는 지구촌이라고 불릴 정도로 경계선이 무너지고 있다(이경화 외, 2017).

이러한 문화 개방은 다양한 문화에 관한 관심과 욕구를 증대시키고 사람들의 생활과 사고에 영향을 미침으로써, 현대인은 다원화된 사회에서 각자의 개성을 추구하며 살아가게 되었다(성낙돈 외, 2015).

3) 지식기반사회의 도래

지식기반사회(knowledge based society, 知識基盤社會)란 지식과 정보가 가치의 중심이 되는 사회로 컴퓨터 및 다양한 정보통신기술의 비약적 발전으로 지식의 가치가 정치, 경제, 사회 전반에 걸쳐 영향력이 커진 사회를 의미한다(지식재산권용어사전, 2019). 또한 1996년 OECD 보고서를 통해 '지식기반경제'라는 용어는 '지식과 정보의 창출, 확산, 활용이 모든 경제적 활동영역에 영향을 미칠 뿐 아니라 국가의 부가가치 창출과 기업과 개인의 경쟁력 원천이 되는 경제'라고 정의하였다(인적자원관리용어사전, 2009). 그리고 지식의 생성, 분배, 활용에 직접적인 기반을 둔 경제를 말한다. 즉 자본이나 노동력보다는 지식이 경쟁력과 성장의 원천이 되는 경제를 말하며, 경제적 측면에서 보면 노동이나 자본보다 지식이 경쟁력 결정의 핵심요소가 되는 경제이다. '지식기반경제'를 처음 제창한 학자는 미국 경영학 교수인 피터 드러커(Peter F. Drucker)이다. 그는 『자본주의 이후의 사회(Next Society)』에서 지식 자체가 자본과 노동을 대체하는 지식근로자가 등장할 것이라고 처음으로 예견하였다(이향란, 2015). 여기서 지식이란 단순히 무엇에 대해 '아는 것'만을 뜻하는 것이 아니라, 앎을 바탕으로 무엇인가를 새롭게 창출하고 조직하여 체계화함으로써 다시 새로운 것을 창출할 수 있는 기술과 정보까지도 포괄하는 개념이다.

앨빈 토플러(Alvin Toffler)는 『제3물결(The third wave)』에서 제3의 물결로 표현되는 정보사회는 다양화, 분권화, 통합화의 특징을 가진다고 주장하였다(Toffler, 1980). 이러한 지식·정보의 사회에서는 나름대로 가치판단을 중요시한다. 또한 아동기 및 청소년기에 한 번 배운 지식만으로 백 세까지 살아가기에 충분한 지식과 정보를 제공할 수 없기 때문에 학교교육제도만으로는 현재 사회가 요구하는 변화를 감당하기 어렵다.

21세기는 글로벌 시대의 생산 및 정보통신기술의 급속한 발전으로 전 세계적인 개방과 통합이 가속화되고 있다. 이에 따라 정보산업, 문화산업, 금융산업

등 지식서비스에 근거한 지식산업이 더 큰 비중을 차지하는 생산체제로 빠르게 전환되고 있다. 지식기반사회에서 평생교육기관의 경영은 교육방법의 발전, 학습자의 요구와 교육시장의 변화에 신속히 대응해야 한다. 또한 공공기관의 평생교육시설은 시민들의 다양한 이해갈등의 조정, 글로벌 경제의 위기에 대한 전략적 대응, 지식기반사회에 새롭게 나타나는 다양한 행정 수요 등을 충족시켜야 한다.

미래학자이자 역사학자 유발 하라리(Yuval Harari)는 “현재 학교에서 아이들에게 가르치는 내용의 80~90%는 이 아이들이 40대가 됐을 때 전혀 쓸모없을 확률이 크다(Harari, 2014)”고 하였다. 이는 학습활동이 학교 안에서보다는 밖에서 더 많이 이루어질 것이며 정보지식에 대한 패러다임 전이(paradigm shift), 즉 개념의 재정립이 일어난다는 것이다. 21세기 지식기반사회를 주도할 인재를 육성하는 것이 평생교육의 관건이다. 폭발적으로 쏟아지는 정보 가운데 활용할 수 있는 정보를 선택하고, 분석·종합하여 새로운 정보를 창출할 수 있는 자기주도적인 능력을 갖춘 사람을 필요로 한다. 특히, 4차 산업혁명에서 교육의 변화는 인간존중을 지향하면서 인간의 삶이 중심이 될 수 있도록 역량과 인성이 강조되는 학습이 핵심이 되어야 하며, 공동체를 중심으로 하여 교육적 공공성뿐 아니라 개별성도 강조되어야 한다. 자신의 문화와 생활방식을 주체적으로 발전시켜 나갈 수 있는 사람, 타인을 존중하며 더불어 협력하는 가운데 창조적 삶을 영위할 수 있는 인재를 발굴하는 것이 과제이다. 또한 지식기반사회는 정보통신의 혁명, 경쟁의 세계화, 수요의 고급화와 다양화, 수확체증[1)]의 현상 등을 특

1) 일반적으로 토지, 노동, 자본과 같은 생산요소는 ‘수확 체감의 법칙’이 적용된다. 즉 생산요소를 증가 투입하면 한계 생산물이 지속해서 감소한다. 그러나 지적 자본은 오히려 ‘수확체증의 법칙’이 적용된다. 예를 들면, 기업의 종업원이 업무를 처리하는 과정에서 얻은 지식이나 노하우는 그것을 쓸수록 더 발전하고 새로운 노하우를 발견하는 토대가 된다. 왜냐하면 지적 자본은 제한된 자원이 아니기 때문에 기존의 지식과 경험 등에 의해 무한히 새로 개발되기 때문이다. 또한 조직성원들과의 지식 공유 등을 통해서 시너지 효과가 발생, 새로운 지식이나 노하우 등이 창조될 수 있기 때문이다. 지적 자본의 개발, 통제는 정보화 시대에 더 높은 생산을 위한 중요한 요소이다(다음백과사전, 2024).

징으로 하고 있다. 그리고 학습이 이루어지는 장소가 다양해지고 일과 학습이 통합되는 학습이 중요시되고 있으며, 교육기관 밖에서 이루어지는 학습을 중시하게 되면서 이것이 양적으로 팽창하게 될 것이다.

이러한 4차 산업혁명 사회의 특징 및 체제의 혁명적 변화는 새로운 직업의 탄생, 그리고 기존의 상당수 직업의 소멸로 이루어지게 될 것이다. 세계경제포럼(World Economic Forum, 2016)에서 분야별 일자리 증감을 인공지능과 자동화 도입의 영향으로 새로운 직업의 수요와 특정 직업군의 변화에 적응해야 할 필요성이 커질 것이라고 분석·발표하였다(임종헌 외, 2017).

미국에서 나타난 기술 발전에 따른 일자리 직무변화를 살펴보면, 창의적 커뮤니케이션과 비구조화된 문제해결이 필요한 일자리는 꾸준히 늘어나지만, 과거 산업사회에 필요했던 반복적이거나 육체를 활용한 직무는 지속해서 감소 추세에 있음을 알 수 있다. 반면 교육전문가의 경우 인공지능 대체율이 매우 낮음을 알 수 있는데, 이는 세계경제포럼(World Economic Forum)에서 발표한 내용과 유사한 결과임을 알 수 있다. 교육과 훈련은 인간의 본질과 관련된 직업으로 고유의 가치를 잃지 않을 것을 기대하게 된다. 하지만 현재 이대로의 교육은 미래의 지식기반 사회를 대처하기에는 미흡하다. 미래사회에서는 나와 생각과 의견이 다른 이질적 그룹과의 상호작용 역량, 그리고 스스로 참여하려는 자율적 역량이 중요하다. 이에 한국교육의 커다란 방향을 바꾸기 위해서는 시스템 자체에 획기적인 변화가 요구되어야 한다(최경민 외, 2018). 이것이 지식기반사회의 '평생학습'인 것이다. 또한 지식기반사회의 변화에 적응하기 위해 개개인은 끊임없이 학습하는 능력을 기르고 평생교육기관은 효과적인 지식관리를 위해 평생교육을 활성화하는 것이 모든 조직의 주요 과제가 되고 있다는 것을 시사하면서 평생교육경영의 도입을 재확인한다(이향란, 2015).

4) 인간소외 현상

폭발적으로 증대되는 과학기술의 발달은 정신적 가치보다 물질적 가치에 비중을 두게 하고, 자기표현의 자유를 구속당하여 무력감, 불안감 속에서 자기 소외감을 느끼게 만든다. 도시화의 증대 현상은 인간의 소외의식을 촉발하고 심화시키는 원천이 된다. 특히, 핵가족화된 가정생활은 노인의 소외의식을 가중해 노인 문제를 형성할 뿐만 아니라, 자녀의 양육방식에 있어서 세대 간의 단절 현상으로 현대인들에게 적응상의 어려움을 제기하게 된다. 현대사회에서 인간 소외의 문제를 극복하기 위해서는 자신의 실존적 의의와 자기 밖의 세계와의 관계 형성이 바르게 정립하여야 한다. 이를 위해 개인적으로는 자기 정립이 평생교육 과제가 될 것이고 국가적으로는 평생교육 제도 정립이 평생교육의 과업이 될 것이다.

5) 세대 간 갈등 문제

세대 간 갈등을 지적할 수 있다. 노인 인구의 비율이 증가하면서 인구의 연령구조가 변하고 있다. 인구의 고령화는 인구의 감소세와 더불어 출산율과 사망률이 감소하면서 젊은 인구의 감소로 나타나게 된다. 결국 인구의 고령화는 개인의 라이프스타일의 변화는 물론 사회적인 변화까지 수반하게 된다. 고령사회는 젊은 인구의 감소로 노동력이 양적 · 질적으로 감소하게 된다(한우섭 외, 2019). 노령인구의 증가는 사회보장비용의 증가를 가져왔고 이 과정에서 젊은 세대와 노인세대 간에 갈등도 서서히 드러나고 있다. 뿐만 아니라 급격한 사회변화로 서로 간의 문화적 차이, 가치관의 차이, 그리고 이념적 갈등으로 나타나고 있다. 이러한 문제들을 해결하기 위해서는 세대 간의 차이를 극복하고자 하는 노력이 요구된다. 이러한 사회적 수요와 생애발달에 따른 다양한 교육적 요구를 학교교육 중심의 교육제도만으로는 충분히 해결해 줄 수는 없다. 따라서 이러한 미래 사회변화를 대비하기 위해서는 교육에 대한 개념적 확장과 제도적 변화가 불가피하게 되었다.

6) 100세 시대의 생애교육 필요

인간의 수명연장에 따른 생애교육의 필요성이다. 유전공학, 재생의학, 나노기술 같은 분야들이 발전에 힘입어 점점 더 낙관적인 예언이 등장하고 있다. 우리는 대략 10년마다 한 번씩 병원으로 달려가 개조 시술을 받을 것이라고 한다. 그 시술은 단순히 질병을 치료하는 데 그치지 않고, 노화하는 조직을 재생하고 손, 눈, 뇌의 성능을 높일 것이다. 70년대에 미국의 인기 드라마 660만 달러의 사나이(1974~1978), 캡틴 아메리카: 윈터 솔져(2014), 매드맥스: 분노의 도로(2015), 공각기동대: 고스트 인 더 쉘(2017) 등의 영화 속의 장면이 현실이 되어 좀 더 월등한 능력을 갖고 싶은 몸의 일부를 기계로 대체하는 포스트휴먼이 생겨날 것이다(Harari, 2016). 20세기에 기대수명이 40세에서 70세로 두 배 가까이 늘어났으니, 21세기는 적어도 그 두 배인 150세까지는 거뜬하리라 생각한다. 그러므로 나머지 인생을 준비할 과정이 필요하며 바로 이런 점에서 계속교육에 대한 요구는 불가피하다.

| 그림 1-3 | **'매드맥스: 분노의 도로'와 '캡틴 아메리카: 윈터 솔져' 포스터**

출처: http://www.sportsq.co.kr

7) 세계화의 사회적 병리현상

세계화(globalization) 현상과 함께 현대사회의 위기, 환경파괴 등을 지적할 수 있다. 교통과 정보통신의 발달로 국가 간의 교류와 협력의 범위가 확대되었으며, 세계화로 인해 생활양식 교류, 문화의 교류 등이 활성화되었다. 하지만 과학기술의 발달로 편리해진 만큼 개발로 지불해야 할 대가가 크다. 환경파괴의 문제, 지구 파멸의 위험 등은 이미 지구 전체의 문제가 되었으며 인간의 생존에 큰 위협을 느끼게 되었다. 국가 간 빈부의 격차, 지나친 경쟁 사회가 가져온 인간관계의 변질, 인간소외 현상 더 나아가 사회병리적 현상으로 나타나고 있다.

이처럼 변화에 대한 요구의 하나로 2015년 교육부 주관으로 세계교육포럼이 인천 송도에서 개최되었으며, '모두를 위한 교육, EFA(Education For All)'를 지향하면서 모든 사람이 성, 인종, 나이, 지역 등과 관계없이 양질의 교육을 받아야 한다고 제시하였다(윤종혁 외, 2016). 교육계의 올림픽이라고도 불리는 세계교육포럼은 세계적 영향력이 매우 강력한 포럼으로, 여기서 제시하는 EFA는 교육을 받을 권리, 형평성 포용, 양질의 교육, 평생학습 등이 핵심가치라고 할 수 있다. 즉 어떤 학습자도 배제 받지 않으며 각자의 가진 잠재력을 최대한 발휘할 수 있도록 기회를 제공하는 것이 인간의 기본적인 권리임을 강조하고 있다(김기표, 2016).

02 평생교육의 개념

1) 평생교육 배경

평생교육의 용어는 영어로 평생교육(Lifelong Education), 일본에서는 생애교육(生涯教育), 중국에서는 종신교육(終身教育)이라는 유사한 용어들을 사용하고 있다. 나라마다 조금씩 차이는 있지만, 그 의미는 같다고 볼 수 있다. 21세기에는 평생교육이라는 단어가 일상적이고 보편적인 단어가 되어 버렸다. 그리고 우리의 삶 속에 깊숙이 스며들어 와 있으며 넓게 사용되고 있다. 현대사회는 국가・사회적 지식에 대한 중요성을 매우 강조하며 지식기반사회를 조성하기 위하여 「평생교육법(1999)」을 제정하고 지방자치단체는 평생학습도시로 인정받기 위해 노력하고 있다. 또한, 정보통신기술(information technology)의 급격한 발달로 세계는 초국가적으로 지구공동체를 부르며 하나의 운명공동체를 갖기도 한다. 이제 평생교육과 학습은 정보 및 지식사회로 지칭되는 현대사회를 살아가는 모든 인간의 생활양식과 생존방식이 되고 있다. 이처럼 새로운 지식과 정보로 인하여 빠르게 대응하기 위해 끊임없는 재교육을 수행하고 있으며, 내용도 4차 산업혁명 시대에 발맞추어 새로운 패러다임의 변화를 통해 인간 삶의 질 향상을 노력하고 있다.

현대사회는 정보화 시대이면서 다변화 시대이고 평생교육 시대의 특징을 갖고 있다. 이처럼 다양한 변화의 시대와 현대사회에서 오랜 생명력을 유지하기 위해서는 효과적이고 효율적이며 지속 가능한 기술이 필요한 상황이다. 이에 평생교육적인 관점에서 평생교육자의 역할이 매우 중요하며 그 범위와 직무 또한 넓어지고 있어 평생교육사를 하나의 생존을 위한 패러다임으로 수용해야 할 것이다.

평생교육의 포괄적인 개념으로는 "모든 개인은 일생을 통하여 계속 교육받아야 하며, 학습사회 건설의 초석이며, 미래의 교육을 이끌 중요한 패러다임"을 함축하고 있다.

평생교육이란 교육의 최상위 개념으로 인생의 전 생애에 걸쳐 이루어지고 있는 유아교육, 아동교육, 청소년교육, 성인교육, 노인교육 등을 포함하고, 모든 생활 영역에서 실시되고 있는 가정교육, 학교교육, 사회교육, 산업교육(직장교육), 사이버교육 등 교육의 다섯 마당을 통칭하는 개념이다(김진화, 2011).

평생교육을 시간적·공간적 개념으로 구분하기도 한다. 시간적 평생교육은 언제나 개인의 학습권이 보장될 수 있는 사회체제 실현을 지향한다. 개인의 전 생애에 걸쳐서 자신이 원하는 교육 형태와 내용에 대한 접근이 유연하게 열린 사회체제이다. 교육제도에 개인의 생애주기를 맞추는 것이 아닌, 각 개인이 가지고 있는 삶의 계획, 목표, 조건에 따라 교육이 유연하게 제공될 수 있는 체제로서 개방적인 성격을 가지고 있다(한숭희, 2006). 공간적 평생교육은 교육이 학교 외의 여러 공간에서도 활발하게 이루어지고 있다. 학교, 가정, 지역사회, 일터 등과 같은 물리적 공간을 넘어 빠르게 발전하는 가상공간(사이버 공간)까지 확대되어 성인학습자에게 교육기회를 제공하는 역할을 한다(권대봉, 2006). 이러한 교육 공간의 확대는 누구나 교수자이며 누구나 학습자일 수 있다는 사실을 내포한다(권이종 외, 2001).

또한 형식적 평생교육은 형식교육(formal education), 비형식교육(non-formal education), 무형식학습(informal learning)으로 구분한다.

첫째, 형식교육은 학교교육과 동의어로 생각할 수 있다. 사전에 의도적으로 구성한 표준화된 교육과정을 바탕으로 학년이나 학교 위계에 따라 단계적으로 교육 경험을 제공받으며 사회적 공인을 받을 수 있는 학위나 자격증 형태로 인정된다(Merriam et al., 2007).

둘째, 비형식교육은 제도적으로 규정되어 있는 형식교육체제 이외의 조직화된 교육활동으로서 시민사회단체, 평생교육시설, 종교단체, 사회복지단체, 박물관, 도서관, 기업 등에서 운영하는 교육 프로그램을 말한다. 브레넌(Brennan, 1997)

은 비형식교육의 성격을 형식교육과의 관계성을 중심으로 보완적(complement) 성격, 대안적(alternative) 성격, 추가적(supplement) 성격의 비형식교육으로 구분하여 제시하였다(Merriam et al., 2007).

셋째, 무형식학습은 교육 목표를 수립하거나 그 목표를 달성하기 위한 체계나 형식이 갖추어지지 않은 채 의도하지 않은 상황에서 발생하는 학습을 말한다.

2) 평생교육의 정의

1965년 UNESCO에서 평생교육론을 제안한 랑그랑(P. Lengrand)은 평생에 걸친 학습의 지원 원리로 통합의 이념을 제시하였다. 즉 인간이 태어나면서부터 죽을 때까지의 시계열에 걸친 통합과 사회 전체에 걸친 생활의 통합이라는 두 가지 이념을 제시하였다. 평생교육은 개인 삶의 질 향상이라는 이념을 추구하며, 인간의 학습 본능 '호모 에루디티오(Homo Eruditio)'를 일깨워 평생 배움을 계속하면서 살아가도록 하려는 것이다.

UNESCO 한국위원회(1973)에서는 평생을 통한 계속교육인 교육을 의미하며, 급변하는 현대사회에서 일정 연령층을 대상으로 하는 한정된 기간의 교육으로서의 학교교육과 다른 한편으로는 조직화하지 못한 비효율적인 상태로 방치된 사회교육의 기능을 다 같이 개편·강화하고 한 사회의 교육자원을 효율화함으로써 교육역량의 극대화를 지향하는 노력을 의미한다(김봉철, 2001). 평생교육의 정의는 매우 다양하므로 한마디로 표현하기 어렵다. 학자들의 정의하는 평생교육을 요약하면 다음과 같다.

인도 출신의 평생교육 학자인 데이브(Dave, 1976)는 "개인과 집단 모두의 생활의 질을 향상하기 위하여 개인의 전 생애를 통한 개인적·사회적·직업적 발달을 꾀하는 과정"이라고 정의하였다(임종운 외, 2005).

김도수는 평생교육을 "개인과 집단의 생활의 질을 높이기 위하여 사적 교육의 단계에서, 모든 사람에게 교육기회를 보장하는 공적 교육의 단계로 전환하는 것을 목표로 하며 인간의 교육을 위하여 기존의 모든 교육을 수직적·수평적으로 통합·재편성하려는 교육체제 개혁의 지도이념"으로 정의하였다(김도수, 2001). 그리고 한숭희는 "학습자들이 자기주도적인 평생학습을 통해 자신의 경험을 끊임없이 재구성하고 개발시켜 나갈 수 있도록 지원하는 교육 과정·방법·제도·네트워크 등"을 의미한다고 보았다(한숭희, 2006).

황종건은 평생교육을 "생을 통한 교육으로 그동안 청소년만을 대상으로 하던 학교교육에 국한되었던 교육의 개념을 탈피하여, 개인의 일생을 통한 교육적 과정의 수직적 연결과 개인과 사회생활의 모든 국면과의 수평적 통합을 강조하는 것이다."라고 정의하였다(황종건, 1992). 또한 장진호는 평생교육을 "개인이 전 생애를 통하여 능동적으로 계속적 학습의 기회를 포착함으로써 인간성의 조화로운 발달을 꾀하며, 변화하는 현대적 생활에 슬기롭게 대처하고 창조적으로 개척해 나갈 수 있는 지식과 기능을 익히며, 다른 사람과 더불어 공동체의 복지를 증진해 나가는 인간화 교육을 의미한 것"이라고 말하고 있다(장진호, 1988).

김종서 등은 "삶의 질 향상이라는 이념추구를 위하여 태교에서부터 시작하여 유아교육, 청소년교육, 성인전기교육, 성인후기교육, 노인교육을 수직적으로 통합한 교육과 가정교육, 사회교육, 학교교육을 수평적으로 통합한 교육을 총칭"하여 말하며, 그것은 개인의 잠재능력의 최대한 신장과 사회발전에 참여하는 능력의 개발을 목적으로 한다(김종서 외, 2009). 또한 차갑부는 "한 개인이 태어나서 죽기 전까지의 수직적 통합과 가정과 학교를 포함한 모든 생활공간의 수평적 통합을 통하여 언제, 어디에서나 필요할 때 자신의 학습욕구를 충족시킬 수 있는 형식적·비형식·무형식적 교육활동이다."라고 하였다(차갑부, 2014).

이들의 견해는 학습이 삶의 특정 시기에 국한되지 않고 일생 이루어지며 학교뿐만 아니라 모든 장소에서 이루어질 수 있는 범생애적 속성을 갖는다는 점을 평생교육의 전제로 삼고 있다. 이는 교육을 받을 권리는 학교교육을 넘어서 본질적으로 삶의 과정 전반에 걸쳐 배울 수 있는 권리를 의미한다. 하지만 평생교육 정의에 있어서 주의할 점은 그 개념이 여러 다른 개념과 혼동되어 사용되는 와중에서 평생교육은 곧 성인 대상 교육이라고 잘못 인식되기 쉽다는 점이다. 평생교육은 성인에게만 해당하는 교육이 아니며, 평생교육과 성인교육이 일치하는 개념도 아니다. 평생교육은 요람에서 무덤까지 전 생애에 걸쳐 이루어지며, 모든 연령층의 교육과 모든 형식의 교육을 포함하는 보다 상위의 개념이다.

「평생교육법」에서 정의하는 개념은 평생교육법 제2조에 따라 학교의 정규교육과정을 제외한 학력보완교육, 문자해득교육, 직업능력향상교육, 성인 진로개발역량 향상교육, 인문교양교육, 문화예술교육, 시민참여교육 등을 포함하는 모든 형태의 조직적인 교육활동을 말한다[2).

그리고 교수방법에 있어 성인교육 교사의 역할은 일반 학교나 대학의 형식적인 프로그램을 전통적인 방법으로 가르치는 교수자의 역할과 비슷하다고 볼 수 있다. 그러나 교육의 대상이 다르고 비형식적이며 비학교환경이라는 점에 있어서, 평생교육의 성인교육 교사의 역할은 그러한 교사역할과 다른 점이 있다(이경화 외, 2017).

03 평생교육의 원리 및 특성

1) 평생교육에 대한 다양한 견해

평생교육이란 모태로부터 죽을 때까지 평생을 두고 행하여지는 교육으로서 교육과 다를 바 없다는 평생교육과 교육을 동의어로 보는 견해를 가지기도 한

---

2) 사회교육법 제2조1항(1982) "사회교육이라 함은 다른 법률에 의한 학교교육을 제외하고 국민의 평생교육을 위한 모든 형태의 조직적인 교육활동을 말한다."
평생교육법 제2조1항(1999) "평생교육이라 함은 학교교육을 제외한 모든 형태의 조직적인 교육활동을 말한다."

다(정지웅 외, 2000). 다만, 지식과 기술의 폭발적인 증가로 인하여 사회변화, 생활양식의 변화, 기술혁신 등으로 학교교육만으로는 생의 준비나 생 자체를 영위할 수 없어 평생교육이라는 개념으로 재정립해야 할 필요가 새롭게 주목받았기 때문에 나타난 것이다. 즉 교육과 평생교육은 같은 의미이지만 교육이 학교에서만 이루어지는 것이라는 잘못된 생각이 만연하면서, 교육은 삶이 있는 한 지속하는 것이라는 의미가 상실되었다는 견해이다.

랑그랑(Lengrand)은 평생교육을 모든 국민에게 평생을 통해 각기 자신이 가진 다방면에 걸친 소질을 계속 발전시키고 사회의 발전에 충분히 참여할 수 있게 하는 교육이라고 보았다(Lengrand, 1970). UNESCO 한국위원회(1973)도 평생교육을 급속히 변천하는 사회에 있어서 개인과 집단이 계속된 자기 갱신과 사회적 적응을 추구하기 위한 것으로 보았다(안옥순, 2018). 평생교육의 본질적 기능(내재적 목적관)은 정치발전, 경제발전, 사회발전에 필요한 유능한 인재를 양성하는 것을 목적으로 하고 있다. 평생교육의 목표를 양자 중 어느 것에 치중해야 할 것인지에 대한 논쟁은 계속됐으나 양자를 통합한 개념을 핵심으로 하고 있다. 즉 평생교육의 목표는 평생에 걸친 자아실현과 사회발전 능력의 함양을 통합하는 개념이다.

장진호(1988)는 평생교육을 교육과 비교하여 과일바구니와 과일의 관계로 보았다. 즉 바구니는 평생교육이라고 비교할 수 있고 사과, 배, 감, 귤 등은 유아교육, 초등교육, 고등교육, 성인교육, 노인교육 등으로 비교했다. 모치다 에이이치 등(持田榮一 · 森隆夫 · 諸岡和房, 1979)은 평생교육을 총론으로 다른 교육을 각론에 비유했다. 예컨대 생애교육과 유아교육, 생애교육과 기업교육이라고 보았다. 데이브(Dave, 1976)는 개인적 · 사회적 삶의 질을 계속 향상하기 위하여 평생에 걸쳐 연장 실시되는 모든 형태의 형식적 · 비정규적 · 비형식적 학습 활동 전부를 포함한다. 평생교육 개념 가운데 가장 보편성을 띤 개념으로 비교적 많은 사람이 선호하고 있다.

2) 학자들의 관점에서 보는 특성

평생교육론의 창시자격인 프랑스의 랑그랑(Lengrand)이 언급한 평생교육의 특성은 다음과 같다.

첫째, 일생에 걸쳐 지속된다(지속성).

둘째, 지적 · 정서적 · 심미적 · 직업적 · 정치적 · 신체적이라는 다면적인 인간으로서 전체적 · 구체적인 관계를 맺고자 한다(인간성).

셋째, 인격의 전체적이고 유기적인 발달을 고려하여 여러 가지 교육 간의 연계와 통합을 도모한다(유기적 연계성 또는 통합성).

넷째, 지식 · 지성 · 인격은 형성되는 것이므로 인간은 지속적으로 탐구하면서 교육활동을 도모한다(탐구성).

다섯째, 한 사람, 한 사람이 가지고 있는 개성이나 독자성, 자기 자신이 가진 특성에 따라 자발적 · 자주적으로 성장 발달해 가는 것이 중점을 둔다(자주성).

여섯째, 끊임없는 자기 발전의 과정이며, 교육을 성장의 수단으로 본다(계속성).

일곱째, 인간이 가지고 있는 자질을 일생에 걸쳐 발달단계에 따라 계발하는 것이다(자기계발성).

여덟째, 교육기회를 선택할 때 이용할 수 있는 매체의 여부, 그것을 개인이나 사회에 적용 여부를 고려해야 한다(적응성).

아홉째, 사람들이 실생활에 관련되는 여러 가지 환경이나 상황에 따라 확대하는 것이다(실용성).

열째, 시간과 상황에 따라 사회 전체가 교육의 기회를 제공하는 것으로 본다(보편성).

데이브(Dave)의 세 가지 기본개념은 생(life), 평생(lifelong), 교육(education)이다. 이 세 가지는 평생교육의 범위 및 의미를 결정한다(Dave, 1973).

첫째, 교육은 형식적 학교교육을 마치면 종료되는 것이 아니라 평생에 거치는 과정이다. 평생교육은 일생에 걸쳐 수직적 · 수평적 통합(integration)을 통해 이루어진다. 이때 수평적 통합은 학교와 가정 그리고 사회교육의 통합을 의미하고 수직적 통합은 발달단계의 통합을 의미한다.

둘째, 평생교육의 내용, 학습도구 및 기법, 학습시간에 있어서 유연성(flexibility) 및 다양성(diversity)과 민주성(democratization)을 특징으로 한다.

셋째, 평생교육에 대한 세 가지 주요 선행요건은 기회(opportunity), 동기(motivation) 및 교육가능성(eduability)이다.

넷째, 조작적 수준에서 평생교육은 모든 총체적(totality) 교육체제를 제공한다.

이처럼 데이브는 평생교육의 핵심적인 특성으로 총체성, 통합성, 유연성, 민주성이라 하였다(임종운 외, 2005).

이 외에도 평생교육의 일반적인 특성은 다음과 같다.

첫째, 평생교육은 개인 차원 및 사회공동체 차원에서 삶의 질을 높이는 것을 목적으로 한다.

둘째, 평생교육은 태어나면서부터 무덤에 이르기까지 한 개인이 생존 기간 전체에 걸쳐서 이루어지는 교육을 수직적으로 통합한 것이다.

셋째, 평생교육은 모든 기관(학교, 직장, 대중매체, 도서관, 자원단체 등)과 학교, 가정, 사회, 직장 등에서 이루어지는 교육을 수평적으로 통합한 것이다.

넷째, 평생교육은 계획적인 학습과 우발적인 학습을 모두 포함한다.

다섯째, 평생교육에서는 국민 전체의 평생에 걸친 교육기회의 균등화 및 확대에 노력한다.

여섯째, 평생교육에서는 발달과업(developmental tasks)을 중시한다.

일곱째, 평생교육은 일반교양교육과 전문교육이 조화와 균형을 이루도록 노력한다.

여덟째, 평생교육은 학교가 교육을 독점하는 것을 인정하지 않으며 학교교육이 지니는 의미를 평생교육의 관점에서 찾으려 한다.

아홉째, 평생교육은 사회를 교육적인 환경으로 만들기 위해 노력한다.

열째, 평생교육은 교육의 형태, 내용, 방법을 다양하고 융통성을 부여함으로써 개인과 사회의 필요에 대처하는 동시에 누구나 쉽게 접근할 수 있게 한다.

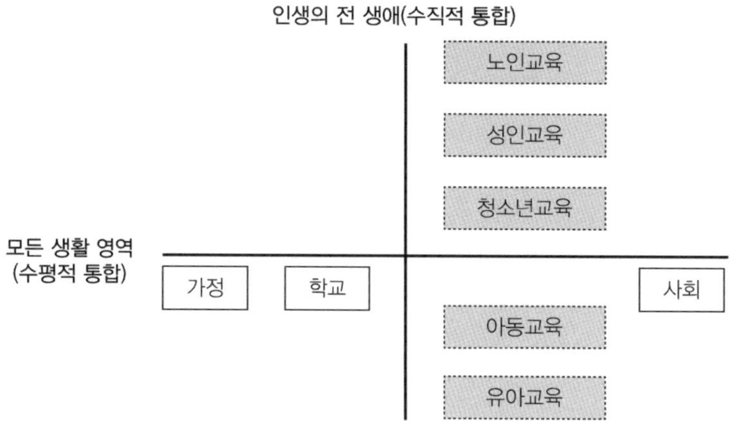

| 그림 1-4 | 십자형 평생교육 개념

출처: 김동일. (2021). 평생교육경영론. 서울: 동문사.

이처럼 평생교육이 가진 모든 특성은 바로 그 자체가 평생교육의 목표이기도 하다. 결국 평생교육의 지향점은 평생교육을 통해 개인, 사회, 즉 인간 삶의 질 향상이라고 할 수 있다.

02

Chapter

평생교육 역사

01 서구의 평생교육 태동

1) 발생기

최초로 발생한 평생교육의 형태는 1650년 영국의 퀘이커 교도들이 영국 전역에 확산시킨 문해교육이다. 구체적으로 1669년 성경지식진흥협회(Society for Promoting Christian Knowledge)가 운영하는 '자유학교', 1780년대에는 '주일학교(Sunday School)', '성인학교(Adult School)' 등에서 성인기초교육이 시작되었다. 종교인 주도로 시작한 영국의 평생교육은 산업혁명을 거치면서 노동자들의 직업훈련 교육으로 변화하였고, 그동안 상류계급의 선물로 여겨졌던 교육을 신이 부여해 주는 인간의 권리로 인식되었다(양병찬, 1997).

미국에서의 평생교육 활동으로 준토(Junto), 라이시움(Lyceum), 셔터쿼(Chautauqua) 등이 있다. 준토는 1680년 시작된 일종의 토론 클럽으로 자연철학, 정치, 도덕과 같은 문제를 정기적으로 모여 탐구하고 논의하는 것으로 시작되었다. 그 후 점차 시민조직으로 성장하면서, 1741년에는 독립적인 성인교육기관으로 성장하게 되었다. 라이시움은 1861년부터 시작된 운동으로서 아리스토텔레스(Aristoteles)가 그의 제자들을 가르쳤던 신전 마당의 숲 이름에서 비롯된 것으로, 문화강좌의 성격을 띠는 활동이었다. 처음에는 지역단위 강연이나 토론활동으로 시작되었으나 점차 전국적인 연합체로 발전하게 되었다. 셔터쿼는 1866년부터 시작된 운동으로서 미국 뉴욕주 서부에 있는 셔터쿼 호수에서 실시한 일종의 농민교육으로 교육과 오락을 겸한 여름학교였다. 후에는 여름성경학교의 형태로 발전하면서 1878년에는 전국적으로 조직된 '셔터쿼 문학 과학 서클'이 창립되었다(Houl, 1992).

2) 성장기

영국에서는 20세기에 들어가면서 기존의 대학확장 운동과 더불어 노동자고등교육진흥협회(An Association for Promoting Higher Education of Workers)가 조직되었고, 1905년에는 노동자교육협회(Worker's Education Association)를 창설하여 노동자교육을 확대하였는데 이는 현재까지 영국 평생교육에 영향력을 발휘하고 있다. 그 후 1917년에는 성인교육위원회(Adult Education Committee)가 설립되고, 이 위원회의 요구에 따라 모든 대학에 교외교육부(Extramural Department)를 설치하고, 교양교육을 실시할 것을 강조하였다(김도수, 1995).

미국에서는 1887년 존스 홉킨스 대학교 교수였던 아담스(Adams)가 영국의 대학확장 운동을 제안하고, 1888년 듀이(Dewey)가 뉴욕 주립대학으로부터 1만 달러의 재정지원을 받음으로써 성인교육 프로그램을 발전시키는 계기가 되었다. 특히, 1926년에 창립된 미국성인교육협회(American Association for Adult Education)는 성인교육저널(Adult Education Journal)을 발간하고 많은 연구 활동을 후원하는 등 미국의 평생교육 발전을 위한 체계적인 조직으로 확대되었다.

3) 성숙기

제2차 세계대전 이후 평생교육의 개념이 정규교육과정을 마친 성인이 계속학습하는 과정에서 평생 이루어지는 학습개념으로 바뀌게 된다.

영국의 개방대학은 성인들을 대상으로 학력과 관계없이 누구나 이 과정에 참여하여 학위를 받을 수 있도록 함으로써 성인교육제도의 발달과 교육방송체제의 확립, 교육기회의 평등을 지지하는 정책이 등장하는 계기가 되었다(Perry, 1976).

미국의 대학에서는 1970년대에 이르러 성인들이 대학교에 출석하지 않고도 학위를 취득할 수 있는 교외학위과정(External Degree Program)과 교외학습과정(Off-Campus Class)을 설치하여 운영하였다.

1970년대는 경제협력개발기구(Organization for Economic Cooperation and Development:

OECD)의 계속교육, 유네스코(UNESCO)의 평생교육 정책 도입으로 평생교육이 세계적으로 확산하는 계기가 되었다.

02 UNESCO와 OECD의 평생교육정책

1) UNESCO의 평생교육정책

세계 각 나라는 교육, 자연 과학, 인문 사회 과학, 문화, 정보 커뮤니케이션 등의 분야에서 규범을 정하고 협력을 통하여 세계 평화와 안전에 이바지하고자 UNESCO(유엔교육과학문화기구, United Nation Educational, Scientific, and Cultural Organization)는 1945년 11월 16일 37개국 대표들이 영국 런던에 모여 창설하였다. UNESCO 헌장 전문에는 전쟁은 사람의 마음속에서 생기는 것이므로 사람의 마음속에 평화의 울타리를 쌓아야 하고, 두 차례에 걸친 세계대전으로 인한 전쟁의 참화가 반복됨으로써 교육 분야에서는 교육을 받을 권리를 세계 사람들에게 보장하여 지역 및 세대 간에 벌어진 교육 격차를 바로잡으며, 사회의 민주화를 도모할 것을 명시하고 있다. 이에 인간 중심적 발전과 인권에 대한 완전한 존중을 바탕으로 지속적이고 평등한 발전을 이룰 수 있는 최소한의 조건으로 기초교육을 강화하자는 견해이다. 따라서 학습은 인간이기에 가지는 최소한의 권리라는 인식이다. 그래서 '인간 중심적 평생학습관'을 견지하고 있다.

UNESCO의 역사는 평생교육의 역사와 함께하고 있다. 교육사업은 설립 초기부터 1950년대까지는 문맹퇴치를 목적으로 성인 문해교육이 주된 사업이었으며, 1965년 파울 랑그랑(Paul Lengrand)이 UNESCO 성인교육위원회에 제안한 보고서는 전 생애에 걸친 모든 교육의 통합을 일컫는 '평생교육(Lifelong Education)'이란 용어를 처음 사용하였다. 그리고 1972년 UNESCO 교육발전국제위원회 위원장이었던 에드가 포르(Edgar Faure)는 그의 보고서 「존재를 위한 학습(Learning to Be)」을 통해 평생교육의 본질에 대해 본격적인 시작을 알렸다.

UNESCO 제1차 회의를 1949년 덴마크 엘시노어에서, 제2차 회의를 1960년 캐나다 몬트리올에서 개최한 이래, 약 10년 주기로 세계성인교육회의를 개최하고 있다. 이상 두 차례에 걸친 국제적 회의에서는 평생교육이란 말이 사용되지 않았지만, 이러한 교육개혁을 추진하기 위한 주장이 마침내 1965년 12월 UNESCO 본부인 프랑스 파리에서 개최된 세계성인교육발전회의에서 평생교육론의 탄생으로 결실을 보게 되었다. 이 회의에서 의장을 맡은 당시 UNESCO 사무국 성인교육부장이었던 파울 랑그랑이 토의 자료로서 조서를 제출하였다. 이 조서에서 교육을 성인이 되기 위한 준비로 생각하는 사고방식을 인간의 가능성을 끌어내는 평생을 통한 생활이라고 생각하는 불어로 영구교육(éducation permanente) 개념을 제창하였다. 이 조서 서두에서 교육이란 "아동기 · 청소년기에 정지되는 것이 아니라 인간이 태어나는 순간부터 계속되어야 하는 것이다."라고 기술하면서 "평생교육" 이념의 제1성으로 전해지고 있다. 그 후 영어로 계속교육(continuing education)으로 번역하였다가, 다시 평생교육(lifelong education)으로 바꾸어 사용되고 있다.

| 표 2-1 | UNESCO 평생교육 주요사업 연혁

연도	내용
1949년	제1차 세계성인교육회의 개최(덴마크 엘시노어)
1965년	파리 성인교육추진국제위원회 개최 파울 랑그랑(Paul Lengrand)의 「평생교육에 관하여」 보고서 제출
1968년	제15회 유네스코총회 '세계 교육의 해' 의제로 평생교육 채택
1971년	교육발전국제위원회(Faure 위원회) 조직
1972년	포르(Faure)의 「존재를 위한 학습(Learning to Be)」 보고서 제출 제3차 세계성인교육회 개최(일본 도쿄)
1996년	21세기 특별위원회 개최 들로르(Delors)의 「Learning: The Treasure Within」 보고서 발간

연도	내용
2000년	「세계교육보고서 2000」 발간 주제: '평생교육을 지향하는 교육권'
2001년	제56차 UN총회 'UN문해교육 10개년 계획(2003~2013): 모든 이를 위한 교육(Education for All)' 채택

출처: 최은수. (2019). 주요 외국의 평생교육정책. 서울: 학지사.

UNESCO의 평생교육 사업 전개 방향은 '모든 이를 위한 교육(Education For All: EFA)'이라는 큰 주제 속에 중장기 전략(2014~2021년)을 '평화(Peace)'와 '공평하고 지속적인 발전(Equitable and sustainable development)'이라는 목표 아래 다음과 같은 9개의 전략목표를 제시하였다. 그중에 전략목표 1~3까지는 교육 분야의 중장기 전략을 제시하고 있다(UNESCO, 2014a).

- 전략목표 1. 모두를 위한 양질의 평생학습 기회 제공을 위한 교육체계 개발 지원
- 전략목표 2. 창조적이고 책임 있는 세계시민 양성을 위한 역량 강화
- 전략목표 3. 모든 이를 위한 교육(EFA) 증진 및 미래 교육 의제 설정
- 전략목표 4. 국가, 지역, 전 지구적 차원의 과학, 기술, 혁신, 체제 및 정책 강화
- 전략목표 5. 지속가능발전의 주요과제에 관한 분야 국제협력 증진
- 전략목표 6. 통합적 사회발전 지원, 문회 간 화해를 위한 대화 증진, 윤리 원칙의 증진
- 전략목표 7. 유산의 보호와 진흥, 전승
- 전략목표 8. 창의성과 문화적 표현의 다양한 증진
- 전략목표 9. 표현의 자유, 미디어 발전, 지식과 정보에 대한 접근 증진

이에 UNESCO의 정책은 한국 평생교육 정책이 나아갈 방향을 다음과 같이 시사하고 있다(최은수, 2019).

첫째, 교육 소외계층의 교육 접근의 향상을 위한 끊임없는 노력이 이루어져야 함을 시사한다.

둘째, '지속가능발전을 위한 교육(Education for Sustainable Development: ESD)'은 환경, 사회, 경제 각 분야 및 삶의 질에서의 지속적인 발전을 위한 시민들의 역량을 다양한 학습의 형태와 관점의 수용 및 통합을 강화하고 있다. 이와 같은 정책은 한국의 평생교육 정책 역시 국민의 평생학습 촉진을 위하여 다양한 차원의 교육, 훈련 및 관리 방식의 개발과 적용이 필요할 뿐 아니라 학습자, 그리고 교육에 관련된 정부와 모든 이해 관계자들이 이를 위한 통합적이고 변혁적인 관점을 지녀야 한다.

셋째, 다양한 기관과 각 부처의 네트워크 구축과 긴밀한 협력에 대한 필요성에 대해 시사하고 있다.

2) OECD의 평생교육정책

OECD는 전쟁으로 황폐해진 유럽 대륙의 재건을 위하여 미국의 마셜 플랜 지원을 받아 1961년 OECD(경제협력개발기구, Organization for Economic Cooperation and Development)를 발족하게 되었다. OECD의 기본목표는 회원국들의 경제성장, 고용 및 생활수준 향상, 세계 경제 안정 유지, 각국의 국제무역 및 자본이동의 자유화, 개발도상국 경제원조 등을 주요 목표로 하고 있으며, 경제 분야뿐만 아니라 소비자 문제, 에너지, 고용과 인력개발, 교육, 사회문제, 건강, 기술과 산업 등 경제 · 사회 · 문화 · 복지 분야를 포괄하는 종합적인 자문회의 기구 성격을 지니고 있다. OECD의 역사는 스웨덴의 경제학자인 렌(Rehn)의 순환교육(Recurrent Education)이라는 의미로 시작된다. 렌은 1950년대 스웨덴 노동시장의 변화에 예민하게 반응할 수 있는 탄력적인 교육제도로 순환교육의 아이디어를 처음 제시하였으며, 1973년 OECD는 현실적 전략인 「순환교육: 평생학습을 위한 전략(Recurrent Education: a Strategy for Lifelong Learning)」을 보고하였다.

| 표 2-2 | OECD 평생교육 주요사업 연혁

연도	내용
1961년	'경제성장과 교육투자(Economic Growth and Investment in Education)' 콘퍼런스 개최
1968년	교육연구혁신센터(CERI) 설립
1970년	교육위원회 설치
1973년	「순환교육: 평생학습을 위한 전략(Recurrent Education: a Strategy for Lifelong Learning)」 발간
1975년	스웨덴 스톡홀름 「순환교육: 동향과 이슈(Recurrent Education: Trends and Issue)」 보고서 발간
1987년	「Recurrent Education Revisited: Modes of Participation and Financing)」 발간
1996년	프랑스 파리 제4차 교육부 장관회의 「모든 이를 위한 평생학습(Lifelong Learning for All)」 보고서 발표
2001년	프랑스 파리 제5차 교육부 장관회의 '모든 이를 위한 역량 개발에서의 투자(Investing Competencies for All)' 주제로 개최

출처: 최은수. (2019). 주요 외국의 평생교육정책. 서울: 학지사.

2001년 프랑스 파리에서 열린 제5차 교육부 장관회의는 '모든 이를 위한 역량 개발에서의 투자(Investing Competencies for All)'를 주제로 개최되었으며 지식기반사회 조성의 핵심 도구로서 평생학습전략이 강조되었다. 이 회의를 통해 논의된 사항들은 다음과 같다(성낙돈 외, 2015).

첫째, 일터와 학습 간의 경계가 희미해져 가고 있는 상황에서 지속적 경제발전과 사회적 성장을 위해 인적 자본과 사회적 자본의 중요성을 인식하고 강화가 필요하다.

둘째, 전 생애에 걸친 역량 개발을 통해 사회공동체의 질 제고와 교수·학습의 개선이 필요하다.

셋째, 학교에서 일터로의 인력 개발 모델과 일터에서 학교의 인력 개발 모델, 그리고 일터에서 일터의 자체적인 인력 개발 모델이 연계되는 '평생학습 전략 모형'을 제시한다.

넷째, 급격한 사회변화에 따른 교육과 인적자원개발의 중요성에 대한 인식 공유, 학습방법의 학습, 문제해결, 창의력, 집단 내 협력 등의 고등사회적 역량 또는 범교과적인 역량 함양을 강조한다.

다섯째, 인적·사회적 자본 축적을 위한 생애 역량 개발 투자 증대와 평등한 교육 및 학습기회 보장, 일과 학습의 연계 강화, 모든 사회 분야의 교육과 학습 네트워크 강화, ICT 교육 활용 기업체 간의 횡적 협력 체제와 초·중등·고등·성인교육의 종적 협력 체제 구축, 정보 격차 문제 등을 해결한다. 이처럼 지식 기반사회에서의 인적·사회적 자본의 중요성을 강조하였다(이희수 외, 2007).

OECD의 평생교육 정책은 공정성(equity)과 효율성(efficiency)의 두 가지 측면에서 다음과 같이 시사하고 있다(최은수, 2019).

첫째, 사회통합을 위한 평생교육 정책이 교육기회의 공정성 측면에서 제고되어야 한다.

둘째, 경제와 교육의 연결은 시대 변화에 적절한 인적 자원 개발의 중요성을 시사하고 있다.

3) UNESCO와 OECD의 평생교육 비교

UNESCO와 OECD는 평생학습사회 건설을 기반으로 학교교육 중심 교육체계에서 벗어나야 한다는 점은 서로 일치한다. 하지만 지향하고 싶어 하는 설립 목적이 다르다 보니 평생교육을 바라보는 관점이 차이가 있다.

첫째, UNESCO는 인간주의에 기초한 전인적인 자아실현에 중점을 두고, 개인과 집단의 삶의 질을 향상하게 하는 데 목적이 있다. 반면, OECD는 중심 목적을 직업능력개발 향상과 경제발전에 초점을 두고 있다. 즉 교육과 직업 활동을 분리해서는 안 되며 지속적이고 순환적인 관계를 유지해야 한다. 전 생애에 걸친 직업능력 신장을 강조하는 순환교육에 목적을 두고 있다.

둘째, UNESCO는 설립 초기부터 지금까지 '모든 이의 삶의 권리로서의 학습'을 주장하는 인간 중심적 평생학습관을 견지하고 있다. 하지만 OECD는 학습경제론적 관점에 근거하여 '생애능력개발, 투자 확대 정책'을 주장한다.

셋째, UNESCO는 인간 중심적 발전과 인권 존중을 바탕으로 지속적이고 평등한 발전을 이룰 수 있는 최소한의 조건으로서 기초교육을 강화해야 한다는 입장이기 때문에 학습은 인간이 가지는 최소한의 권리라는 인식을 하고 있다. 그렇지만 OECD는 경제적 발전이라는 목적하에 평생학습에 접근하고 있다. 더 월등한 경제발전을 이루기 위한 절대적 조건으로서 인간의 능력개발을 위한 평생학습을 주장하는 것이다. 급변화하는 세계에 적응하기 위해 모든 사람에게 평생학습은 필수적이며 누구나, 언제, 어디서든지 평생학습에 접근할 수 있어야 한다.

넷째, UNESCO는 '모든 이를 위한 교육(국경 없는 교육; EFA)'과 '만인의 배울 권리(Right of Learn)'라는 사업으로 인간 기본권으로서의 학습권 보장을 확대하고 있다. OECD는 '모든 이를 위한 평생학습 투자 확대 정책'을 통해 평생교육의 재정 확대에 주력하고 있다. 결국 재정 확대는 투자이고, 더 많은 이익으로 돌아올 것이라는 믿음이 있는 것이다.

과거 우리나라는 UNESCO의 평생교육 정책에 영향을 많이 받아 왔으나 최근에는 OECD의 평생교육 정책에 자주 영향을 받고 있음을 볼 수 있다.

| 표 2-3 | UNESCO와 OECD 평생교육 비교

구분	UNESCO	OECD
이념적 지향성	• 주요 이념: 이상주의 학습사회론, 인간중심 평생교육론 • 핵심 모토: 모든 이를 위한 교육 (Education for All) • 핵심 주제: 존재를 위한 학습 (Learning to Be) • 주요 회의: 세계성인교육회의	• 주요 이념: 경제주의 학습경제론, 전략적 인간자원개발론 • 핵심 모토: 모든 이를 위한 평생학습 (Lifelong Learning for All) • 핵심 주제: 평생학습전략, 순환교육 • 주요 회의: OECD 교육부 장관회의
이론적 배경	• 랑그랑(Lengrand): 새로운 평생교육 패러다임 • 포르(Faure): Learning to Be • 들로르(Delors): Learning the treasure within	• 인간자본론(human capital theory) • 사회자본론(social capital theory)
관심 영역	• 교육기회의 확장 → 계속교육 • 교육내용과 주도권의 확장: 교수자 공급 중심 → 학습자 선택 중심 • 교수 · 학습 메커니즘의 확장: 형식교육 → 비 · 무형식교육	• 평생에 걸친 직업능력개발 • 인적 자본과 사회적 자본 개발 • 일과 학습의 연계 모델 • 투자로서의 평생학습정책

출처: 최은수. (2019). 주요 외국의 평생교육정책. 서울: 학지사.

03 주요 선진국의 평생교육 동향

1) 독일

독일의 시민대학 시초는 1844년 덴마크의 그룬트비히(Grundtvig)가 세운 시민대학의 영향을 받아 1878년 설립한 훔볼트 아카데미라고 할 수 있으며, 시민대학이라는 공식명칭은 1902년 베를린의 평생교육기관에서 최초로 사용하였다. 그리고 1919년 바이마르공화국 헌법 148조에 시민교육기관의 설립을 명시하면서 시민대학의 설립이 제도화되는 계기가 마련되었다(박인섭, 2014).

19세기 기독교 주도의 일반 시민을 위한 교양교육, 도시 노동자를 위한 노동자 교육에서 오늘날의 교육형태로 발전되었다. 독일 평생교육의 대표 격인 VHS(Volkshochschule: 이하 시민대학)도 19세기 후반기에 당시 신흥 산업도시에 살던 도시 성인들의 교육적 요구로 생겨났다(최은수, 2019). 시민대학의 활성화는 계속해서 평생교육의 발전을 새롭게 마련해 주었고, 교회, 노동조합, 협의체 단체들의 활동 등으로 인하여 다양성을 가지게 되었다. 19세기 후반에는 독일 평생교육의 전환기로서 변화가 요구되었다. 높은 실업률과 시장경제로부터 영향을 받기 시작하였고, 여성들의 참여는 과거보다 더욱 다양하게 변하는 이유가 되었다. 현재 독일의 2개 지역을 제외하고는 교육 휴가법과 교육비 면제법에 따라 1년에 5일 동안 주정부가 인정한 계속교육기관에서 무상으로 교육받을 수 있게 되었고, 시민대학은 독일의 지역 성인교육센터로서, 모든 시민에게 평생교육의 기회를 제공하고, 각 주는 시민대학 교육수준의 질을 보장하기 위해 시민대학이 정기적으로 자기평가를 하고 교사진을 재교육하며 성과에 대한 비교보고를 수행할 것을 규정하고 있다.

2008년 4월 23일 독일 정부는 계속교육혁신위원회(Innovationskreis Weiterbildung)의 '평생교육 형성전략을 위한 제안서'에 기반을 둔 '평생교육 개념(The Concept for Lifelong Learning)'을 발표하여 향후 독일 평생교육의 중장기 전략으로 삼았다. 즉 인구 통계학적 변화를 경제 발전의 기회로 삼기 위해 평생교육이 삶의 모든 국면에서 이뤄지는 교육에 정부가 중점적으로 지원할 계획을 담고 있다.

독일의 평생교육이 국제적 비교치보다 낮다는 연구결과를 기반으로 하는데, 이에 따라 목표달성을 위한 가장 핵심적인 주안점은 첫째, 교육활동에 참여하는 동기를 강화한다. 둘째, 평생교육에 대한 시도를 촉진한다. 셋째, 평생교육 체계의 범위를 넓힌다. 넷째, 개별교육 부분 간의 유연성과 통합을 증가시킨다. 다섯째, 교육을 통해 사회를 통합한다. 여섯째, 평생교육의 과정과 효과를 통해서 지식과 통찰력을 강화한다는 여섯 가지이다.

계속교육혁신위원회의 권고에 따라 연방교육연구부는 첫째, 2015년까지 형식적인 평생교육의 참여 비율을 현재 43%에서 50%로 올리는 것, 둘째, 낮은 수준의 기술을 가진 사람 중 최소한 40%는 평생교육 분야에서 참여하는 것(현재는 28%), 셋째, 비공식학습을 포함하여 모든 형태의 학습 참여율을 현재 72%에서 80%로 올리는 것의 세 가지 목표를 달성하고자 하였다.

이처럼 시민대학의 가장 큰 특징은 개방성이다. 독일 시민대학은 모든 시민에게 열려 있다. 또한 시민대학은 전국 어디에서나 찾아볼 수 있다. 1,000여 개의 시민대학은 지역연계 평생교육 네트워크를 구현하는 것이다. 이러한 시민대학은 특히 기존의 평생교육 프로그램의 혜택을 거의 받지 못한 사람들을 평생교육의 장으로 끌어내는 데에 크게 기여한다. 시민대학의 이런 개방성과 연계성은 시민들에게 평생교육의 혜택을 주고자 하는 목적으로 운영되고 있다(이경화 외, 2017).

2) 영국

영국의 평생교육은 재건부 성인교육위원회가 성인교육은 국가가 영원히 필요로 하는 것이며 성인교육과 시민정신은 불가분의 관계에 있으므로 성인교육은 누구나 평생 누려야 하는 보편성(universal)과 계속성(lifelong)을 특징으로 한다고 주장한 1919년까지 거슬러 올라간다. 1세대라고 할 수 있는 1920년대부터 1960년대까지 지배적으로 사용된 핵심 용어는 '성인교육'이었으며 내용 면에서는 인문 자유주의적 성격을 견지하고 있었다. 1970년에는 '성인교육' 대신 '계속교육'이라는 용어를 사용하였고(2세대), 1990년대(3세대)에 들어서서 '평생교육'이라는 용어를 중심적 역할로 사용하게 되었다. 1980년대와 1990년대 초반 높은 실업 수준이 지속되자 일과 학습 간의 긴밀한 연계에 대한 인식이 높아졌지만, 정부는 재정 부족을 이유로 이 영역에 대해 투자하기를 꺼렸다. 대신에 학습은 국가가 아닌 개인과 조직의 책임이라는 것이다(변종임 외, 2006).

영국은 1944년에 제정한 교육법(Education Act)에서 영국의 교육체제를 기초교육(Primary Education), 중등교육(Secondary Education), 계속교육(Further Education)의 3단계로 구분하였는데, 여기에서 계속교육은 만 16세까지의 의무교육 이후 모든 청소년과 성인의 교육이라고 규정하였다. 그 후 1988년 교육개혁법(The Education Reform Act)에서는 계속교육이란 '의무교육 연령이 넘은 이들을 위한 전일제 혹은 정시제 교육과 조직적인 여가활동으로 고등교육은 여기에서 제외된다.'고 규정하였다. 이 법에 따라 영국 교육제도 전반에 걸친 개혁이 펼쳐짐에 따라 평생교육 정책은 인문학 위주의 교양교육에 치중하는 데에서 직업적인 계속교육을 발전시키는 데 초점을 맞추었다(김가영, 2008).

1998년 2월 블레어(Blair) 총리 정부는 첫 번째 교육개혁 정책 녹서(green paper), '학습의 시대: 새로운 영국을 창조하기 위한 르네상스(The Learning Age: A Renaissance for a New Britain)'를 발표하였다. 이는 모든 연령층의 학습-기초 문해에서부터 높은 수준의 학문에 이르기까지 공식·비공식학습을 주장하였다. 학습을 번영의 열쇠이며 성공의 기초로 보고, 16세 이상의 모든 연령층을 위한 문해 및 수리력 교육, 더 높은 수준의 기술, 더 나은 교수-학습 수준, 계속교육과 고등교육의 확충, 새로운 형태의 학습을 위한 산업대학 설립을 제안하고 이를 현실화하였다. 영국 정부는 여러 개의 평생교육 추진 기구를 통합한 학습기술협의회(Learning and Skills Council: LSC)를 2000년 8월에 제정된 학습기술법(Learning and Skills Act)에 근거하여 2001년 4월 비정부 공공기구로 출범한 평생학습추진기구를 설립하여 영국 평생교육체제를 발전시키게 된다(배석영 외, 2013).

3) 프랑스

프랑스의 평생교육은 '사회구성원들을 평생에 걸쳐 교육한다'라는 목적으로 개인의 총체적 역량을 향상하는 데 기여하고 있다. 교육사상가 콩도르세(Marquis de Condorcet)는 18세기 공교육의 개혁을 주장하면서 1791년 '교육에 관한 다섯 가지 각서'를 발표하고, '공교육의 전반적 조직에 관한 보고서 및 법안'이라는 교육개혁안을 의회에 제출하였다. 그는 “교육이 학교를 졸업한 개인을 포기해서는 결코 안 될 것이다. 교육은 모든 연령층을 대상으로 행해져야 한다. 배워서 유효하지 않은 것은 없다. 적령기의 아동들에게 시행하는 교육 못지않게 성인들을 대상으로 하는 2차 교육은 더욱 필요하다”라는 말로 교육의 자유와 공교육의 조직과 정비에 대한 국가의 의무를 강조하였다(최은수, 2019).

프랑스 평생교육 정책은 제2차 세계대전 이후 급속한 사회발전과 함께 평생교육이 생산성과 경제성장 요소로 간주되기 시작한 1944~1972년의 발전기, 욤키푸르(Yom Kippur)전쟁(제4차 중동전쟁)과 석유파동 이후 경제 위기를 겪으며 교육정책에 대한 반성이 이루어진 1973~1980년의 실망기, 1981년 이후 다양한 주제, 새로운 차원의 평생교육 중요성이 주목받기 시작한 재활성화기로 나누어 볼 수 있다(최은수, 2019). 국가교육이 지역화된 이후 프랑스 교육은 국가교육과 지방교육으로 크게 나눌 수 있으며 지방교육은 다시 광역권 자치단체, 광역지방자치단체, 기초지방자치단체 등에 의한 교육으로 나누어진다. 2004년 5월 개정된 「평생직업교육법」은 전반적으로 더욱 넓은 범위의 근로자를 대상으로 근로자의 역할을 적극적으로 수용하는 방향으로 전환되었으며, 소외계층과 여성, 장애인의 근로조건을 명시함으로써 보다 실제적인 평등권을 보장하고자 하였다(최은수, 2019).

4) 북유럽

북유럽의 국가에서는 학습이 복지모델을 지향하고 있다는 점이 특징으로 삼을 수 있다. 좋은 학습의 기회를 제공하여 작업이 이루어지는 현장에서는 생산성을 높이고, 구조적 실업 극복 및 균등한 임금 지급을 지향한다. 평생학습 기회를 제공하고 계속교육을 통하여 가능함을 알려 주고 있다. 직업세계, 노동시장의 변화로 인해 지속적 능력개발의 중요성을 인식하고 수요에 적합한 고용인력의 능력(언어, 소통, 협동할 수 있는 능력, 문제를 해결할 수 있는 능력, 지식습득능력, 기술습득능력)

을 향상하기 위해 평생교육이 차지하는 비중이 매우 크다고 할 수 있다. 유럽의 복지정책 변화는 이전의 사회보장정책 중심 복지정책의 실패를 보완하기 위한 새로운 복지전략으로 복지정책의 한가운데에 평생학습정책을 위치시키고 있다. 특히 복지정책과 교육정책의 연계는 교육과 노동시장 간의 연계를 반영하는 것이다. 즉 학교교육을 통한 한 개인의 전체적 인생을 설계하고 진로교육 등을 통하여 장래의 인생설계에 의한 사회적응 교육을 강화하고 있으며, 학교교육 내용은 직업현장에서 활용할 수 있는 지식과 기술을 강조하고 특히 공동체에서의 협력과 민주시민의 의식 형성을 강조하여 사회 적응력을 높일 수 있게 하는 데 중점을 두고 있다(배석영 외, 2013).

(1) 스웨덴

사회적 상황에서 학습동아리를 통해 자연스러운 민중운동이 가능하게 되어, 형식교육의 혜택을 못 본 성인들에게 교육의 기회를 주고, 조직 구성원들에게 조직에 대하여 가르치는 매개로 학습동아리가 주요 역할을 하게 되었다. 결과적으로 학습동아리가 정치 사안에 대하여 적극적으로 되고, 이후 공공의 쟁점을 다루는 일까지 정부에서 추진하게 되었다. 스웨덴에서 학습동아리는 2차 세계대전까지 가장 중요한 성인 시민교육의 수단으로 발전하게 되었으며, 그 이후에는 민중운동, 정당, YMCA, YWCA, 종교단체, 대학확장 프로그램, 공공기관의 다양한 프로그램으로 확장되었다. 1947년에는 학습동아리의 조직과 실천을 인정하고 정부 기금으로 학습동아리의 운영을 지원함으로써 공식화하였다. 1980년 이후에는 학습동아리에서 IT의 사회적 영향, 핵무기 문제, 환경오염 등과 같은 쟁점에 관심을 가지게 되면서 공공의 문제에까지 접근하게 되었다(이경화 외, 2017).

스웨덴의 경우 성인의 3분의 1 이상이 학습동아리에 가입하여 '학습하는 문화'가 조성되어 있으며, 학습동아리의 운영비를 국가에서 지원하고 있다. 18세에서 75세의 사람 중 75%는 학습동아리에 참가한 경험이 있다. 약 40%는 3년

간 지속해서 적어도 한 개의 학습동아리에 참가하고 있다. 모든 동아리 협회는 특별한 사회운동의 목적으로 하거나 특정 기관에 소속되어 있으므로 명확한 특성을 갖는다. 이러한 협회들에 지급되는 정부의 기금은 스웨덴 '성인교육위원회(The National Council of Adult Education)'를 통해서 나누어 주며, 활동을 지원하고 평가한다(배석영 외, 2013).

(2) 핀란드

핀란드는 전 국민 평생학습지원체제를 구축하고 있다. 국민이 기초학교나 고등학교 정규교육과정에서 빠진 학습에 대해서는 지자체가 제공하는 성인교육 프로그램을 통해 언제나 배울 수 있도록 지원하고 있다(안승문, 2009).

핀란드의 교육정책은 모든 국민이 출신과 배경에 구애되지 않고 질 높은 교육을 받을 수 있도록 지원하는 것이다. 만 6세 취학 전 시기부터 대학원생 시기까지 지속적 지원을 제공한다. 핀란드 교육정책은 크게 여섯 가지로 요약할 수 있다(OECD, 2013).

첫째, 모든 사회구성원에게 평등하고 질 높은 교육기회를 제공한다.

둘째, 학생들이 향후 참여하게 될 일반교육, 직업교육, 직업훈련 프로그램에 대한 체제를 정비한다.

셋째, 학교 지도자와 교사들의 신뢰도와 숙련도를 높여 학교교육력을 강화한다.

넷째, 학생평가는 자기평가를 기반으로 이루어져 학업 성취도를 높이고, 평가의 주된 목적은 학생들의 학업 성취도를 높이고 공평한 교육시스템을 구축하는 것이다.

다섯째, 핀란드의 교육은 지역 수준의 자율적 거버넌스 형태로 운영한다.

여섯째, 2005년부터 2010년 사이 핀란드 정부의 교육예산은 국가 전체 예산의 6.5% 수준으로 책정하는데 이는 OECD 회원국 평균수준에 해당한다.

핀란드의 평생교육은 위와 같은 전체적 교육방향과 제도를 기반으로 구축되어 있다. 우리나라에서 새롭게 정립하고자 하는 평생교육 정책과 제도가 핀란드에서는 이미 평생교육이라는 용어를 사용하지 않아도 정착되어 있다. 핀란드의 평생교육학제는 학령기 이전교육, 의무기초교육, 후기 중등교육, 고등교육, 성인교육으로 구성되어 있다(한숭희 외, 2005).

핀란드의 성인교육은 학력취득을 위한 성인교육, 후기 중등교육, 보충교육을 위한 성인교육, 일반 성인교육으로 구분된다. 핀란드의 성인교육 담당 기관은 비형식기관, 학력취득 성인교육기관, 직업훈련 교육기관 등이 있다. 핀란드는 교육을 전 사회구성원들을 대상으로 국가가 제공해야 하는 공공재로 인식하고 있어서 모든 이에게 평등한 학습기회를 제공하기 위한 평생교육학제를 구축하고 있다(양흥권, 2022).

(3) 덴마크

덴마크교육은 학교에서 제공하는 교육과 학교 밖의 교육을 포괄하는 의미가 있다. 덴마크교육은 사회 평등화와 복지실현의 중요한 기본 이념으로 모든 국민에게 평등한 교육기회를 제공하기 위한 교육체제를 구축하고 있다. 덴마크는 초기 기초교육이 이후의 교육에도 미치는 영향이 크다고 보고 초기 기초교육을 강화하고 있다(한숭희 외, 2005).

덴마크의 교육행정체제는 초·중등 단계의 학교교육은 기초지자체에서 관할하고, 고등교육과 성인교육은 중앙정부에서 관할한다. 덴마크 국민들은 직업교육에 등록하게 되면 선행학습에 대한 평가·인정을 통해 개인학습계획을 수립한다. 또한 덴마크 직업교육은 개인 학습자의 수준과 학습진도를 바탕으로 하는 유연한 모듈형 학습체제를 구축하고 있다. 즉 덴마크 교육제도는 공식적 교육제도 단계와 성인계속교육제도 단계에 대한 구별 없이 고등교육까지 학업을 계속할 수 있도록 하는 평생학습체제를 구축하고 있다. 덴마크교육의 가장 큰 문제는 학생들의 높은 중도탈락률이며, 정부는 이를 보완하기 위하여 유연한 교육시스템을 구축하고 있다. 즉 국민들이 자기개발을 통해 노동시장의 변화하는 수요에 적응할 수 있도록 평생학습시스템을 구축하고 학습자들이 취업한 이후에도 언제든지 필요한 자격취득과 교육 프로그램을 이수할 수 있도록 지원하고 있다(이영현 외, 2009).

1984년 평생교육정책이 민주시민교육의 새로운 흐름을 제시했다면, 그 교육정책의 후속판으로 1995년은 OECD 개념인 '순환교육'에 관심을 두고, '순환교육을 위한 10대 과제'를 제시하였다. 전략보고서에 제시한 10대 과제는 다음과 같다(한숭희 외, 2005).

첫째, 모든 덴마크 시민은 성인교육에의 재정적 지원을 제공받을 수 있고, 특히 교육수준이 낮은 사람을 위한 특별 전략을 강구해야 한다.

둘째, 성인들을 위한 훈련을 제공하는 기관의 종류와 수를 늘려야 한다. 직업전문학교(Vocational College), 고등교육기관에서 성인들을 위한 훈련과정을 개설하도록 한다.

셋째, 교육이 계속되는 과정임을 강조한다.

넷째, 학습자가 현재 가지고 있는 자격증과 지식의 수준을 올릴 수 있는 보충과정(Refresher)이 개설되도록 각 교육기관을 독려해야 한다.

다섯째, 학점의 상호인정을 확장하여, 일관성 있고 체계적이며 이동이 자유로운 교육체제를 만들어야 한다.

여섯째, 성인교육기관과 기업이 서로 협조해야 한다.

일곱째, 직업훈련기관과 학력취득 성인교육기관은 지역사회를 대상으로 주요 프로그램들을 제공해야 한다.

여덟째, 교육과정 내 유연성을 확보하기 위해, IT와 같은 새로운 정보와 의사소통방식, 기술이 사용되어야 한다.

아홉째, 성인교육 내에서 제공되는 모든 정보를 담는 안내 책자를 개발하고, 이를 제공한다.

열째, 성인들을 위한 훈련과정의 연계체제를 구성한다. 공식적 자격증이 없더라도 모듈이나 자격증 과정을 제공받을 수 있도록, 표준화된 과정이나 개별

과정을 결합할 가능성을 확보해야 한다.

한편 2001년 '성인 평생교육(adult and continuing training, VEU)' 개혁안은 직업훈련 과정과 계속교육과정을 하나의 통일성 있고 단순한 단일 성인교육체계로 통합함으로써 성인들의 계속교육을 장려하고, 자격증을 획득할 수 있는 다양한 교육기회를 제공하는 것을 목표로 한다. 이러한 목표를 달성하기 위해 FVU, GVU, VVU 과정이 새로 구성되었다.

FVU(Forberedende voksenundervisning: 예비성인교육)는 일반 성인교육 영역에서 정규 교육과정을 이수하지 못한 기술 수준이 낮은 18세 이상의 성인들을 위한 교육과정이다. GVU(Grundlæggende voksenundervisning: 기초성인교육)는 직업훈련과정 영역에서 직업교육을 받지 못한 25세 이상 성인들을 대상으로 하는 과정으로서, 이 과정에 참여하는 학습자의 이전 직업경험과 형식교육 경험이 인정된다. VVU(Videregående voksenundervisning: 고등성인교육)는 직업교육영역에서 학위를 이수하여 고등교육단계로 계속학습을 이행하고자 하는 성인들을 위한 과정이다.

2017년 10월 29일, 덴마크 정부와 사회적 파트너 덴마크 노동조합 총연맹(LO), 덴마크 사용자 총연합(DA)은 '성인 평생교육(adult and continuing training, VEU)'에 관한 노사정 합의에 도달했다. 이는 세 번째로 체결된 중요 노사정 합의다. 첫 번째는 2016년 체결된 난민의 노동시장 참여 촉진에 관한 합의였고, 두 번째는 2017년 체결된 직업훈련 환경개선과 수습생 규모 확대에 관한 합의였다. 협약의 가장 중요한 부분은 다음과 같다(손옥이, 2018).

첫째, 저숙련·숙련 근로자 모두가 자발적으로 자신에게 필요한 훈련을 받을 수 있도록 '변화자금'을 지원하기 위해 4억 크로네(2024년 11월 기준, 약 504억 원)를 확보했다. 이 자금의 주목적은 근로자가 변화하기 위한 더 좋은 기회를 제공하는 것이다.

둘째, 읽기, 쓰기, 셈하기 교육을 확대하고, 1억 크로네(약 126억 원)의 예산을 활용해 ICT 기술, 영어 등의 학습기회에 관한 관심을 높임으로써 노동자들의 기초 능력(basic skills)을 강화할 수 있을 것이다.

셋째, '성인 직업훈련과정(AMU)' 참여 수당을 실업급여액 상한선의 80%에서 100%로 인상할 것이다.

넷째, 수업료 인상을 통해 AMU 실시 지역에 2억 8천만 크로네(약 353억 원)를 투입함으로써 학교에서 제공하는 훈련의 질을 개선할 것이다. 또한 1억 4천만 크로네(약 177억 원)를 투입하여 AMU 우수사례를 확보할 것이다.

다섯째, 특정 비즈니스 수요에 맞을 수 있도록 맞춤형 AMU를 확대하는 등 보다 유연한 형태의 AMU를 제공할 것이다.

여섯째, 회사와 근로자들이 'VEU 시스템'을 통해 여러 훈련 기회, 과정 등록과 VEU 수당 요청에 관한 정보를 쉽게 얻을 수 있게 될 것이다.

또한 2006년 발표된 평생학습을 위한 국가적 전략은 '진보, 혁신과 통합-세계경제에서의 덴마크의 전략(Progress, Innovation and Cohesion: Strategy for Denmark in the Global Economy)' 보고서에 포함되어 있다. 이 보고서는 덴마크를 선도적인 지식사회로 만들기 위해 경쟁력 확보와 사회적 통합을 이룩하기 위한 전략들을 제시하고 있다. 세계 최고 수준의 성인학습 참가율을 보이는 덴마크지만 이 보고서에서 정부는 한 사람도 예외 없이 평생학습에 참가하는 것을 목표로 내걸고 있다. 또 성인교육과 계속훈련이 특히 학교교육을 충분히 받지 못한 개인의 경쟁력을 높이는 기회를 제공할 수 있다고 보고, 변화된 직업 세계가 요구하는 역량을 기를 수 있는 효율적인 프로그램을 제공하는 것을 목표로 하고 있다(김종서 외, 2009).

5) 미국

17세기 초반 미국에서는 직업교육과 기술교육의 필요에 따라 동남부 지역을 중심으로 여러 학교가 세워지기 시작했다. 당시 미국은 영국의 식민지였으므로 교과서의 교육내용은 영국과 같았다. 그러나 영국의 억압적인 가톨릭 교육과 달리 청교도 교육을 했다는 것이 다른 점이다. 여러 나라에서 온 이주민들의 다양한 문화, 종교, 풍속, 사상들이 혼재했다는 점에서 영국과 다른 특징을 가지고 있었다. 미국 교육은 영국의 제국 시민을 미국의 민주적 시민으로 재형성하는 시급한 과제를 안게 된다. 이에 당시 미국의 평생교육은 다른 선진국보다 훨씬 더 시민성 형성의 교육을 강조하게 되었다. 19세기 전반에는 민주적인 사회 건설과 유지·발전을 위한 지식의 일반적인 보급이 시대적인 과제로 주목받으면서 학교의 의무교육, 사회교육 영역에서의 공공도서관 운동이 동시에 전개되기 시작했다. 19세기 후반 시작된 셔터쿼(Chautauqua) 운동은 이 시기 미국 평생교육의 대표적 특징이며, 초기에는 일요학교 교사를 위한 오락과 교육을 겸비한 여름학교로 시작하여 성인교육 프로그램으로 확장되었다. 또한 질의 응답식, 강의법, 독서클럽 등을 포함한 많은 형태의 교수방법을 최초로 적용하였으며, 교육과정으로 인문과학뿐 아니라 도서관 이용 연습과 같은 실제적이고 직업적인 과목도 포함되었다. 20세기에 들어서면서 미국은 급격히 증가한 이민세대들의 교육과 제1·2차 세계대전을 거치면서 경제공황 극복을 위해 공공직업훈련과 사회교육을 활발히 추진하였다. 특히 사회교육이나 방법에서도 새로운 접근이 추가되어 급변하는 사회현실의 문제에 대한 해결적 접근, 평생교육 이념의 반영, 대중매체를 중심으로 한 시청각 교육이 광범위하게 활용되었다(최은수, 2019).

미국의 평생교육정책은 성인의 계속교육을 통한 경제침체 및 노동시장 위기 극복, 대학의 위기 극복, 이민자와 영어 구사 능력이 떨어지는 성인들의 문해력 향상, 교육기회의 평등성 실현, 민주적 시민성 형성 등의 방향으로 전개되고 있다. 근래에는 전 세계적으로 고등교육의 대중화가 가속화되면서 미국 평생교육 분야에서도 고등교육의 역할 강화에 대한 요구가 지속적으로 증가하는 추세이며, 국가 주도형이 아닌 시장 메커니즘(mechanism)에 의해 작동되는 미국 평생교육의 특성을 강하게 보인다. 이는 저소득층을 비롯한 소외집단을 대상으로 하는 특정 평생교육 분야 외에는 국가가 평생교육 정책에 주도적으로 개입하지 않으며, 각 기관 및 기업, 지역사회 등이 자율적으로 평생교육 활동을 하고 개인 학습자가 일상생활에서 자발적인 무형식 활동을 하는 형태다. 2008년부터 미국 정부는 새로운 일자리 창출을 위한 과학기술교육에 많은 관심을 기울이며, 급변하는 과학기술에 발맞춰 경제성장과 일자리 창출, 교육평등 실현, 성인문해 등을 꾸준히 지원하는 방향으로 추진되고 있다(최은수, 2019).

6) 일본

일본이 국내외적으로 제2차 세계대전 이후 정치·경제적인 면에서 괄목할 만한 발전을 이룩할 수 있었던 것은 서양의 과학적 합리성 및 실용성과 동양의 유교적 문화의 융합과 교육이 그 중심에 있었기 때문이다. 일본의 교육은 학교교육의 보완·보충적 역할, 민중의 계몽·교화의 역할을 맡아 왔으며, 오늘날에는 국민의 학습권 보장을 위한 통합, 연계의 구축으로 발전하고 있다. 1868년 메이지 유신은 신문 및 잡지의 창간 독서와 학술활동 등 사회교육 활용을 급속히 확산시켰고, 1886년부터는 사회교육이란 용어 대신 통속교육이라는 용어를 사용하였다. 1921년 다시 공식어로 사용해 오던 '통속교육'은 '사회교육'으로 개칭되었다. 1924년에는 문부성 보통학무국에 사회교육과를 창설하고 이후 청소년교육과, 성인교육과, 서무과를 두는 등 사회교육 행정제도를 확충 및 정비하였으나, 제2차 세계대전이 한창이던 1942년 사회교육국이 국민교화국으로 개편되면서 일본의 사회교육은 일시적으로 중단되었다. 이후 미국의 점령하에 1946년 일본의 「신헌법」이 제정되어 교육권을 기본적인 인권으로 인정하였고, 이에 따라 교육 입법상의 법률주의 및 법률에 따른 교육행정의 원리가 성립되었다. 그러나 사회교육의 개념 및 영역의 모호성 등으로 인해 법제화 작업이 지연됨에 따라 결국 「사회교육법」은 1949년 6월에 공포될 수 있었다고 한다(최은수, 2019).

1970년대부터 본격적으로 추진된 일본의 평생교육 정책은 1970년대 정비·신장기, 1980~1990년대 평생교육에서 평생학습으로의 이행기, 2000년대 이후 확충·전환기로 구분할 수 있다. 일본에서 평생학습 추진 체제란 평생학습을 지원하고 추진하기 위한 국가, 도도부현(都道府縣), 시정촌(市町村) 조직을 말하며,

평생학습 기회의 장은 사회교육과 학교교육뿐 아니라 일반 행정과 민간에서도 이루어지고 있다. 일본의 문부과학성을 비롯한 중앙 행정부처들은 '평생학습사회'를 이상사회로 선정하고 이에 따른 평생학습정책을 확립 및 추진하며, 도도부현과 시정촌의 지방자치단체에서는 평생학습 추진 체제를 구축하여 평생학습 진흥계획을 수립함으로써 지역주민들을 위한 평생학습사업을 정착시켰다(최은수, 2019).

1990년대부터 2000년 이후 일본의 사회교육과 평생학습은 정체와 혼미, 전환과 재생이라는 다난한 세월을 겪었으며, 최근 일본의 지방자치단체는 중앙정부와 신자유주의 정책에 따른 행·재정개혁의 추진과 함께 사회교육의 전환기를 맞고 있는 동시에 지역 만들기, 마을 만들기에 대한 역할을 사회교육에 기대하는 움직임도 두드러지고 있다. 이러한 움직임과 함께 공민관 역시 지방분권·지방자치제의 본격화와 행·재정의 개혁 등과 맞물린 공공시설 민영화의 진전으로 인해 더욱 주민자치적 운영에 힘을 기울임과 동시에 평생학습의 역기능이 약화된 커뮤니티 활성화를 위해 제도적인 노력을 기울이고 있다. 경제적으로 일본 사회는 어려운 시기와 청소년의 부모에 대한 의존의 장기화, 사회적 자립의 지연 등으로 소위 프리터(Freeter)[3]와 니트(Not in Education, Employment or Training: NEET)[4]가 증가하고 있는 것과 동시에 여전히 장년 실업 문제가 심각한 상태다. 또한 저출산과 고령화의 진행을 배경으로, 2007년에는 총인구가 감소하기 시작하면서 같은 시기에 소위 '베이비 붐 세대'가 일제히 은퇴기를 맞는 등 노동인

3) 프리(free)와 아르바이터(arbeiter)의 합성어이다. 한마디로 일용직. 1980년대에 취직보다는 아르바이트로 생활하는 청년층이 등장하면서 나타난 단어이다. 이들은 주로 편의점, 오락실 등에서 단기 혹은 중장기 아르바이트로 생계를 이어간다. 한국에서는 2010년 이후 등장하였다(https://namu.wiki).

4) 일본에서는 노동시장에 참여하는 것을 거부하는 사람들을 하류화 또는 하류지향이라고 부른다. 우치다 타츠루의 하류지향이라는 책이 나오면서 유명해진 2000년대 일본의 신조어로 노동시장에 참여하지 않아 소득이 없어지고, 그로 인해 자신의 생활수준 및 사회경제적 지위(SES)가 아래로 내려가게 되는 것을 지향한다는 의미다(https://namu.wiki).

구의 변화가 예측된다. 일본 사회는 앞으로 이러한 사회적인 문제와 자녀에 관해 우려할 만한 다양한 현상을 직시하고, 사회 전체가 과제 해결을 위한 노력으로 생애학습사회를 통해 '언제든지 자유롭게 학습기회를 선택하고 배울 수 있으며, 그 성과가 적절하게 평가되는 사회'로 정의하고, 이러한 사회 조성을 위해 평생교육정책을 수립하여 추진하고 있다(최은수, 2019).

04 한국 평생교육의 역사

한국의 평생교육은 과거 기독교 초기 선교사들의 선교활동 시기에 많은 영향을 받았다. 그 당시의 사회활동과 평생교육은 많은 신학자, 역사학자, 사회학자, 지리학자 등 다양한 방법으로 연구를 소개하고 있다. 신성훈(2013)은 일제 강점기인 태동기(1880~1945)를 비롯하여 해방 이후의 재건기(1946~1960), 전개기(1961~1980), 전환기(1981~2012)를 지나오면서 지역 교회의 사회활동을 시대적 배경에 따라 규명하고 사회교육 활동의 목적, 교육활동 내용, 운영에 대해 구분하기도 하였다. 또한 김미향(2014)은 사회교육자로서의 전문성을 논하면서 국가 재건기(1945~1960), 경제성장 및 민주화 운동기(1961~1987), 시민사회형성기(1988~1997), 복지 및 세계화 병행기(1988~2012)의 시대별로 구분하기도 한다. 이처럼 평생교육 관점에서 한국기독교 초기 선교사들의 사회활동은 평생교육 발전의 근본이 되었다. 그리고 이들은 사회활동 전문가이자 평생교육자라고 할 수 있다(김동일, 2019a).

한국기독교 초기 선교사들의 사회활동은 성경을 기준으로 테오리아(theoria)와 프락시스(praxis) 간의 상호작용을 반영하여 사회활동 교육이라는 실천적 가치를 가지고 있다. 한국교회 초기 선교사들이 교회교육과 사회 공교육에 큰 업적을 이루었으며 교단에 따라 의학, 여성학, 학교 및 사회 공교육, 아동 및 청소년교육, 장애복지시설과 권리교육 등 다양한 분야의 활동으로 한국 사회에 골고루 확산시키고 발전시켰다. 농업기술교육과 사회계몽, 그리고 여성교육을 통해 여성권리 신장에 노력을 쏟았다. 이를 기반으로 여성들도 동참하여 지도자 양성과 적극적인 사회일원으로서 활동할 수 있게 되었다. 한국의 농경사회는 낮은 경제적 생활과 교육의 질 그리고 높은 문맹률을 가지고 있었다. 하지만 선교사들의 헌신을 통해 교육, 사회, 문화, 정치, 경제 등 많은 부분에서 근대화의 기초를 쌓을 수 있었다(성연환, 2011). 그리고 초기 선교사들의 사회활동은 평생교육이라는 정책과 제도가 없었지만, 지금에 비추어보면 신교육, 공교육 그리고 기독교교육이 바로 평생교육에 이바지한 것이라고 본다(김인수, 2009).

해방 이전 조선시대에는 향리를 중심으로 '계', '두레' 등 마을의 개선과 협력을 위한 활동이었고, 향교에서는 정규교육뿐 아니라 교육을 받지 못한 민중들에게 예의, 질서, 경로사상 등을 고취하는 교육활동을 실시하였다. 일제 강점기에는 야학 및 민족학교 등에서 문맹퇴치교육과 계몽교육이 중점적으로 이루어졌다(김신일, 2015).

1) 기독교 사회활동단체의 시민교육

한국의 근대 사회교육사상을 분석하면 구한말에 서구의 기독교적 이념의 토대에서 평등교육을 지향하고 지역사회에서 교육적 실천에 앞장섰으며 비형식 교육의 사회활동이 많이 이루어졌다. 일제의 통제로 인하여 민족계몽, 민족적 지도자의 양성, 이상촌의 건설 등 다양한 형태의 사회교육이 있었다. 이러한 사회교육 실천원리의 교육이 기독교 사회활동단체와 시민교육이다. 기독교 사회활동단체의 시민교육은 다음과 같다(김동일, 2019a).

(1) YMCA

산업혁명 이후 젊은이들의 영적, 정신적, 신체적 향상과 사회적 유혹으로부터 거듭남을 소망으로 1844년 영국의 젊은 청년 12명에 의해 기독교청년회(Young Men's Christian Association: YMCA)가 창립되었다. 그 후 1855년 세계기독교청년회연맹이 파리에서 다음과 같은 공동 이념으로 설립 목적을 채택하였다.

1850년 이후 미국에서 크게 발전하여 세계적으로 더욱 활발히 활동하였으며 우리나라는 1903년 YMCA 전신(前身)인 황성기독교청년회가 창립되었으나 1913년 4월 일제의 탄압으로 황성기독교청년회는 활동을 중지하고 일제의 산하기관인 조선중앙기독교청년회로 명칭이 바뀌었다(한국민족문화대백과사전, 2024). 선교사들에 의해 설립된 한국 YMCA는 신앙생활과 교육활동, 사회계몽의 목적으로 창립 초기부터 강연회와 토론회를 운영하였다. 사상적 배경의 중책을 맡은 중국 YMCA의 선구자였던 라이언(D. W. Lyon)은 "YMCA가 결코 정치적 활동의 중심지가 되어서는 안 되며, 그 안에서 그런 행동은 절대적으로 금지되어야 한다"라는 설립에 대한 의견을 말하였다. 이는 비정치적인 조직이어야 한다는 게일(J. S. Gale)의 의도라 할 수 있다. 국가는 교회의 영적인 일에 간섭하지 않으며 단지 보호한다는 것이다. 또한, 교회는 국가의 일에 간섭하지 않는다는 것으로 교회와 국가가 어느 정도의 긴장 관계를 의미하는 형태이다. 미국 근본주의의 신앙적 유산을 지니고 있던 선교사들은 한국교회에 수용되었고, 대부분의 보수주의자는 교회의 사회참여를 금하고 있다. 이러한 사상적 성격에 의해 한국의 YMCA는 시작되었다.

1919년에 3 · 1독립만세운동의 실패로 큰 좌절을 느낀 젊은이들에게 예수 그리스도에게 이끌어야 할 필요성을 느끼게 되었고 민족을 위한 기독교 사회개혁운동이 절실히 필요로 하였다. 또한, 일제 강점기에 조선총독부의 교육에 맞서기 위해 자강(自强)의 노력으로 국권 회복과 민족의 독립을 위한 교육적인 맥락에서 실시하였다(오혁진, 2016).

기독교적 신앙과 사회개혁의 변화에 끊임없는 교육과 성찰을 통하여 프락시스(praxis)적인 실천으로 예수 그리스도의 가르침에 따라 젊은이들을 바른길로 지도하며 사랑, 정의, 평화 그리고 생명 존중을 실현함으로써 기독교 사회교육 운동을 전개하여 왔다.

(2) 시민참여교육

현대적 교수방법과 과학적 접근 방식에 의해 자유롭고, 자발적이며, 능동적인 개방형 토론과 변론을 통하여 학생들에게 머리가 아닌 마음으로 배우는 교육을 실천함으로써 시민과 소통을 위한 인식교육을 했다. 또한, 민족의식 함양을 높이기 위하여 순회강연회 및 웅변대회 등 민중을 위한 교육을 하였고 사회계몽 운동으로는 물산장려회, 마약퇴치운동 등의 시민교육을 하였다. 그 외에 전인적인 인간 형성을 목표로 야구, 축구, 권투, 유도, 체조, 역도, 레슬링, 정구, 하키, 스케이트, 육상 등의 체육활동을 중요시하였으며, 동서양 음악과 문화공연 등을 갖기도 하였다.

(3) 생활문해교육 및 지역사회교육

일제 강점기 한국인의 약 80%는 농업을 생업으로 하였다. 당시 한국의 농촌은 제국주의 수탈정책으로 인해 말할 수 없을 정도로 쇠퇴하고 몰락했다. 농민 대부분은 소작농이었으며 3·1운동 이후 더욱 생활이 불안정해졌다. 특히 호남지방은 농산물과 농토가 풍부했다. 그래서 일찍부터 일본인들의 이주가 시작되었고 동양척식회사가 착취를 시작하였다. 이러한 소작농을 위해 농민강습소라는 농촌센터를 설치하여 농민을 위한 교육에도 힘을 썼다. 농업경영과 농민들의 지위 향상을 위해 협동조합을 만들고 야학반을 개설하여 글을 모르는 이에게 한글을 가르치며 숫자와 가감법을 가르쳐 셈을 할 수 있게 교육하였다. 농한기에는 부업을 장려하여 농촌 재정에 힘썼으며, 그 외에 원예와 위생, 질병의 예방교육과 투전, 음주, 미신 등 농촌사회의 병폐와 생활을 개선하는 운동도 하였다. 어비슨(G. W. Avison, 1933)은 수피아여학교 앞 자신의 집에 2년제인 농업실업학교를 세워 농촌지도원을 양성하였다. 입학 자격은 소속 교회 목사 추천서를 받고 신체 건강한 농촌 출신자 중에 초등학교 졸업자로서 경작할 만한 땅이 있고 필기와 구두시험 합격자이어야 한다. 교육내용은 채소, 완두, 소시지 등의 농산가공, 수도(手稻) 그리고 성경과 부기와 한국사를 가르쳤다. 이러한 농촌계몽을 위한 교육과 문맹퇴치운동을 그치지 않고 계속했으며 그리스도의 사랑으로 봉사자들을 통하여 사업들이 운영되었다.

그 외에도 아동·청소년 및 여성교육을 위한 사회교육사업으로는 여성들의 문맹퇴치를 위해 야학을 개설하여 성경을 쓰고 읽게 하였다. 교육내용은 성경, 수신, 지리, 역사, 일어, 산술, 조선어, 한문 등을 배웠다. 소년 사업으로는 유능한 청년일꾼, 지도자 양성을 목적으로 보이스카우트의 모태인 소년척후단 총연맹을 조직하여 민족정신 고취 등 다양한 교육과 훈련을 전개하여 왔다. 그밖에도 성서반, 주일학교, 하계수양회, 강연회를 개최하여 끊임없이 사회교육에 전념하였다. 또한 YWCA는 이 지역의 여성에게 금주운동, 금연운동, 생활개선운동, 농촌계몽운동, 타지에서 온 여성을 위한 생활관 등 다양한 사회개혁운동과 시민교육을 펼쳐 나갔다. 초기에 과목은 성경을 비롯하여 한글, 산수, 음악을 주로 가르쳤으며 1930년대에는 요리법, 염색법, 재봉 등을 소개하여 생활에 필요한 신문명을 교육하였다. 또한, 성경 시간에는 미신타파를 강조하기도 하였다.

해방 후 1950년대의 평생교육은 국민강습소 등을 통한 문해교육, 대학생들의 농촌계몽 및 교육활동, 그리고 기독교여자청년회와 같은 다양한 자원단체 활동 등이 중점적으로 실시되었다(홍기형 외, 2006). 1960년대에는 재건국민운동이나 농촌 청소년단체 등의 활동을 통해 지역사회개발을 위한 교육을 하고, 고등기술학교를 통해 초등학교나 중등학교를 졸업하지 못한 미취학자를 대상으로 산업기술 인력을 양성하였으며, 기독교여자청년회(YWCA)와 기독교청년회(YMCA)를 중심으로 여가교육 및 시민의식 고양을 위한 평생교육을 실시하였다(최운실, 1993; 홍기형 외, 2006).

1970년대에는 국민정신 개조 및 소득 증대를 목표로 한 새마을 교육, 각종 직업훈련소의 직업기술교육, 그리고 청소년단체와 계명대학교에서 여성을 위한 시민강좌를 개설하면서 대학에서의 평생교육이 시작되었다. 1980년대에는 헌법에 평생교육 진흥에 대한 국가의 의무조항이 삽입되었고, 1981년 방송통신대학이 4년제로 승격, 1982년 사회교육법 제정, 개방대학의 설치 등 제도가 시행되었다. 특히 대학마다 사회교육원 또는 평생교육원을 개설하여 다양한 평생교육의 기회가 제공되었다. 1990년대 문민정부의 교육개혁위원회는 신교육체제의 비전과 목표를 언제, 어디서나 모든 이가 교육을 받을 수 있는 '열린교육사회, 평생학습사회'를 제시하였다. 2000년대에는 평생교육법의 본격적인 시행으로 평생학습의 즐거움과 의미를 담은 평생학습축제를 최초로 2002년 광명시에서 개최하였고, 이러한 축제는 평생학습도시를 중심으로 평생학습 문화의 확산을 이루고자 한다. 2000년 3월 중앙단위의 평생교육 전담기구인 한국교육개발원 평생교육센터가 출범하였고, 2008년 2월에 평생교육진흥원으로 통합되었다. 2013년에는 평생교육진흥원이 국가평생교육진흥원으로 명칭이 변경되어 국가 평생교육 진흥 관련 업무를 지원하고 있다(최운실 외, 2021a).

03

Chapter

평생교육의 학문적 배경

01 철학의 이해

철학은 변화되는 인간에 관한 질문으로 계속된다. 그리고 사회와 문화의 변화도 새로운 철학사상을 요구하게 된다. 이러한 변화에 묻고 답하는 과정에서 새로운 설명과 이론이 나타나고 그들의 역할을 수행하기 위해 다양한 원리들과 관련된다.

그리스 시대의 진리나 가치는 권위적이고 변하지 않을 것으로 보던 인문주의 성인교육은 변화와 상대성, 다원주의 등이 인간의식 속에 진보주의가 소개되면서 도전받았다. 반면, 인간주의는 인간의 삶 속에서 지적, 정서적 성장에 대한 인간의 잠재성에 초점을 두고 인간주의에 영향을 주었다. 행동주의와 진보주의의 공통점은 과학적 방법과 실험의 중요성을 매우 강조하는 면이다. 그러나 행동주의는 인간의 통제가 가능하다고 보고 바람직하게 여긴다는 점에서 진보주의와 다르다. 급진주의는 사회에 대한 유토피아적 생각으로 교육을 사회의 재형성을 위한 합법적인 도구로 보았다. 분석철학은 진보주의자들의 많은 개념과 은유와 주장에 대한 반대 관점에 있다. 성인교육철학에 대한 연구는 우리에게 개인직, 문화적 과거에 대한 통찰력을 얻게 해 주고 그들의 기호와 판단능력을 향상한다. 성인교육에서 철학적 쟁점에 대한 끊임없는 반성은 비판적 사고방법을 발전시키고 개인이 더 나은 질문을 하게 하며, 그들의 현재 한계를 넘어 교육자의 이상을 확장해 준다.

히엠스트라(Hiemstra)는 교육철학의 장점으로 다음의 네 가지를 말하고 있다(Hiemstra, 1988).

첫째, 철학은 인간관계에 대한 이해를 증진한다.

둘째, 철학은 긍정적인 인간 상호작용과 관련된 다양한 요구에 민감하다.

셋째, 철학은 인간 가치를 이해하고 구별, 분리하는 준거 틀을 제시한다.

넷째, 철학은 성인학습의 유연성과 일관성을 증진한다.

평생교육 철학에 따라 사상이 지향하고 목적하는 바도 서로 다르기 마련이다. 갈등하는 가치 속에서 어떤 목적을 선택할 것이냐의 문제는 바로 어떤 교육철학적 관점으로 교육이 나아가야 할 하나의 바탕 또는 기준으로 삼는가의 문제이다(송준석, 2018). 진정한 철학적 인간학이 되기 위해서는 이 철학자가 자각으로 발견한 것의 그 주위에서 조립되고 결정(結晶)되어야 한다(남정길, 1992; Buber, 1938). 그러기에 사실 철학적 인간관은 신앙적 존재로서의 인간, 이성적 존재로의 인간을 비롯한 생물학적 존재로서의 인간의 특성에 대한 지식을 총망라하여 이를 분석의 대상으로 삼아야 할 것이다(송준석, 2018).

02 평생교육의 철학적 기초

1) 인문주의

인문주의 성인교육은 그리스 철학자 소크라테스, 플라톤, 아리스토텔레스로부터 비롯하여 21세기 지금까지도 교육사상에 중대한 영향력을 지배해 왔다. 그리스의 교육철학은 궤변가(sophist)들이 수사학, 논쟁의 기술, 청중을 다루는 기술을 연마한 정치가를 양성하고자 하는 공리주의 교육철학에 반대하여 일어난 것으로 지성과 덕성을 갖춘 교양 있는 정치가(선하고 도덕적인 인간: the good and virtuous man)를 육성하고자 하는 데 목적이 있었다(Elias et al., 1995). 이러한 사상은 자유로운 학습, 지식의 조직화, 지적능력의 개발 등을 강조한다(기영화, 2012).

플라톤의 경우 최고의 이상은 무엇이 진(眞)이며 가치 있는지를 아는 철인왕(哲人王, the philosopher king)을 길러내는 데 있었다. 소크라테스는 교수방법론에서 문답법을 통해 덕의 본질을 탐구하고자 했다. 자기 어머니의 직업을 빗대어 자신의 교육방법을 산파술이라고 이름을 붙였다. 산파는 산모가 아이를 낳을 때 옆에서 도와주는 구실만 하는 존재이지 산모 대신에 아이를 낳아줄 수는 없다. 즉 진리는 배우는 사람이 산출해 내는 것이지, 스승이 대신해 줄 수 없다는 의미로 사용되었다. 그는 진리를 아는 사람만이 진리를 행할 수 있다고 보았기 때문에 자기 제자들에게 모든 가정에 대해 의문을 제기할 것과 지식 있는 사람이 될 것을 호소했다. 아리스토텔레스는 습관을 형성케 하는 도덕교육과 실천적 지성 교육을 개발하게 하는 예술과 신중(愼重)[5]한 교육, 그리고 이론적인 교육(과학지식, 지능, 지혜) 등과 같은 요소들에 대해서 주의 깊은 연구를 하였다. 그에게 있어서 지혜는 진리에 대한 명상이자 이상적인 삶을 가능케 하는 것이었다. 그런 의미에서 지혜는 행복과 동일어이다.

인문주의 전통은 1450년에서 1850년까지 유럽대륙에 우세한 사상으로 고전적 인본주의 교육철학(classical humanistic philosophy of education)의 핵심요소이다. 특히 문예부흥 운동은 예술문화(회화, 시, 문학, 건축 등)에 대한 깊은 이해를 주장하였다. 이러한 인본주의 교육철학은 수학이나 철학을 통해 인간 이성 능력을 향상하였으며, 주로 엘리트 계급이나 지도자 또는 귀족들을 위한 교육이었다.

영국과 프랑스에서의 인본주의 발전은 미국으로 전파되어 교육이론과 실천에 영향을 주었다. 하버드대학 설립 당시 교육과정은 중세 대학의 전통 교육과정으로 3학(문법, 수사학, 논리학), 4과(산술, 기학, 음악, 천문학), 3개의 철학(자연철학, 도덕철학, 정신철학), 고전어(성서언어, 고전어) 그리고 순수예술과 종교였고(Cremin, 1970) 도시마다 도서관 설립을 촉진하게 되었다(Knowles, 1977). 미국 제3대 대통령 제퍼슨(Thomas Jefferson, 1743~1826)도 통치권의 남용을 막기 위해서는 교육받는 시민의 양성을 강조하며, 인문주의 교육을 통한 새 나라 지도자 양성을 꾀하였다.

남북전쟁 이후 가장 현저하게 나타난 인문주의 교육운동은 셔터쿼(Chautauqua) 운동으로 잘 조직된 독서안내 프로그램이었다. 이 조직은 종교적인 성향을 근간으로 하여 그 위에 인문주의 교육이 결합하였다. 존 빈센트(John Vincent)에 의

---

5) 이성으로 자신을 통치하고 훈련하는 능력이다. 이는 종종 '지혜', '통찰력' 및 '지식'과 관련이 있다. 현대 영어에서는 '점점 더 조심'과 동의어가 되었다. 최근에는 '실용적 지혜', '실제적인 판단' 또는 '합리적 선택'과 같은 용어로 번역되었다(위키백과사전, 2024).

해 창설된 셔터쿼 운동은 다음과 같은 몇 가지 가정을 근거로 하고 있다. 즉 전 인생은 교육의 과정이다. 하지만 교육의 진정한 기초는 기독교 신앙이다. 모든 지식은 하나님과 관계된 것일 때만 신성할 수 있다. 인생의 초기에 교양교육을 받지 못한 사람들은 그것을 인생 말기에 더 많이 바라게 된다. 지성은 독서와 반성 그리고 생산을 통해서 개발될 수 있다. 성인들의 지능은 다른 사람의 지도와 도움, 격려가 필요하다. 교사는 직접 접촉이나 서신 왕래를 통해서 그 과정에 참여할 수 있다. 교육은 자발적인 모임이나 지역 동아리에서 상주하고 있는 학자들과의 접촉을 통해서, 아니면 여름학교나 집회 등으로 이루어질 수 있다는 가정들을 전제로 한 것이다(Vincent, 1959). 빈센트에게 있어서 지적교육은 일생을 통해 계속될 수 있는 것이다. 그래서 그 교육을 정신적, 사회적, 도덕적, 종교적인 것으로 간주하였다. 그가 세웠던 계획을 보면 그는 이미 고전 읽기 프로그램의 선구자 역할을 하고 있었음을 알 수 있다(Vincent, 1959). 이 운동은 대학 인문교육의 연장 프로그램으로 1890년 위스콘신대학교와 시카고대학교에 설립되었고(Knowles, 1977) 1차대전 후 새 사회 수립의 가치 체계의 근거를 인문주의에 두고자 하는 허친스(Hutchins), 아들러(Adler), 반 도렌(Van Doren), 마르탱(Maritain) 등 항존주의자들이 펼친 고전 읽기 프로그램(Great Book Program)의 전신이 되었다.

미국 성인교육의 인문주의에 대한 연구가 강하게 촉진될 수 있었던 것은 1951년에 포드재단 후원으로 설립된 시카고대학교의 '인문주의 성인교육 연구센터(The Center for the Study of Liberal Education for Adults)'이다. 이 연구소의 주요 관심사는 대학교육 프로그램에서의 성인 인문교육 개선, 개선된 교수방법 개발, 그리고 성인 인문교육 프로그램 후원이었다(Elias et al., 1995). 1970년 이후 인문주의 교육은 대학 신입생들의 교양과목 설치와 중년과 노년들을 위한 교양강좌로 발전했다.

2) 진보주의

진보주의는 19세기 말에서 20세기 중반까지의 다른 어느 사상보다도 미국 성인교육에 중대한 영향을 주었다. 진보주의는 형식적 교수방법, 정신 도야, 서구 문명의 문학적 고전들을 강조한 전통적 교육(항존주의)에 대한 저항에서 비롯된다. 특히 요구와 흥미, 과학적 방법, 문제해결 방법, 경험의 강조, 실용적 목적, 공리적 목적, 사회책임 등의 원칙은 진보주의 사상을 바탕으로 급성장했다. 진보주의 사상 배경에는 루소, 프로이트, 듀이의 영향이 크게 미쳤다.

루소(Rousseau, 1762)의 『에밀』은 성인에 의해 어린이를 위한 학습 목표와 교육과정이 수립되는 것을 반대하였다(김종욱, 2012). 진보주의의 최초는 16세기 존 코메니우스(John Comenius)로서 아동교육을 위해 독서보다는 오히려 자연을 모방하도록 주장하였다. 루소는 코메니우스의 이런 사상을 극단적으로 실행하여 12세까지 아동의 학습은 경험으로부터 비롯되어야 한다고 하였으며, 루소가 옹호한 아동들의 자연적인 자유와 자발성은 페스탈로치(Pestalozzi)와 프뢰벨(Froebel)의 실제 교육실험에서도 강조되었다(김성렬 외, 2001). 그들은 자연물체의 접촉, 수공기술의 학습, 놀이에 대한 교육적 경험을 주장했다. 그리고 프로이트의 정신분석 이론은 어린이들 사이에서 자기표현에 더욱 많은 자유를 가지고 창의적 방법으로 충동적 욕구의 에너지를 방출하도록 함으로써 진보주의자들은 이 이론을 근거로 개방학습 환경에 대한 보다 대담한 토론을 시도하게 되었다. 또한 듀이(Dewey)는 실용주의 철학을 근거로 미국에서 진보주의를 교육철학으로 꽃피운 사람으로 시카고대학교에 실험학교를 세웠고 1915년 첫 작품 『내일의 학교(Schools of Tomorrow)』를 썼으며 1919년에는 진보주의 교육협회(The Progressive Education Association)를 창설하였다(Knight, 1980). 듀이는 아동의 자연적 발달에 초점을 둔 학습자 중심교육을 주장하므로 전통적 인문주의의 주제 중심 학습을 공격하였고 교육 과정에서 학습자 경험의 역할을 강조하였다. 그러나 1930년대 경제 공황 이후 진보주의 초기의 개인주의적 성향은 사회개혁을 위한 교육이론으로 전환하게 되었다(Dewey, 1916). 실용주의 특성은 사회개혁을 강조하는 점이다. 이런 측면에서 몇몇 실용주의자들은 마르크스와 유사하다고 볼 수 있다. 마르크스 철학의 임무는 단지 우리가 사는 세상을 이해하는 것뿐만 아니라 세계를 변화시키는 데 있다고 보았다.

진보주의 운동의 최고 이상은 민주주의를 위한 교육이었다. 듀이는 민주주의를 위한 교육이란 여러 사람이 공동문제를 해결하기 위해 협동하는 행동에 가담하는 것이라고 정의했다. 그래서 초기 진보주의자들은 교육의 목적을 개인적이고 사회적인 것으로 보았다. 진보주의의 철학적 기초는 실용주의이다. 실용주의는 인간을 이해하고 인간문제를 해결하기 위한 과학적 방법으로 받아들여졌다. 듀이는 그의 저서 『어떻게 생각하는가(How We Think)』에서 귀납적 과학 방법을 기술했고(Dewey, 1910), 제임스는 이것을 종교적 신념과 가치에 응용했다(James, 2004). 실용주의는 상대주의와 다원주의 세계관을 모두 함께 유지하려는 것이었다. 인간의 경험을 중시하는 실용주의는 진리와 선을 결정하는 데 있어서 결과를 강조하므로 절대적 진리나 선은 있을 수 없다.

진보주의 교육 발전에 기여한 학자는 노울즈(Knowles), 로저스(Rogers), 호울(Houle), 타일러(Tyler), 린드만(Lindeman), 벌거빈(Bergevin), 프레이리(Freire) 등이 있다. 성인직업교육(adult vocational education), 대학확장교육(extension education), 시민권교육(citizenship education), 가족교육과 부모교육(family and parent education), 사회운동을 위한 교육(education for social action) 등 여러 형태의 평생교육은 진보주의 사상을 바탕으로 시작된 것들이다.

3) 행동주의

행동주의 학습이론은 20세기 초 왓슨(Watson)에 의해 발전되었다. 그는 『행동-비교심리학의 소개(Behavior-An Introduction to Comparative Psychology, 1914)』와 『행동주의자 관점에서의 심리학(Psychology: from the Standpoint of Behaviorist, 1919)』을 출판한

이후 행동주의의 설립자로 알려졌다. 왓슨 이후로는 손다이크(Thorndike), 톨만(Tolman), 파블로프(Pavlov), 구쓰리(Guthrie), 헐(Hull), 스키너(Skinner) 등과 같은 학자들이 행동주의를 계속해서 발달시켰는데, 그중에서도 특히 손다이크와 스키너의 공헌이 크다고 할 수 있다. 1920~1950년 사이에 다른 행동주의자들은 왓슨과 파블로프의 연구를 확대하여 좀 더 복잡한 행동들을 설명 · 통제 · 예측하고자 했다. 구쓰리(Guthrie)는 유기체가 다음에 그러한 행동을 하게 만드는 중요한 것은 반응연상으로 하면서 이를 중시할 것을 주장했다. 톨만(Tolman)은 잠재적 학습과 자극과 반응 간의 중재변수를 연구했고, 헐(Hull)과 스펜스(Spence)는 행동 반응의 유발(drive), 습관(habit), 강도(strength)와 동기(motivation)를 중요한 측면으로 간주했다. 이런 연구의 중요성은 행동주의가 왓슨의 계승자들로부터 스키너의 계승자들에 이르기까지 위대한 유산을 물려주었다는 것을 입증해 주는 것이다. 이들은 학습을 경험의 결과로 나타나는 행동의 비교적 영속적인 변화로 정의한다(전숙녀, 2012). 즉 개인의 행동 변화에 초점을 맞추고 있다. 행동주의자들은 인간행동이란 선행조건(conditioning) 형성의 결과물이며 외적 환경은 특정 습관을 강화함으로써 행동을 만들어 낸다고 주장한다.

행동주의 사상의 주요 강세는 심리학의 이론으로 발전하여 교육에 응용된 행동주의(behaviorism)였다. 왓슨은 심리학이 행위의 과학이지 정신적 활동에 대한 연구가 아니라고 주장했다. 그에 의하면 인간은 그들의 행위를 관찰함으로써 가능하다고 했다. 그는 감정(emotion)이란 "본능적이고 선천적인 반응이 지배적인 반응의 유전적 유형"이라고 정의하였으며, 본능(instinct)의 개념을 전적으로 부정했다. 그는 신생아의 버둥거림과 옹알이로부터 성인의 복잡한 기술과 언어 반응에 이르기까지 행위의 발생(genesis)을 파블로프의 조건 원칙(principle of conditioning)으로 설명했다(Keller, 1977). 비록 심리학인 행동주의가 과학적 연구를 통해 결론을 내고 있지만, 행동주의는 하나의 사상체계로서 다음과 같은 철학적 전통에 기반을 두고 있다.

첫째, 철학적 실재주의(realism)이다. 이는 과학적 현실주의(scientific realism)와 경험주의(empiricism) 철학이다. 여기에 근거하여 인문주의적인(humanities) 자료보다는 과학적 자료를 선호함으로써 자연의 법칙을 중시한다. 인간은 자연의 일부로 자연법칙에 따라 행동한다. 따라서 행동주의의 과업은 인간을 포함한 살아 있는 유기체를 그 유기체의 행태 법칙을 발견하려는 시도에서 세밀히 관찰한다. 이 관찰을 통하여 발견된 법칙에 따라 행태 공학의 기초를 세운다(Knight, 1980). 프란시스 베이컨(Francis Bacon)은 사상의 본질을 부인하고 인간의 감각(sense) 또는 경험적 과정을 통해 얻은 정보를 살펴봄으로써 진리에 이르는 귀납적 방법(inductive method)을 서구 사상에 소개했다.

둘째, 실증주의(positivism)이다. 이 철학은 프랑스 철학자 콩트(Auguste Comte, 1798~1857)에 이르러 절정에 달했다. 그는 인류의 역사를 사고방식의 발전에 따라 세 개의 시대로 나눈다. 가장 원시적 시대는 신과 영이 준거의 틀로 해석되는 신학시대이며, 중기는 사건이 본질, 원인, 내적 원리로 설명되는 형이상학 시대이다. 마지막 시대는 경험적 검증이 중심이 되는 실증주의 시대이다. 마지막 단계에서 인간은 과학적 관찰과 측정 가능한 사실 이상을 넘어가지 않는다(Knight, 1980). 영국 철학자 길버트 라일(Gilbert Ryle, 1943)은 언어분석을 통한 철학적 행동주의를 개발하였는데, 그의 사상에 의하면 행동의 원인(cause)은 행동 그 자체에 의해 설명될 수 있지, 어떤 자아나 정신의식 혹은 "기계 속에 있는 귀신(ghost in the machine)"에 의해서가 아니라는 것이다.

셋째, 유물론, 즉 물질주의(materialism)이다. 물질주의는 현실(reality)이란 정신적 현실(spiritual reality)에 호소하지 않고 사물(matter)과 행동(motion)의 법칙에 의해 설명된다는 이론이다. 이 견해에 의하면 인간도 복잡하기는 하지만 자연의 일부이기에 심리적인 차원이라도 과학적인 법칙에 따라 설명될 수 있다는 것이다. 그러므로 인간 형성에 있어서 외적 조건(환경)이 일차적인 요소이다(Elias et al., 1995).

행동주의에서 인간은 조건화의 산물이지 환경을 변화시키는 행위자는 아니다. 따라서 인간의 문제를 잘못된 학습에서 비롯된 것으로 간주하며, 특정한 행동을 이끌어 내고 유지하고 제거하는 환경적 반응이나 사건 사이의 상호작용과 관계를 강조한다. 이 같은 맥락에서 보면 인간의 다양한 문제행동이나 부정적인 정서는 학습의 결과라고 볼 수 있다. 대표적인 예로 왓슨은 파블로프의 방법을 사용해서 11개월 된 남자아이가 흰 쥐에 대해 공포감을 갖도록 조건 짓는 유명한 실험을 했다. 그는 행동반사와 함께 감정반응의 반사를 일으키는 것은 조건형성에 의해 형성된다고 주장한다. 또 다른 예로, 스키너는 우리가 어떤 행동을 한 후 주어지는 강화에 의해 행동이 조건형성된다는 조작적 조건형성의 원리를 제시하였다. 즉 인간의 문제행동은 이후에 주어지는 강화 경험에 형성된다는 것이다. 그리고 또 다른 예로 반두라(Bandura)는 행동주의적 상담으로 관찰이나 모방을 통해 행동이 학습된다는 사회학습이론을 제안하였다. 사회학습이론은 인간의 행동은 강화와 벌을 통해서만 형성되는 것이 아니라 타인의 행동을 관찰하고 모방함으로써 학습이 이루어진다고 보아 대리학습이라고 한다.

따라서 행동주의에서의 상담의 목표는 조건형성에 의해 학습된 부적응행동을 다시 새롭게 조건형성시킴으로써 적응행동으로 수정시키는 것이다. 즉 학습된 부적응적 행동을 제거하고 적응적 행동이 형성될 수 있는 학습경험을 제공하는 과정이다(조성연 외, 2017).

4) 인간주의

인간주의라는 용어는 종래의 인본주의(humanism) 변용이다. 인간주의는 인간의 존엄성과 자율성을 주장하는 광범위한 철학적 견해이다. 따라서 철학으로서 인본주의는 인간의 문명만큼이나 오래되었다고 할 수 있다. 인본주의라는 말을 본격적으로 시작한 때는 15세기 이탈리아어 휴매니스타(humanista)로 '인문교육교사'라는 뜻에서 비롯된다(Elias et al., 1995). 인본주의자들(에라스무스, 토마스 모어 경 등)의 저술에서 인본주의는 다분히 인간의 존엄성과 자유를 박탈하는 종교의 독단성을 표현하는 신본주의에 대항하는 말로 쓰였다. 이렇게 '새로운 학습(New Learning)' 운동은 16세기에 시작되어 18세기 계몽주의 시대에 가장 번창했다고 볼 수 있으나 인본주의 사상은 사람됨의 자유와 존엄성이 어떤 체제나 정치적, 도덕적, 지적 등의 권위에 침해당한다고 느낄 때마다 출현한 까닭에 그 역사적 배경은 인간 역사만큼이나 길다. 인본주의는 고대 희랍, 히브리, 동양에서부터 현재에 이르기까지 비인간화의 역사가 생길 때마다 전개되었던 인간화 운동이기에 오히려 그 명칭은 신본주의에 대등한 인본주의보다 인간주의가 더 의미가 있다.

기독교 인본주의자로 가장 널리 알려진 에라스무스(Erasmus)는 이성에 대한 절대적 신념을 주장하고 인본주의자 전통의 새로운 학습을 일반화시켰으며 교회 내의 개혁을 추진했다. 지식을 통제하려는 교회 등의 세력에 반항, 지적 능력 강조, 신사 또는 학자의 이상, 모든 인류애를 위한 선한 삶의 강조 등이다. 교회로부터의 억압에도 불구하고 이탈리아 인문주의는 라틴어로 된 플라톤의 저서를 번역해 그리스 학문을 소개하고 역사편찬(historiography)에 대해 연구했다. 궁극적으로 유럽인의 세계관을 형성하고 교회의 권력을 사라지게 했다.

고대 인문주의로부터 인간주의는 개인의 자유와 인간 존엄성을 강조하는 사상을 이어받았고 의미 없는 종교의 권위에 대한 저항으로 나타났던 이탈리아 르네상스 운동으로부터 인간의 자율성과 책임성 개발의 사상을 받았다. 이 르네상스 정신은 18세기 계몽주의로 이어지게 되는데 인간 이성과 지성에 대해 신뢰함으로써 인간의 무한한 진보의 가능성을 갖게 되었다. 그리하여 로크(Locke)나 볼테르(Voltair) 등 계몽주의자들은 인간의 진보를 최대한으로 확장하기 위하여 과학적 방법과 환경 조성론의 신념을 펼쳤다(Crain, 2004). 계몽주의의 지나친 합리주의의 반작용으로 나타난 18세기의 낭만주의는 인간주의 사상 형성에 지대한 영향을 끼쳤다. 인본주의자들은 코메니우스(Comenius), 루소(Rousseau)와 페스탈로치(Pestalozzi) 등의 중요한 사상가의 교육사상을 강조했다. 코메니우스는 그의 저서 『위대한 설교(The Great Didactic, 1957)』에서 학습자가 최대한의 지식, 도덕, 충성심을 획득하도록 유도하는 수업방법을 설명했다. 다재다능한 시민에 대한 르네상스 이상을 유지하면서 사회적, 감정적, 정신적, 지적 발전을 향상하는 교육체제를 제안했다.

낭만주의의 대표자라고 할 수 있는 프랑스의 철학자이며 교육자인 루소(1712~1778)는 그의 유명한 교육서 『에밀(Émile)』을 통해서 낭만주의 교육론을 펼친다. 루소는 인간본성의 자연적 선을 믿고 사회와 기관의 타락을 한탄하면서 교육이 인간의 자연적 본성을 유지하기 위한 교육을 강조했다. 이러한 교육과정의 결과로 감정적으로 안정적이고, 지적으로 살며, 사회적으로 적극적인 사람이 되는 것이라 했다(Rousseau, 1762).

20세기에 들어와서 인간주의는 진보주의에서 학습자 중심사상, 학습자의 참여와 경험중심 사상, 그리고 교사의 비권위적 역할에 대한 이론을 이어받으며 실존주의 개인의 독특성, 인간 존재의 의미에 대한 자각, 그리고 결단과 책임성의 사상을 받아들인다. 또한 인간주의는 로저스(Carl Rogers), 매슬로우(Abraham Maslow), 컴스(Authur Combs) 등의 인간주의 심리학자들로부터 크게 영향을 받는다. 이들은 행동주의의 인간 본질에 대한 일방적 해석을 논박하고 정신 분석학자들이 인간의 선택과 성장에 대한 역량을 너무 비관적으로 봄에 대한 반발로부터 시작하였다(Crain, 2004). 인간주의 심리학자들은 인간은 지금까지 인식되어 온 것보다 훨씬 더 자유롭고 창조적인 존재이며 인간에게는 성장과 자아실현의 역량이 있다고 믿는다(Maslow, 1962).

5) 급진주의

1930년대의 급진주의 교육자들로 카운츠(George Counts)와 브라멜드(Theodore Brameld) 등을 들 수 있다. 이와 같은 급진주의 철학적 입장은 1960년에 이르러 코졸(Jonathan Kozol), 홀트(John Holt), 굿맨(Paul Goodman), 일리치(Illich) 등의 노력으로 다시 주목받게 되었다. 급진주의 철학적 입장을 견지했던 성인교육자 중 가장 유명한 사람은 파울로 프레이리(Paulo Freire)이다. 1970년대 초 라틴아메리카의 성인교육자인 프레이리가 그의 교육철학을 『억압받는 자의 교육학(Pedagogy of the Oppressed, 1970)』이라는 책에 서술함으로써 의식화(conscientization)의 급진적 이론이 토의되기 시작했다. 프레이리의 성인교육 철학을 급진주의(radical)라고 명칭함은 교육이 역사 속에서 사회적, 정치적, 경제적 변화를 가져오도록 활용되어야 한다는 정치적 의미 때문이다. 이러한 급진주의 교육철학이 교육사에 일반화되지는 않았지만 프레이리의 철학은 18~20세기 사상가들 속에서 역사적 근원을 두고 있다. 급진주의 사상의 근원은 세 가지로 볼 수 있다(Elias et al., 1995). 즉 18세기부터 20세기까지 지속한 무정부주의(anarchist) 전통과 마르크스주의, 그리고 프로이트 좌파(Freudian Left)에 기초하고 있다.

급진주의는 다른 교육 사상과는 달리 성장하는 세대를 위한 교육철학으로는 보편화되지 못했다. 그러나 성인교육을 위해서는 많은 시사점을 제시한다. 프레이리는 성인교육을 실행하면서 발전시킨 철학이기에 그의 교육철학은 성인교육 철학으로 시작되었다. 그의 성인교육 철학과 방법은 억압받는 자들의 문자교육과 정치의식 함양에 직접 적용되었다. 그러나 프레이리의 교육철학이 역사적 특수 상황에서 나온 것이기에 다른 제1세계나 제2세계에 적용이 어렵다고 할 수는 없다. 또한 일리치의 교육론은 다음과 같은 세 가지 목적을 가지고 좋은 교육체제를 가져야 한다(Illich, 1970).

첫째, 누구든지 배우기를 원하는 사람에게 나이를 불문하고 타당한 자료가 제공되어야 한다.

둘째, 앎을 나누고자 하는 사람들에게 기회를 제공하고 나눔의 능력을 함양시킨다.

셋째, 공공의 복리(정의, 평화)를 위한 문제를 제기하고자 하는 사람들에게 토론의 장을 마련해 준다.

그래서 일리치(Illich)는 제도화된 학교 대신 네 가지 학습망을 대안으로 교육목적에 따른 적합한 학습 자료와 정보를 제공하는 자료 센터, 필요한 기술을 서로 교환하여 배우는 기술교환, 공동 관심사에 동료 학습자를 모으는 일, 학습자를 조작하는 방법에 있어서 독립된 전문교육자들이 학습망을 안내하고 방향을 제시해 주는 것이다.

올리거(Ohliger)는 성인교육의 제도화를 비판하면서 성인교육 실행을 위하여 세 가지의 유형을 제안한다. 제도 안에서 행하되 그 제도가 교육자를 관료적으로 조종하지 않을 것, 개인이나 집단이 제도 밖에서 억압적 상황을 자각하도록 하는 대화, 개인이나 소집단 또는 새 공동체가 삶과 학습을 함께하는 유형이다(Ohliger, 1974).

급진주의 성인교육이 실제에 큰 영향을 주지 못했지만, 교육철학에 대한 고찰은 몇 가지 영향을 주고 있다(Elias et al., 1995).

첫째, 급진주의 사상은 만족스러운 교정수단이 될 수 있고, 더 비판적이고 반성적이 되어 강력한 사회적 비판을 가하고 미래의 가능성과 대안을 제시했다.

둘째, 인간의 자유를 말살하고 존엄성을 억압하는 문화와 사회구조의 변화를 선호하였다. 그래서 교육이 사회질서의 창조물이라기보다는 사회질서를 창조해 가도록 지속적인 비판을 하는 것이 교육의 주요 목적과 과정임을 주장하였다(유평수, 2002).

6) 분석철학

영어권 나라에서는 20세기의 분석철학(analytic philosophy)의 연구가 지배적이었다. 이 철학은 전통적 철학의 목적과 방법론에 대해서 반기를 들고 전통적 철학 사상처럼 체계 수립을 하려 하지 않는다. 즉 분석철학은 형이상학, 인식론, 가치론적 진술에 관심하지 않는다. 오히려 분석철학자들의 공통 관심은 언어의 논리적 비판과 언어의 부정확한 요소를 벗기는 명료화(clarification)이다. 분석철학 운동의 대표자라고 할 수 있는 비트겐슈타인(Ludwig Wittgenstein)은 그의 책 『논리 철학 논고(Tractatus Logico-Philosophicus, 1921)』에서 분석철학의 목적을 다음과 같이 간결하게 서술하고 있다. 철학은 사상들의 논리적 명료화를 목적으로 한다. 철학은 학설들의 집체가 아니라 오히려 활동이다. 철학이라는 일은 본질적으로 설명으로 구성된다. 철학은 '철학적 명제'로 끝나는 것이 아니라 '명제의 명료화'로 끝맺는다. 철학이 없이는 사상들이 불명한 채로 남는다. 그러므로 철학의 과제는 사상들을 분명하게 하고 사상들의 정하는 일이다(Wittgenstein, 1921).

플라톤의 철학은 덕, 정의, 좋은(선한) 사람 등의 개념을 분석하고 있으며, 아리스토텔레스는 진, 선, 미, 행복, 중용 등의 개념을 분석했다. 그리고 중세 스콜라 철학자들인 토마스 아퀴나스(Thomas Aquinas), 던스 스코튜스(Duns Scotus), 피터 아베라드(Peter Abelard), 오컴의 윌리암(William of Ockham) 등도 철학적·종교적 견해들을 제시하는 데 분석과 논증을 사용했다(Elias et al., 1995). 그러나 나이트(George Knight)는 모든 철학에 분석적 기능은 있으나 20세기 이전의 분석 모형과 20세기 분석 모형의 근본적 차이점은 수단과 목적의 차이라고 말함으로써 구분한다. 즉 20세 이전은 철학자들에게 있어서의 분석은 그들의 철학적 명제(세계, 하나님, 사실, 인간)들의 의미를 이해시키기 위한 도구로 사용되었고 20세기 분석철학자들은 언어의 정확한 사용이 목적이기 때문에 언어분석에 관심을 두고 있다(Knight, 1980).

분석철학의 과제는 지식이란 무엇인가?, 덕이란 무엇인가? 등의 소크라테스 질문과 같은 방식을 사용해서 일상적이고 과학적인 언어의 의미와 논리를 밝히는 것이다. 또한 과학이 객관적 세계에 존재하는 실체에 관한 일차적 탐구라고 한다면, 철학은 그것의 언어를 다루는 이차적 탐구이다. 그래서 분석적 교육철학은 개념의 의미를 밝힘으로써 교육현상에 대한 참다운 이해를 도우려 한다. 그리고 교육에 대한 구체적 실천원리를 제시하는 것이 아니라 실천원리들의 타당성 검증을 위한 비판적 안목을 갖게 하는 특징을 갖는다.

분석철학의 입장에서 본 지적·도덕적 교육의 이상은 다음과 같다(곽내영, 2007).

첫째, 사고의 명확성이다. 용어의 의의 있는 사용과 조리와 부조리를 분별하여, 대답할 수 없는 문제에 대한 불필요한 혼미를 제거하는 능력이다.

둘째, 추리의 일관성과 결정성이다. 자가당착의 배제, 전제와 연역적 논증 결과 사이의 분석적으로 필연적인 내의(內意)이다.

셋째, 지식의 사실적 타당성과 확실성이다. 진리란 진술과 사실의 합치를 뜻하는 것인데, 진술과 사실의 완전한 대질이 불가능할 경우 귀납적·개연적 원리를 수락할 수밖에 없다. 즉 증거가 불충분할 경우에는 그 이상의 증거가 나타날 때까지 확신을 보류할 수밖에 없다.

넷째, 지식의 객관성이다. 개인적·문화적 편견의 배제와 충분한 지성과 필요한 요구에 의한 실증이다.

다섯째, 의도적 행위의 합리성이다. 수단을 적절히 선택하여 목적하는 바를 성취하는 행동이다.

여섯째, 정의·공의·공평무사의 원칙을 지킬 것과 이해관계를 조정하는 데 있어서 강요와 폭력을 배제할 것이다.

언어와 교육은 불가분의 관계에 있으므로, 언어를 명료화함으로써 교육을 명료화하였다고 할 수 있다. 따라서 교육학을 학문적으로 체계화·전문화하는 데 기여하였다. 교육학의 연구대상, 즉 교육학의 성격을 밝히는 데 도움이 되었다. 또한 교육학의 용어·개념·원리·이론 등을 논증하고 명확히 하는 데 공헌하였다. 이는 교육 용어나 개념을 명료화함으로써 현명한 교육적 판단을 가능하게 한다. 그리고 교육·학교교육·교수·학습·지식·지성·평등 등과 같은 개념들의 명료화에도 크게 도움이 되어 분석적 방법이라는 새로운 차원의 학문적 방법론을 제공해 주었다. 이처럼 분석철학은 교사들에게 생각과 말의 중요성을 각성시켰다. 그러나 분석철학은 한계점이 있다. 그 한계점은 다음과 같다.

첫째, 순수한 분석철학적 방법은 가치를 추구하는 인간 활동으로서의 교육에 있어서 판단의 기준과 활동의 방향을 적극적으로 제시하지 못하는 약점이 있다.

둘째, 바람직한 세계관·윤리관의 확립에 별 도움을 주지 못한다.

셋째, 체험적·가치 판단적·사회 역사적 요소를 배제한다.

넷째, 정의적 차원의 실재와 그 의의를 긍정적으로 수용하지 못한다.

다섯째, 교육의 종합적 기능이 결여되어 있다.

위에서 지적한 한계점은 분석철학의 '분석' 개념에 대한 이해의 부족에서 비롯된 것으로 보이며 '분석철학의 한계'라기보다는 '잘못 이해된 분석철학의 한계'라고 보는 것이 좋을 듯하다(곽내영, 2007).

03 평생교육 주요이론

전통적 학습방법론은 주로 교사 주도적 학습이지만 성인학습방법론은 학습자 주도적 학습을 보인다. 성인은 인본주의 이론 입장에서 인생의 목표를 설정하고 스스로 학습하고자 하는 것을 이루는 자유와 책임이 있다. 구성주의 이론 또한 학습자가 스스로 자신의 경험으로부터 지식과 의미를 구성하는 것을 학습으로 보면서 성인의 주도성과 경험의 가치를 강조하는 성인학습방법론에 영향을 미쳤다(최윤정, 2018). 성인학습방법론은 실제로 연령, 공부양식, 인종적 · 경제적 · 교육적 배경 등에서 다양한 학습자가 많이 증가함에 따라 등장한 이론이다(Fry et al., 1999). 성인학습방법론 중에 가장 널리 알려진 것은 노울즈(Knowles)의 안드라고지(andragogy)이다. 이 교재에서는 안드라고지를 비롯하여, 자기주도학습이론, 전환학습이론, 의식화이론, 경험학습이론 등에 대해 살펴보고자 한다.

1) 안드라고지

(1) 안드라고지의 이해

교육에서 교사가 무엇을, 어떻게 가르칠 것인가가 아니라 이제는 학습자가 무엇을, 어떻게 배우기를 원하는가로 바뀌게 되었다. 교수의 개념이 학습자의 학습 능률 극대화를 위한 노력으로 해석된다는 것이다. 즉 학습자 이해는 학습 능률의 극대화에 중요한 요소이다. 맥켄지(McKenzie, 1982)는 성인학습자가 교육의 장에서 그들을 대우하는 참여학습이론을 적용하여 종래의 의존자로서의 학습자 개념을 쇄신하도록 돕는 노력이 시급히 요구된다고 하였다. 학습의 장에서 신경질적 불안을 안고 있는 성인들의 학습을 위하여 무엇보다도 필요한 요소는 위협당하지 않는 학습의 상황이다. 인간주의 교육철학의 입장에서 성인학습방법론을 전개한 노울즈의 안드라고지의 이론적 근거를 살펴보고자 한다.

안드라고지(andragogy)는 아동을 대상으로 하는 페다고지(pedagogy)와는 대조적으로 그리스어의 '성인(andros)'이라는 말과 '지도하는(agogus)'이라는 말의 합성어이다. 안드라고지의 협의의 의미는 '성인들의 학습 활동을 돕는 예술과 과학을 의미하는 것(art and science of helping adults to learn)'으로 정의되고 있다. 그러므로 페다고지가 아동 및 청소년을 대상으로 하는 학교에 있어서 교수-학습과정에 중점을 두었다면 안드라고지는 성인학습자들을 주된 대상으로 하는 성인학습에 중점을 둔 것이라고 할 수 있다. 광의의 의미로는 '성인교육의 정책, 제도 및 실시과정 전체를 체계적으로 연구하는 학문'을 의미한다. 이는 성인교육 이론의 연구 또는 성인학습의 과학과 동의어로 취급되기도 한다(권두승 외, 2016a).

이와 관련하여 한준상은 협의의 입장에서 성인의 자아실현이나 사회 정의 실천 지향적인 사회운동을 위한 성인학습론 혹은 성인의 자기주도학습과 같은 활동으로 정의하고, 광의의 입장에서는 인간의 교육과학 혹은 성인이라는 말이 지나치게 드러나지 않은 상태에서 학습의 과학으로서 하나의 독립된 학습론으로 인정해 보려는 입장으로 정의하고 있다(한준상, 2002). 근래에 안드라고지는 성인학습자를 돕는 과정의 하나인 일련의 가정과 방법이라는 제한된 의미로 사용되고 있다(Darkenwald et al., 1982).

1970년에 출판한 노울즈의 저서 『성인의 실제: 안드라고지와 페다고지(The Modern Practice of Adult Education: Andragogy versus Pedagogy)』에서 확인할 수 있듯이 그는 안드라고지와 페다고지의 개념이 연결선상에 있다고 한다(가영희 외, 2017). 이 저서를 통해 노울즈는 성인교육 분야에 대한 결실을 맺었으며 이후 저서는 성인교육 분야에 영향력 있는 존재가 되었다. 저서는 성인교육가를 위한 완전한 실용적인 가이드북을 지향하고 있었으며, 성인교육가에 의해 다루어져야 한다고 생각하는 모든 내용을 포괄하고 있다(Jarvis, 1987).

안드라고지라는 용어는 플라톤(Plato)의 교육이론을 기술하기 위해 1833년 독일 성인교육자인 알렉산더 카프(A. Kapp)에 의해 만들어졌으나 당시의 여러 사회적 배경 등으로 인하여 제대로 정착되지 못하였다. 그러다가 1927년 린드만(Lindeman) 등에 의해 다시 나타나게 되었다. 1960년대가 되어 성인교육의 연구가 본격화되면서 발달심리학, 발전단계론, 재교육에 관한 심리요법, 성인학습론의 연구를 통하여 성인은 스스로 배울(learning) 수 있어야 하며 가르칠(teaching) 수 있는 것이 아님을 알았다(이효주, 2003). 유럽의 성인교육자는 유기체의 성장이론에 따라 성인학습은 종전의 어린이 교육의 이론과는 달라야 한다는 근거로 성인학습의 필요성을 자각하였고 그들은 안드라고지라는 말을 사용하게 되었다. 그리고 1962년 유고슬라비아 벨그라드대학에서 어린이 교사와 분리하여 성인학습 교수단을 효시로 여러 대학에서 이 말을 채택하게 되었다. 1960년대에는 이 언어가 프랑스, 유고슬라비아, 폴란드 등에서 광범위하게 사용되었다(Savicevic, 1999).

노울즈는 많은 사람이 페다고지가 교육의 대명사로 색인되어 있다고 지적한다. 페다고지의 문제는 그것이 '지식의 전수'라고 하는 진부한 교육목표에 근거를 두고 있다. 노울즈는 안드라고지가 성인의 학습을 돕는 것만 아니라 전 인간학습을 돕는 것이라고 주장한다(김재은, 1992). 그가 말한 교육요구란 '원하는 것(want)'과 '기대(expectation)' 또는 '수요(demand)'와 성과(performance)' 사이의 차이라고 논한다. 즉 사람들의 선(good)과 조직의 선, 사회의 선을 위해 학습해야 하는 것을 말한다. 그러나 선(good)의 개념은 명백한 것은 아니다(Jarvis, 1987). 안드라고지가 본격적으로 거론되기 시작한 배경을 살펴보면 다음과 같다(권두승 외, 2016a).

첫째, 사회변화가 가속화되어 감에 따라 기존의 교육개념으로는 성인의 다양한 학습요구를 충족시킬 수 없다는 인식에서 안드라고지가 대두되었다고 볼 수 있다. 현대사회에서 점차 가속화되고 있는 변화의 신속성, 다양성, 복잡성 등으로 인하여 성인들은 사회변화에 적절하게 대응하기 위해서뿐만 아니라 생존 그 자체를 위해서 지속적인 학습이 필요하게 되었다. 화이트헤드(Whitehead)는 '오늘날 이러한 사회문화의 변화 주기는 인간 삶의 생애주기보다 상당히 짧고 따라서 우리는 개인이 새로운 환경에 직면하도록 준비시킬 수 있는 훈련을 해야만 한다'라고 강조한 바 있다(Whitehead, 1931). 20세기 초반까지는 주요 문화적 변화(예를 들면, 새로운 지식의 유입, 기술의 혁신, 직장에서의 전직, 인구이동, 정치·경제적 변화 등)의 주기가 몇 세대를 지나야만 했지만, 20세기에는 몇몇 문화혁명이 이미 일어났고 그 속도는 점점 가속화되고 있다. 그가 20대 때 가지고 있던 생산적인 기술은 그가 30대가 되면 구식이 되어 버린다. 그러므로 알려진 것을 전수하는 과정으로써 교육을 정의하는 것은 더 이상 실용적인 것이 아니다(안효찬, 2012). 교육은 이제 알려지지 않은 것을 발견해 가는 평생에 걸친 과정으로 정의되어야 한다(Knowles, 1996). 그러므로 성인학습을 촉진하기 위해서는 전통적인 아동을 대상으로 하는 교육에서 사용하였던 방법과는 다른 전략과 방법을 구사하여야 할 필요가 있다. 이 점에서 성인교육에 있어서의 안드라고지적 접근이 필요하다.

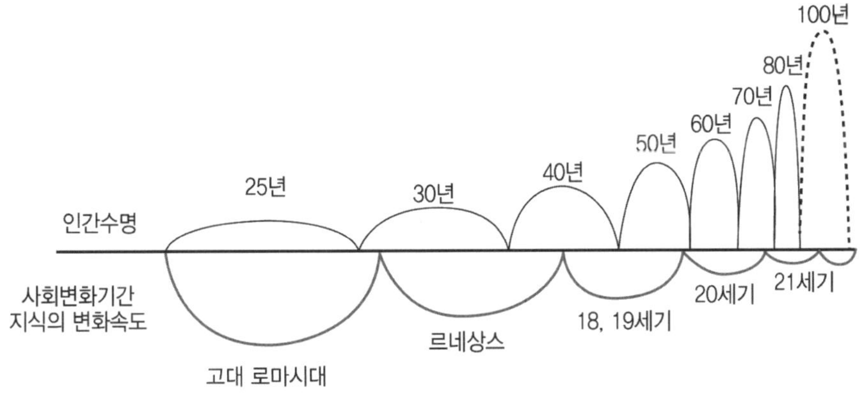

| 그림 3-1 | **사회변화의 시간간격과 인간의 생애주기 관계**

둘째, 안드라고지는 1960년대와 1970년대 초에 전 세계적으로 나타났던 추세는 낭만주의적이고 인본주의적인 경향에 영향을 받아서 형성되었다(Jarvis, 1985). 성인교육의 사회학자로 종종 불리고 있는 자비스(Jarvis)는 기존의 전통적이고 페다고지적인 교육을 '위로부터의 교육'이라고 칭하고 안드라고지와 같이 개인이 마음껏 자신의 잠재력을 성취할 수 있도록 북돋워 주는 교육을 강조하는 개념으로서 '동등한 교육'이라고 말한 바 있다(Jarvis, 1985). 그리하여 그는 기존의 페다고지적 교육모형이 고전주의적인 데 비하여 안드라고지적 모형은 낭만주의적 경향을 띠고 있다고 보고 있다. 그리하여 1960년대에 낭만주의 교육이론이 성행하였던 것과 때를 같이하여 안드라고지도 1960년대 이후 성공을 거둘 수 있었다고 파악하고 있다.

셋째, 학문으로서나 실천의 영역으로서 성인교육이 사회에서 더 활성화되어 감에 따라 성인교육을 타교육영역과 구분하고 이와 관련된 일들에 대한 성인교육 전문직화(professionalization)의 과정으로부터 안드라고지가 대두되었다는 것이다. 흔히 하나의 전문직(profession)은 다른 직업과 여러 면에서 구분되는 속성을 지니고 있다. 이를테면, 전문직은 그들의 직무 수행상에 필요한 자질이라든가 특정한 지식이나 기술들을 일정 수준 이상으로 소유하고 있는 자들을 중심으로 내적으로 조직화되어 있으며, 이는 곧 타전문직이라든가 다른 직업으로부터 자신들을 보호하는 체계를 지니고 있는 특성이 보인다(안효찬, 2012). 또한 전문직의 활동은 근본적으로 지적이며, 책임 혹은 고도의 윤리성을 수반하고 있으며, 단순하고 일상적이지 않은 지식에 근본을 두고 학습되는 까닭에 장기간의 교육이 필요하다는 점 등을 지적할 수 있다. 따라서 하나의 직업이 전문직화되기 위해서는 그 분야에 관한 과학적인 지식의 체계나 그러한 연구결과들을 토대로 사회에 봉사할 수 있는 윤리적 지침이 있어야 할 필요가 있다. 하나의 직업이 전문직화되기 위해서는 기본적으로 그 사회 내에서 정치적, 문화적, 사회적, 경제적 맥락에서 그와 같은 직업이 전문직으로 인정받을 수 있는 체제를 확보해야 할 필요가 있다. 그러므로 안드라고지는 성인교육의 이론가나 실천가들로부터 그들의 직무가 기존의 교육활동과 구분되는 특성을 보이고 있다는 것을 강조하기 위해서 어떤 형태의 지식체계가 필요하였고, 이에 대해 안드라고지가 이들의 요구에 적절한 형태로 기여하였기 때문에 안드라고지가 성인의 학습활동을 돕는 과학으로서의 의미로 받아들여지게 되었다는 것이다.

넷째, 안드라고지가 대두된 배경에는 2차 세계대전 이후부터 급속하게 전개된 산업화·공업화·도시화의 물결 속에서 성인교육의 필요성이 부각됨에 따라 실천의 영역으로서 성인교육이 활성화된 것이며, 이에 따라 성인교육에 있어서 그를 체계적으로 뒷받침할 수 있는 이론을 형성하는 것이 필요하게 되었다는 점을 지적할 수 있다.

이러한 문제를 해결하기 위하여 교육이론에 인간교육의 전 단계를 포함하는 것을 전제로 하여 종래의 교육이론을 아동중심의 교육이론, 즉 페다고지로 한정시키고, 아동중심의 교육이론과는 구분되는 성인들에 대한 독자적인 기술과 과학을 개발할 필요성이 대두되었다.

(2) 안드라고지와 페다고지 비교

페다고지와 안드라고지의 원리상 차이는 기본적으로 교육대상이다. 즉 아동학습자와 성인학습자의 특징으로 구분할 수 있다. 아동과 성인학습자 간에 차이는 생물학적 연령, 사회문화적 생활단계(life stage) 그리고 심리학적 발달단계의 차이가 있을 뿐 아니라 이들 양자 간에 환경의 상황도 차이가 있다. 제반 특성의 차이점은 이들이 대응하는 데 학습지도 원리의 전제조건이 될 수 있다. 이처럼 페다고지와 안드라고지는 대립적으로 보일 수 있지만 실제로는 인간 교육의 전체적인 관점 내지 평생교육적 관점에서 보면 이 두 학습이론은 연속선상의 상호보완적 관계이다. 예를 들면, 아동 및 청소년 학습자도 학교 이외의 학습에서는 자기주도적일 수 있는데, 이와 같은 상황에서는 안드라고지가 유용하다. 학교학습 상황에서도 아동의 경험을 학습자원으로 활용하기도 하고, 주체적으로 학습을 계획하고 실시하는 데 필요한 장면을 구성하는 것이 적절할 수 있다. 안드라고지는 전통적인 페다고지에서 전제하는 아동학습자에 관한 가정과 다른 성인학습자의 특성을 가지고 있다. 노울즈는 안드라고지와 페다고지의 가장 중요한 차이를 학습자 특성에 대한 가정이라고 보았다. 처음에는 네 가지 원리를 제시하였다가(Knowles, 1970), 1984년에 학습동기를, 1989년에는 알고자 하는 욕구를 추가하였다(Knowles, 1984, 1989). 따라서 오늘날에는 학습자의 자아개념(자기주도적), 경험의 역할(삶의 경험 영향), 학습준비도(사회적 역할수행), 학습지향(문제 중심적 지향성), 학습동기(내적 동기), 알고자 하는 욕구 등 여섯 가지 핵심적 안드라고지 원리가 존재한다(Knowles et al., 1998).

첫째, 인간이 처음에는 의존적이었다가 점차 자기주도적으로 변해가는 것이 성숙의 일반적인 과정이다(학습자의 자아개념: 자기주도적). 즉 노울즈는 인간의 자아개념을 자기주도적 성향을 지니는 것으로 간주한다. 성인은 자신에 대해 스스로 의사결정을 할 수 있고 그 결과를 직시할 수 있으며 자신의 인생을 스스로 다룰 수 있다고 여긴다. 인간이 심리적으로 성인이 되는 시기는 자신을 자기주도적으로 보는 시점이며, 그 시점에서 자기주도적으로 지각되기를 원하는 요구를 경험하게 된다(권두승 외, 2016a). 그러나 사람마다 그 속도와 시기는 다르다. 교육자는 이러한 변화를 자극하고 지도할 책임이 있다. 성인들은 특정 상황에서 의존적일 수도 있지만 일반적으로 자기주도적이고자 하는 강한 심리적 욕구를 가지고 있다(Knowles, 1970). 성인학습자는 학습에 대한 욕구가 생길 때 교사를 바라보는 것이 아니라 그 요구의 상황에 돌입하여 스스로 해결을 추구하고 문제화하며 자기의 방향을 찾아 나간다. 따라서 성인은 자율적인 개인으로서 자아개념이 인정되지 않은 상황에서 거부하거나 저항하는 경향이 있다(권두승, 2000). 결국 안드라고지에 있어서 교사의 역할은 학습자의 자율성을 증가시키고 자극하는 것이 되어야 한다.

둘째, 인간은 성장함에 따라서 자신뿐 아니라 타인을 위한 학습자원으로 활용될 수 있는 경험을 축적한다(경험의 역할: 삶의 경험 영향). 더구나 피동적으로 얻는 것보다는 경험을 통해서 얻는 지식 및 기술에 더 큰 의미를 부여한다. 이와 같은 경험을 비롯하여 아동보다 많은 경험을 했고 질적으로 다른 경험의 배경을 가지고 있다. 성인은 자신들의 경험에서 자신이 누구인가를 규정하게 된다(남윤석, 1988). 그러나 성인들은 나름대로 자신의 삶에서 배우고 깨달은 바를 적용하여 성공하였던 경험이 있어 자신들의 지식과 경험들 때문에 오히려 독선적이고 폐쇄적으로 되어 열린 마음으로 다른 것을 배워야 할 필요성을 느끼지 못할 수도 있다. 즉 경험의 양이 반드시 경험의 질을 의미하는 것은 아닐 수 있다. 성인학습자의 경험이 이들의 학습에 긍정적인 역할을 할 수 있지만, 오히려 삶에서 경험한 부정적 사건의 경우는 학습을 방해하는 장벽의 역할(Merriam et al., 1996)을 할 수 있다. 성인에게는 그의 경험이 곧 자신이다. 그는 자신이 누구인가를 자신만의 독특한 경험 축적 측면에서 정의한다. 그만큼 경험이 풍부하면 그가 행했던 것으로 의미가 부여된다. 성인들은 그의 경험에 의해서 자신을 규정하기 때문에 그는 이러한 가치에 투자한다. 그리고 그가 경험했던 것들이 사용되지 않거나 그것의 가치가 감소한 상황에서는 거부된 것이 그의 경험이 아니라 자신이라는 느낌을 가진다. 따라서 성인의 학습에 있어서 경험은 매우 필수 불가결한 요소이며, 교수자로부터 전달되는 학습내용의 전달보다는 경험으로부터 배우는 것이 곧 자기실현의 열쇠라고 여긴다(Knowles, 1970). 이처럼 성인학습자를 위한 교육방법은 주입식이나 교과 중심의 피동적인 방법보다는 상호 경험을 나눌 수 있는 토의, 사례연구, 팀 문제해결, 시뮬레이션 연습(모의실험), 현장학습 등에 의한 방법이 활용된다(남윤석, 1988).

셋째, 사람들은 실제 생활과 관련된 문제에 잘 대처해 나가기 위해 학습의 필요성을 느끼게 될 때 기꺼이 학습한다(학습준비도: 사회적 역할 수행). 그리고 교육자는 '알기 위한 요구'를 발견하도록 여건을 조성해 주며 학습자를 지원하기 위한 도구와 절차를 제공할 책임이 있다. 학습프로그램은 실제 생활의 적용을 중심으로 조직되어야 하고 학습자의 학습준비도에 따라 계열화되어야 한다(Knowles, 1970). 성인은 직업인, 배우자, 부모의 일원으로 해야 할 역할에 따른 필요 때문에 배우게 된다는 것이다. 그러므로 학습경험의 타이밍은 발달과제와 관련되어 중요한데, 성인은 삶의 과제에 따라 달라지는 것이다(장용성, 1991). 따라서 성인은 주어진 삶의 과제를 해결하기 위해 필요한 것을 배우고자 하고 이런 이유로 성인학습자의 발달과업과 동시성을 띤 학습경험이 중요하다(조성연 외, 2017).

넷째, 학습자가 자신의 잠재력을 완전히 발휘하기 위해 역량을 개발하는 과정을 교육으로 본다(학습지향: 문제 중심적 지향성). 학습자는 오늘 학습한 지식 및 기술은 내일의 생활에 더 효과적으로 적용하고 싶어 하므로 학습경험은 능력개발 중심으로 조직되어야 한다. 따라서 학습경험은 역량개발 중심으로 조직화하여야 한다. 사람들은 학습에 대해 성과 중심의 지향성을 지닌다(Knowles, 1970). 성인은 그들이 배운 대부분을 즉시 적용한다고 생각하고 있다. 교육은 그들이 지금 직면하고 있는 생활문제를 다루는 능력을 향상하는 과정이다. 그러므로 그들은 교육활동이 문제중심(problem-contered)이라고 생각한다(권두승 외, 2016a). 그러나 어떤 성인학습자들은 즉각적인 문제의 해결보다는 배움 자체의 즐거움을 위해 학습을 추구하는 경우도 있고, 어린 시절의 모든 학습이 주제 중심적이고 미래의 적용만을 위한 것은 아니라는 점을 성인교육자들은 함께 고려할 필요가 있다(최윤정, 2018).

다섯째, 성인들은 외적 동기요인이 유발되기보다는 높은 직무만족, 자존감, 삶의 질과 같은 내적 동기요인에 의하여 잠재적으로 압박을 받는다(학습동기: 내적 동기). 내적 동기는 외적 목적에 의존하지 않고 내적 강화에 의해서 충족되는 동기를 일컫는다. 외부의 어떤 보상을 얻기 위해서가 아니라 어떤 활동 자체가 재미있고, 신나며, 만족스럽기 때문에 행동하는 것은 내적 동기에 의한 것이라고 할 수 있다. 성인학습자의 자기주도적 학습, 자발적 학습, 계속적 학습이 가능한 것은 그들의 내적 동기 때문이며, 학습에 대한 내적 욕구가 충족되지 않으면 자발적 학습은 멈출 수도 있다. 반면에 외적 동기는 외적 강화 또는 보상에 의해서 충족되는 동기를 일컫는다. 이러한 외적 동기는 처음부터 동기가 없거나 낮은 사람에게 동기를 유발하는 데에 효과가 있다. 외적 동기와 내적 동기는 상호배타적 관계에 있는 것이 아니며, 외적 동기유발을 통해 궁극적으로 학습과

제 자체에 대한 관심과 흥미(내적 동기)를 갖게 하는 것이 가능하다고 할 수 있다. 성인은 외적 요인보다는 내적인 요인에 의해 동기화된다는 것은 성인학습자의 자발성과 능동성을 강조하기 위함이지, 성인학습자에게 외적 동기는 불필요하다거나 외적 동기에 의한 학습이 일어나지 않는다는 의미는 아니다(최윤정, 2018). 그래서 교사의 역할은 학습자의 학습을 촉진하고 학습 욕구와 동기가 지속성을 갖고 수행될 수 있는 조건들을 제공하는 것이다(장용성, 1991). 이는 인간의 자발적인 동기와 학습에 대한 욕구를 강조하여 인본주의적이고 실존적인 성향을 지니고 있다고 볼 수 있는 근거가 된다(조성연 외, 2017).

여섯째, 성인학습자들은 어떤 것을 배우기 시작하기 전에 왜 그것을 배워야 하는지 알고 싶어 한다(알고자 하는 욕구). 만약 학습자들이 학습활동을 시작하기 전에 무엇인가를 배우는 것의 중요성을 깨닫는다면 그들의 동기는 그만큼 강력해질 것이다(Merriam et al., 2014). 터프(Tough, 1979)는 성인학습자들이 어떤 것을 스스로 배우기 시작했을 때는 배움을 통해서 얻게 될 좋은 것들과 배우지 않았을 때 얻게 될 부정적인 것들을 계산하고 상당한 양의 에너지를 투자하는 것을 발견하였다. 즉 성인학습자들은 그들의 학습이 실질적으로 가지고 오는 득실에 대해 알고자 하는 욕구가 강하다. 따라서 성인학습자의 촉진자는 개개인의 학습 욕구가 무엇인지 아는 것이 중요하다(조성연 외, 2017). 또한 교수자는 성인학습자들의 삶의 질이나 수행효과를 향상하기 위한 학습의 가치를 지적으로 알려줘야 하는 것이다(가영희 외, 2017).

| 표 3-1 | 페다고지와 안드라고지의 기본 전제

구분	페다고지	안드라고지
학습자 개념	• 의존적, 타율적, 수동적 존재	• 자율적, 능동적, 자기주도적 존재
경험역할	• 학습자의 경험은 학습의 출발점에 불과하며, 학습자원으로서 그다지 가치가 없음 • 학습자원에 포함하는 경험은 교사, 교재집필자, 시청각 보조물 제작자의 경험임	• 질적으로나 양적으로 훨씬 풍부한 경험을 가지고 교육활동에 참여함

구분	페다고지	안드라고지
학습 준비도	• 생물학적 발달 단계 및 사회적 압력에 따라 학습	• 새로운 사회적 역할 수행에서 요구되는 발달과업에 따라 학습
학습 지향성	• 미래를 위한 준비 • 교과 중심적 학습	• 즉시적인 활용, 생활 · 과제 · 문제 중심적 학습
학습동기	• 외재적 동기에 의한 학습동기	• 외재적 동기에 반응하기도 하지만 보다 강력한 동기는 내적인 동기(직무 만족, 자아존중감 증진, 삶의 질 향상 등)
알고자 하는 욕구	• 학습자는 교사가 가르치는 것을 학습해야만 한다고 인식함	• 성인들은 그들이 학습하기 전에 왜 그것을 학습할 필요가 있는지를 알고자 함 • 왜, 무엇을, 어떻게에 대한 답을 알고자 함

출처: 최윤정. (2018). 성인학습 및 상담론. 서울: 학지사.

2) 자기주도학습이론

성인학습의 가장 큰 특징은 자기주도성(self-directedness)을 들 수 있다. 자기주도학습은 1960년대부터 1970년대에 걸쳐 미국, 캐나다, 영국 등지에서 개발되고 그 이후 평생교육 및 성인계속교육 관계자들로부터 집중적으로 관심을 받아왔으며, 오늘날 일반적으로 평생학습 추진의 중심개념으로 인정되고 있다(권두승 외, 2016a). 더욱이 21세기에는 급격한 속도로 생산해 내는 엄청난 양의 지식과 너무 빠른 변화로 인해 이에 적응하는 것조차 힘든 상황이 되었다. 이처럼 새로운 지식, 기술, 정보에 빠르게 적응하기 위해 끊임없는 재교육과 자기주도학습을 진행해야 한다(김동일, 2021).

자기주도학습이란 '스스로 자신의 학습욕구를 진단하고, 목표를 설정하며, 학습을 위한 각종 인적 · 물적 자원을 통해 학습전략의 선택과 실행 및 결과를 평가하는 과정'으로 정의할 수 있다(차갑부, 1997). 노울즈(Knowles, 1975)는 자기주도학습을 '학습자가 스스로 학습요구를 진단하고, 학습목표를 설정하고, 관련 학습자원을 선택하고, 학습전략을 수립하고, 학습을 실행한 후 평가하는 과정에서 타인의 도움을 받거나, 혹은 자신이 전적으로 학습을 진행해 나가는 것'으로 정의하였다(가영희 외, 2017). 펜랜드(Penland, 1979)는 자기주도학습을 학습자, 계획자, 관계집단, 학습평가의 요소를 고려하면서 학습자가 학습요구 결정, 학습정보 수집, 학습자원 활용, 학습방법 구안 등에 대한 책임을 지고, 계획자는 학습자가 기대하는 수준에 도달하도록 도와주는 역할을 수행하며, 관계집단은 학습자가 무엇을 학습하고 어떻게 행동해야 하는가에 대한 방향을 제시하고, 학습평가는 학습자와 계획자가 협력적으로 실시하게 되는 학습을 의미한다고 보았다(가영희 외, 2017). 롱(Long)은 자기주도학습에 대하여 넓은 의미에서는 교육내용, 교사, 학생 사이의 관계에 형성되는 교수과정, 교수방법, 심리적 과정을 포괄하는 것이며, 좁은 의미에서는 그중 하나에 초점을 맞추는 것으로 구분하면서 타인주도학습과 자기주도학습에 대한 차이를 다음과 같이 설명하였다(Long, 1996).

| 표 3-2 | 자기주도학습과 타인주도학습의 개념

자기주도학습	타인주도학습
상대적으로 독립적임	상대적으로 의존적임
솔선수범에 가치를 둠	지시에 따르는 것에 가치를 둠
긍정적인 자아효능감	제한된 자아효능감
초인지적 인식	초인지적 인식이 제한됨
내적으로 동기화됨	외적으로 동기화됨
깊이 있는 참여	표면적인 참여
정신적 초점에 우선권을 둠	정신적 초점이 산만함

출처: Long, H. B. (1996). Adult and continuing education. New York: Teachers College, Columbia University.

자기주도적 학습의 개념과 그 이론의 발전에 결정적인 공헌을 한 자로서는 터프(Tough)와 노울즈(Knowles)가 있다(권두승 외, 2016a). 자기주도적 학습의 반대 개념은 노울즈의 표현에 따르면 교사주도적 학습(teacher-directed learning)이다. 또한 자기주도학습의 유사한 개념으로 자학자습(독립학습; independent learning), 자기

교육(self-education), 자기공부(self-study), 자기교수(self-teaching), 자기수업(self-instruction), 자기계획적 학습(self-planned learning), 개별연구(individual study), 자율학습(autonomous learning) 등이 있다(Knowles, 1975). 그런데 이 용어들의 공통점은 적어도 용어 그 자체의 의미로서는 타인의 지원 없이 혼자 고립화된 상태에서 학습하는 것을 의미하고 있다. 이에 비하여 자기주도적 학습은 학습을 고립화하지 않고 교사·지도자·교재·교육기관 등 다양한 교육자원을 이용하여 자신이 학습 전체의 계획(planning), 통제(controlling), 그리고 감독(supervising)에 있어 제1차적인 책임을 지는 학습형태를 말한다(이희영, 1999). 즉 학습의 주체는 학생이며 교육내용도 이들이 설정하고 실행하는 창의적 주체라고 보는 프레이리(Freire)의 교육론에서 자기주도적 학습의 특성을 말하고 있다(Freire, 1973).

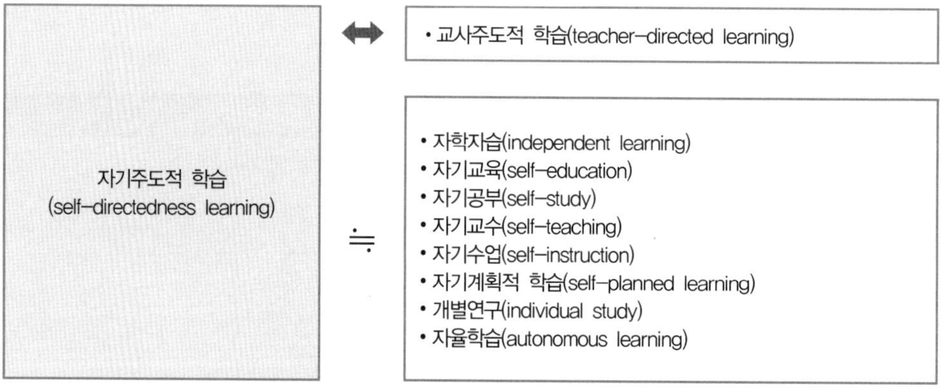

| 그림 3-2 | 자기주도적 학습의 반대 개념과 유사 개념

출처: 권두승 외. (2016a). 평생학습실현을 위한 성인학습 및 상담(3판). 파주: 교육과학사. 재구성.

자기주도적 학습의 주요 개념은 학습의 자기주도성(self-directedness)과 학습자의 자기주도(self-direction)이다. 이 용어는 다음의 세 가지를 내포하고 있다(Brockett et al., 1991).

첫째, 자기의 학습목적 및 수단에 대한 타자의 통제로부터의 독립성이다.

둘째, 타자의 원조 여부에 상관없이 자신이 주도권을 쥐고 자기의 학습요구를 진단하고, 학습목표를 공식화하고, 학습자원을 동일시하고, 학습전략을 선택・실시하고, 학습성과를 평가한다고 하는 학습과정 전체에 있어서 주도성이다.

셋째, 학습의 의미 및 학습을 통해서 실현하고자 하는 가치에 관한 학습의 선택범위에 대한 이해와 자각의 중심인 자율성을 내포한다. 이것은 학습계획 및 방법기술에 있어서 자기주도성과 자기결정성을 초월하는 것이다(Brockett et al., 1991). 이 개념의 번역어로 우리나라에서는 자기주도적 학습, 자기관리적 학습, 자기결정적 학습 등과 같은 용어가 사용되고 있다(권두승 외, 2016a).

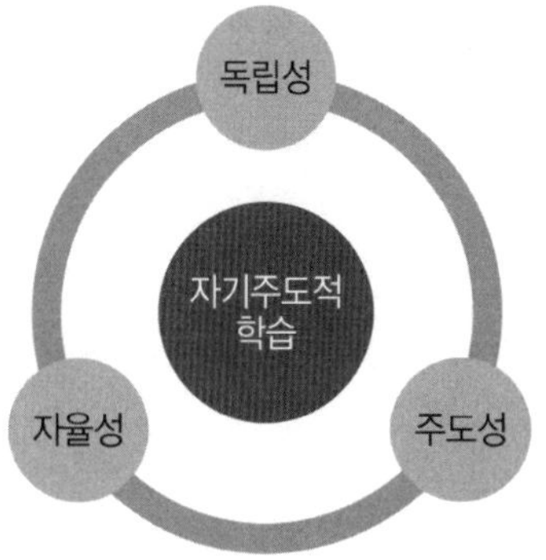

| 그림 3-3 | 자기주도적 학습의 의미

출처: 권두승 외. (2016a). 평생학습실현을 위한 성인학습 및 상담(3판). 파주: 교육과학사. 재구성.

그로우(Grow)는 학습자의 자기주도성 수준에 따른 교수자나 촉진자의 역할을 제시하면서 교수자의 역할이나 스타일이 학습자의 수준과 일치하지 않을 때 발생할 수 있는 문제들에 대처할 방안을 제시하였다(Grow, 1994). 교수자는 교육적 상황에서 학습자의 행동이나 학습자의 과제물 검토를 통해 학습자의 수준을 평가해야 한다. 이때 양적 측정도구보다는 교수자가 직접 관찰을 통하여 수준을 평가하도록 해야 한다. 그리고 학습자의 자기주도성을 상황적 특성으로 보아야 한다(가영희 외, 2017).

3) 전환학습이론

전환학습이론은 독일의 사회학자 하버머스(Habermas)의 비판이론을 토대로 하며, '관점의 전환'이라고도 한다. 전환학습은 개인이 이미 가지고 있는 지식을 새로운 관점으로 전환하고, 전환을 통해 학습자의 의식을 사회적 왜곡과 권력의 영향력에서 해방하는 학습을 의미한다. 아동 및 청소년기에 비판 없이 받아들인 내면화된 가정, 신념, 가치를 학습자의 비평적 의식 속으로 끌어들여야 한다는 것이 전환학습의 핵심이다(Brookfield, 1985).

전환학습(transformative learning)은 학습의 인지적 과정에 보다 초점을 두고 관심이나 인식에 의해 무비판적으로 받아들여졌던 사실에 대해 다른 방향이나 다른 상태로 바뀌는 것을 의미한다(권두승 외, 2016a). 즉 내가 아는 것에 대한 '근본적인 변화'를 뜻한다(가영희 외, 2017).

전환학습이론은 메지로우(Mezirow)에 의해 기존의 객관적이고 실증적인 접근을 비판하면서 처음으로 제시하였다. 전환학습이론은 우리가 살고 있는 세계와 우리 자신들에 관한 극적이고, 근본적인 변화와 관련하여 학습을 설명하고자 하는 데 그 특징이 있다(Mezirow, 1978). 전환학습은 학습활동에 의해 학습자 자신은 물론 타인들이 인식할 방법으로 학습 이전과는 확연히 구분되도록 인간을 새롭게 만든다는 의식변화를 말한다(Merriam et al., 1999).

전환학습에서는 경험의 정신적 구성(mental construction of experience), 반성적 성찰(reflection), 그리고 내적 의미(inner meaning)와 같은 개념들이다. 즉 경험, 비판적 반성(성찰 또는 반추), 개인발달 등이 핵심 구성요소이다. 이들의 주요개념을 살펴보면 다음과 같다(Merriam et al., 1999).

(1) 경험

안드라고지의 가정 중 하나는 성인들이 자신과 타인들의 학습자원으로서 그들의 넓고 깊은 경험을 활용한다는 것이다. 이와 마찬가지로 메지로우도 성인들의 전환학습 주제는 학습자의 경험이라고 하였다. 그러나 성인들의 모든 경험이 학습과 연관될 수 없으며, 특정 경험이 학습과 연관되는 여부는 사람에 따라서 다르다. 자비스(Jarvis)는 학습이 경험을 토대로 한다지만, 이미 해답이나 반응을 가지고 있는 경험은 제외해야 하며, 이전의 경험에 대한 기억과 지식은 있지만 새로운 경험에 대응할 수 없는 불일치의 상태에서 개인들은 왜 이러한 문제가 발생했으며, 그것이 무엇을 의미하는지를 반성하게 된다고 하였다. 이렇게 던져진 의문들이야말로 학습의 시작이자 핵심이 되는 것이다(Jarvis, 2006a). 한편, 테넌트(Tennant)는 경험을 학습에 활용하는 방식을 네 단계로 제시하였다 (Tennant, 1993).

| 표 3-3 | **테넌트 경험 활용의 4단계**

단계	경험 활용 방식
1단계	교수자는 가장 초보적이고 피상적인 수준으로 학습자의 이전 경험과 연결하여 설명이나 예시를 한다.
2단계	교수자가 학습 활동을 학습자의 현재 직장, 가정 및 지역사회에서의 경험에 연계시키는 시도를 한다.
3단계	교수자가 학습이 순환되도록 경험을 만들어 낼 수 있다. 시뮬레이션이나 게임, 역할극 등 학습자의 적극적 참여가 필요한 활동을 고안한다.
4단계	학습자가 인식하는 경험의 의미들에 대해 비판적 검증을 하는 단계다. 교수자는 학습자의 세계관을 의식적으로 혼란스럽게 하면서, 학습자가 이미 당연한 것으로 인식하는 경험에 대해 의심을 품도록 자극한다.

출처: Merriam et al. (1999). Learning in adulthood: A comprehensive guide. San Francisco: Jossey-Bass.

(2) 비판적 성찰(반성)

경험은 전환학습의 시작이다. 그러나 그 자체로는 전환학습이 불가능하다. 크리티코스(Criticos)는 경험의 반성과정으로 지적 성장이 이루어질 때 경험은 가치 있는 것이 된다고 하였다(권두승 외, 2016a). 즉 효율적인 학습이란 긍정적인 경험으로부터가 아니라 효율적인 반성으로부터 이루어지는 것이다. 듀이(Dewey)는 반추를 어떠한 신념, 혹은 가정된 지식의 형태를 그것을 뒷받침하는 배경과 지향하는 결론에 바탕을 두고 꾸준히 깊이 생각하는 것이라고 정의하였다. 따라서 효율적인 학습을 위하여 긍정적인 경험과 함께 비판적 반성이 이루어져야 한다(가영희 외, 2017).

성인학습에서 비판적 반성과 전환학습을 연계한 사람은 브룩필드(Brookfield)이다. 그는 비판적 반성과 관점 전환을 연결하는 것이 자신의 비판적 사고의 모형이라고 하였고, 사람들이 공통으로 경험하는 다섯 가지 상황을 나열하였다(Brookfield, 1987).

첫째, 내적으로 불편함이나 당혹감을 주었던 기대되지 않은 사건을 당한다.

둘째, 상황에 대한 자기 검증, 느꼈던 불편함에 대하여 곰곰이 생각해 본다. 자신과 유사한 문제를 경험했던 사람들을 수소문해 본다.

셋째, 자신에게 불편함을 주었던 경험을 해석하고 이에, 적응하는 새롭고 다른 방법을 모색한다.

넷째, 대안적 관점을 개발한다.

다섯째, 새로운 사고와 삶의 방법을 우리의 삶의 구조에 통합시킨다.

| 표 3-4 | 브룩필드의 비판적 사고 단계 모형

단계	내용
계기적 사건 단계	학습자가 심리적 불편함과 당혹감을 불러일으키는 기대하지 않았던 사건을 경험하는 단계(예: 이혼, 실직, 장애, 강요된 이직 등)
평가 단계	경험에 대한 자기 검토를 하면서 자신의 불편함이나 당혹감에 익숙해지고 유사한 경험을 한 사람을 찾는 단계
탐색 단계	불편함으로 이끄는 경험을 설명해 주거나 수용하는 방법을 찾아보는 단계
대안적 관점 개발 단계	새로운 역할, 행동, 사고방식을 시도함으로써 자신의 정체성과 역할 모델에 관한 새로운 관점을 갖게 되고 새로운 관점에 대한 자신감을 구축하는 단계
통합 단계	새로운 관점의 가치, 정확성, 타당성을 확인한 다음에 새로운 사고방식과 새로운 행동 방식을 자신의 삶의 구조 내에 통합시키는 단계

출처: Brookfield, S. D. (1987). Developing critical thinkers: Challenging adult to explore alternative way of thinking and acting. San Francisco: Jossey-Bass.

메지로우(Mezirow)는 성인학습자가 11단계의 학습과정을 통해서 그들의 가치관, 신념, 이해에 대해 비판적으로 반성을 하고 기존의 인식에서 해방으로 나아간다고 보았다(Mezirow, 1995). 메지로우의 11단계 학습과정을 요약하면 다음과 같다(Mezirow, 1995).

| 표 3-5 | 메지로우의 전환학습의 단계

단계	단계별 특징
1단계	시각을 전환할 만큼 큰 사건이나 혼란한 상황에 직면
2단계	수치감, 죄책감, 불안감 등의 감정에 대한 자기 검증
3단계	자기 삶의 전제나 가정에 대한 비판적 반성
4단계	남들도 불안 및 전환 과정에 공유된다는 점을 인식
5단계	새로운 역할, 관계, 그리고 활동을 위한 대안을 탐구
6단계	구체적 행동 계획
7단계	계획 실행을 위한 지식과 기술을 습득
8단계	새로운 역할 수행을 위한 시험적 노력
9단계	기존의 관계 재조정
10단계	새로운 역할과 관계에 대해 경쟁력과 자신감 구축
11단계	새롭게 형성된 관점으로 새로운 삶의 창출

출처: Mezirow, J. (1995). Transformation theory of adult learning. In M. R. Welton(ed.), In defense of the life world. NY: State University of New York Press. pp. 39-70.

(3) 개인의 발달

메지로우는 경험을 통해 개개인이 차별화되고, 비판적이고, 반성적이고, 통합적인 틀을 통해 학습할 수 있다는 점을 들어 관점이 전환되어 학습의 결과가 개인의 발달을 성취할 수 있다고 하였다. 그는 전환학습의 과정이 성인의 발달과정 중심이라고 하였으며, 전환학습을 통해 과거보다 폭넓은 경험을 하게 되고, 더 차별화되고, 다른 관점에 대하여 더 개방적이고, 자신의 경험을 더욱 잘 통합할 수 있는 한 차원 높은 의미관점(meaning perspective)을 획득할 수 있다고 하였다(주명희, 2012).

4) 의식화이론

메지로우(Mezirow)가 개인의 전환(변화)에 초점이 맞추어져 있다면 프레이리(Freire)는 개인적 임파워먼트와 사회적 전환을 함께하는 과정으로, 더욱 광범위한 민중에게 초점이 맞추어져 있다(신용주, 2021). 그래서 해방교육 또는 민중교육이라고도 한다. 프레이리의 의식화 교육론은 브라질의 시대적 특성상 빈곤, 비문해와 억압에서부터 출발한다. 그러므로 프레이리의 교육이념은 중립적일 수 없었으며, 권력과 사회적 전환이 분리될 수 없는 '해방'과 관련되어 있다. 그의 해방철학의 핵심은 의문제기와 대화를 통한 비판적인 반성이지만, 그가 생각하는 비판적 반성의 목적이 세상을 변화시키기 위하여 우리를 억압하는 사회의 구조와 우리의 행동을 지도하는 내적인 구조와 미신(myth)을 모두 알게 하는 것이므로 일종의 의식화(conscientization)라고 할 수 있다(Freire, 1970). 즉 전통적인 교육은 학습자에게 사회 지배집단의 가치를 주입하고 그에 적응하게 되므로 학습자는 현재 모순과 억압의 세계를 그대로 옳다고 믿게 된다. 따라서 자신의 세계를 비판적으로 반성하여 평등하고 정의로운 사회를 만들기 위한 행동을 실천하는 해방학습이 필요하다는 것이다(임형택 외, 2015).

프레이리는 전통식 교육방법인 교수자가 학습자에게 저축하듯 보관하는 '은행저축식 교육(banking education)'으로 보았고, 해방학습을 위한 새로운 방식의 교육은 '문제제기식 교육(problem posing education)'이라고 보았다. 은행저축식 교육에서는 학습할 지식이 보편적으로 타당하고 합법적이므로 학습자들의 머릿속에 단순히 저장되어야 할 객관적 실재로 간주되며 교사와 학생은 주종의 관계이자 주체와 객체의 관계에 있게 된다. 은행저축식 교육이 사회적 모순과 억압을 은폐하고 학습자의 의식화를 가로막는 장애물로 보는 반면, 새로운 방식의 교육인 문제제기식 교육에서는 교수자와 학습자가 대화를 통해 서로 협력하며 인간화와 해방을 모색한다(신용주, 2021).

프레이리는 학습자들이 사회문화적 실재를 인식하고 모순적인 실재를 변화시킬 수 있는 적극적인 사람으로 자각하고 있다. 이는 의식화를 통하여 이루어지며, 의식화를 고양하기 위해 대화법을 사용하였다(Freire, 1970). 이러한 방법은 교사와 학습자 간의 관계가 일방적인 가르침이 아니라 상호협조하는 참여교육을 지향하는 것이다. 즉 교사와 학습자는 그들이 살고 있는 사회문화적 상황, 즉 공유하고 있는 실재를 함께 탐구하는 동반자적 관계에 있으며 서로 협력적 대화를 할 수 있는 관계이다.

대화(dialogue)는 프레이리의 의식화가 이루어지는 중요한 방법이다. 학습의 내용은 학습자들로부터 제기되는 주제와 쟁점들이다. 쟁점들에 대한 토론은 그들이 처해 있는 삶에 대한 의식화를 가져오며, 대화와 토론의 궁극적인 목표는 해방 또는 프락시스(praxis)이다. 그가 말하는 프락시스란 학습자가 자신의 세계를 전환하기 위하여 자신의 세계에 대한 성찰과 행동을 하는 것이다(Freire, 1970). 이처럼 프락시스는 이론과 실천이 상호 보완적이며 상호 유기적인 관계로 인한 변화이며(김동일, 2019b), 자신의 새로운 이해에 대한 성찰과 행동, 그리고 이러한 행동에 대한 비판적 성찰로 이어지는 계속적인 순환을 말한다(신용주, 2021).

5) 경험학습이론

경험학습은 경험에 의한 학습이라고 할 수 있다. 성인학습자의 가치는 경험이라고 하였으며, 오래 살수록 경험의 양이 축적될 뿐 아니라 경험의 질도 다르다(권두승 외, 2016a). 경험이란 객관적 실재에 대한 개인의 지각으로 인해 획득되는 산물로서 경험학습은 일반적으로 학습자가 전달되는 지식을 수동적으로 수용·축적하는 전통적 교육 방법과 대조적으로 진보주의 교육철학에서 강조하는 소위 '행위에 의한 학습'으로 요약할 수 있는 학습자의 능동적인 참여와 실행을 기반으로 하는 교육활동으로 강조되어 왔다(김한별, 2019). 구체적인 경험을 의미

부여하여 학습의 자원이 된다. 즉 체험학습이나 실천학습의 현상을 포괄하는 개념으로 객관적 실재에 대한 개인의 지각으로 인해서 획득하게 되는 산물로 경험을 바탕으로 이루어지는 인간의 변화 및 성장과정으로 이해될 수 있다(김지자 외, 2001).

듀이(Dewey)는 진정한 교육실현에 도움이 되는 경험학습의 핵심적인 단서를 '계속성(continuity)'과 '상호작용성(interaction)'이라는 두 원리에 의해서 이루어진다고 했다(Dewey, 1938). 계속성은 하나의 경험은 결코 고립적으로 발생하는 것이 아니라 과거의 경험과 연관되어 발생하며, 이후의 인식 주체로서 그 의미가 생성된다. 그리고 상호작용성이란 경험이 개인을 둘러싸고 있는 환경을 구성하고 있는 요소들과 그러한 환경을 지각하고 교차하는 지점에서 발생하는 것을 말한다(Merriam et al., 2007).

경험학습론의 대표적인 것은 콜브(Kolb, 1984)의 이론이다. 듀이가 주장한 경험학습의 두 가지 원리를 계승하면서, 콜브는 경험학습의 과정을 순환적 모형으로 제시하였다. 콜브의 경험학습이론은 순환적인 학습모형이다. 경험학습은 4단계 주기를 통해서 발생하게 되며, 반성적 사고가 이루어지지 않은 경험은 학습으로 연결되지 않고, 학습은 네 가지 과정이 연계 및 순환되면서 쉬운 단계에서부터 어려운 단계로 진행된다고 하였다(김한별, 2019). 첫째 단계는 새롭고 구체적인 경험을 겪는 구체적 경험(concrete experience) 단계이다. 둘째 단계는 서로 다른 다양한 관점에서 자신의 경험을 해석하고 반성하는 반성적 관찰(reflective observation)이다. 세 번째 단계는 반성적 관찰을 논리적으로 통합시키기 위하여 아이디어와 개념을 재구성하고 창출하는 추상적 개념화(abstract conceptualization) 단계이다. 마지막으로, 능동적 실행(active experimentation) 단계로서 새로운 도전을 받고, 문제를 해결하고, 의사결정을 위해 새롭게 파생되는 이론이나 학습을 활용하는 것을 말한다(한우섭 외, 2019). 그리고 이 과정에서 생성된 자료는 다시 구체적 경험으로 이루어진다(Fry et al., 1999). 따라서 콜브의 경험학습이론에서 경험은 성인학습자에게 있어서 중요한 요소이며, 최고의 가치를 지닌 삶의 가이드이다.

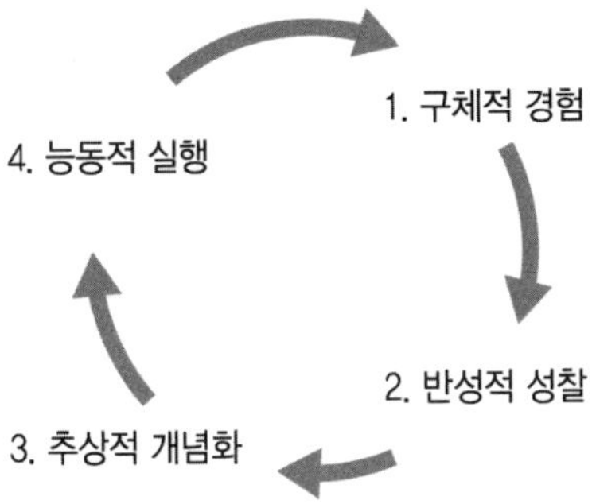

| 그림 3-4 | 콜브의 경험학습 모형

출처: Kolb, D. A. (1984). Experiential Learning: Experience as the source of learning and development. Englewood Cliff, NJ: Prentice Hall.

04
Chapter

평생교육법

01 법의 이해

1) 법의 개념

인간은 사회적 동물로서 일정한 집단을 이루고 사회생활을 영위하고 있으며, 그 안에 필요한 것이 질서이다. 그리고 이러한 질서를 유지하기 위한 수단을 규범이라고 하며 사람이 사회생활을 영위하는 데 있어서 필요한 생활의 준칙을 사회규범이라고 한다. 사회규범은 사람이 집단생활을 시작한 원시사회로부터 현대사회에 이르기까지 그 규범 형식은 다를지라도 유지의 수단으로 존재하고 있다. 예를 들면 법, 도덕, 종교, 관습 등이 그 사회의 질서를 유지하는 역할을 하였다. 다만 국가의 형태를 갖추지 못했던 이후에는 도덕, 종교, 관습이 사회규범이었으나 국가의 형태를 갖춘 이후에는 국가권력에 의하여 강제성을 가진 법이 사회규범으로서 역할을 하였다.

법(法)은 질서를 유지하고 사회가 유지되기 위해 정의를 실현함을 직접 목적으로 하는 국가의 강제력을 수반하는 사회적 규범 또는 관습을 말한다. 넓은 뜻으로는 자연법(自然法), 헌법(憲法), 관습법(慣習法), 명령, 규칙, 판례까지를 포함하지만 좁은 뜻에서는 일정한 조직과 절차 밑에서 제정된 법률을 말한다. 법의 본질이 규범이냐 사실이냐, 또는 정의냐, 강제냐에 대해서는 여러 가지 견해가 있으나 이념과 실재, 규범과 사실과의 쌍방에 걸치는 법의 특색이 있다. 법의 이념면에서는 종교·도덕·정의·자연법과 내용으로 관련되고, 다른 한편 실재 면에서 정치·경제·역사·사회적 세력과 관련된다. 따라서 법을 고찰할 때는 이러한 것 중의 일면이나 하나의 요소에만 편중해서는 안 되며 모든 것을 고려한 종합 판단이 필요하다(조만형, 2022).

법의 목적은 법 개념의 출발점이며 법질서를 위한 목표이다. 법의 목적 또는 이념이 무엇인가를 고찰하여야 법의 본질을 명확히 이해할 수 있다. 법의 이념에 대해 총체적으로 설명하는 독일의 라드브루흐(Radbruch)의 견해를 중심으로 파악하고 있다. 그는 법의 목적을 정의, 법적 안정성, 합목적성 등 세 개의 기본 가치를 설명하고 있다(조만형, 2022).

첫째, 법의 정의의 근원은 정의를 실현하려는 목적이 있다. 정의는 실정법의 가치 기준이 되며 입법자의 의도이면서 목적이다. 정의는 진·선·미와 같이 절대적 가치이므로 다른 어떠한 가치에서도 도출될 수 없는 가치이다.

둘째, 법의 안정성은 법의 기본적인 가치이며 목적이다. 법은 행위규범인 동시에 재판규범이므로 법이 자주 변경되면 국민이 행동지침을 잃게 되고 사회도 안정될 수 없다. 법적 안정성을 유지하기 위해서는 법은 명확해야 하고, 실제로 집행되어야 하며, 함부로 변경되어서는 안 된다. 그리고 국민의 정서에 합당한 것이어야 한다.

셋째, 합목적성은 국가의 목적을 정하는 원리이다. 이 원리는 국가의 법질서를 어떠한 표준과 가치관에 의하여 구체적으로 제정, 시행할 것인가를 정하는 것이다. 법의 합목적성의 이념은 국가와 사회가 처해 있는 상황 속에서 지향해야 할 문제이다.

법의 목적인 정의, 법적 안정성, 합목적성은 독자적 이념이 아니라 본질적으로 상호 모순되는 대립적 관계를 맺으면서도 상호 보완 조정을 원칙으로 하고 있다. 정의는 사람을 평등하게 대우할 것을 요구하는 일반적인 윤리를 가치관념으로 하고 있고, 합목적성은 공공복리라는 가치관념을 바탕으로 하고 있으므로 상호 모순되는 대립 관계를 맺는다. 또한 정의와 합목적성은 주로 법의 내용에 관한 이념이고, 법적 안정성은 주로 법의 기능에 관한 이념이다. 그러나 정의와 법적 안정성과 합목적성은 집중관계로서 법의 개념을 창출하고 법으로서의 가치를 갖게 한다. 이러한 관계는 각 목적의 작용영역에 공정한 분배, 상호관계를 보완·조정하게 된다. 정의에 의하여 어떤 명령이 법의 개념으로 인정되고 합목적성을 척도로 하여 그 명령이 내용으로 정당성 여부가 결정되며 법적 안정성의 정도에 따라 그 명령에 효력을 인정하여 평가받는 것이다. 법체계

면에서 보면 형법은 정의의 이념이, 행정법에서는 합목적성의 이념이, 민법이나 소송법에서는 법적 안정성의 이념이 강하게 작용하고 있다.

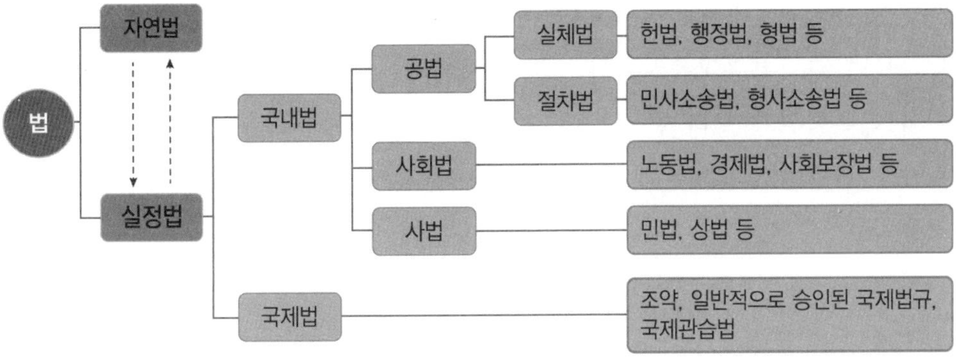

| 그림 4-1 | **법의 분류**

출처: 조만형. (2022). 현대인에게 꼭 필요한 생활 속의 법(개정판). 서울: 박영사.

2) 법의 위계와 적용원칙

일반적으로 법규는 제정권자의 상하관계에 따라 「헌법」을 정점으로 단계적 구조를 가지고 하나의 법질서를 형성한다. 법규는 국가 수준과 지방자치단체 수준으로 구분하여 설명될 수 있다. 국가 수준의 법규는 헌법, 법률, 대통령령(시행령), 국무총리령, 부령(장관이 제정하는 시행규칙) 등의 순이고, 지방자치단체 수준의 법규는 조례(지방의회), 규칙(시·도지사, 시·구청장), 교육규칙(교육감) 등의 순으로 위계가 성립되어 적용된다(권인탁 외, 2017).

한편, 동일한 사안에 대하여 여러 관련 법규를 적용할 때는 다음과 같은 원칙에 의한다(남정걸, 2008).

첫째, 상위법 우선의 원칙이다. 예를 들면, 「교육기본법」과 「평생교육법」의 관계는 상위법과 하위법의 관계에 있다. 하위법이 상위법에 위배되는 경우 동 규정은 무효이며, 상위법이 적용된다. 예컨대, 상위법이 바뀌었는데도 관련 하위법이 그것에 맞게 변경되지 않은 경우에 흔히 볼 수 있다.

둘째, 신법 우선의 원칙이다. 신·구법이 상충하는 경우 신법이 우선 적용된다. 실제에는 신법의 부칙에 구법과의 관계를 규정하는 규정을 두어 상충하지 않도록 하고 있다.

셋째, 특별법 우선의 원칙이다. 「국가공무원법」과 「교육공무원법」, 「초·중등교육법」과 「특수교육진흥법」, 「지방자치법」과 「지방교육자치에 관한 법률」에서 적용범위가 보다 큰 전자를 일반법이라고 하고 적용범위가 보다 한정된 후자를 특별법이라 하는데, 양자 간에 다른 규정이 있는 경우, 특별법이 우선 적용되고, 그 외의 경우는 일반법이 적용된다.

02 교육기본법과 평생교육 관련 법

교육에 관한 법규는 「교육기본법」을 상위법으로 하고 그 아래 「유아교육법」, 「초·중등교육법」, 「고등교육법」, 그리고 「평생교육법」을 두는 4법 체제를 이루고 있다. 이러한 구조는 학교교육과 학교 외 교육을 대등한 위치에 둔다는 것을 의미한다. 교육 및 평생교육에 관한 사항은 헌법을 토대로 모두 「교육기본법」을 비롯한 교육관계 법령에 규정되어 있다. 교육 및 평생교육에 관한 행정도 모두 법령에 정해져 있는 원칙과 방법에 따른다.

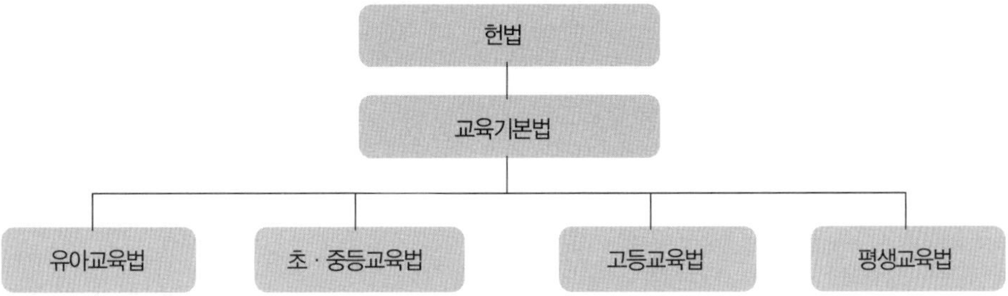

| 그림 4-2 | **교육에 관한 법규 구조**

출처: 변종임 외. (2014). 100세 시대 평생교육체제 구축을 위한 평생교육법 정비방안 연구.

1) 헌법

「헌법」은 대한민국 최고의 기본법으로, 국가의 기본적 원칙을 규정한 근본법이다. 개인의 자유, 권리 및 모든 국민에게 인간다운 생활을 보장하는 생존권적 기본권이며, 국민의 복지향상과 실질적 법치주의에 이념을 두고 있다. 우리나라 「헌법」에 명시된 교육 관련 내용으로는 「헌법」 제31조 제1항에 '국민의 교육받을 권리'를 규정하고, 제5항에서는 '국가는 평생교육을 진흥하여야 한다'를 명시하였다. 또한, 제6항에는 '학교교육과 평생교육을 포함한 교육제도 등 기본적인 사항은 법률로 정한다'고 하였다. 이에 근거하여 우리나라 평생교육의 체제기반을 마련하게 되있다.

| 표 4-1 | **헌법 제31조**

제1항 모든 국민은 능력에 따라 균등하게 교육을 받을 권리를 가진다.
제2항 모든 국민은 그 보호하는 자녀에게 적어도 초등교육과 법률이 정하는 교육을 받게 할 의무를 진다.
제3항 의무교육은 무상으로 한다.
제4항 교육의 자주성, 전문성, 정치적 중립성 및 대학의 자율성은 법률이 정하는 바에 의하여 보장된다.
제5항 국가는 평생교육을 진흥하여야 한다.
제6항 학교교육 및 평생교육을 포함한 교육제도와 그 운영, 교육재정 및 교원의 지위에 관한 기본적인 사항은 법률로 정한다.

2) 교육기본법

「교육기본법」에서의 평생교육에 관한 내용은 제3조, 제9조 제2항, 제10조 제1항, 제2항, 제3항, 제11조 제1항, 제2항 등에 규정하고 있으며 구체적인 내용은 다음과 같다.

| 표 4-2 | 교육기본법 제3조, 제9조, 제10조, 제11조

제3조(학습권) 모든 국민은 평생에 걸쳐 학습하고, 능력과 적성에 따라 교육 받을 권리를 가진다.
제9조(학교교육)
① 유아교육 · 초등교육 · 중등교육 및 고등교육을 하기 위하여 학교를 둔다.
② 학교는 공공성을 가지며, 학생의 교육 외에 학술 및 문화적 전통의 유지 · 발전과 주민의 평생교육을 위하여 노력하여야 한다.
③ 학교교육은 학생의 창의력 계발 및 인성(人性) 함양을 포함한 전인적(全人的) 교육을 중시하여 이루어져야 한다.
④ 학교의 종류와 학교의 설립 · 경영 등 학교교육에 관한 기본적인 사항은 따로 법률로 정한다.
제10조(평생교육)
① 전 국민을 대상으로 하는 모든 형태의 평생교육은 장려되어야 한다.
② 평생교육의 이수(履修)는 법령으로 정하는 바에 따라 그에 상응하는 학교교육의 이수로 인정될 수 있다.
③ 평생교육시설의 종류와 설립 · 경영 등 평생교육에 관한 기본적인 사항은 따로 법률로 정한다.
제11조(학교 등의 설립)
① 국가와 지방자치단체는 학교와 사회교육시설을 설립 · 경영한다.
② 법인이나 사인(私人)은 법률로 정하는 바에 따라 학교와 사회교육시설을 설립 · 경영할 수 있다.

3) 평생교육법

(1) 평생교육법 제정의 배경 및 흐름

교육 관련 법으로는 1948년 7월 대한민국 「헌법」이 공포되고 8월 15일 대한민국 정부가 수립되었다. 이에 1949년 12월 31일 「교육법」이 제정되면서 교육체제 정비가 본격화되었다. 1960년대부터 1970년대까지는 국가 산업화와 경제

성장 측면의 교육정책이 강조되었으며, 1980년대에는 다양한 교육적 요구가 분출되었으나, 수직적 개혁 및 교육제도와 정책이 학교교육 중심에서 벗어나지 못하는 구조적 한계가 있다. 해방 직후 최초의 평생교육법이라고 할 수 있는 사회교육법안은 국회에 제안되었지만 통과되지 못하였다. 비로소 1982년에 「사회교육법」이 제정되며, 한국 평생교육의 진전을 보여주었다.

「사회교육법」은 한국 평생교육을 체계화한 최초의 법률이다. 이 법에 따라 '사회교육전문요원제도'라는 평생교육 자격전문가 인정제도가 처음으로 마련되었다. 「사회교육법」 체제하에 한국 사회의 평생교육은 몇 가지 이유로 활성화되었다(변종임 외, 2014).

첫째, 평생교육에 대한 국민의 관심이 증가하였다. 1980년대 사회발전 및 여가 활동, 1990년대 대학의 평생교육원 급증 등에 따른 사회화 현상이다.

둘째, 한국교육제도의 본질적인 방향전환을 위한 개혁이 추진되었다. 1993년에 설치된 '대통령자문 교육개혁위원회'는 교육개혁안을 발표하였다. 주요 내용은 '누구나, 언제, 어디서나 배울 수 있는 열린교육사회, 평생교육사회'를 제시하였고, 「평생교육법」 시안도 함께 제시하였다. 이후 1995년 5·31 교육개혁안에 '신교육체제' 구상에서 비롯하여 '모든 국민이 자아실현을 극대화할 수 있는 교육복지 국가'를 지향한다고 밝혔다.

셋째, 1990년대 중반부터 사회적·경제적 환경의 급격한 변화가 나타났다. 사회적으로는 사회민주화와 지방자치제도가 시작됨에 따라 지역주민에 의한 지역사회 형성이 시작되었고, 평생교육은 이를 위한 중요한 전략으로 이해되기 시작하였다.

하지만 「사회교육법」은 동등한 법체제임에도 불구하고 학교 중심 교육법의 하위법과 같은 위치에 있었고 법의 범위가 극도로 한정되는 문제점을 가지고 있었다. 이러한 문제점은 다음과 같다.

첫째, 법 체계상 관련된 타 법안과 동등한 지위의 법률에 머물러 사회교육을 조정하는 상위법의 위상을 갖지 못하고 있다.

둘째, 법 내용상 적용 범위가 불명확하고 지원 조항 결여, 전문요원 양성배치, 사업장에서 사회교육활동 미비, 국가와 지방자치단체의 제도적 미비 등이다.

| 표 4-3 | 평생교육법제의 변화과정상 특성과 한계

구분	특징	한계
「사회교육법」(1982)	• 사회교육의 개념을 제도적으로 처음 규정 • 국가의 평생교육 진흥 의무 제시 • 평생교육 전문가 자격인정을 위한 국가제도 신설	• 국가 및 지방자치단체의 사회교육 진흥 임무에 대한 선언적인 규정 • 평생교육 추진체제 규정 미 제시
「평생교육법」(1999)	• 「교육기본법」하에 「초·중등교육법」, 「고등교육법」, 「평생교육법」 체제 정비 • 학습휴가 및 학습비 지원 규정 신설 • 평생교육 전담조직 체제 구축 • 평생교육시설의 세분화	• 평생교육에 대한 정의와 국가와 지방자치단체의 책무 등 개념에 관한 사항은 구 「사회교육법」 내용을 존치시킴 • 선언적 의미의 평생교육 진흥 조항 유지
「평생교육법」(2007)	• 평생교육 기회보장을 위한 다양한 수단 및 제도의 체계화 • 평생교육의 총괄적인 추진기구인 '평생교육진흥원'의 설립·운영 • 국가와 광역기초자치단체 단위의 평생교육 추진 체제 정비 • 문해교육 및 성인문해 학력인정제도와 평생학습계좌제 신설	• 일반자치행정과 교육자치행정 간 평생교육 추진 체제의 이원화 체제 유지 • 평생교육사 자격제도, 평생교육시설 관리 등 시행상의 문제점 발생 • 평생교육 개념정의에 대한 모호함과 영역제한에 대한 문제 제기

출처: 변종임 외. (2014). 100세 시대 평생교육체제 구축을 위한 평생교육법 정비방안 연구.

1990년대에는 교육에 대한 자주성·전문성·정치적 중립성 및 대학의 자율성이 완화되어, 교육제도의 전면적인 개편을 추진하였다. 1995년 교육개혁위원회는 5·31 교육개혁안에서 문제가 많은 「사회교육법」을 폐지하고 「평생교육법」을 새로 입법할 것을 제안하였다(교육개혁위원회, 1996). 그렇게 하여 「평생교육법」이 1999년 8월 제정되고 다음 해 2000년 3월에 공포·시행되었다. 이후 2007년 12월 평생교육 활성화를 위해 전부(전면) 개정·공포하고 2008년 2월 시행되었다.

| 표 4-4 | 평생교육법의 변천 과정

제5공화국 헌법 (1980. 10. 27)	• 제31조 제5항 국가의 평생교육 진흥 조항 명시 • 제31조 제6항 학교교육 및 평생교육을 포함한 교육제도 법률주의 규정
사회교육법 (1982. 12. 31)	• 1981. 11. 26. 국회 문교공보위원회 통과 • 1981. 12. 12. 구용현 의회 외 56인 발의로 법안 제출
사회교육법 전부개정 평생교육법 (1999. 8. 31)	• 1998. 11. 26. 정부안 확정, 국회에 법안 제출 • 1999. 8. 10. 국회 교육위원회 통과 • 1999. 8. 12. 제206회 국회 본회의 통과 • 1999. 8. 31. 법률 제6003호로 공포(2000. 3. 1. 시행) 법명 변경(사회교육법 → 평생교육법)
평생교육법 전부개정 (2007. 12. 14)	• 2006. 2. 21. 전부개정 법률안 • 2007. 4. 9. 전부개정 법률안 • 2007. 4. 18. 전부개정 법률안 2건에 관한 국회 교육위원회 공청회 • 2007. 11. 16. 국회 교육위원회 확정 의결 통과 • 2007. 11. 21. 국회 법사위원회 의결 통과 • 2007. 11. 22. 국회 본회의 의결 통과 • 2007. 12. 14. 법률 제8676호로 공포

개정 취지가 평생교육의 활성화를 위하여 국가와 광역 · 기초 자치단체 단위의 추진체제를 정비하고, 평생교육의 총괄적인 집행기구로서 한국교육개발원의 평생교육센터, 학점은행센터, 한국방송통신대학교의 독학학위검정원 3개의 기관을 통합하여 평생교육진흥원을 설립하려는 것이다.

| 표 4-5 | 평생교육법 주요내용

가. 평생교육의 개념(제2조 제1호) 정의의 명확화[6]
평생교육의 개념을 "학교의 정규교육과정을 제외한 학력보완교육, 성인기초 문해교육, 직업능력 향상교육, 인문교양교육, 문화예술교육, 시민참여교육 등을 포함하는 모든 형태의 조직적인 교육활동"으로 정의하여 평생교육의 활동내용을 구체적으로 파악할 수 있도록 한다.

나. 평생교육진흥 기본계획 등(제9조 및 제11조)
교육부장관은 5년마다 평생교육진흥 기본계획을 수립하고, 시 · 도지사는 평생교육진흥 기본계획에 따라 연도별 평생교육진흥 시행계획을 시 · 도 교육감과 협의하여 수립 · 시행하여야 한다.

다. 평생교육진흥원 등(제19조부터 제21조까지)
국가는 평생교육진흥 관련 업무를 지원하기 위하여 평생교육진흥원을 설립하고, 시 · 도지사는 대통령령이 정하는 바에 따라 시 · 도 평생교육진흥원을 설치 또는 지정 · 운영할 수 있도록 하며, 시 · 도 교육감은 관할구역 내의 주민을 대상으로 평생교육 프로그램 운영과 평생교육 기회를 제공하기 위하여 시 · 군 · 구에 평생학습관을 지정 또는 설치 · 운영하도록 하고, 기초자치단체의 장은 평생학습관의 설치 또는 재정적 지원 등 지역 평생교육 진흥 사업을 실시할 수 있도록 한다.

(2) 평생교육법 제정의 취지

누구나, 언제, 어디서나, 원하는 교육을 받을 수 있는 열린교육사회 · 평생학습사회를 구축하고 교육복지국가(edutopia)를 건설함으로써 국민의 삶의 질 향상과 사회발전에 기여하는 것에 있다. 이러한 기본 목표를 달성하기 위한 평생교육법 제정의 취지는 다음과 같다(배장오, 2013; 조재준, 2012).

---

6) 제2조(정의) 이 법에서 사용하는 용어의 정의는 다음과 같다.
1. "평생교육"이란 학교의 정규교육과정을 제외한 학력보완교육, 성인 문해교육, 직업능력 향상교육, 성인 진로개발역량 향상교육, 인문교양교육, 문화예술교육, 시민참여교육 등을 포함하는 모든 형태의 조직적인 교육활동을 말한다.
2. "평생교육기관"이란 다음 각 목의 어느 하나에 해당하는 시설 · 법인 또는 단체를 말한다.
   가. 이 법에 따라 인가 · 등록 · 신고된 시설 · 법인 또는 단체
   나. 「학원의 설립 · 운영 및 과외교습에 관한 법률」에 따른 학원 중 학교교과교습학원을 제외한 평생직업교육을 실시하는 학원
   다. 그 밖에 다른 법령에 따라 평생교육을 주된 목적으로 하는 시설 · 법인 또는 단체
3. "문해교육"이란 일상생활을 영위하는 데 필요한 문자해득(文字解得)능력을 포함한 사회적 · 문화적으로 요청되는 기초생활능력 등을 갖출 수 있도록 하는 조직화된 교육프로그램을 말한다.
4. "평생교육사업"이란 국가 및 지방자치단체가 국민과 주민의 평생교육을 위하여 예산 또는 기금으로 조직적인 교육활동을 직 · 간접적으로 지원하는 사업을 말한다.
5. "평생교육이용권"이란 평생교육프로그램을 이용할 수 있도록 금액이 기재(전자적 또는 자기적 방법에 따른 기록을 포함한다)된 증표를 말한다.
6. "성인 진로개발역량 향상교육"(이하 "성인 진로교육"이라 한다)이란 성인이 자신에게 적합한 직업을 찾고 진로를 인식 · 탐색 · 준비 · 결정 및 관리할 수 있도록 진로수업 · 진로심리검사 · 진로상담 · 진로정보 · 진로체험 및 취업지원 등을 제공하는 활동을 말한다. [시행일: 2024. 4. 19.]

첫째, 현행 「헌법」의 평생교육진흥 조항을 근본이념으로 하여 교육기본법을 상위법으로 하고 사법의 기본 체계를 구축하는 데 있다. 교육개혁 방안으로 현행 「교육법」과 「사회교육법」 체제를 「교육기본법」 아래 「유아교육법」, 「초·중등교육법」, 「고등교육법」, 「평생교육법」으로 체제를 개편한다.

둘째, 교수자 중심의 사회교육보다는 넓은 개념으로 학습자 중심의 평생학습으로 범위를 확대한다. 누구나, 언제, 어디서나 배울 수 있는 '열린교육사회, 평생학습사회'를 건설하여 국민의 삶의 질 향상과 사회발전에 기여하는 데 있다.

셋째, 국민의 학습권과 학습자의 선택권을 최대한 보장하여 평생학습 분위기를 조성한다. 평생교육기관의 상호 유기적인 수평적 통합과 다양한 평생교육제도 마련과 폭넓은 교육과정 운영으로 학습자 중심의 학습기회 확대와 평생학습 분위기를 조성하는 데 있다.

넷째, 평생교육과정 이수자의 사회적 대우 확대와 평생학습 의욕을 고취하는 데 있다. 과거 초·중등학력 인정 중심이었던 학력인정 평생교육기관을 전문대학 학력인정 수준으로 확대함과 동시에 초·중등 학력인정 문자해득 교육프로그램의 지정과 운영을 통한 성인기초교육 대상자의 평생학습 의욕을 고취한다. 나아가 더 다양한 제도로 평생학습 기회를 촉진하는 데 있다.

다섯째, 형식적 학력 위주 사회를 실질적 능력 위주 사회로 변화를 유도하는 데 있다. 성인의 경험학습 인정, 사내 대학 검정 인정, 문하생 학력 인성, 기술자격 학점 인정 등을 통해 우리 사회의 형식적 학력 위주에서 실질적 능력 위주 사회로 변화시키기 위한 새로운 제도를 마련하는 데 있다.

여섯째, 성인교육 기회 확대와 고등교육 수준으로 국민의 능력 향상에 중점을 두고 있다. 다양한 평생교육기관을 통해 성인교육 기회를 확대하고 다양한 학력인정제도를 통해 고등교육 수준으로 국민의 능력을 향상하는 데 중점을 두고 있다.

일곱째, 국가 및 지방자치단체의 평생교육 정책지원을 강화하는 데 있다. 국가 및 지방자치단체는 지역주민을 위한 평생교육 관련 사업조정 및 협력증진을 도모해야 한다. 또한 평생교육의 활성화를 위한 책무성과 효율성을 강화할 수 있는 제도를 마련하기 위함이다.

여덟째, 지식 · 인력개발사업과 교육훈련 산업을 육성하는 데 있다. 민간자본을 통해 교육훈련, 연구용역, 프로그램 개발, 평생교육기관의 경영진단 및 평가, 교육서비스 사업 등 지식 · 인력개발사업을 육성하는 데 있다.

4) 평생교육법 추진체계

평생교육은 일차적으로 학력이 인정되는 학교 밖에서 진행되는 교육을 진흥하기 위한 점은 분명하다. 그리고 개인적으로는 자아실현 및 고용 가능성을 제고하고, 국가적으로는 우수 인적자원 개발을 통한 경쟁력 확보에 중요한 의의가 있기 때문에 평생교육 추진체계 구축은 중요하다. 이에 평생교육법은 이 모든 교육의 진흥을 위한 추진체계를 명시하였다. 이러한 체계는 평생학습 기회제공체계, 평생학습 지원체계, 평생학습 평가인정체계의 세 부분으로 구분할 수 있다(권두승 외, 2016b).

첫째, 평생학습 기회제공체계는 평생교육 활동의 기본적인 이념인 '언제나, 누구나, 어디서나, 학습이 가능'한 이상적인 사회를 건설하는 데 있어 핵심적인 요소이다. 이를 위해서 평생학습 기회를 체계적으로 제공할 수 있는 체계가 구축되어야 한다.

둘째, 평생학습 지원체계는 학습상담 및 학습정보 제공체계와 관련된 것으로, 학습자가 학습을 용이하고 효율적으로 하기 위해 학습기회뿐만 아니라 학습내용, 시설, 지도자, 교재, 각종 자격 등에 관한 종합적인 학습정보를 체계적이고 정기적으로 제공받는 것이 요구된다.

셋째, 평생학습 평가인정체계로 모든 국민의 평생학습 참여를 촉진하고, 평생교육을 총체적으로 활성화하기 위해서는 학교교육과 대등한 또 하나의 교육부문으로 평생교육 부문의 평가인정 체계구축이 필요하다.

| 표 4-6 | 평생교육 추진체계의 영역 및 역할

체계영역	추진영역	하위영역
평생교육 제공 지원제도	평생교육 지원전담기구의 설치 · 운영	국가평생교육진흥원, 시 · 도 평생교육진흥원, 평생학습관
	평생교육기관의 설치 · 운영 지원	학교형태, 사내대학형태, 원격대학형태, 사업장 부설, 시민사회단체 부설, 학교 부설, 언론기관 부설, 지식인력개발 관련 평생교육시설
	학원 형태의 평생교육 지원	각종 학원(기술 · 어학 등)
	소외계층 학습활동 지원	소외계층 프로그램 지원
	평생학습도시 건설, 동아리 활성화 등	평생학습도시 선정사업
	지역단위 평생교육 운영체제 구축	지역 평생교육 운영지원
평생교육 선택지원제도	학습 · 진로 · 고용정보시스템 연계 구축 및 활용	학습정보 제공, 학습상담정보 제공, 진로 및 고용정보 제공
평생교육 평가인정제도	학력인정제도	초중고 학력인정시설, 학점은행제(대학 차원), 문하생 학력인정제도
	자격인정제도	국가기술자격제도, 민간자격제도

(1) 평생교육법 주요 내용

「평생교육법」은 제1장 총칙(목적, 정의, 다른 법률과의 관계, 평생교육의 이념, 국가 및 지방자치단체의 임무, 교육과정 등, 공공시설의 이용, 학습휴가 및 학습비 지원), 제2장 평생교육진흥기본계획 등(평생교육진흥기본계획의 수립, 평생교육사업에 대한 조사 · 분석 등, 평생교육진흥위원회의 설치, 연도별 평생교육진흥시행계획의 수립 · 시행, 시 · 도평생교육협의회, 관계 행정기관의 장 등의 협조, 시 · 군 · 자치구평생교육협의회, 평생학습도시, 장애인 평생학습도시, 경비보조 및 지원, 평생교육이용권의 발급 등, 평생교육이용권의 사용 등, 지도 및 지원, 평생교육 통계조사 등, 평생교육 종합정보시스템의 구축 · 운영 등), 제3장 국가평생교육진흥원 등(국가평생교육진흥원, 국가장애인평생교육진흥센터, 장애인 평생교육 종사자에 대한 인권교육, 시 · 도평생교육진흥원의 운영, 장애인평생교육시설 등의 설치, 시 · 군 · 구평생학습관 등의 설치 · 운영 등, 장애인 평생교육과정, 읍 · 면 · 동 평생학습센터의 운영, 정보화 관련 평생교육의 진흥, 학습계좌), 제4장 평생교육사(평생교육사, 평생교육사의 자격취소, 평생교육사 양성기관, 평생교육사의 배치 및 채용, 평생교육사 채용에 대한 경비보조), 제5장 평생교육기관

(평생교육기관의 설치자, 학교의 평생교육, 학점은행기관의 평생교육, 학교 부설 평생교육시설, 학교형태의 평생교육시설, 사내대학형태의 평생교육시설, 원격대학형태의 평생교육시설, 준용 규정, 사업장 부설 평생교육시설, 시민사회단체 부설 평생교육시설, 언론기관 부설 평생교육시설, 지식·인력개발 관련 평생교육시설, 평생교육시설의 변경인가·변경등록 등, 신고 등의 처리절차), 제6장 문해교육(문해교육의 실시 등, 문해교육센터 설치 등, 문해교육 프로그램의 교육과정 등, 문해교육종합정보시스템 구축·운영 등), 제7장 성인 진로교육(성인 진로교육의 실시), 제8장 평생학습 결과의 관리·인정(학점, 학력 등의 인정), 제9장 보칙(행정처분, 지도·감독, 청문, 권한의 위임 및 위탁, 유사 명칭의 사용 금지, 벌칙, 과태료)으로 총 9장 46조, 그리고 부칙으로 규정하고 있다.

| 표 4-7 | 평생교육법 주요 내용

구분	내용
제1장 총칙	• 목적, 정의, 다른 법률과의 관계, 평생교육의 이념, 국가 및 지방자치단체의 임무 • 교육과정 등, 공공시설의 이용, 학습휴가 및 학습비 지원
제2장 평생교육진흥 기본계획	• 평생교육진흥기본계획의 수립, 평생교육진흥위원회의 설치, 연도별 평생교육진흥시행계획의 수립·시행 • 관계 행정기관의 장 등의 협조, 평생학습도시, 경비보조 및 지원, 지도 및 지원 등
제3장 국가평생교육진흥원	• 국가평생교육진흥원, 국가장애인평생교육진흥센터, 시·도평생교육진흥원의 운영 • 장애인평생교육시설 등의 설치, 시·군·구평생학습관 등의 설치·운영, 읍·면·동 평생학습센터의 운영, 학습계좌
제4장 평생교육사	• 평생교육사 양성기관, 배치 및 채용, 채용에 대한 경비보조
제5장 평생교육기관	• 평생교육기관의 설치자, 학교의 평생교육, 학점은행기관의 평생교육, 학교 부설 시설, 학교형태시설, 사내대학형태시설, 원격대학형태시설, 사업장 부설 시설, 시민사회단체 부설 시설, 언론기관 부설 시설, 지식·인력개발 관련 시설 • 평생교육시설의 변경인가·변경등록 등, 신고 등의 처리절차
제6장 문해교육	• 실시, 설치, 교육과정, 종합정보시스템 구축·운영 등
제7장 성인 진로교육	• 성인 진로교육의 실시
제8장 평생학습 결과의 관리·인정	• 학점, 학력 등의 인정

제9장 보칙	• 행정처분, 지도 · 감독, 청문, 권한의 위임 및 위탁, 유사 명칭의 사용 금지 • 벌칙, 과태료

「평생교육법 시행령」은 6장 78조, 부칙, 「평생교육법 시행규칙」은 25조, 부칙으로 내용이 구성되어 있다.

| 표 4-8 | 평생교육법, 시행령, 시행규칙 구성 및 주요 내용

구분	평생교육법	평생교육법 시행령	평생교육법 시행규칙
기본 체계	9장 46조, 부칙	6장 78조, 부칙	25조, 부칙
구성	총칙, 평생교육진흥기본계획, 국가평생교육진흥원, 평생교육사, 평생교육기관, 문해교육, 성인 진로교육, 평생학습 결과의 관리 · 인정, 보칙	총칙, 평생교육진흥기본계획, 국가평생교육진흥원, 평생교육사, 평생교육기관, 문자해득교육	평생교육실무조정위원회, 평생교육사 자격증 교부, 평생교육시설 등록(변경), 문해교육이수자 학력 인정
주요 내용	평생교육전담 · 지원기구 운영 • 국가평생교육진흥원 • 시 · 도평생교육진흥원 • 시 · 군 · 구평생학습관 • 읍 · 면 · 동평생학습센터	– 출연금 요구, 지급, 관리 – 결산서 제출 등 – 전담기구 및 평생학습 지원제도의 운영방법 등	– 평생교육실무조정위원회
	학력 · 학위취득 기회 확대 • 초 · 중 · 고학력인정시설 • 전문대학 학력인정시설 • 사내대학 및 원격대학형태	– 시설의 지정 또는 인가기준 및 절차 – 폐쇄인가 또는 신고절차	– 문해교육이수자 학력 인정 절차
	다양한 평생교육기관 운영 • 학교(학교부설)의 평생교육 • 원격형태 평생교육시설 • 사업장부설 평생교육시설 • 시민단체부설 평생교육시설 • 언론기관부설 평생교육시설 • 지식 · 인력개발평생교육시설	– 시설의 설치 신고 · 등록 – 시설의 변경신고	– 평생교육시설의 등록 · 변경 신고 절차
	다양한 평생학습지원제도 • 유급 또는 무급학습휴가제 • 전문인력정보은행제 • 평생학습계좌제 • 평생교육사 • 문해교육프로그램 지원	– 평생교육사 자격요건, 등급, 배치기준 등 – 학습계좌제 운영, 평가인정 – 문해교육 프로그램 설치 운영, 지정 및 지원 기준	– 전문인력정보은행 운영 – 학습계좌제 운영 – 평생교육사자격증 교부 – 문해교육이수자의 학력인정 또는 학습과정인정 절차

03 평생교육기관의 분류

평생교육통계(교육부·한국교육개발원)는 평생교육기관을 비형식 평생교육기관과 준형식 평생교육기관으로 구분하였다. 비형식 평생교육기관은 국가평생교육진흥원을 비롯하여 시·도 평생교육진흥원, 시·군·구 평생학습관, 학교 부설 평생교육시설, 사내대학형태의 평생교육시설, 원격대학형태의 평생교육시설, 사업장 부설 평생교육시설, 시민 사회단체 부설 평생교육시설, 언론기관 부설 평생교육시설, 지식·인력개발 관련 평생교육시설, 학원을 포함한다.

준형식 평생교육기관은 학교, 학교형태의 평생교육시설(공민학교, 고등 공민학교, 고등기술학교, 각종학교, 방송통신중·고등학교, 방송통신대학, 산업대학, 기술대학, 원격대학, 사내대학 등), 평가인정 운영기관을 포함한다.

평생교육기관의 개념은 평생교육 기능을 수행하거나 평생교육을 목적으로 정하고 있는 조직이나 단체를 의미한다. 그리고 「평생교육법」 외에도 다른 법령에 근거하여 평생교육기관의 기능을 수행할 수 있는 경우도 함께 정하고 있다.

평생교육기관이란 「평생교육법」 제2조 제2항에 의하여 크게 세 가지로 분류한다.

첫째, 평생교육법에 따라 인가·등록·신고된 시설·법인 또는 단체이다.

둘째, 「학원의 설립·운영 및 과외교습에 관한 법률」에 따른 학원 중 학교교과교습학원을 제외한 평생직업교육을 실시하는 학원이다.

셋째, 그 밖에 다른 법령에 따라 평생교육을 주된 목적으로 하는 시설·법인 또는 단체를 말한다.

평생교육기관 분류는 「평생교육법」에 의거하여 설립된 다섯 개의 유형과 그 밖의 다른 법령에 근거를 둔 네 개의 유형이 있다.

1) 3대 평생교육 전담기구

평생교육법에서는 평생교육 진흥 관련 업무를 전담하여 추진하는 기구로 중앙에는 국가평생교육진흥원을 두고, 시·도지사는 시·도 평생교육진흥원을, 시·도교육감과 시장·군수·자치구의 구청장은 시·군·자치구 평생학습관을 지정 또는 설치·운영하도록 하였다. 이것은 교육부와 시·도와 시·군·자치구에서 평생교육 진흥을 위한 업무를 수행하지만, 해당 업무를 좀 더 특화하여 추진하는 별도의 기구를 두는 것이다. 이것은 또한 평생교육 진흥 업무는 교육부나 시·도나 시·군·자치구의 한 부서에서 감당할 수 없을 정도로 복합적이고 범위가 큰 업무라는 것을 함의한다(김용현 외, 2018).

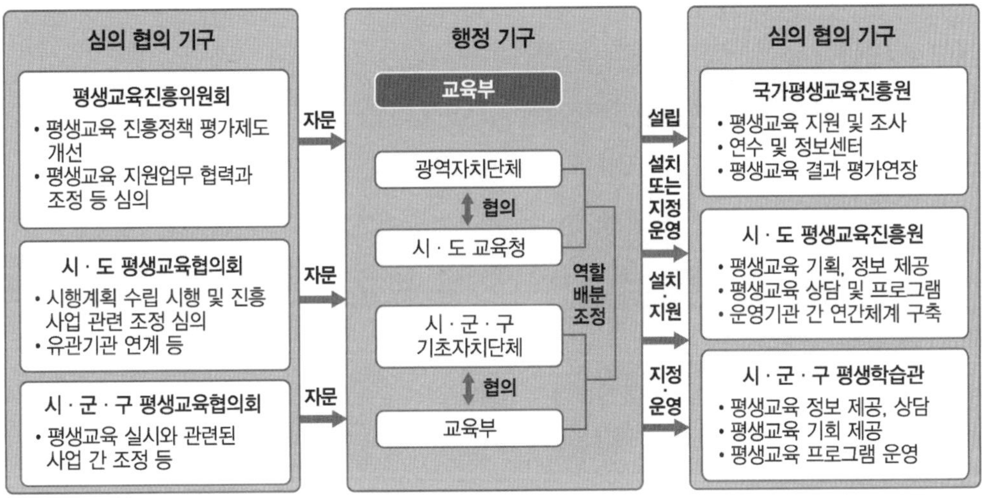

| 그림 4-3 | **평생교육법상의 추진기구**

출처: 서보준 외. (2018). 평생교육경영론. 고양: 공동체.

한편, 「평생교육법」에 따른 3대 평생교육 전담기구는 국가평생교육진흥원과 시·도 평생교육진흥원, 그리고 시·군·구 평생학습관이다.

(1) 국가평생교육진흥원

「평생교육법」 제19조에 근거하여 국가평생교육진흥원의 역할은 다음과 같다.

① 평생교육진흥을 위한 지원 및 조사 업무

② 진흥위원회가 심의하는 기본계획 수립의 지원

③ 평생교육진흥정책의 개발 · 발전을 위하여 필요한 연구

④ 평생교육프로그램 개발(온라인 기반의 평생교육프로그램의 개발을 포함한다)의 지원

⑤ 평생교육사를 포함한 평생교육 종사자의 양성 · 연수

⑥ 국내외 평생교육기관 · 단체 간 연계 및 협력체제의 구축

⑦ 시 · 도평생교육진흥원에 대한 지원 및 시 · 도평생교육진흥원과의 협력

⑧ 「학점인정 등에 관한 법률」 및 「독학에 의한 학위취득에 관한 법률」에 따른 학점 또는 학력인정에 관한 사항

⑨ 학습계좌의 통합 관리 · 운영

⑩ 문해교육의 관리 · 운영에 관한 사항

⑪ 정보화 및 온라인 기반 관련 평생교육의 관리 · 운영에 관한 사항

⑫ 이 법 또는 다른 법령에 따라 위탁받은 업무

⑬ 그 밖에 진흥원의 목적수행을 위하여 필요한 사업

(2) 시 · 도 평생교육진흥원

「평생교육법」 제20조에 근거하여 시 · 도 평생교육진흥원의 역할은 다음과 같다.

① 해당 지역의 평생교육기회 및 정보의 제공

② 평생교육 상담 및 컨설팅 지원

③ 평생교육프로그램 운영 및 지원

④ 장애인 대상 평생교육프로그램 운영 및 지원

⑤ 해당 지역의 평생교육기관 간 연계체제 구축

⑥ 국가 및 시 · 군 · 구 간 협력 · 연계

⑦ 해당 지역의 평생교육 진흥을 위한 조사 · 연구
⑧ 시행계획 수립의 지원
⑨ 평생교육 관계자의 역량강화 지원
⑩ 그 밖에 평생교육진흥을 위하여 시 · 도지사가 필요하다고 인정하는 사항

(3) 시 · 군 · 구 평생학습관

「평생교육법」 제21조에 근거하여 시 · 군 · 구 평생학습관의 역할은 다음과 같다.

① 평생교육프로그램의 개발 · 운영
② 장애인 대상 평생교육프로그램의 개발 · 운영
③ 평생교육 상담
④ 평생교육 종사자에 대한 교육 · 훈련
⑤ 평생교육 관련 정보의 수집 · 제공
⑥ 읍 · 면 · 동 평생학습센터에 대한 운영 지원 및 관리
⑦ 그 밖에 평생교육 진흥을 위하여 필요하다고 인정되는 사업

2) 평생교육기관

평생교육기관의 설치자는 「평생교육법」 제28조에 의거하여 다양한 평생교육 프로그램을 실시하여 지역사회 주민을 위한 평생교육에 기여하여야 한다. 기관 유형의 해당 기관은 동 「평생교육법」 제30조 학교 부설 평생교육시설, 제31조 학교형태의 평생교육시설, 제32조 사내대학형태의 평생교육시설, 제33조 원격대학형태의 평생교육시설, 제35조 사업장 부설 평생교육시설, 제36조 시민사회단체 부설 평생교육시설, 제37조 언론기관 부설 평생교육시설, 제38조 지식 · 인력개발 관련 평생교육시설 등으로 나누어 살펴보면 다음과 같다.

(1) 학교 부설 평생교육시설

학교 부설 평생교육시설이란 초·중등·고등 및 대학의 장은 해당 학교의 교육여건을 고려하여 그 특성에 맞게 학생·학부모와 지역주민을 대상으로 교양의 증진 또는 직업교육을 위한 평생교육시설을 설치·운영할 수 있다. 따라서 평생교육시설을 설치하고자 하는 각급학교의 장은 다양한 평생교육을 실시하기에 편리한 형태의 구조와 설비를 갖추어 관할청에 보고하여야 한다. 또한, 대학의 장은 「평생교육법」 제30조 제2항에 의거 대학생 또는 대학생 외의 자를 대상으로 자격취득을 위한 직업교육과정 등 다양한 평생교육과정을 운영할 수 있다.

(2) 학교형태의 평생교육시설

학교형태의 평생교육시설은 정규교육을 받지 못한 청소년과 성인들을 위해 각급학교에 준하는 교육을 제공하고 이에 상응하는 학력을 부여하는 교육시설로 학교교육의 보완과 평생교육 기능을 수행하는 시설이다. 교육감은 등록한 학교형태의 평생교육시설 중 일정 기준 이상의 요건을 갖춘 평생교육시설에 대해서는 이를 중·고등학교 졸업 이하의 학력이 인정되는 시설로 지정할 수 있다. 이러한 시설은 초등학교 단계의 공민학교, 중등단체의 고등공민학교, 고등기술학교, 방송통신고등학교, 산업체 부설 학교, 학력인정 평생교육시설, 방송통신대학교, 산업대학 및 기술대학, 각종 대학과정 등이 있다. 또한 기타 특수학교, 소년원 학교 등도 평생교육시설에 포함된다고 볼 수 있다.

학력 인정 평생교육시설은 학령기를 상실한 근로 청소년, 성인 등에게 단기간 중·고등 교육과정을 이수 기회를 부여하고, 인적·물적 자원의 활용을 극대화하려는 것이다. 따라서 학교형태의 평생교육시설은 교사의 가르칠 의무와 학생의 교육받을 권리가 지속적으로 보장되어야 한다. 그러므로 학력인정 평생교육시설은 최소한의 교육환경 확보 및 교육과정 운영과 학사관리에 필요한 사항에 대한 기준을 충족하여야 하는데, 수업연한·학기·수업일수 및 수업시간,

교육과정, 학생정원·학급수 및 학급편성, 입학자격, 교원자격·정원, 수료 및 졸업, 시설 및 설비, 교과서·교재에 대해서는 중학교 및 고등학교에 준하는 각종 학교의 설립·운영기준과 동등한 이상의 것이 되어야 한다(권인탁 외, 2017).

(3) 사내대학형태의 평생교육시설

사내대학형태의 평생교육시설은 시간적·경제적 여유가 없어 대학에 가지 못한 근로자들을 위해 학교법인을 설립하지 않고 일정 기간 동안 사내교육을 이수하면 학력·학위가 인정되는 평생교육 차원의 고등교육기관이다. 사내대학은 산업체 현장 근로자의 면학 욕구 충족과 직무교육 및 특화교육을 통한 생산성 향상에 기여할 수 있도록 학교법인 설립 없이 사업장 내에 전문학사나 학사학위과정을 운영할 수 있는 평생교육시설로, 평생교육법 제32조에 따라 교육부장관의 인가를 받게 되어 있는데, 관계 전문가로 구성된 '사내대학설치심사위원회'의 서면심사와 현장심사를 거쳐 사내대학의 설치·운영의 타당성 검토를 거치도록 하고 있다(교육부, 2014). 동 과정을 이수하면 전문대학 또는 대학졸업자와 동등한 학력·학위를 취득한 것으로 인정받을 수 있다. 최근 선취업 후진학 생태계 조성 분위기 확산으로 금융권, 공공 및 민간부문 고졸 일자리 확대에 따라 마이스터고 및 특성화고 취업률이 증가하고 있는 추세이고 사내대학 설립에 대한 관심도 증가하고 있다. 국내의 사내대학은 삼성전자, 포스코, 현대중공업, 대우조선 해양, STX조선, 현대오일뱅크 등의 기업에서 운용되고 있으며, 고유의 기업문화와 첨단기술인력을 양성하고 있다.

한편, 「평생교육법」에 근거한 사내대학 이외에도 기업의 요구에 부합되는 인력을 더욱 체계적이고 효율적으로 확보하기 위해 기업체 내에서는 제도화된 형태의 평생교육시설로서 기능대학, 사내기술대학(원)을 운영하고 있다. 사내대학을 포함하여 기술대학, 그리고 사내기술대학(원)은 기업체가 주도적으로 직원의 능력개발을 위해서 고등교육 기회를 제공한다는 점에서 공통성을 가지고 있다. 그러나 설립의 법적 근거는 다르기 때문에 여러 면에서 다소 차이가 있다(권인탁 외, 2017).

(4) 원격대학형태의 평생교육시설

원격대학형태의 평생교육시설은 누구든지 정보통신매체를 이용하여 특정 또는 불특정 다수인에게 원격교육을 실시하거나 다양한 정보를 제공하는 평생교육시설이다. 즉 원격교육은 교수자와 학습자가 분리된 상태의 교육을 효과적으로 지원하기 위해 제도적 기반을 바탕으로 상호작용적 원격통신을 활용함과 동시에 다양한 형태의 학습자료를 공유하도록 하는 교육형태이다.

불특정 다수인을 대상으로 학습비를 받고 교육을 실시하고자 하는 경우(「학원의 설립 · 운영 및 과외교습에 관한 법률」 제2조의2제1항제1호의 학교교과교습학원에 해당하는 경우는 제외한다)에는 대통령령으로 정하는 바에 따라 교육감에게 신고하여야 한다. 또한, 전문대학 또는 대학졸업자와 동등한 학력 · 학위가 인정되는 원격대학형태의 평생교육시설을 설치하고자 하는 경우에는 대통령령으로 정하는 바에 따라 교육부장관의 인가를 받아야 한다. 이러한 경우에는 교육을 통해 전문대학 또는 대학졸업자와 동등한 학력을 인정하고 학위를 주는 고등교육기관이다.

(5) 사업장 부설 평생교육시설

사업장 부설 평생교육시설은 사업장을 이용하는 고객이나 지역주민들의 여가선용, 개인의 능력개발, 생활문화 향상 등 시민들의 문화생활에 기여하는 평생교육시설이다. 대표적인 사업장 부설 평생교육시설로는 백화점 문화센터를 들 수 있다. 평생교육시설을 설치하고자 하는 자는 대통령령으로 정하는 바에 따라 교육감에게 신고하여야 한다. 이를 폐쇄하고자 하는 경우에는 교육감에게 통보하여야 한다.

(6) 시민사회단체 부설 평생교육시설

시민사회단체는 비정부 조직이면서 시민사회의 의견과 주장을 상시 대변하는 시민사회조직이다. 공공의 선과 시민의 의견을 대변하고 봉사하는 비정부기구라고 한다. 이 시설은 상호 유기적인 협조체제를 구축하고 공공시설 및 민간시설 등 유휴시설을 활용하여 해당 시민사회단체의 목적에 부합하는 시설이다.

(7) 언론기관 부설 평생교육시설

대통령이 정하는 신문·방송 등 언론기관을 경영하는 자는 해당 언론매체를 통하여 다양한 평생교육 프로그램을 방영하는 등 국민의 평생교육진흥에 기여하여야 한다. 이러한 시설은 일반 국민을 대상으로 교양의 증진과 능력향상을 위한 평생교육시설을 설치·운영할 수 있다. 시설을 설치하고자 하는 자는 대통령령으로 정하는 바에 따라 교육감에게 신고하여야 하며, 이를 폐쇄하고자 하는 경우에는 그 사실을 교육감에게 통보하여야 한다.

(8) 지식 · 인력개발 관련 평생교육시설

지식·인력개발사업 관련 평생교육시설이란 평생교육법 제38조 제1항에 의거 '국가 및 지방자치단체는 지식정보의 제공과 교육훈련을 통한 인력개발을 주된 내용으로 하는 지식·인력개발사업을 적극 진흥·육성'함을 목적으로 하는 시설을 뜻한다. 지식정보의 제공사업, 교육훈련 및 연구용역사업, 교육위탁사업, 교육훈련기관의 경영진단 및 평가사업, 교육자문 및 상담사업, 교수·학습 프로그램의 개발 및 공급사업 등을 1년 이상 경영한 실적이 있는 자로서 자본금 또는 자산이 3억 원 이상이고 전문인력(평생교육프로그램 운영을 전담하는 인력을 말한다)을 5명 이상 확보한 법인으로 규정하고 있다.

04 평생교육기관 유형별 현황

우리나라 전체 국민 중에서 평생교육에 참여한 경험이 있는 학습자를 조사한 결과에 의하면 2019년 만 25세~79세의 성인들의 참여율은 41.7%였으며, 이 중에 학습자들은 평균적으로 1.27개의 평생교육 프로그램에 참여하였다(국가평생교육진흥원, 2019). 또한, 우리나라에서 평생교육 프로그램을 개설한 기관 중 가장 큰 비중을 차지하는 것은 '원격형태'이다. 2019년을 기준으로 전체 약 44.5%에 해당하는 81,878개의 프로그램이 원격형태의 평생교육기관에 의해 개설·운영되었으며, 이 프로그램에 참여한 학습자 수도 12,111,454명으로 전체 학습자 수의 74% 이상을 차지하고 있다. 이는 우리나라 평생학습 프로그램 수와 학습자 수에서 원격형태의 기관이 차지하는 비중이 대단히 높다는 것을 알 수 있다(국가평생교육진흥원, 2020).

평생교육기관 수와 프로그램 수의 증가는 원격형태 평생교육시설, 사업장 부설 평생교육시설, 평생학습관의 변화와 연동되었다. 반면에 시민사회단체 부설 평생교육시설, 언론기관 부설 평생교육시설 등은 규모가 축소되는 경향이 현저하게 나타났다. 이런 경향은 2018년뿐만 아니라 5~6년 전부터 지속된 현상이다. 다만 평생학습관과 같이 아직 규모 자체는 작지만 빠르게 성장하는 기관도 존재하여서 이색적이었다. 평생학습관의 성장은 지방정부의 평생교육 기능이 확대되는 측면을 보여주는 동시에 비수도권에서 민간평생교육 기능 부족을 보여주는 현상이기도 하다.

주제 영역에 따라 편차가 있기는 하지만 전반적으로 평생교육 프로그램과 학습자 규모는 꾸준히 증가하고 있음을 확인할 수 있었다. 하지만 우리나라 평생교육 프로그램과 학습자의 특성 및 그들의 변화 추이를 보다 명확하게 이해하기 위해서는 다음 몇 가지에 대한 개선이 필요하다(국가평생교육진흥원, 2020).

첫째, 평생교육의 중요성이 강조되면서 평생교육의 대상이나 범위 역시 점점 확대되는 경향을 보인다. 그러나 이번 조사에는 읍면동 단위 평생학습센터와 장애인 평생교육시설, 학교의 평생교육은 확대되어 포함되지 못했다. 최소한 우리 지역사회에 깊숙이 침투해 있는 읍면동 단위의 평생학습센터라도 먼저 조사 대상에 포함할 필요가 있다.

둘째, 평생교육 프로그램의 더 적극적인 연구와 활용을 위해서는 프로그램 분류체계에 대한 정비가 필요하다. 「평생교육법」상의 평생교육에 대한 정의에서 언급된 일곱 가지 주제영역(학력보완, 성인 문해교육, 직업능력 향상교육, 성인 진로개발역량 향상교육, 인문교양교육, 문화예술교육, 시민참여교육) 분류 이외에도, 한국교육개발원의 평생교육 프로그램 대·중·소 분류 영역을 함께 조사한다. 또한, 기존 대학의 학과 분류체계를 기반으로 인문, 사회, 자연, 교육, 공학, 의학, 예체능의 일곱 가지 계열을 대분류로 설정하고 있으며, 이는 2019년을 기준으로 26개 중분류 및 100여 개의 소분류 영역으로 나뉜다. 하지만 이와 같은 분류 방식은 2018년부터 시행된 통계청의 「한국표준교육분류」의 분류체계와 상당한 차이가 있어 평생교육과 다른 교육체계 사이의 연계성을 떨어뜨린다는 지적이 있었다. 이에 두 분류체계의 매칭 방안에 관한 연구를 진행하여 생애주기 단계별 교육체계의 연결성을 강화할 필요성이 있다.

05

Chapter

평생교육 전문인력

01 평생교육사

평생교육사는 「평생교육법」 제24조 제2항에서 평생교육 진흥을 위해 평생교육 현장에서 평생교육 프로그램의 기획 · 진행 · 분석 · 평가 및 교수 업무 등 평생학습 관련 업무에 전반적인 영역을 담당하는 평생교육 현장전문가로 정의한다(국가평생교육진흥원, 2024).

| 그림 5-1 | 평생교육사의 정의

평생교육사는 평생교육 현장에서 교육프로그램을 통해 사회적 이슈 및 문제해결 등을 교육적 관점으로 해결하려는 교육전문가이다. 「평생교육법」에 의한 자격으로는 '대학에서 평생교육 관련 과목을 일정 학점 이상 이수한 자 또는 법이 정한 평생교육사 양성기관에서 소정의 과정을 이수하고 자격증을 부여 받은 자'라고 규정하고 있다. 그 외에도 성인교육자, 인적자원개발전문가, 성인교육강사, 사회교육기획자, 사회교육전문요원, 사회교육지도자 등 다양한 명칭으로

지칭하고 있다. 하지만 1999년 「평생교육법」이 전면 개정되면서 자격의 명칭이 평생교육사로 변경되었고, 기존 1 · 2등급 자격체계가 1 · 2 · 3급 자격체계로 개편되었다.

구분	사회교육전문요원 (1999년 이전)	평생교육사 (2007년 이전)	평생교육사 (2008년 이후)
직무	사회교육의 기획, 진행, 분석 및 평가	평생교육의 기획, 진행, 분석, 평가 및 교수	평생교육의 요구분석, 기획, 진행, 분석, 평가 및 교수, 기관경영
양성	1급/2급 과정이수 ⇨	1급/2급/3급 과정이수, 현장이력 ⇨	1급/2급/3급 과정이수(승급과정), 현장이력
교과목	교육학, 심리학 등	평생교육직무 중심교육과정	이수과목 강화 및 등급별 교육과정 차별화
배치기준	의무	의무	의무
연수	전문요원 연수기관 설립인가	양성 및 연수를 위해 양성기관 지정	국가평생교육진흥원 위탁/ 양성 및 연수를 위해 양성기관 지정

| 그림 5-2 | **평생교육사 양성체제 변천**

출처: 진명석. (2017). 평생교육사 자격제도의 이해. 2017년 제1차 평생교육사 양성기관 담당자 직무연수. 서울: 국가평생교육진흥원.

02 평생교육사의 역할과 직무

1) 평생교육사의 역할

사전에 역할(role)이란 주어진 사회적 위치나 지위에 따라 한 개인에게 기대되는 행동으로 정의한다. 평생교육사도 그 위치에 따라 기대되는 행동들이 있다. 평생교육사는 평생교육의 가치, 평생교육의 효과성 증대, 평생학습 기회의 평등을 이루어 평생교육 확산을 고양하는 역할을 한다고 볼 수 있다. 이러한 역할로 인해 평생교육사가 갖는 몇 가지 특성이 있다(강마리아 외, 2023).

첫째, 평생교육 전문인력이라는 특성을 갖춘 평생교육사는 전문가적 기능과 역할을 수행할 특성과 자질 등을 내포하고 있다. 평생교육사와 초·중등 교사들의 공통점은 우선 가르쳐야 할 대상이 있으며, 다음은 학습자들의 특성과 요구에 맞춰 준비된 교육과정을 교육하는 전문인이라고 할 수 있다. 이처럼 평생교육사도 전 국민을 학습자로 인식하고, 그들의 특성과 개인적, 사회적으로 요구되는 교육과정과 내용 등을 수용하고 그것들에 따라서 적합한 방법과 적절한 지도력을 통해 교육의 주체로서 실천하는 전문인력이며, 전문인으로서의 특성을 내포하고 있다.

둘째, 평생교육사란 명칭에서 평생교육사에 대한 역할과 기능적 측면에서 그들이 갖추어야 할 질적 향상의 필요성이 제기되었다. 평생교육사에게 법적 조항에서 제시한 일정한 능력을 갖추게 함으로써, 평생교육현장 실천의 교육주체가 되게 하며 평생교육사가 습득한 지식과 기술을 활용하여 평생교육 자체의 질적 향상을 도모할 수 있다.

셋째, 평생교육사는 평생교육의 발전과 진흥을 위해 필요한 존재이다. 평생교육사가 전 국민에게 평생교육의 필요성과 교육의 효과를 경험하도록 함으로써, 평생교육 참여를 촉진하고 평생교육 발전과 진흥을 도모하는 효과를 기대할 수 있다.

평생교육사의 역할과 직무는 고정된 것이 아니라 직무환경 및 평생교육기관에 대한 요구가 변화함에 따라서 유동적인 특성을 보인다. 평생교육기관의 유형과 조직 규모, 주로 운영하는 프로그램에 따라 평생교육사에게 요구되는 역량과 기능, 기대하는 역할도 차이가 발생하므로 대상별, 시설 유형별 공통 요구역량과 차별화된 역량이 필요하다(변종임 외, 2015). 학자들은 평생교육사의 역할을 다음과 같이 제시하였다(강대중 외, 2017).

현영섭(2011)은 평생교육사의 능력이나 해야 할 일에 대한 연구는 크게 역할, 직무, 역량의 순으로 발전하고 역량도 다양화하고 있음을 지적하였다. 또한, 체계화된 역량모델링의 방법을 동원하고 그동안 축적된 역량에 대한 연구결과를 활용하여 평생교육사의 역량모델로 만들어 내고, 이를 양성과정, 평가 등에서 적절하게 활용함으로써 평생교육사에 대한 내재적 전문성과 함께 외현적 전문성을 진작시키는 데 도움이 된다. 노경란(2011)은 역량기반 능력개발을 통하여 평생교육사의 업무수행능력을 질적으로 향상하는 데 역량모델을 활용함으로써 평생교육사의 존재 가치를 시장에서 인정받는다면, '법적 권고에 의한 채용'이 아닌 '필요에 의한 채용'으로의 문화를 조성할 수 있을 것으로 제시한다. 정민승(2011)은 평생교육사의 직무영역을 평생학습상담, 평생교육수업, 평생교육기관 경영, 지역학습촉진, 평생교육기획으로 구분하고 각기 주요 역량과 관련 직무 및 지식, 기술, 태도를 제시하였다. 강대중 등(2017)은 학습자와의 관계에서 교수자와 학습촉진자 지역코디네이터의 역할, 조직 구성원으로서 프로그램 기획 및 개발자의 역할, 관리행정가의 역할, 변화촉진자 코디네이터의 역할, 타 조직과의 관계에서 네트워크 조정자 지역코디네이터의 역할, 그리고 전문가로서의 역할 등을 제시하였다.

| 표 5-1 | **평생교육사의 역할과 직무**

역할		직무
학습자와의 관계	교수자	• 교수, 교수학습(지원), 강의
	학습촉진자 지역코디네이터	• 학습상담-컨설팅 • 동기유발
조직원	프로그램 기획 및 개발자	• 학습자 요구조사 • 학습자원조사(환경분석) • 프로그램 설계 및 개발, 운영, 평가 • 평생학습 장단기 계획 수립 • 평생학습 사업 기획 • 전략수립
	관리행정가	• 홍보 및 마케팅 • 시설 매체관리 • 기관 운영지원 • 행정경영 • 마케팅(세일즈, 프로모션)
	변화촉진자 지역코디네이터	• 학습참여 촉진 • 학습풍토 조성 • 평생교육이해 촉진
타조직과의 관계	네트워크조정자 지역코디네이터	• 학습자/동료/지역인사 등 • 대내외적 네트워킹 • 조직 간 협력체제 구축 • 학습공동체 운영
전문가	전문가	• 전문가 헌신

출처: 강대중 외. (2017). 평생교육사 자격제도 발전방안 연구. 서울: 국가평생교육진흥원.

김진화(2013)는 평생교육사의 본분, 내상, 영역, 역할을 그동안 사회교육법, 평생교육법, 직무분석 결과 등으로 정리하여 제시한 바 있으나 평생교육사의 다양한 역할 가운데 어디에 초점을 두고 전문적으로 수행할 것인지에 따라 양성체제를 체계화해야 함을 강조하였다. 또한, 프로그램이 완성되기까지는 구성원들의 생각과 정보가 합리적이고 논리적인 과정을 거쳐 선정되고 체계화된다. 이에 따라 프로그램 과정에 참여한 사람이라면 프로그램을 개발하는 절차상의 문제뿐만 아니라 현실적으로 다양한 문제에 직면하게 된다. 프로그램의 단계마다 의사결정은 어떻게 내릴 것인가? 프로그램개발자 간에 서로 다른 의견을 어떻게 합리적으로 조정할 것인가? 프로그램 내용은 어느 정도 수준으로 다룰 것인가? 이러한 문제는 프로그램개발전문가, 즉 평생교육사가 실질적으로 부딪치는 중요한 사항들이다. 그러므로 프로그램개발전문가는 단순히 정형화된 프로그램개발 모델을 적용하는 역할뿐만 아니라 프로그램 개발의 다양한 측면에서 적절한 역할을 수행할 수 있어야 한다. 프로그램개발전문가가 수행해야 할 역할은 절차적인 측면에서 과정전문가로서의 역할, 내용적인 측면에서 내용전문가로서의 역할, 정치적인 측면에서 협상전문가로서의 역할, 설계 측면에서 학습설계전문가로서의 역할, 의사결정 측면에서 의사결정전문가로서의 역할 등이 요청된다(김진화, 2011).

(1) 과정전문가 역할

절차적 측면인 과정전문가의 역할은 다양한 절차와 단계를 통해 이루어진다. 프로그램 개발 모델을 어떻게 설정할 것인가? 효과적인 절차와 단계는 무엇인가? 다양한 기법을 어떻게 효과적으로 적용할 것인가? 팀은 어떻게 운영할 것인가 등이다. 즉 프로그램 개발의 절차, 단계, 기법, 운영 등의 자질을 말한다. 그러므로 프로그램개발 과정에 적용해야 할 적절한 프로그램개발 모형을 설정하고, 구체적인 절차와 단계에 따라 다양한 기법들을 적용해 나아갈 수 있는 능력을 갖추고 있어야 한다.

(2) 학습설계전문가 역할

프로그램은 다양한 정보와 아이디어를 다듬고 가공하여 하나의 예술작품을 만드는 과정이다. 학습자의 요구 및 특성, 그리고 그들의 능력에 맞게 교육내용을 계열성, 난이도, 통합성, 현실성을 고려하여 조직하고, 학습자의 학습활동을 조력하기 위해 교육매체를 개발하고, 학습자의 참여를 촉진하기 위한 다양한 교육방법을 창출하여 하나의 통합된 프로그램으로 적절히 설계함을 강조하여야 한다. 즉 교육내용, 교육방법, 교육매체를 학습자의 특성과 능력에 적절하게 하나의 통합된 프로그램으로 설계할 수 있는 능력을 갖추고 있어야 한다.

(3) 내용전문가 역할

프로그램과 관련하여 경험과 식견이 풍부한 현장전문가라고도 할 수 있다. 그러므로 내용전문가로서 프로그램의 내용에 대해 어느 정도의 전문성과 식견이 요청된다.

(4) 협상전문가 역할

평생교육기관 책임자의 관심사와 차이가 있을 때, 함께 참여하고 있는 평생교육사의 의견과 일치하지 않을 때, 행사 진행상에 불협화음이 생겼을 때, 프로그램을 책임지는 평생교육사는 협상전문가로서 프로그램의 정치적인 상황에서 직면하는 다양한 문제에 대해 적절한 협상과 조정 능력을 발휘할 수 있어야 한다.

(5) 의사결정전문가 역할

평생교육사는 다양한 우선순위 설정과 의사결정 상황에 합리적이고 체계적으로 대처해 나갈 수 있는 능력을 겸비해야 한다.

2) 평생교육사의 직무

직무는 「평생교육법 시행령」 제17조에 의거하여 평생교육사의 직무범위를 살펴보면, 평생교육사의 직무는 첫째, 평생교육 프로그램의 요구분석 · 개발 · 운영 · 평가 · 컨설팅, 둘째, 학습자에 대한 학습정보 제공, 생애능력개발 상담 · 교수, 셋째, 그 밖에 평생교육 진흥 관련 사업계획 등 관련 업무 등이다. 즉 평생교육사의 직무는 평생교육 프로그램을 기획, 개발, 조직, 운영, 평가하고 성인들에 대한 학습상담과 생애개발을 지원하며, 학습환경 및 조직에 대한 교육적 자문을 수행하는 직무이다(이병준 외, 1999). 평생교육사의 주요 직무체제 모델을 통해 평생교육사의 직무를 좀 더 구체적으로 살펴보면, 책무로는 조사 분석, 기획계획, 네트워킹, 프로그램 개발, 운영지원, 교수학습, 변화촉진, 상담컨설팅, 평가보고, 행정경영 등이 있고(김진화 외, 2008), 책무별 하위 과업은 다음과 같다.

| 표 5-2 | **평생교육사 주요 직무체제 모델**

책무	과업	책무	과업
조사분석	• 학습자 특성 및 요구조사 분석 • 평생학습 참여율 조사 • 평생학습자원 조사 분석 • 평생학습권역 매핑 • 평생학습 SWOT분석 • 평생학습프로그램 조사 분석 • 평생학습통계 데이터 분석 • 평생학습자원 및 정보DB 구축	기획계획	• 평생학습 비전과 전략 수립 • 평생학습 추진체제 설계 • 평생학습 중 · 장기/연간계획 수립 • 평생학습 단위사업계획 수립 • 평생학습 축제 기획 • 평생학습 공모사업 기획서 작성 • 평생학습 예산계획 및 편성 • 평생학습 실행계획서 수립
네트워킹	• 평생학습 네트워크체제 구축 • 인적 · 물적 자원 네트워크 실행 • 사업 파트너십 형성 및 실행 • 사이버 네트워크 구축 및 촉진 • 조직 내 · 외부 커뮤니케이션 촉진 • 협의 및 위원회 활동 촉진 • 지원세력 확보 및 설득 • 평생교육사 임파워먼트 실행	프로그램 개발	• 프로그램 개발 타당성 분석 • 프로그램 요구분석 및 우선순위 설정 • 프로그램 목적/목표 설정 및 진술 • 프로그램 내용 선정 및 조직 • 프로그램 매체 및 자료 개발 • 프로그램 실행 계획 및 매뉴얼 제작 • 프로그램 실행 자원 확보 • 프로그램 특성화 및 브랜드화 • 프로그램 분류 및 유의가 창출 • 프로그램 지적, 문화적 자산화
운영지원	• 학습자 관리 및 지원 • 강사 관리 및 지원 • 프로그램 홍보 및 계획 • 학습시설 · 매체관리 및 지원 • 프로그램 관리운영 및 모니터링 • 학습결과 인증 및 관리 • 평생학습 예산관리 및 집행 • 기관 홈페이지 관리 및 운영	교수학습	• 학습자 학습동기화 촉진 • 강의 원고 및 교안 작성 • 단위 프로그램 강의 • 평생교육사업 설명회 및 교육 • 평생교육 관계자 직무교육 • 평생교육사 실습지도 • 평생교육 자료 및 매체 개발 • 평생교육사 학습역량 개발

책무	과업	책무	과업
변화촉진	• 평생학습 참여 촉진 • 평생학습자 인적자원 역량개발 • 학습동아리 발굴 및 지원 • 평생학습 실천지도자 양성 • 평생교육단체 육성 및 개발 • 평생교육 자원봉사활동 촉진 • 평생학습 관계자 멘토링 • 평생학습 공동체 및 문화조성	상담 컨설팅	• 학습자 상황분석 • 학습장애 및 수준 진단·처방 • 평생학습 상담사례 정리 및 분석 • 생애주기별 커리어 설계 및 상담 • 평생학습 ON/OFF라인 정보제공 • 평생학습 상담실 운영 • 학습자 사후관리 및 추수지도 • 의뢰기관 평생학습 자문 및 컨설팅
평가보고	• 평생학습 성과지표 창출 • 목표대비 실적 평가 • 평생학습 영향력 평가 • 평생학습 성과관리 및 DB 구축 • 우수사례 분석 및 확산 • 공모사업 기획서 평가 • 평가보고서 작성 • 평가발표자료 제작 및 발표 • 프로그램 프로파일 생성 • 지식창출 성과 정리	행정경영	• 국가 및 지방정부 평생학습 공문 생성 • 평생학습 공문 회람 및 협조 • 평생학습기관 및 담당부서 업무 보고 • 광역/기초 단체장 지침과 관심 반영 • 평생학습 감사자료 생성과 보관 • 평생학습관 모니터링 및 감사 • 평생학습기관 효율적 경영전략 추진 • 평생학습 관련 기관의 경영수지 개선

출처: 변종임 외. (2015). 평생교육사 자격제도 개선방안 연구. 서울: 국가평생교육진흥원.

03 평생교육사의 자격제도

1) 평생교육사 자격 취득절차

평생교육사는 1982년 「사회교육법」이 제정되면서 사회교육전문요원으로 양성되기 시작하여 1999년 「사회교육법」이 「평생교육법」으로 전부 개정되면서 자격 명칭이 평생교육사로 변경된 지금까지 총 13만여 명의 평생교육사가 양성되었다.

평생교육사 자격은 1·2·3급으로 나누어지며, 이수과정은 승급과정과 양성과정으로 이루어져 있다. 양성과정은 전문대학, 대학, 대학원, 학점은행기관 등 평생교육사 양성기관에서 운영하는 관련 과목을 일정 학점 이상 이수하여 2급 또는 3급 자격을 취득하는 과정이고, 승급과정은 일정 자격요건을 갖춘 평생교육사 자격증 소지자가 상위 급수로 승급하기 위해 이수하는 연수과정(1급 승급과정, 2급 승급과정)이다. 「평생교육법 시행령」 제18조에 근거하여 다음과 같다.

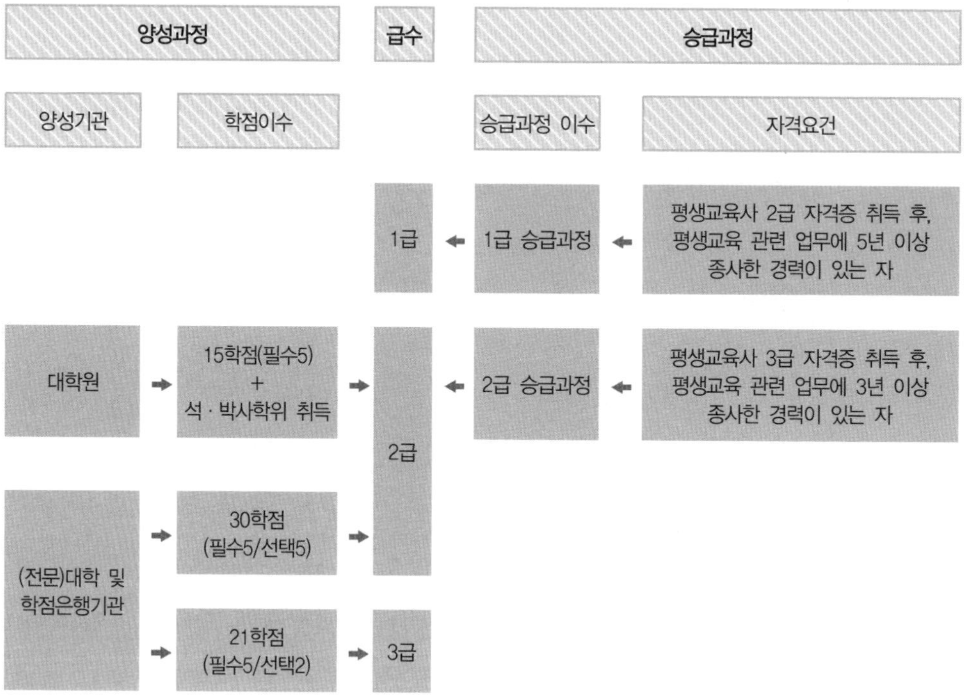

| 그림 5-3 | **평생교육사 이수과정**

2) 평생교육사 등급별 기준

평생교육사의 등급별 자격 요건은 「평생교육법 시행령」 제16조에서 규정하고 있으며, 평생교육사 1급은 2급 취득 후, 평생교육 관련 업무를 5년 이상 수행한 경력이 있는 자로서 국가평생교육진흥원에서 운영하는 평생교육사 1급 승급과정을 이수해야 취득할 수 있다. 2급은 대학원에서 필수과목을 15학점 이수하거나 대학 및 학점은행기관 등에서 관련 과목을 30학점 이상 이수하고 학위를 취득한 자, 그리고 평생교육사 3급 취득 후 3년 이상 관련 경력이 있는 자로 평생교육사 2급 승급과정을 이수한 자 등이 취득할 수 있다. 3급은 대학 또는 학점은행기관 등에서 관련 과목을 21학점 이상 이수하고 학위를 취득한 자 등이 취득할 수 있다.

| 표 5-3 | **평생교육사의 등급별 자격요건**

등급	자격기준
1급	평생교육사 2급 자격증을 취득한 후, 교육부장관이 정하는 평생교육과 관련된 업무(이하 "관련업무"라 한다)에 5년 이상 종사한 경력이 있는 자로서 진흥원이 운영하는 평생교육사 1급 승급과정을 이수한 자
2급	1. 「고등교육법」 제29조 및 제30조에 따른 대학원에서 교육부령으로 정하는 평생교육과 관련된 과목(이하 "관련과목"이라 한다) 중 필수과목을 15학점 이상 이수하고 석사 또는 박사학위를 취득한 자. 다만, 「고등교육법」 제2조에 따른 학교(이하 "대학"이라 한다)에서 필수과목을 이수한 경우에는 선택과목으로 필수과목 학점을 대체할 수 있다. 2. 대학 또는 이와 같은 수준 이상의 학력을 인정할 수 있는 기관, 「학점인정 등에 관한 법률」에 따라 평가인정을 받은 학습과정을 운영하는 교육훈련기관(이하 "학점은행기관"이라 한다)에서 관련과목을 30학점 이상 이수하고 학위를 취득한 자 3. 대학을 졸업한 자 또는 이와 같은 수준 이상의 학력이 있다고 인정되는 자로서 다음 각 목의 어느 하나에 해당하는 기관에서 관련과목을 30학점 이상 이수한 자 가. 대학 또는 이와 같은 수준 이상의 학력을 인정할 수 있는 기관 나. 법 제25조제1항에 따른 평생교육사 양성기관(이하 "지정양성기관"이라 한다) 다. 학점은행기관 4. 평생교육사 3급 자격증을 보유하고 관련업무에 3년 이상 종사한 경력이 있는 자로서 진흥원이나 지정양성기관이 운영하는 평생교육사 2급 승급과정을 이수한 자
3급	1. 대학 또는 이와 같은 수준 이상의 학력을 인정할 수 있는 기관, 학점은행기관에서 관련과목을 21학점 이상 이수하고 학위를 취득한 자 2. 대학을 졸업한 자 또는 이와 같은 수준 이상의 학력이 있다고 인정되는 자로서 다음 각 목의 어느 하나에 해당하는 기관에서 관련과목을 21학점 이상 이수한 자 가. 대학 또는 이와 같은 수준 이상의 학력을 인정할 수 있는 기관 나. 지정양성기관 다. 학점은행기관 3. 관련업무에 2년 이상 종사한 경력이 있는 자로서 진흥원이나 지정양성기관이 운영하

는 평생교육사 3급 양성과정을 이수한 자
4. 관련업무에 1년 이상 종사한 경력이 있는 공무원 및 「초 · 중등교육법」 제2조제1호부터 제5호까지의 학교 또는 학력인정 평생교육시설의 교원으로서 진흥원이나 지정양성기관이 운영하는 평생교육사 3급 양성과정을 이수한 자

3) 평생교육사 자격 취득방법

평생교육사는 대학(원)과 양성기관에서 평생교육사 관련 교과목을 이수한 후 현장실습을 마치면 평생교육사 자격증을 발급 받는다. 평생교육사 양성 교과목은 필수과목 다섯 과목과 선택과목 두 과목 이상을 이수해야 하며, 양성과정의 교과목명이 동일하지 아니하더라도 교과의 내용이 동일하다는 국가평생교육진흥원장의 승인을 받은 경우 동일 과목으로 본다. 평생교육사 양성과정의 필수과목은 평생교육실습을 포함하여 15학점 이상을 이수해야 한다. 과목당 학점은 3학점으로 하고, 성적은 각 과목을 100점 만점으로 하여 평균 80점 이상이어야 한다. 평생교육실습은 「평생교육법」 제19조부터 제21조까지에 해당하는 평생교육기관 또는 제39조 제2항에 따라 문해교육 프로그램으로 지정받은 기관에서의 4주 이상(총 수업일수 20일 이상, 총 수업시간 160시간 이상)의 현장실습을 포함한 수업과정으로 구성한다. 평생교육사 2급 및 3급 자격취득을 위해 이수해야 하는 교과목은 다음과 같다.

| 표 5-4 | 평생교육사 양성 관련 이수과목

구분		과목명
필수과목 (5)		평생교육론, 평생교육방법론, 평생교육경영론, 평생교육프로그램개발론
		평생교육실습(4주 이상)
선택과목 (21)	실천영역	아동교육론, 청소년교육론, 여성교육론, 노인교육론, 시민교육론, 문자해득교육론, 특수교육론, 성인학습 및 상담(1과목 이상 선택하여야 함)
	방법영역	교육사회학, 교육공학, 교육복지론, 지역사회교육론, 문화예술교육론, 인적자원개발론, 직업 · 진로설계, 원격(이러닝, 사이버)교육론, 기업교육론, 환경교육론, 교수설계, 교육조사방법론, 상담심리학(1과목 이상 선택하여야 함)

4) 평생교육사 승급과정

국가평생교육진흥원은 「평생교육법 시행령」 제16조와 제18조에 따라 평생교육사 승급과정을 운영하고 있다. 1급 승급과정은 평생교육기관 경영자 및 평생교육 정책 전문가로서의 평생교육사를 양성하고, 2급 승급과정은 평생교육 프로그램 전문가로서의 평생교육사를 양성하기 위한 내용으로 구성되었다.

| 표 5-5 | 평생교육사 1급 승급과정 교육 내용

영역	이수 과정명	시간
평생교육 비전과정	평생교육사의 역할 및 철학	3H
	평생교육법과 정책의 이해	3H
	평생교육사의 직업윤리	3H
	평생교육 리더십	3H
	국내외 평생교육동향	3H
	평생교육사 비전 워크숍	3H
	성평등 · 인권교육	2H
	조별프로젝트 운영 및 발표	5H
평생교육기관 경영 및 관리	평생교육기관 운영 및 문제해결	3H
	평생교육기관 비전 및 전략	3H
	조직분석 및 기관역량 분석	3H
	마케팅 및 기관홍보전략 수립	3H
	평생교육기관 재무관리	3H
	평생교육기관 성과관리	3H
평생교육 사업 및 정책	평생교육사업 기획	3H
	평생교육사업 타당성 분석	3H
	평생교육사업 설계 및 모니터링	3H
	평생교육사업 평가 및 성과관리	3H

영역	이수 과정명	시간
	평생교육 정책제안 워크숍(Ⅰ)	3H
	평생교육 정책제안 워크숍(Ⅱ)	3H
변화촉진 및 지역 디자인	평생학습과 변화촉진	3H
	평생학습동아리 조직화	3H
	평생학습네트워크전략	3H
	지역사회와 평생교육리더	3H
	실천현장 사례공유	3H
평생학습상담 및 컨설팅	생애발달과 평생학습상담	3H
	진로상담과 경력개발	3H
	평생교육 컨설팅의 이해	3H
	평생교육 컨설팅 실제	3H
평생교육 교수학습	평생교육을 위한 효과적인 교수법(Ⅰ)	3H
	평생교육을 위한 효과적인 교수법(Ⅱ)	3H
기타	개강식 및 종강식	2H
	종합시험	3H
	개별 프로젝트	6H
교육과정	6개 영역 / 31과목	105H

출처: 국가평생교육진흥원. (2023). 2022 평생교육백서. 서울: 국가평생교육진흥원.

| 표 5-6 | 평생교육사 2급 승급과정 교육 내용

영역	이수 과정명	시간
평생학습 환경분석	평생교육사의 역할 및 철학	3H
	평생교육법과 정책의 이해	3H
	국내외 평생교육동향	3H
	요구조사분석	3H
평생학습 기획	사업기획의 실제	3H
	평생교육 실무행정	3H
	평생교육 자원관리	3H

영역	이수 과정명	시간
평생교육프로그램 개발 · 운영 · 평가	평생교육 프로그램의 이해와 텍소노미	3H
	평생교육프로그램 기획 및 분석	3H
	평생교육프로그램 설계 및 개발	3H
	평생교육프로그램 운영	3H
	평생교육프로그램 마케팅 및 홍보	3H
	평생교육프로그램 평가	3H
지역 네트워크	지역사회교육의 이해	3H
	지역동향 및 기관역량 분석	3H
	평생교육 네트워크	3H
	실천현장 사례공유	3H
교수학습 기법 및 상담	성인학습자의 이해	3H
	평생교육 상담 및 학습설계	3H
	교수-학습기법 실습	3H
기타	평생교육기관 및 행사 견학(조별 프로젝트 운영 및 발표)	3H
	성평등 · 인권교육	2H
	개강식 및 종강식	2H
	종합시험	3H
교육과정	5개 영역 / 21과목	70H

출처: 국가평생교육진흥원. (2023). 2022 평생교육백서. 서울: 국가평생교육진흥원.

5) 평생교육사 자격연수

(1) 평생교육사 자격연수 필요성과 목적

지속적인 평생교육 관계자 역량 강화 지원체제 구축을 통한 국가 평생교육진흥 기반 확대를 위해 수요자 맞춤형 프로그램을 개발하고 영역별 · 대상별로 특화된 전문연수를 제공하고자 연수사업을 확대 추진하고 있다. 국가평생교육진흥원(2017a)은 평생교육사 자격연수에 대한 필요성을 다음과 같이 제시하고 있다.

첫째, 저출산 고령화와 같은 인구구조의 변화, 4차 산업혁명으로 대표되는 기술의 급격한 발전과 이로 인한 노동시장 환경의 변화 등 사회의 변화로 평생교육의 중요성과 수요는 지속적으로 증가하고 있다. 환경 변화에 따라 평생교육에 대한 학습자의 요구도 다양해지고 있으며, 이러한 학습자의 요구에 부응하기 위해 공급자 중심의 평생교육에서 수요자 중심의 평생교육 제공으로 평생교육의 정책도 변화하고 있다. 또한, 다양한 영역 간 융·복합으로 인해 평생교육의 영역이 점차 확장되고 있다. 이러한 평생교육 환경의 변화로 평생교육사의 역할이 중요해지고 있으며, 더 높은 수준의 전문성이 요청되고 있다.

둘째, 국가전문자격인 평생교육사는 별도의 자격 검증시험 없이 양성과정 이수를 통해 자격을 취득하는 과정형 자격제도로 현재 평생교육사 양성과정만으로는 이러한 전문성에 대한 요청에 부합하기에는 한계가 있다. 평생교육사 자격의 질 관리와 전문성 유지 및 향상을 위한 지속적인 교육이 필요하다. 그러나 현행 「평생교육법」에서는 다른 자격제도와 달리 보수교육을 의무화하고 있지 않기 때문에 평생교육사 연수가 더욱 중요하다.

셋째, 현재 평생교육사 연수는 연수 운영 주체인 국가평생교육진흥원과 시·도 평생교육진흥원에 따라 독자적으로 운영되고 있다. 하지만 공통된 연수 교육과정의 부재로 인해 평생교육사의 직무별·자격수준별로 체계적인 연수가 이루어지고 있지 않다. 이에 따라 평생교육사의 전문성을 효과적으로 유지하고 신장하기 위해서 공통된 연수 교육과정의 개발과 함께 체계적인 연수가 운영될 필요가 있다.

이러한 자격연수 필요성의 요구에 따라 평생교육사 자격연수 목적을 다음과 같이 제시하였다(국가평생교육진흥원, 2017a).

첫째, 직무와 수준별 역할에 따라 평생교육사의 역량을 도출하고 이를 근거로 평생교육사 연수 교육과정을 개발함으로써 평생교육사의 특성에 따라 다양한 맞춤형 평생교육사 연수 운영을 통해 평생교육사 자격수준에 따른 직무능력과 현장 전문성을 향상할 수 있도록 하고자 한다.

둘째, 개발된 평생교육사 연수 교육과정에 기초하여 시·도평생교육진흥원이 지역 특성, 비전, 정책 방향 등을 반영하여 교육내용을 구성하여 지역의 평생교육사를 대상으로 하는 연수를 자율적으로 운영할 수 있도록 개발함으로써 지역 기반에서의 평생교육사 연수를 활성화하고자 한다.

셋째, 최신 이론이나 기술, 트렌드 등을 중심으로 강의형태의 교육방법뿐만 아니라 참여형, 문제해결형 등 다양한 교육방법을 적용한 평생교육사 연수 교육과정을 개발함으로써 평생교육사 연수 결과의 현장 적응도를 높이고자 한다.

공통된 평생교육사 연수 교육과정을 개발하고, 이에 근거하여 평생교육사 연수를 체계적으로 운영하고 활성화함으로써 궁극적으로는 평생교육사 보수교육과정 의무화를 위한 제도적 기반을 마련하고자 한다.

(2) 평생교육사 자격연수 교육과정

평생교육사 역량 강화를 위한 자격연수의 교육과정 체계는 직급별, 경력별 차별화된 학습요구를 반영하여 공통학습, 직무일반, 직무심화로 수준별 학습체계를 구성한다. 공통학습 내 세부 교과목으로는 ① 평생교육 마인드, ② 평생교육 트렌드 및 정책 이해로 총 2개 교과목을 구성한다. 직무일반 내 세부 교과목으로는 ① 평생교육 프로그램 기획, ② 평생교육 프로그램 요구분석, ③ 평생교육 프로그램 운영, ④ 평생교육 프로그램 평가, ⑤ 평생교육 네트워크, ⑥ 평생교육 마케팅, ⑦ 평생교육 상담과 생애설계, ⑧ 평생교육 퍼실리테이팅, 총 8개 교과목을 구성한다. 직무심화 내 세부 교과목으로는 ① 평생교육 사업·정책 기획, ② 평생교육 사업·정책 요구분석, ③ 평생교육 사업·정책 운영, ④ 평생교육 사업·정책 평가, ⑤ 평생교육 조직관리, ⑥ 평생교육 컨설팅, ⑦ 평생교육 성과관리, 총 7개 교과목을 구성한다(국가평생교육진흥원, 2017a).

04 평생교육사 배치

평생교육사 제도는 평생교육 현장에서 평생교육 전문가라는 특정 직무수행 능력을 보장해 주기 위한 것으로서, 공공 평생교육기관은 평생교육 기능강화를 위하여 최소한의 평생교육사를 배치하도록 법제화되어 있다. 평생교육사 관련 교육부 법령(평생교육법 제24조)의 입법취지는 평생교육기관 현장요구에 적합한 자질과 능력을 갖춘 전문적 지도자인 평생교육사를 배치하여 평생교육의 전문성 제고와 지역중심 평생학습 체제구축을 통한 '학교의 평생교육'을 강화하기 위한 목적이며, 이를 실현하기 위한 차원에서 평생교육사를 채용하고 국가 및 지방자치단체는 이에 대한 경비를 지원할 수 있도록 유도하고 있다. 또한 교육부장관은 실태조사를 통해 평생교육사의 배치 현황, 보수 수준 및 지급 실태 등에 관하여 3년마다 조사하고 있으며 이러한 조사의 방법과 내용 등에 필요한 사항은 대통령령으로 정하고 있다. 대통령령에서 명시된 평생교육사의 배치대상기관 및 평생교육사의 배치기준 세부 사항을 살펴보면 다음과 같다(강마리아 외, 2023).

첫째, 「유아교육법」, 「초·중등교육법」 및 「고등교육법」에 따른 유치원 초·중·고등학교에서 평생교육진흥을 하기 위하여 평생교육 프로그램을 운영하는 경우, 필요에 따라 평생교육사를 채용할 수 있다. 이에 따른 재정지원은 국가 및 지방자치단체에서 지원하게 되어 있지만 의무적인 사항은 아니다.

둘째, 공공 부문 평생교육기관과 민간 부문 평생교육기관에 평생교육 기능강화를 위하여 최소한의 평생교육사를 배치하도록 명문화하였다. 국가평생교육진흥원 및 시·도 평생교육진흥원에는 1급 평생교육사 1명 이상을 포함한 5명 이상, 시·군·구 평생학습관에는 정규직원이 20명 이상인 경우, 1급 또는 2급 평생교육사 1명을 포함해서 2명 이상, 정규직원이 20명 미만인 경우 1급 또는 2급 평생교육사 1명 이상을 두어야 한다.

셋째, 장애인 평생교육시설에도 평생교육사 1명 이상을 두어야 한다. 동법 제30조에서 제38조까지의 규정에 따른 평생교육시설(학력인정 평생교육시설 제외), 「학점인정 등에 관한 법률」 제3조 제1항에 따라 법에서 규정하는 기관들은 평생교육사 1명 이상을 채용해야 한다. 원격평생교육시설의 평생교육사 배치는 열악한 평생교육시설 난립에 따른 수강생들의 피해를 막고 평생교육의 질적 제고를 위해 원격교육시설에도 평생교육사를 배치해야 한다.

| 표 5-7 | 평생교육사 배치대상기관 및 배치기준

배치대상	배치기준
국가평생교육진흥원, 시 · 도평생교육진흥원	• 1급 평생교육사 1명 이상을 포함한 5명 이상
장애인평생교육시설	• 평생교육사 1명 이상
시 · 군 · 구평생학습관	• 정규직원 20명 이상: 1급 또는 2급 평생교육사 1명을 포함한 2명 이상 • 정규직원 20명 미만: 1급 또는 2급 평생교육사 1명 이상
법 제30조에서 제38조까지의 규정에 따른 평생교육시설(학력인정 평생교육시설은 제외한다), 「학점인정 등에 관한 법률」 제3조제1항에 따라 평가인정을 받은 학습과정을 운영하는 교육훈련기관 및 법 제2조제2호다목의 시설 · 법인 또는 단체	• 평생교육사 1명 이상

출처: 「평생교육법 시행령」 제22조 별표2

05 평생교육사제도 개선과제

1) 평생교육사 자격제도 과제

급변하는 사회에서 다양한 학습자들의 특성과 평생교육 요구에 적합한 평생교육을 제공하기 위해서는 평생교육사의 전문성이 매우 중요하다. 평생교육사는 평생교육법령에서 규정하는 교과를 이수하면 자격을 취득하는 과정 이수형 자격이기 때문에 자격 취득 이후 지속적인 전문성 개발이 중요하다. 그러나 평생교육사는 다른 유사 국가전문자격인 사회복지사, 청소년지도사, 보육교사 등과 달리 보수교육을 의무적으로 이수하도록 법제화되어 있지 않다. 또한 평생교육 분야의 양적 확대로 평생교육사 배출이 증가하였지만, 이들의 고용 안정성 및 질적 관리는 해결해야 할 과제로 제기되고 있다. 평생교육사 자격제도는 평생교육사의 자격급수별 차별화, 역할의 수정, 양성체제, 양성기관의 승인, 양성을 위한 교육과정 및 운영, 현장실습운영 및 인정, 자격증 발급 및 관리, 배치, 활용, 공무원 직렬화 등 다양한 차원의 해결과제를 안고 있다. 이에 따라 평생교육사 자격제도 개선방안과 핵심 과제를 다음과 같이 제시한다(강마리아 외, 2023).

첫째, 자격제도의 정비를 위한 자격증 발급 일원화 과제는 자격증 통합관리 체제 구축과 일원화 추진 관련 위원회가 구성·운영되어야 한다.

둘째, 양성기관운영관리는 양성기관지정제 및 전공과목제도가 도입되어 전문성을 가져야 한다.

셋째, 평생교육사 배치의 과제는 평생교육사 배치 활성화 방안 마련을 위해 평생교육사 의무배치 위반 시 처벌규정 마련 및 전담공무원 배치 등에 관한 법령 정비가 필요하다.

넷째, 현장실습운영의 전문성 제고를 위해서 실습과목 및 현장실습운영에 대한 규정 마련과 현장실습기관 등록제를 추진한다.

다섯째, 평생교육사 연수과정 의무화 세부 추진방안 및 평생교육사 경력관리 제도 도입의 과제이다. 평생교육사의 전문성을 지속적으로 강화하기 위해 정기적인 교육이수를 의무화하는 것이 필요함에 따라 관련 법제화를 추진해야 하며 자격제도 개선을 기초로 '양성 · 배치 · 연수'를 상호 유기적으로 전개하여 단계적으로 추진해야 한다.

여섯째, 평생교육 실천 분야의 확장과제이다. 평생교육 실천이 어느 분야에서 야기되고 실천되고 필요한가를 지속적으로 연구해야 한다. 현재 평생교육은 대학에 설치된 평생교육원과 사회교육원, 중앙 · 지방 평생교육센터, 국가 · 지방공무원연수원, 교원연수원, 정부출연 연수 및 교육훈련기관에서 실시되고 있다. 각급 초 · 중등교육, 공무원, 일반 사회인, 다양한 직업인들을 대상으로 평생교육이 실시되고 있는 것으로 평생교육이 어느 특정 분야의 사람들만을 대상으로 하는 교육이 아니라 다양한 분야의 사람들에게 필요성이 인식되고 참여하게 하는 다양한 실천 분야로 확장해 나가는 것이 과제이다.

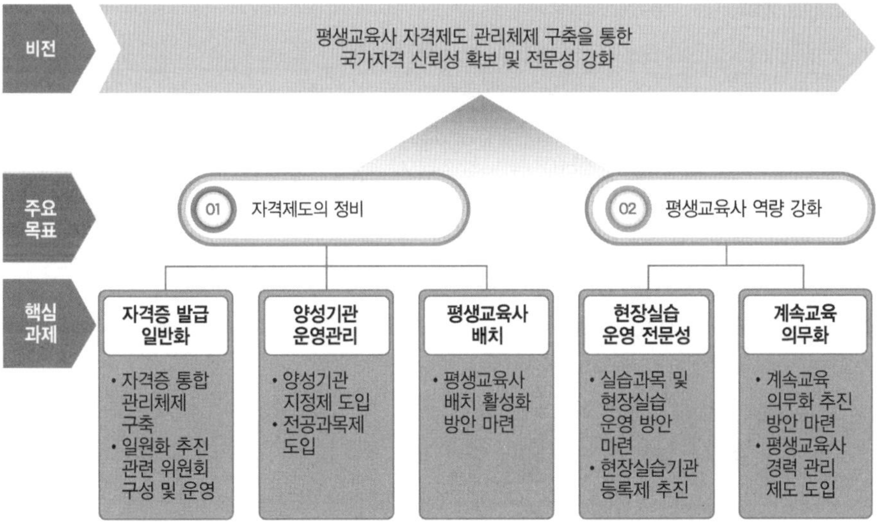

| 그림 5-4 | **평생교육사 자격제도 개선 방향**

출처: 국가평생교육진흥원. (2014). 2013 평생교육백서. 서울: 국가평생교육진흥원.

2) 평생교육사 양성기관의 과제

평생교육사 자격제도 관리체계 구축을 위한 평생교육사 양성기관 측면에서의 과제는 다음과 같이 요구된다(강마리아 외, 2023).

첫째, 평생교육사 양성기관의 목적이 순수한 교육보다 이윤추구를 위한 상업성으로 변질될 우려가 있다. 평생교육사 자격증은 교육적 차원의 필요성에 의해서 제정되고 일정한 교육과정 이수가 되면 발행되는 것이다. 그런데 평생교육사 자격증에 대한 수요가 증대되면서 각급 기관들이 교육적 가치보다 상업적 목적을 가지고 학생을 모집하여 이익을 얻으려는 방향으로 나아갈 수 있다. 그러므로 각각의 교육기관들은 평생교육사 양성교육의 의미를 지속적으로 평가하고 교육적 목적의 가치가 훼손되지 않도록 스스로 경계심을 유지해야 한다.

둘째, 평생교육사 양성기관의 지나친 경쟁을 초래할 수 있다. 지속적으로 평생교육사 양성기관이 늘어나며 서로 경쟁을 초래하고 교육이 주목적이 아닌, 상업화된 책략과 마케팅 등에 더 치중하여 서로 학생을 유치하려는 불필요한 경쟁과 평생교육사 자격증의 남발을 야기할 수 있다.

셋째, 평생교육사의 숫자 증가에 따른 질적인 저하가 우려된다. 평생교육사 양성기관이 대학 중심에서 사회 전반적인 기관에 전이됨으로써, 평생교육사 양성에 필요한 인적, 물적 자원의 조달에도 문제점이 발생할 수 있으며 대학 수준의 교육환경 제공은 쉽지 않다. 평생교육사 양성기관이 과도하게 늘면서 행정당국의 관리 감독 역시 혼선을 빚을 수 있고 상대적 질적 저하가 우려된다.

넷째, 평생교육 양성기관 개수의 지나친 증가는 평생교육사의 증가를 가져오고 자격증의 가치하락 우려가 있다.

3) 평생교육사 채용 과제

평생교육사 채용에서 나타나는 문제의 원인은 다음과 같다.

첫째, 평생교육시설의 등록 이후 관리기능이 열악한 데 있다. 등록에 대한 규정은 구체적이지만, 규정을 어겼을 경우 등록을 취소하거나 법적 제재를 가하기 위한 규정은 미비하다. 그래서 평생교육기관의 지도 및 지원에 대한 관련 법조항 개정안이 제안되기도 하였다(국가평생교육진흥원, 2017a).

둘째, 평생교육사 배치가 활성화되지 못한 것에 근본적인 원인이 있다. 평생교육은 아무나 할 수 있다는 전문성 인식 결여가 중요한 원인으로 생각된다. 평생교육사의 직무 전문성을 향상하기 위한 자격연수 등 제도적 뒷받침과 평생교육 문화의 개선이 요청된다.

셋째, 평생교육사 배치기준에 대한 고려도 필요하다. 평생교육시설 등록기준은 평생교육사 1명 이상 채용이다. 1명 이상이라는 법령 기준은 1명만 채용해도 된다는 식으로 해석된다. 따라서 절대적 기준보다는 서비스대상자 수 등을 고려하여 상대적인 배치기준을 적용해야 한다. 그러므로 평생교육사의 실질적 배치를 위한 배치기준에 대한 재고려가 필요한 시점이다.

넷째, 공공분야 평생교육의 기능 확대가 필요하다. 평생교육의 주요 방향을 결정해 간다는 점에서 공공 분야의 평생교육 직렬을 마련하는 것도 추천되는 방법이다. 현재는 평생교육사의 직렬이 없기 때문에 지자체나 공공기관 등에서 평생교육사 채용이 소극적으로 이루어지는 측면도 있다. 이러한 문제들을 완화하기 위한 법제 활동의 하나로 평생교육기관, 시도 평생교육진흥원, 장애인평생교육시설, 평생학습관 등에 의무적으로 배치하게 되어 있는 평생교육사 실태를 조사와 지도·감독이 강화되어야 한다.

4) 평생교육사에 대한 법적 과제

평생교육의 질은 평생교육사에 의해서 결정된다. 평생교육사는 평생교육을 기획하고, 운영하고 평가하며, 그만큼 평생학습사회에 도달하기 위한 최일선에 있는 전문가이다. 따라서 평생교육사 배치에 대한 논의가 더욱 활발하게 진행되고 다음과 같은 다양한 제도 개선 및 지원책이 마련되어야 한다(강마리아 외, 2023).

첫째, 허술한 「평생교육법」 조항을 수정해야 한다. 「평생교육법」 제26조 제1항을 살펴보면, '평생교육기관에는 제24조 제1항에 따른 평생교육사를 배치하여야 한다'라고 명시되어 있다. 제26조는 평생교육사의 배치 및 채용에 관한 조항이다. 여기서 배치와 채용은 엄연히 다른 용어다. 평생교육사가 직업인으로서 안정적으로 자리매김하기 위해서는 '배치'가 아닌 '채용'이 되어야 한다. 그리고 '~하여야 한다'라는 조항도 '한다'로 수정하여 당위성을 갖춰야 한다. 즉 '평생교육기관에는 제24조 제1항에 따른 평생교육사를 채용한다'로 수정해야 한다.

둘째, 「평생교육법 시행령」도 전면 수정해야 한다. 「평생교육법 시행령」 제22조(평생교육사의 배치대상기관 및 배치기준)도 배치가 아닌 채용으로 변경해야 하며, 어떠한 근거에 의해 규정한 것인지 납득할 수 없는 최소인원 배치기준은 평생교육 고유 업무는 평생교육사만이 담당할 수 있도록 배치기준을 전면 수정해야 한다. 평생교육사 자격증은 평생교육기관의 구색 갖추기 자격증이 아니다.

셋째, 현재 있는 법이라도 잘 지켜야 한다. 허술한 법도 문제지만 있는 현행 법조차 지키지 않는데, 이에 대한 규제가 전혀 없다는 것은 심각한 문제가 아닐 수 없다.

06 평생교육사 윤리강령

평생교육사는 평생교육 또는 행정업무 등을 진행하면서 매 순간 윤리적 결정을 내려야 하고 그 결정에 따른 책임을 감수해야 하는 상황에 놓여 있다. 이러한 과정은 일정한 시간이 요구되고 때에 따라서는 다른 동료 평생교육사의 자문이 필요한 경우도 있다. 윤리강령은 다음의 세 가지 목적을 가지고 있다(Herlihy et al., 2006).

첫째, 건전한 윤리적 품행에 관하여 전문가들을 교육하기 위함이다. 평생교육사들이 윤리 기준을 읽고 생각해 봄으로써 전문가로서 자신의 행위를 지속적으로 모니터링하게 되고, 자신의 업무상 직면하는 문제들을 다루는 데 도움을 얻을 수 있다.

둘째, 윤리 기준은 전문가의 책무성에 대한 구조(structure) 또는 참조 틀(framework)을 제공한다. 평생교육사는 자신의 행동을 감시할 뿐만 아니라 다른 평생교육사들의 윤리적 품행을 독려해야 할 의무가 있다.

셋째, 윤리강령은 평생교육 업무를 개선하는 데 촉매 역할을 한다. 평생교육 활동 과정에서 윤리와 관련하여 의문점이 생길 때, 평생교육사는 해석하고 적용할 수 있는 윤리 기준을 검토함으로써 윤리적 갈등을 해소하는 데 도움을 줄 수 있다.

한편 한국평생교육사협회는 '평생교육사 윤리강령'을 다음과 같이 제시하였다(한국평생교육사협회, 2019).

1. 평생교육사는 누구나 평등한 교육을 받을 수 있는 기회제공을 해야 한다.
2. 평생교육사는 삶의 질을 향상하는 평생교육의 가치실현을 위해 전문성을 갖추어야 한다.
3. 평생교육사는 평생교육 가치실현을 위해 전문성 개발을 위한 노력을 꾸준히 행해야 한다.
4. 평생교육사는 전문적인 지식을 활용하여 학습자가 원하는 교육을 받고 자아실현을 할 수 있도록 노력해야 한다.
5. 평생교육사는 생애에 걸친 학습자 교육의 역할을 수행하는 사명감을 가지고 수행해야 한다.
6. 평생교육사는 전문성을 가지고 학습자를 존중하고 학습권 보장을 위해 역량을 발휘하여야 한다.
7. 평생교육사는 인권을 존중하고 올바른 방향으로 누구에게나 소외됨 없이 평등하게 학습할 기회를 제공한다.

8. 평생교육사는 모든 사람의 학습권을 존중하여 공정성과 책임감을 가지고 헌신한다.
9. 평생교육사는 인간존중과 청렴 정신으로 사회의 정의실현을 위해 노력·봉사하여야 한다.
10. 평생교육사는 국가에서 장려하는 평생교육진흥을 위하여 국민의 학습권을 주도하고 공익의 측면에서 장려한다.
11. 평생교육사는 평생학습을 통하여 교육의 사회적 책임을 다한다.
12. 평생교육사는 평생학습에 있어 학습자의 다양한 조력자로 의무를 다해야 한다.
13. 평생교육사는 학습자 중심에서 이해하고 성장과 발전을 도모하기 위한 촉진자가 되어야 한다.
14. 평생교육사는 다양한 학습자의 눈높이를 맞춰 교육 기획 및 상담을 진행해야 한다.
15. 평생교육사는 학습자의 조력자로서 학습자의 요구를 분석하고 적절한 학습을 할 수 있도록 하여야 한다.
16. 평생교육사는 학습자의 성장을 통한 발전을 도모하고 교육촉매자로서 의무를 다한다.
17. 평생교육사는 종교·인종·국적·성별·연령에 차별 없이 모든 학습자에게 균등한 학습권을 보장한다.
18. 평생교육사는 학습자의 요구를 살피고 공적인 필요를 생각해서 수행한다.
19. 평생교육사는 학습자와 유대감을 형성하여 학습자를 성장시키는 멘토가 되어야 한다.
20. 평생교육사는 학습자의 길잡이로서 동등한 열린 기회를 통하여 학습자를 교육에 참여하게 한다.
21. 평생교육사는 학습자의 요구를 수용하여 학습자가 주도적으로 학습할 수 있도록 조력한다.

22. 평생교육사는 학습자와 학습권을 보장하기 위해 평생교육사와 학습자는 상호협력하고 존중한다.
23. 평생교육사는 학습자를 이해하고 존중하며 학습욕구를 충족시키기 위해 조력하여야 한다.
24. 평생교육사는 프로그램 운영에 있어 강사와 협력하고 상호 존중하여 프로그램을 이끌어가야 한다.
25. 평생교육사는 강사의 가르치는 활동이 학습자들과의 관계 속에서 원활하게 이루어지도록 조력자가 되어야 한다.
26. 평생교육사는 강사의 역량을 최대한 발휘할 수 있는 환경을 조성하여야 한다.
27. 평생교육사는 강사와의 관계에 있어 청렴을 가장 우선시한다.
28. 평생교육사는 강사와의 상하 수직적인 관계가 아닌 서로 협력하고 공생하는 관계임을 인식한다.
29. 평생교육사는 양질의 프로그램을 제공할 수 있도록 강사와의 커뮤니케이션을 원활히 하되, 사적인 이해관계를 배제한다.
30. 평생교육사는 교육의 목표와 가치를 지켜나가기 위해 협력자로서 서로 존중한다.
31. 평생교육사는 강사와의 신뢰를 바탕으로 최상의 학습환경을 제공한다.
32. 평생교육사는 강사의 교수 능력이 최대한 발휘되도록 지원하고 학습자 중심의 강의가 이뤄지도록 상호협력한다.
33. 평생교육사는 강사와 사적인 관계를 배제한다.
34. 평생교육사는 강사와 개인 이익이나 불의와 부정을 배제하고 학습자를 고려한 콘텐츠나 프로그램을 운영한다.
35. 평생교육사는 상호신뢰하며 존중·지지하여 지원하는 조력자가 되어야 한다.
36. 평생교육사는 동료 평생교육사와 신뢰를 바탕으로 함께 협력하여야 한다.

37. 평생교육사는 동료와 정보와 기술을 공유하고, 상호 존중을 통해 평생교육사의 위상을 넓혀야 한다.
38. 평생교육사는 업무역량강화를 위해 동료 평생교육사의 상호소통하고 협력한다.
39. 평생교육사는 동료 평생교육사와 상호 신뢰를 바탕으로 배려와 존중한다.
40. 평생교육사는 동료 평생교육사와 신뢰와 믿음을 통해 공정과 형평이 기반된 관계를 유지한다.
41. 평생교육사는 서로 존중과 신뢰를 바탕으로 전문성 향상과 권익을 위하여 협력한다.
42. 평생교육사는 서로 존중하고 협력하여야 한다.
43. 평생교육사는 동료와의 경쟁 관계가 아니라 동역자의 관계가 되도록 해야 한다.
44. 평생교육사는 서로 평등하고 상호 존중하며 신뢰의 관계를 유지한다.
45. 평생교육사는 건강한 학습공동체 형성을 위하여 동료와 함께 협력한다.
46. 평생교육사는 트랜디하게 공공의 참여자를 위한 노력을 해야 한다.
47. 평생교육사는 더불어 잘사는 공동체를 만들기 위하여 늘 함께 배우고 익히는 학습공동체 활성화에 앞장선다.
48. 평생교육사는 지역 평생교육을 활성화하기 위해 적극적으로 지원해야 한다.
49. 평생교육사는 지역사회의 시민성 향상을 위하여 책임감을 가지고 노력·봉사한다.
50. 평생교육사는 직무와 관련하여 이해관계를 존중하며 의사결정을 한다.
51. 평생교육사는 학습환경 속에 학습자의 행복을 증진해야 한다.
52. 평생교육사는 지역사회의 통합과 사회공동체의 번영에 이바지한다.
53. 평생교육사는 학습공동체 형성을 위한 사회적 역할을 다한다.
54. 평생교육사는 대한민국 평생교육의 어벤져스로서 맡은 바의 임무에 충실

히 한다.

55. 평생교육사는 공정한 교육기회 제공으로 시민의 행복과 지속가능한 사회 발전을 위해 노력한다.
56. 평생교육사는 외부기관과 지속적으로 상호협력하고 네트워킹해야 한다.
57. 평생교육사는 기관의 비전 달성과 교육의 효율성·효과성 증진을 위해 노력한다.
58. 평생교육사는 기관 활동에 적극 참여하고, 기관의 성장발전을 위해 노력해야 한다.
59. 평생교육사는 기관 목표와 방향을 실천하기 위해 적극 협력하고 지원한다.
60. 평생교육사는 기관의 정책 및 사업목적이 학습자의 성장·발전에 기여하도록 전문성을 발휘한다.
61. 평생교육사는 유기적 협조를 통하여 최상의 교육환경을 구축하는 기관으로 발전시킨다.
62. 평생교육사는 소속기관의 구성원으로서 책임을 다하고 전문가로서의 윤리의식을 갖는다.
63. 평생교육사는 소속기관의 발전과 목표를 달성하기 위해 지역사회와 상생·협력한다.
64. 평생교육사는 기관의 지향하는 미션(비전)을 실천하고 발전시키는 책임이 있다.
65. 평생교육사는 기관과의 네트워크를 통해 협업 관계를 유지하여 전문성을 구축한다.
66. 평생교육사는 유관기관 간 공동의 목표를 설정하고 적극적인 교류와 협력체계 구축에 노력한다.

06

Chapter

청소년교육

01 청소년 역사적 이해

1) 고대시대의 청소년

인간이 일정한 단계를 거치면서 발달한다는 사실이 밝혀지기 이전에는 인간의 발달단계에서 '청소년기'라는 시기가 분명히 있다는 사실이 그렇게 널리 받아들여지지 않았다(박진규 외, 2024). 청소년에 관한 관심은 오래전부터 있어 왔지만 실제적인 학문적인 논의가 이루어지고 이들이 사회문화적 집단의 하나로 뚜렷한 모습을 드러내며 주목을 받게 된 것은 현대사회에 들어오면서부터라고 할 수 있다. 인간발달 단계에서는 신체적 · 정신적으로 급속한 변화가 일어나는 시기가 있음을 발견하고 학문적으로 청소년이란 단순한 연령 구분 이상의 의미가 있다(배규한 외, 2007).

고대시대 청소년에 대한 중요한 시기라고 관심을 가진 철학자는 기원전 400년 플라톤(Platon, B.C. 427~347)에서부터 시작된다. 그는 인간발달 과정 중 아동기부터 청소년기에 걸친 사회화 과정에 특히 주목했다. 자신의 경험을 반추하면서 아동기에는 지적 측면보다 주로 인성이 형성되는 시기이므로 음악과 스포츠 교육이 중요하고, 청소년기에는 이성이 발달하는 시기이므로 합리적 사고의 바탕이 되는 수학, 과학 등을 많이 가르쳐야 한다고 주장했다. 기원전 387년 플라톤은 사립학교의 모체인 아카데미(Academia)를 창립하여 철학과 과학을 탐구하고 가르쳤다.

| 그림 6-1 | 플라톤 시대의 아카데미아(Akadēm(e)íā)

출처: https://100.daum.net/encyclopedia/view/b24p0664b

아리스토텔레스는 플라톤의 제자였다. 그는 인간의 발달단계를 더 구체화하여 7년씩 3단계로 구분하였다. 첫 번째 단계는 태어나서 7세까지를 유아기(infancy), 7세부터 사춘기를 맞이하는 14세까지를 소년기(boyhood), 사춘기부터 21세까지를 청소년기(young manhood)라고 했다. 아리스토텔레스의 저서 『수사학(Rhetoric)』에서 청소년에 대해 "청소년들은 격정적이고 성급하며 충동에 따라 행동하기 쉬운 집단이다. 그들은 자신이 전지전능하다고 생각하며, 무엇이든지 할 수 있다고 생각하고 자기들 주장이 옳다고 생각한다. 그 이유는 무엇이든 도에 지나치기 때문이다"라고 설명하며 청소년의 본질에 대한 부정적으로 표현하였다(Muuss, 1996).

2) 중세시대의 청소년

중세시대의 청소년은 성인 축소판으로 인식하고 성인과 똑같은 흥미와 욕구가 있는 것으로 판단하여 독자적인 문화와 사고방식은 허용하지 않았다. 또한 엄격한 교리주의에 의해 청소년의 사춘기 행동은 악령이 내재되어 있다고 보기 때문에 혹독한 훈육과 체벌 그리고 노동을 통해 악령을 몰아내야 한다는 생각을 하였다(Muuss, 1996). 청소년기(adolescence) 또는 청소년이라는 말이 영어의 한 단어로 나타나게 된 것은 15세기 중반이다(박진규 외, 2024). 1430년에 영국의 시인 리드게이트(John Lydgate, 1370~1450)가 자작시에 청소년기란 말을 처음 사용했고, 1482년 무명시인이 그의 시 〈The Monk of Evesham〉에서 7세의 두세 배까지 걸친 연령의 시기, 즉 15~21세의 연령을 일컬어 청소년기라고 했다(Stefoff, 1978).

3) 근현대의 청소년

고대나 중세시대에도 청소년들은 변덕스럽고, 오만하며, 불안정하고 비이성적이며 인생의 큰 문제를 의식하지 못하는 존재로 인식되어 오다가 근대에 들어서면서 청소년의 개념이 변하기 시작했다(오윤선 외, 2020). 사회계약설을 주장하는 대표적인 학자인 로크(John Locke, 1632~1704)는 성인과 청소년이 양적인 면뿐 아니라 질적인 면에서도 다르기 때문에 청소년의 발달이론과 인간의 본질에 대한 과학적 연구가 필요하다고 주장하였다. 프랑스의 자연주의 철학자 루소(Jean-Jacques Rousseau, 1712~1778)는 1762년 그의 저서 『에밀(Émile)』에서 청소년은 '축소된 성인'이 아니라 독립된 인격체(independent character)라고 하면서 이 시기에 다양한 탐색활동을 통해 호기심을 길러 주고 지적 욕구를 충족시켜 주는 것이 중요하다고 했다. 또한 루소는 청소년기를 자신만의 가치와 특성을 정립하여 재탄생(rebirth) 혹은 제2의 탄생(a second birth)을 경험하는 시기라고 주장하였다(오윤선, 2010).

19세기 청소년은 '예비 노동자'의 개념으로 받아들여져 산업화, 도시화, 교육기간 연장 등으로 인하여 이들이 차지하는 사회적 영향력이 커지고, 청소년 계층이 증가하면서 이들과 관련된 사회문제가 대두되기 시작했다.

청소년에 대한 실질적인 학문으로 정립한 사람은 미국의 심리학자 스탠리 홀

(Stanley Hall, 1844~1924)이다. 그래서 청소년학의 아버지라고 한다. 1904년 그의 저서 『청소년기: 심리학 그리고 청소년기와 생리학, 인류학, 사회학, 성범죄, 종교 및 교육의 관계(Adolescence: Its Psychology and Its Relations to Psychology, Anthropology, Sociology, Sex, Crime, Religion, and Education)』에서 발달의 4단계, 즉 유아기, 아동기, 청소년기, 청년기 중 청소년기는 12세에서 23세까지의 연령 범위에 해당되며, '질풍노도(疾風怒濤, storm and stress)'로 특징지어진다. 질풍노도는 청소년기가 갈등과 정서 혼란으로 가득 찬 격변기임을 나타내기 위하여 홀이 명명한 개념이다(이복희 외, 2018). 그러므로 청소년기를 이해하기 위해서는 먼저 심리학적 관점에서 설명하고 동시에 생리학적 접근, 인류학적 접근, 사회학적 접근 등 다학제적인 접근이 필요하다(Youniss & Hart, 2005).

1960년대부터 1970년대는 청소년이 자기주장을 강하게 내세워 '성난 젊은 세대(angry young generation)'란 용어가 사용되기도 하였듯이, 전쟁 반대, 급진적 저항 운동, 기성문화 거부, 히피 문화 확산 등 수많은 사회적 쟁점을 만들어 냈다(박진규 외, 2024). 근현대에 이르러서 청소년의 학문적 연구는 지그문트 프로이트(Sigmund Freud, 1856~1939)와 안나 프로이트(Anna Freud, 1895~1982)에 의한 정신분석학적 조망과 에릭 에릭슨(Erik Erikson, 1902~1994)에 의한 심리·사회학적 조망, 알버트 반두라(Albert Bandura, 1925~2021)와 로버트 셀만(Robert Selman, 1942~)에 의한 사회인지적 조망, 헤리 스틱 설리반(Harry S. Sullivan, 1892~1949)에 의한 대인관계적 조망, 컬트 레빈(Kurt Lewin, 1890~1947)과 브론펜브레너(Urie Bronfenbrenner, 1917~2005), 리차드 러너(Richard M. Lerner, 1946~)의 맥락적 조망, 신앙적 조망 등 많은 접근이 시도되었다(오윤선 외, 2020).

4) 한국의 청소년

우리나라를 비롯한 동양에서는 '청년(靑年)'이라는 한자어가 어떻게 해서 유래되었는가에 대한 정확한 출처는 알려지지 않지만, 홀의 『Adolescence』가 『靑年期』라는 제목으로 일본에서 번역된 것으로 미루어 볼 때, 대략 20세기 초에 동북아시아에서 사용되기 시작한 것으로 추측된다. 한국에서는 일제강점기에 '청소년'이라는 말이 언론매체와 법조문에 등장하기 시작했지만, 일반인이 사용하기 시작한 것은 해방 이후부터이며 1960년대 이후 사회적으로 보편화되었다(박진규 외, 2024).

한국의 근대사에서 청소년은 가족의 일원이라는 개념에서 '학생'이라는 독자적인 위상을 갖게 되면서부터 큰 의미를 갖기 시작했다. 소수의 선택된 청소년들만이 '학생'에 속할 때 주변적인 범주에 속한 청소년들은 '근로청소년'으로 구분되었고, 1970년대에 국가는 이들에게 '산업역군'이라는 이름을 붙여주었다. 하지만 1980년대에 근대화가 진행되면서 다수의 청소년이 진학하게 되어 학생 청소년과 근로 청소년이라는 구분은 더 이상 성립되지 않았다. 다만 다수의 청소년이 학생이 되면서 '착한 청소년'과 '비행청소년'으로 분류되었다. 또한 1980년대 중·고등학교에서 강압적이고 통제적인 학교 분위기가 형성되면서 공부를 잘하는 학생은 '모범학생'으로 공부를 게을리하거나 포기하는 자는 '열등생, 부적응자, 비행자'로 분류되었다(조혜정, 1997).

현대 청소년들의 특징으로는 문화 코드(code)와 아젠다(agenda)가 빠르게 바뀐다는 점이다. 따라서 1980년대 후반부터 청소년들에게 붙여진 신세대라는 신조어는 현재까지 이름을 다 거론할 수 없을 정도로 다양한 명칭으로 불리고 있다(오윤선 외, 2020).

02 청소년의 의미

1) 청소년의 개념

우리나라에서는 아동, 미성년, 소년, 10대, 사춘기, 청춘기, 젊은이 등 다양한 용어와 호칭으로 청소년을 표현한다. 영어권에서는 '애덜레센트(adolescent)'와 '퓨버티(puberty)', '유쓰(youth)', '틴에이져(teenager)'라는 용어들이 있다. 이러한 용어들은 접근방법에 따라 조금씩 다르다. 애덜레센트(adolescent)와 퓨버티(puberty)는 심리, 생리, 발달론적 접근으로 이해되고, 유쓰(youth)와 틴에이져(teenager)는 사회문화적 접근으로 이해된다(최윤진, 2008).

청소년 개념의 형성과정에서 살펴보았듯이 각 시대에 따른 개념 정의에 차이가 있으며, 학문 영역과 학자에 따라, 국가의 통치 이념과 사회체제에 따라, 그리고 관련 법규에 따라 다르게 규정되기 때문이다. 청소년의 개념을 정의하기는 매우 어렵다.

정범모(2004)는 청소년의 개념을 사춘기와 청년기의 젊은이들을 통칭하여 청년이라 하였고, 그 시기는 보통 12~14세경에서부터 시작되며 연령과 관계없이 결혼 및 직업의 책임을 성취할 때까지라고 주장하였다. 김남선(2009)은 일반적으로 청소년은 10대 소년기와 20대 청년기에 속한 대상으로 지적·정서적·신체적인 제반 특성이 미성숙한 상태에서 성숙한 상태로 변화해 가는 과도기에 있는 자들로 보았다. 버기스와 로스(Bergis & Roth)는 심리학적인 관점에서 사춘기와 청소년 개념이 서로 밀접한 의미를 지니고 있다고 하였다. 보통 12세부터 20세까지 급성장을 경험하고 있는 기간을 청소년 시기라고 보았으며, 심리적 성숙과정은 30세 이상까지도 연장될 수 있다고 하였다. 생물학적인 관점에서 청소년기란 육체적으로 균형 있게 발달하는 시기를 의미한다. 즉 제2차 성징인 신체적·생리적 성숙의 특징이 나타나는 시기로 여자의 경우 12~13세부터

18~20세까지, 남자는 14~15세부터 20~22세까지로 보았다. 셀스키(Schelsky)는 사회학적인 관점에서 청소년의 개념을 인간의 행동발달 단계로서 아동의 역할 행동은 더 이상 수행하지 않으나 성인의 역할과 행동을 수행하기에는 아직 이른 단계에 있는 자라고 정의하고 청소년의 연령을 14~25세로 규정하였다. 그는 청소년들의 행동이 미성숙하기 때문에 사회체제들은 그들에게 교육, 정치, 경제 등에 대해서 교육받을 기회를 제공해야 한다고 주장하였다(Schelsky, 1957).

2) 청소년의 구분

고대 그리스 시대부터 현대에 이르기까지 청소년이 누구이며, 어떻게 구분할 수 있는가에 대해 명확히 답하는 것은 아직도 어려운 과제이다. 청소년의 개념은 일정한 단계를 거치면서 사회, 문화, 시대에 따라 청소년의 범위가 다르게 적용되어 있음을 볼 수 있다. 하지만 박진규 등(2024)은 이러한 질문에 대해 다음 몇 가지의 기준에 따라 구분하며 제시하였다.

(1) 사회적 역할에 따른 구분

사회적 역할을 기준으로 하여 청소년의 시기를 구분할 수 있다. 전통적으로 집단에서나 삶의 전 과정에서 출생, 성인식, 혼인 그리고 사망의 시기를 중요하게 받아들여 각 단계에서 통과의례(rites of passage)를 치렀다. 이러한 통과의례의 관행에 비추어 볼 때 성인식(사춘기)에서부터 혼인에 이르는 시기를 청소년기로 간주할 수 있고, 직장을 다니면서 경제적으로 독립하기 전까지를 청소년기로 간주하기도 한다. 하지만 이러한 구분은 개인, 집단, 사회의 특성에 따라 청소년기가 시작되는 시점과 지속되는 기간이 다르기 때문에 사회적 합의와 일치를 이루기 어렵다.

(2) 심리적 · 신체적 변화에 따른 구분

심리 · 신체 변화에 따라 청소년의 시기를 구분할 수 있다. 보통 청소년기의 시작을 알리는 사춘기는 일반적으로 11~12세경부터인데 여자의 경우 10세경부터이며, 남자의 경우 12세경부터 그 징후가 나타나기 시작한다. 하지만 이렇게 연령에 기초하여 청소년기를 구분하는 것은 개인차로 인해 그 구분이 부정확하다는 한계를 지닌다. 후기 산업사회 이후 청소년기는 과거보다 앞당겨졌고 시기의 연장을 더 요구하게 되었다. 이는 위생조건의 개선과 좋은 영양 및 성에 대한 개방적 문화가 사춘기의 시작 시기를 앞당겼고, 사회가 요구하는 고도의 전문적 지식과 기술은 더 긴 재학 기간을 요구했기 때문이다. 이처럼 심리학적 구분으로서 청소년기의 기간은 정치적, 경제적, 기술적 조건과 함께 변화될 수 있다.

(3) 취학연령에 따른 구분

취학연령 혹은 학력(學歷)에 따라 청소년의 시기를 구분할 수 있다. 오늘날의 초등교육과 중등교육은 일정한 연령층을 대상으로 학교시설에서 공교육 형태로 이루어진다는 특징을 지니고 있다. 따라서 청소년을 초등학교 취학자로부터 고등학교 졸업자까지 혹은 중학교와 고등학교 취학자로 한정하는 접근이다. 이처럼 취학연령 혹은 학력을 기준으로 청소년기를 구분하는 것은 아주 용이한 접근이기는 하지만 증가하고 있는 학교 밖의 청소년이나 만학 학생 및 조기 취학자를 어떻게 취급하느냐 하는 문제를 수반한다.

(4) 법률에 따른 구분

입법 취지에 따라 청소년을 법으로 한정시키는 방법이다. 나라마다 청소년의 법률적 연령 범주는 자국의 특성과 청소년 계층의 능력에 따라 다양하게 분류 · 적용하고 있다. UN에서는 청소년의 개념을 15세부터 24세 사이의 집단으로 규정하고 있다. 우리나라의 경우에도 각 법률에 따라 청소년의 범위가 다르게 적용되고 있다(정애숙, 2021). 즉 「아동복지법」 및 「UN아동권리협약」에 따라 아동은 0~18세 미만과 「청소년기본법」 등에 따른 청소년의 연령은 9~24세 이하인 자로 나누어 아동정책과 청소년정책을 구분하기도 한다. 그 외에도 「청소년보호법」에는 19세 미만인 자, 「민법」에서는 청소년에게 해당되는 미성년자를 20세 미만인 자로 구분하고 있다(여성가족부, 2022). 미국 대부분의 주(州)에서 미성년자는 18세 미만으로, 청소년비행의 대상 연령은 10~17세로 규정하고 있다. 미국의 경우 연방정부 차원에서 보건복지부를 주무 부서로 하여 내무부, 법무부, 교육부 등 여러 부처에서 청소년 관계 사업을 시행해 오고 있는데, 각 주의 시 행정기관과 교육위원회, 각급 지역사회센터 등에서 청소년 활동 및 복지사업을 주관하고 있다(정애숙, 2021). 독일의 경우에는 「청소년보호법」에서 아동은 14세 미만으로, 청소년은 14세 이상 18세 미만의 자로 정의하고 있다. 일본의 경우 「소년법」에서 20세 미만을 소년으로, 「아동복지법」에서 18세 미만을 아동으로, 「민법」에서 19세 미만을 미성년자로, 「학교교육법」에서 6~12세 미만을 학령아동으로 나누어 규정하고 있다(오윤선 외, 2020).

| 표 6-1 | 각국의 청소년 연령 범주

국가명	연령층(세)	국가명	연령층(세)
가봉	7~14	스페인	30세까지
그리스	14~30	시리아	15~24
네팔[1]	40세 이하	아르헨티나	40세까지
레소토	15~45	오스트리아[3]	14/40~25/27
르완다	7~24	요르단	15~24
마다가스카르	15~30	에티오피아	14~30
미국	16~24	이란	15~30
방글라데시	15~30	이집트	18~35
벨기에	26세까지	인도	15~30

국가명	연령층(세)	국가명	연령층(세)
부르키나파소	7~25	자메이카	15~25
불가리아[2)]	14~35	잠비아	12~35
브라질	14~24/30	중국	7~30
부룬디	21세까지	콩고	6~35
산마리노	26세까지	핀란드	29세까지
스리랑카	15~29	한국	9~24
스위스	15~34	헝가리[4)]	15~35

비고: 1) 청소년연구원 규정, 2) 각 다른 보고자료 응답, 3) 연방주에 따라 다름, 4) 인력자원부 청소년국

출처: 이복희 외. (2018). 청소년지도자와 평생교육사를 위한 청소년교육론. 서울: 학지사.

우리나라의 경우 청소년 보호와 육성을 위한 관련 법규를 살펴보면 입법취지에 따라 연령을 다소 상이하게 규정하고 있다. 예를 들면, 「형법」에서는 신체적·정신적으로 미성숙하여 자신의 행동을 책임질 수 없는 아동 및 청소년을 형사 처벌할 수 없도록 14세 미만을 '형사미성년자'로 규정하였다. 한편 「청소년보호법」에서는 청소년을 유해한 매체 및 환경으로부터 보호하는 것을 목적으로만 19세 미만으로 규정하고 있다.

| 표 6-2 | 청소년 보호 관련 법률에 따른 명칭 및 연령

규정 법률	청소년 명칭	연령기준	주관부처
민법	미성년자	19세 미만	법무부
형법	형사미성년자	14세 미만	법무부
소년법	소년	19세 미만	법무부
아동복지법	아동	18세 미만	보건복지부
음란, 비디오 및 게임물에 관한 법률	청소년	18세 미만	문화체육관광부
영화 및 비디오물의 진흥에 관한 법률	청소년	18세 미만	문화체육관광부

규정 법률	청소년 명칭	연령기준	주관부처
공연법	연소자	18세 미만	문화체육관광부
청소년기본법	청소년	9세 이상 24세 이하	문화체육관광부
청소년활동진흥법	청소년	9세 이상 24세 이하	여성가족부
청소년복지지원법	청소년	9세 이상 24세 이하	여성가족부
청소년보호법	청소년	19세 미만	여성가족부
청소년 보호에 관한 법률	청소년	19세 미만	여성가족부
성매매알선 등 행위의 처벌에 관한 법률	청소년	19세 미만	여성가족부
성매매방지 및 피해자보호 등에 관한 법률	청소년	19세 미만	여성가족부
근로기준법	소년	18세 미만	고용노동부

출처: 오윤선 외. (2020). 청소년문화론(2판). 파주: 양서원.

이처럼 법에서 규정하고 있는 연령 기준이 상이한 이유는 다소 개인차가 무시되더라도 사회적 통일성을 이루기 위해 일정 연령을 기준으로 청소년을 구분하는 방법을 채택했기 때문이다. 이상에서 살펴본 청소년에 대한 정의들을 종합해 보면 청소년의 개념을 다음과 같이 규정할 수 있다(정애숙, 2021).

첫째, 청소년은 아동과 성인 사이의 과도기적인 존재로 신체적, 인지적, 정서적, 사회적인 면에 있어 미성숙에서 성숙의 상태로 발달되어 가는 과정에 있다.

둘째, 청소년은 생식능력을 갖추고 있지 못한 소년 혹은 소녀와는 구별된다.

셋째, 청소년은 성장이 완료된 청년과는 의미상 구별된다. 청년은 신체적, 지적, 정서적 특성의 발달이 안정 상태에 도달했으며 사회적으로 자기 독립과 자율적 의사결정권을 가진 성인에 해당한다.

넷째, 청소년은 생애발달과정, 즉 유아기, 아동기, 성인기, 노년기와는 구별되는 독특성을 지님과 동시에 인간으로서 인격적 존엄성을 지닌 존재이다. 따라서 기성세대는 청소년을 한 인격체로 존중하고 이들만의 독특한 가치와 생활양식을 인정하고 수용하는 자세가 필요하다.

03 청소년기 발달적 특성

청소년기는 신체적 · 생리적 발달 및 변화뿐만 아니라, 지적 · 인지적, 심리 · 정서적, 사회적 발달 및 변화가 큰 시기이며, 생애주기 중에서도 발달과 변화 수준이 가장 크고 이에 따라 사회 체계적 지원과 관심이 가장 요구되는 시기이다. 특히 이 시기에 두드러지는 큰 특성이 신체적으로나 심리적으로 뚜렷하게 나타나는 성장의 시기이다. 제2차 성적 특징의 변화가 확실히 나타나는 시기이다. 때로는 이러한 신체적 변화로 심리적인 갈등과 긴장, 두려움과 공포를 갖게 되며 스트레스의 원인이 된다. 신체적 변화는 오히려 성장을 의미하는 자연스러운 생물학적인 연속 현상이 된다. 유아기와의 단절을 거치면서 청소년들은 보다 그들의 신체에 더 신경을 쓴다. 즉 그들 스스로의 '바디 이미지(Body image)' 같은 것에 더 신경을 쓰게 된다(한준상, 2009).

1) 생물학적 특징

청소년기 성장폭발(growth spurt)은 유전이나 영양 상태, 기타 후천적인 환경요인에 의해 어느 정도 영향을 받지만 인간발달에 있어서 보편적으로 보이는 현상이다. 개인차가 있을 수 있지만 일반적으로 여아가 남아보다 2~3년 빨라서 대체로 여자의 경우 11세경에, 남자의 경우 13세경에 시작해서 4년 정도 지속된다고 한다(Tanner, 1991).

신장과 체중의 증가와 더불어 다른 신체변화도 나타나는데, 남성은 어깨가 넓어지고 근육이 발달하여 남성다운 체형으로 변모하고, 여성은 골반이 넓어지고 피하지방이 축적되어 여성다운 체형으로 변모한다. 머리 크기가 신체에서 차지하는 비중이 작아지고, 얼굴 모양은 둥근형에서 길쭉한 형으로 변화하며, 코와 입이 크고 넓어져 전체적인 윤곽이 달라진다(Lloyd, 1985). 외적인 신체 변화와 더불어 소화기관, 폐, 심장 등 신체 내부에서도 변화가 일어난다. 신체 변화에 영향을 미치는 요인은 유전, 영양상태, 건강상태, 환경, 인종, 기후, 성장 호르몬 분비 등 다양하다(임형택 외, 2013).

청소년기는 생애주기 가운데 호르몬 변화로 인한 제2차 성징(secondary sexual character)이 일어나는 시기로 급격한 신체·생리적 발달과 성숙이 이루어진다. 또한 남자 또는 여자로서 성장이 이루어지는 시기이기도 하다. 이 시기에 남성의 경우 안드로겐(androgens) 호르몬이 분비되어 남성 성징(male sexual symbols)이 나타나며, 여성에게는 에스트로겐(estrogens) 호르몬이 분비되어 여성 성징(female sexual symbols)이 나타난다(박진규 외, 2024).

여성 호르몬은 여성의 사춘기에 가슴 및 자궁 발달, 골격 변화 및 음모 발달을 가져오며, 남성 호르몬은 신장의 발달과 정자생산 및 성욕 증가를 가져온다. 여아는 일정 체중, 즉 47kg 정도에 도달하면 초경이 시작되기도 한다.

급격한 신체적·성적 변화는 청소년의 심리와 행동에 불안감을 느끼게 한다. 또한 신체 각 부분들의 불균형적인 발달과 빠른 생리적 변화로 인한 불안정한 상태는 청소년에게 자신감 상실과 정서 불안과 같은 부적응 현상이 나타나기도 한다. 반면에 자아의식의 고취와 고독을 즐기며 낭만적·감성적 경향을 보이기도 한다. 두드러진 현상은 자아정체감의 확립과 독립 욕구가 있다. 간단히 말해 '나는 누구인가?'에 대한 해답이다. 자아를 찾고 자기를 발견하여 독립적인 자아 형성을 갈구하게 된다. 이 시기에는 자신이 독특한 존재로 인식되길 원하고, 부모에게서 벗어나 독립적으로 행동하기를 원한다. 이로 인하여 부모에 대한 신뢰감이나 존경심이 줄어들고, 자립적이며 독립적인 인간관계가 가능한 친구관계를 중요시하게 된다. 청소년기에 올바른 자아정체감이 형성되지 못하면 자신의 존재와 역할에 대한 혼란이 일어나 자기 아닌 타인을 영웅시하여 맹목적으로 추종하거나 비합리적인 집단행동을 하게 된다(이복희 외, 2018).

2) 인지발달이론

인지발달의 대표적인 학자인 피아제(Jean Piaget, 1896~1980)는 개인이 일생 동안 인지적으로 몇 단계에 걸쳐 중요한 질적 변화를 경험한다고 보고, 이를 감각운동기, 전조작기, 구체적 조작기, 형식적 조작기와 같이 4단계로 정리하여 인지발달단계이론을 제시하였고, 그의 이론에는 도식, 적응, 동화, 조절, 평형이 주요 개념으로 자리 잡고 있다(한국청소년정책연구원, 2019).

청소년기에 해당하는 단계는 형식적 조작기(Formal Operational Stage)이다. 형식적 조작기에서 '형식적(formal)'이란 공식적이고 형식을 갖추었다는 뜻이 아닌 추상적이라는 뜻을 갖고 있다. 즉 형식적 조작기에 도달하게 되면 추상적인 대상에 대해서 논리적으로 사고가 가능하다는 의미이다. 피아제(Piaget)의 인지발달이론에 의하면 형식적 사고가 가능하기 때문에 형식적 논리에 따라 추상적 사고와 은유가 활발해진다. 또한 문제발생 시 본질적인 사고가 가능하다. 따라서 자신의 사고 자체를 대상으로 하여 자기성찰이나 자기반성을 가짐으로써 자아정체감을 획득하는 데 많은 도움을 준다. 형식적 조작기에 들어선 청소년은 구체적 조작기 아동에 비해 사고 수준이 높다(이미리 외, 2021). 추상적 사고(abstract thinking)란 추상적 개념을 이해하는 것만 아니라 추상적 관련성을 이해하는 것을 의미한다. 형식적 조작기의 청소년들은 가상적인 상황이나 추상적인 사실들에 관심을 가지며 논리적 추론을 하게 된다. 또한 추상적 사고능력의 향상은 청소년들이 사회적이고 이념적인 문제에 관해 진보된 추론을 가능하게 한다. 형식적 조작기부터 청소년들은 대인관계, 정치, 철학, 종교, 사랑 등의 다양한 추상적인 영역에 대해 자신의 사고의 폭을 넓혀간다(한국청소년정책연구원, 2019). 형식적 조작기의 청소년들은 자신과 타인에게 이상적이었으면 하는 것들에 대해 사고하기 시작한다(정옥분, 2015). 또한 자신이 현재의 상황뿐 아니라, 미래의 자신에게 벌어질 일들이나 원하는 미래의 상황들, 다른 사람들이 자신에게 반응할지도 모르는 상황을 상상하며 복잡한 인지과정을 경험하며, 이를 통해 청소년들은 고차원적인 사고를 하게 된다(한국청소년정책연구원, 2019).

| 표 6-3 | 피아제의 인지발달단계

단계	구분	주요 특징
감각운동기	0~2세	• 대상연속성의 개념 발달
전조작기	2~4세(전개념적 사고기) 4~7세(통찰적 사고기)	• 물활론적 사고 • 보존성의 개념 이해
구체적 조작기	7~11/12세	• 자기중심적 사고에서 벗어나기 시작
형식적 조작기	11/12~14/15세	• 논리적 사고의 급성장

출처: 김영화 외. (2021). 오늘의 청소년, 그들은 누구인가?: 청소년복지론. 파주: 정민사.

청소년의 행동적 특성은 청소년 시기를 거치면서 청소년이 경험하는 심리적 특성의 표출결과다. 이를 체계적으로 잘 분석하여 제시하고 있는 학자는 에릭슨(Erick Erikson)이다. 에릭슨은 발달단계에 따라 각각 독특한 과업을 성취하도록 되어 있다. 특별히 청소년기에 해당하는 4~6단계와 그에 따른 과업이다. 그중에서도 가장 중요한 단계와 과업은 5단계에서 이루어지는 자기정체감과 역할을 확립하는 과업이다(박진규 외, 2024).

| 표 6-4 | 에릭슨의 8단계 발달이론

단계	심적 발달위기	연령	주요과업
1	신뢰 대 불신 (trust vs. mistrust)	0~1세	수유활동 (feeding)
2	자율성 대 수치 혹은 의혹 (autonomy vs. shame, doubt)	2~3세	배변활동 (toileting)
3	자주성 대 죄악감 (initiative vs. guilt)	4~5세	조작활동 (locomoting)

단계	심적 발달위기	연령	주요과업
4	근면성 대 열등감 (industry vs. inferioritiy)	6~11세	학교활동 (schooling)
5	자기정체감 대 역할혼미 (identity vs. role confusion)	12~18세	동료관계 (peer relationship)
6	친밀성 대 고립감 (intimacy vs. isolation)	19~24세	연애관계 (love relationship)
7	생산성 대 침체성 (generativity vs. stagnation)	25~54세	부모역할과 새 창의성 발휘 (parenting & creating)
8	자아통합성 대 절망감 (ego-integrity vs. despair)	54세 이상	삶의 수긍 태도 (accepting one's life)

출처: 박진규 외. (2024). 청소년문화. 서울: 학지사.

또한, 청소년은 자신이 특별한 존재라고 보는 독특성에 빠져들어 강한 자아의식을 보이게 된다. 엘킨드(Elkind)는 청소년기의 자아중심성이 개인적 우화(personal fable), 상상 속의 청중(imaginary audience)의 특성으로 나타난다고 하였다(Elkind, 1967). 개인적 우화란 자신의 특별하고 독특한 존재라고 생각하며, 자신의 감정이나 경험 세계는 다른 사람의 그것과 근본적으로 다르다고 믿는 것이다. 이로 인해 청소년은 자신을 불멸의 존재로 착각하여 때로는 무모한 행동을 서슴지 않고 감행하기도 한다.

상상 속의 청중은 과장된 자의식으로 인해 자신이 타인의 집중적인 관심과 주의의 대상이 되고 있다고 믿는 것이다. 이것이 청소년에게 자신을 무대 위의 배우로 생각하여 배우처럼 과장된 행동을 하거나 또는 남이 의식하지 못하는 실수를 하고도 무척 당황해하는 특성을 갖는다(이복희 외, 2018).

3) 심리사회적 발달이론

정신분석이론에 뿌리를 두고 있는 에릭슨(Erik Erikson, 1902~1994)의 심리사회적 발달이론은 프로이트(Sigmund Freud)의 심리성적 성격발달이론에 기초하였으나 성적 에너지의 작용을 강조한 프로이트와 달리 성격발달에 있어서 다른 사람과의 사회적 상호작용의 중요성을 강조하였다. 또한 프로이트는 원초아의 작용을 강조하였는데, 에릭슨은 자아의 기능을 강조하여 자아가 원초아나 초자아와 상호작용하는 것뿐만 아니라 다른 사람의 행동과 기대나 사회적 규범과도 상호작용하며 발달해 나간다고 보았다(이은영, 2022).

성격발달에 있어서 초기경험을 강조한 프로이트에 반해서, 에릭슨은 자아정체감을 획득하기에 결정적인 시기는 청소년기로, 청소년기의 중심적인 발달과업이 된다고 중요성을 강조하였다(한국청소년정책연구원, 2019). 청소년기 자아정체감의 성공적인 발달은 이전 시기의 발달과업 수행에 있어서 성공여부를 기초로 하고 동시에 청소년기 이후의 성공적인 성격발달을 위해 중요한 기반이 된다(이미리 외, 2021).

마르샤(Marcia, 1960)는 에릭슨의 자아정체감 발달이론을 바탕으로 정체감을 형성하는 데 있어 위기와 수행이라는 두 가지 차원을 결정적인 요소로 보고, 이 두 가지의 구성 요소의 유무에 따른 조합을 통해 정체감의 범주를 네 가지로 나누어 설명하고 있다(김향은 외, 2016).

	위기: 예	위기: 아니요
수행	**성취** (위기 해결)	**유실** (위기 경험 없음)
수행	**유예** (위기 경험 진행 중)	**혼미** (위기 경험 없음)

| 그림 6-2 | 마르샤의 자아정체감 범주

출처: 정옥분. (2015). 청소년발달의 이해(3판). 서울: 학지사.

청소년기의 자아정체감 발달에 있어서 에릭슨은 심리사회적 유예기(moratorium)라는 중요한 개념을 제시하고 있다. 심리사회적 유예기란 청소년들이 '자신을 발견할 수 있는 가능성을 제한하는 책임과 의무를 유예받는 일종의 휴식 기간'이다. 이 시기 동안 청소년들은 다양한 역할을 실험해 보고, 자신을 탐색할 수 있는 기회를 가지게 된다. 이로 인해 심리사회적 유예기는 청소년의 자아정체감 발달을 위해 매우 필요하고 의미 있는 기간이지만, 심리사회적 유예기를 갖는 것은 이러한 상황들을 허용하는 문화적 환경에서만 가능하다(이미리 외, 2021).

정체감 혼미(Identity Confusion)는 '정신적 성장이 급격한 신체적 변화를 따라가지 못하는 변화의 시기'이다. 청소년은 자신에 대해 고민하고 탐구하는 시기로 자신을 향한 다른 사람의 생각, 자신의 진로 결정에 대한 갈등에 직면하는 시기이다. '내가 누구인가'라는 질문을 던지며 자신에 대한 의문과 탐색을 통해 심리적 정체감을 재규정하게 된다. 재규정하는 과정 가운데 직업, 교육, 성역할에 대해 시험하며 자신이 누구이며 잘할 수 있는 것이 무엇인지 알아보려 한다. 이 단계의 청소년은 신체조건, 역할 등 자신에게 주어진 것을 인정하고 받아들이며 자신의 진정한 가치를 발견하도록 노력해야 한다. 적절한 제한을 통해 스스로 독립적으로 행동하는 시도를 하며 정체감이 발달한다.

정체감 탐색에 실패한 청소년은 정체감 혼미를 경험하게 된다. 이는 다른 사람의 견해에 병적으로 열중하거나, 다른 사람의 생각은 듣지 않고, 정체감 혼미로 인한 불안을 떨쳐버리기 위해 약물이나 알코올 남용에 빠질 수 있다. 정체감 혼미상태가 영구적으로 되면, 만성적 비행이나 병리적 성격장애를 가져올 수 있다. 정체감 대 정체감 혼미의 위기를 극복하면 '충실'이라는 덕목을 갖게 되며, 정체감 형성의 기초가 된다. 충실은 다양한 가치체계 간의 어쩔 수 없는 충돌에도 불구하고 충성이라는 것을 유지할 수 있는 능력으로 이념의 확립이나 진리의 확인을 통해 얻어지며, 청소년기의 부분적 위기인 권위 혼미와 가치관 혼미를 피할 수 있게 도와준다(정옥분, 2015).

청소년기에는 부모-자녀의 관계는 애착과 자율성이라는 핵심적 요소로 이해될 수 있다. 청소년들은 부모에게 의존하기보다는 자기 스스로 삶의 방향을 나아가기를 원한다. 이러한 자율성의 추구는 청소년 내부에 내재화된 부모의 가치와 질서를 자기의 것으로 발전시키려고 하는 내적 갈등 차원으로 이해할 수 있다. 이런 과정이 적절히 이루어지면 청소년은 개별화되어 간다. 개별화(individuation)는 청소년이 부모와 정서적인 유대를 지속하면서 자신을 부모와 다른 독특한 한 사람의 인격체로 인식하고 경험해 가는 심리적인 과정이다. 청소년이 부모로부터 개별화되는 것은 애착대상, 가치관, 흥미, 관심, 진로, 공간적 거리 등 다양한 측면에서 일어난다. 아동기에는 부모가 가장 중요한 가치관의 기준이었으나 청소년기에는 부모의 가치관과 다른 가치관을 접하고 받아들이며 그것을 자신의 것으로 내면화하기 시작한다. 개별화를 위한 청소년의 노력은 건전한 성장을 위해 필요한 과정이다. 만약 청소년의 개별화 노력이 성장의 과정으로 보이지 않는다면 청소년과 부모 사이에 다양한 문제가 발생하게 된다. 따라서 부모가 자녀에 대한 애정을 표현하고 지지하면서 자율성을 키워 나갈 수 있는 관계를 형성하는 것이 중요하다(임형택 외, 2013).

청소년은 대인 관계 욕구가 증가하는데, 특히 이성 친구와의 친밀감 욕구가 급증한다. 청소년기에는 또래 동조성과 친밀감이 급격히 상승하는 시기이며, 또래와의 친밀감은 청소년의 자아존중감, 자아정체성 형성에 절대적으로 필요하다. 또래 친밀감 형성이 어려운 경우에는 지명적인 정서적, 대인 관계적 박탈감을 경험할 수 있다. 청소년기 심리사회적 발달은 타인과의 상호 작용으로 인해 각 개인은 상이한 발달을 경험하며, 중요한 타인에 의한 반영적 평가(reflective appraisal)는 청소년 자신의 자아형성에 영향을 준다.

4) 도덕성 발달이론

피아제의 도덕 판단에 대한 초기 연구는 콜버그(Lawrence Kohlberg, 1927~1987)에게 영향을 주어 도덕 이해와 관련된 종합적인 인지발달이론을 제시하게 되었다

(Berk, 2022). 그는 10세~16세 사이의 유럽계 미국인 소년들을 표집하여 일련의 도덕 딜레마를 해결하도록 함으로써 도덕발달이론을 발전시켰고, 그뿐만 아니라 아동이 연구대상이었던 피아제의 이론을 성인까지 확대하여 도덕성 발달단계를 제시하였고, 청소년기를 거쳐 성인초기로 가면서 점차 복잡해진다는 것이다.

청소년기의 인지발달은 도덕성 발달과도 밀접한 관계가 있다. 인지발달 수준이 향상됨에 따라 도덕발달 수준도 향상된다. 그러나 각 도덕 발달에서 한 개인이 생각하며 느끼는 것과 실제로 행동으로 이어지는 것에는 차이가 있다.

콜버그는 피아제의 인지발달이론을 발전시켜 도덕 추론단계를 전인습적(Preconventional Level), 인습적(Conventional Level), 후인습적(Postconventional Level) 3수준으로 구분하고 각 수준을 두 단계로 세분화하여 총 6단계로 구분하였다(김애순 외, 2001). 전인습적 수준은 행위의 결과가 가져오는 보상과 처벌에 의해 옳고 그름을 판단하는 수준으로 행동의 의도보다는 결과를 중요하게 고려하며 자신이나 타인의 욕구를 충족시키는 것이 옳다고 생각한다. 인습적 수준은 사회적 기대와 규칙을 중요한 판단근거로 사용하며, 올바른 일이란 사회적 질서를 유지하는 것이라고 생각한다. 후인습적 수준은 도덕적 가치와 원리에 초점을 맞추면서 개인의 권리를 존중한다. 법이나 규칙은 개인 자유의 규제가 아닌 극대화를 위해 제정된 것이기 때문에 사회적 약속은 대다수 이익을 위해 변화될 수 있다고 생각한다(백사인 외, 2015).

| 표 6-5 | 콜버그의 도덕성 발달단계

수준	단계
제1수준: 전인습적 수준 (약 4~10세)	• 1단계: 처벌과 복종 순응 • 2단계: 상대적 쾌락주의
제2수준: 인습적 수준 (약 10~13세)	• 3단계: 대인 간 조화 또는 착한 소년 · 소녀 지향 • 4단계: 법과 질서 유지 지향
제3수준: 후인습적 수준	• 5단계: 사회적 계약과 합법성 지향 • 6단계: 보편적 · 윤리적 원리의 지향

출처: 김애순 외. (2001). 청년기 갈등과 자기이해. 서울: 중앙적성출판사.

콜버그의 이론에서 청소년기에 해당하는 단계는 인습적 수준으로 다른 사람의 입장을 전인습적 수준에 비해 더 잘 이해하게 되며, 도덕적 추론은 사회적 권위에 기초하여 보다 내면화되고 사회관습에 걸맞은 행동을 한다. 대부분 청소년과 다수의 성인이 이 수준의 도덕적 행동을 보인다(정옥분, 2015). 인습적 수준에서는 3단계 착한 아이 지향과 4단계 법과 질서 지향이 세부 단계로서 구분된다.

3단계의 청소년은 다른 사람, 특히 권위 있는 사람에게서 인정과 칭찬을 받는 행위를 도덕적인 행위라고 생각한다. 올바른 행동이란 타인을 기쁘게 하고 도와주는 것이며, 이 행위를 타인이 착한 행동으로 인정하는 것이다. 이 단계의 청소년은 타인의 관점과 의도를 이해할 수 있으므로 타인의 기대에 부응하는 것을 중시한다. 그리고 신뢰, 충성, 존경, 감사, 의리가 대인관계를 유지하는 데 매우 중요한 요소라고 생각한다. 행동은 의도에 의하여 판단되게 된다.

4단계에서는 조금 더 광범위해져 사회를 하나의 전체로 인식하게 된다(Crain, 2011). 따라서 이 단계의 청소년은 법과 질서를 준수하는 행동을 하며, 사회 속에서 개인의 의무를 다하고, 그 기준으로 도덕판단을 하게 된다(송길연 외, 2012). 또한 도덕적 지향은 현존하는 권위를 인정하며, 법에 복종하여 자신의 의무를 행하려 하며 어떤 희생을 치르더라도 사회적 질서를 유지하고자 하는 것이 자신의 의무라고 생각하기 때문이다(정옥분, 2015).

콜버그의 이론은 청소년의 도덕발달을 파악할 수 있는 근거로서 유용하다. 특히 청소년 자신의 행동과 생각에서 도덕적인 측면에서 차이가 있을 때 이에 따른 임상적 개입을 어떻게 할 것인가는 개입의 초점을 정하는 데 있어 매우 중요한 과제이다(김성이 외, 2013).

5) 체계 및 생태학 이론

브론펜브레너(Urie Bronfenbrenner, 1917~2005)의 생태학적 체계모델(ecological system)은 인간의 발달이 개인적 특성뿐 아니라 인간을 겹구조적으로 둘러싸고 있는 생태학적 환경과의 상호작용적 영향을 주고받으면서 진행된다는 것을 개념화한 모델이다(이은영, 2022). 이러한 모델을 미시체계, 중간체계, 외체계, 거시체계, 시간체계의 다섯 가지 생태학적 체계로 분류하였다. 시간체계 제외하고 4개의 생태학적 체계는 인간 중심의 겹구조적으로 둘러싸인 생태학적 환경으로 개념화된다. 이것이 청소년의 발달에 영향뿐만 아니라 청소년이 생태학적 체계에 영향을 주고 개인과 환경 간의 상호작용적 발달을 이루게 한다(이미리 외, 2021).

미시체계(microsystem)는 가정, 학교, 부모, 친구, 선생님 등과 같이 아동이 직접 접하는 환경이다. 이 체계에서는 아동의 활동이 직접적인 환경에 의해 강하게 영향받으며, 아동의 기질, 능력, 성격 등의 특성이 성인의 행동에 영향을 미칠 수 있어 모든 관계가 상호적이다.

중간체계(mesosystem)는 발달하는 개인이 적극적으로 참여하는 둘 이상의 환경 간의 상호관계로 이루어지는데, 아동의 경우는 가정, 학교와 이웃, 동료 집단 사이의 관계들이며, 성인의 경우는 가족, 직장, 사회생활 사이의 관계로 볼 수 있다. 브론펜브레너에 의하면 상호연결성의 원리는 장면들 내에서의 적용뿐만 아니라, 장면들 사이의 연결고리들에게 똑같은 힘의 결과로써 적용되고 있다. 개인이 직접 참여하고 있지 않으나 연결고리에 의해 참여하고 있는 것과 같은 영향을 주고받는 체계를 중간체계라고 한다(이은영, 2022).

외체계(exosystem)는 발달하는 개인이 적극적인 참여자로 관여하지는 않으나 발달하는 개인이 속한 환경에서 일어나는 일에 영향을 주거나 영향을 받는 사건이 발생되는 하나 또는 그 이상의 환경이다. 예로서 아동의 경우 부모의 직업, 부모의 친구, 아동의 형제가 다니는 학교 등이다(박상진 외, 2016).

거시체계(macrosystem)는 문화적 영향으로서, 개인에게 영향을 미치는 관념, 법, 관습 등을 의미한다. 예를 들면, 사회가 가족문제나 자녀양육을 중요하게 여기는 공통된 가치를 통해 부모가 가사노동에 참여하도록 유급휴가, 육아휴직을 이용할 수 있는 권리를 보장하는 사회정책을 갖추는 것이 아동발달을 바람직한 방향으로 돕는 거시체계이다(이은영, 2022).

시간체계(chronosystem)는 시간의 차원으로 일생 동안 일어나는 인간의 변화와 사회역사적 환경의 변화를 포함하는 것을 의미한다. 환경은 외부적 사건으로 인하여 변화되고, 아동이 자신의 환경과 경험을 선택함으로써 환경의 변화를 만들어 가기도 한다.

04 청소년 평생교육

1) 청소년 평생교육의 개념

「청소년기본법」에 근거하여 청소년의 연령은 9세 이상 24세 이하인 자로 규정하고 있다. 학문적으로 청소년교육이란 청소년을 대상으로 하는 모든 형태의 교육을 의미한다. 즉 청소년을 대상으로 하는 형식교육, 비형식교육, 무형식학습을 청소년교육이라 할 수 있다. 따라서 청소년 평생교육은 학교교육 과정 외에 청소년을 대상으로 학교 안팎에서 이루어지는 다양한 형태의 교육활동을 의미한다. 다시 말해 학교에서 재학하고 있는 청소년을 대상으로 하는 학교 안팎에서 이루어지는 정규교육 이외의 교육활동도 청소년교육이고, 학교에서 재학하고 있지 않은 청소년을 대상으로 이루어지는 다양한 형태의 교육도 청소년 평생교육이다(양흥권, 2022).

청소년 평생교육은 청소년기로부터 사회경제적으로 독립하여 한 가정을 부양할 수 있는 능력을 가지고 성인의 역할을 수행할 수 있을 때까지 계속되는 교육을 말한다. 청소년을 대상으로 하는 교육의 형태는 가정교육, 학교교육, 지역사회교육 등의 세 가지 교육적 형태가 각 청소년교육의 담당을 고려하여 포괄하는 개념을 담고 있다(이복희 외, 2018). 또한 청소년에게 정규 학교교육 과정 이외의 내용을 학습하도록 하는 체계적인 교육활동이다(권이종 외, 2001). 이러한 개념은 청소년을 학교교육의 주된 학습자로 이해할 것이 아니라, 평생교육 차원에서도 여전히 중요한 학습대상임을 시사하고 있다. 평생교육 관점에서 전인적인 발달을 할 청소년으로서 선호하는 교육 경험 제공에 주목한다고 볼 수 있다. 학교교육뿐만 아니라 학교 외의 장소에서 참여할 수 있는 인성교육, 체험교육, 수련활동 등 다양한 방면에서 조화롭게 성장할 수 있도록 돕기 위해서 교육활동이 일상생활의 여러 영역에서 균형적으로 벌어질 수 있음을 의미한다. 청소년 평생교육의 구체적인 실천은 체험활동, 자연관찰, 노자교육 등과 같은 제도권의 일반적인 학교교육에서 충분히 다루기 어려운 경험들을 청소년에게 제공하려는 대안교육에서 찾아볼 수 있다(김한별, 2019).

오늘날 사회를 지배하고 있는 학교의 교육적 과제는 막연한 미래가 아니라 구체적 위기로 다가온 미래를 성공적으로 헤쳐 나갈 수 있는 학습능력을 배양하는 교육이다. 이러한 교육을 교화(kultivierung)라고 한다. 그러면 고대로부터 현대까지 흐르고 있는 대안적 학교교육문화운동에서 학교의 본래적 교육의 과제로 끊임없이 강조하고 있는 것은 학교에서 현재의 삶을 체험하고 표현하며, 의미 있게 처리하는 활동을 가능하게 하며 그러한 능력을 배양하는 교육이다. 이러한 교육을 문화화(kulturbefähigung)라고 한다. 하지만 교화와 문화 사이에서 균형을 취하기에는 학교가 너무나 무력하다.

학교의 교육은 여전히 전통적인 고전 중심의 교육이거나 기계적인 학습을 요구하는 내용들과 교수법이 지배하고 있다. 이러한 상황에서 20세기 초 신교육운동이 전개되었는데 그들의 특징은 첫째, 직업교육을 중요한 부분으로 인식하고 있다. 둘째, 기숙학교를 운영하고 있다. 기숙학교는 학생들의 몸과 정신과 영혼을 골고루 살찌우며 공동체 생활을 통해 좋은 사회적 유대관계를 형성하는 데 영향을 준다. 셋째, 문화예술교육 활동을 통해 창조적인 작업과 개개인의 발달의 영향을 준다. 마지막으로 학교상황 속에서 운영되는 자치(self-government)를 바탕으로 협력하는 노력 등이 있다. 이처럼 개인의 발전과 그 사회에서 필요로 하는 유용한 구성원의 육성이라는 공통 목표를 표방하고 있다(오인탁 외, 2006).

인류의 역사는 다음 세대를 위해 교육을 잘 하였는가에 따라 어느 민족이나 국가는 흥성하였으며 잘못 교육하였을 때는 쇠망하였다. 그러므로 교육은 어느 시대에나 기성세대에게 매우 중요한 과업이다. 오늘날의 학교교육은 조직적, 장기적, 축적적 구조로 구성되어 있다. 그러나 이러한 교육자 중심의 강요적인 구조는 전인교육을 이루지 못하게 된다. 따라서 학교교육의 한계를 드러낼 수 밖에 없다. 학교에서의 교육방법은 교육목적을 달성하기 위하여 준비된 교육내용을 교사가 학생들에게 효율적으로 전달하는 방식으로 학생들의 창의성과 자율성을 높여주는 것에는 한계가 있다(최운실 외, 2021a).

이러한 의미에서 청소년들이 가지고 있는 자율성과 독자성을 인정하고 존중하는 노력은 청소년 평생교육을 실천하는 입장에서 반드시 고려해야 할 부분이다. 이러한 의미에서 청소년 평생교육은 청소년들의 다양한 참여와 역할이 증진되어야 하며, 청소년 주도의 활동이 활성화되어야 한다. 또한 교육 참여자로서 청소년이 선호하는 교육요구 수준과 성인의 입장에서 볼 때 이들에게 당위적으로 요구되는 교육 수준을 조화롭게 조절하는 작업이 중요하다.

3) 청소년 평생교육의 필요성

대부분의 나라들은 학교교육의 위기에 처해 있으며, 교육개혁의 필요하다는 주장이 공통적으로 제기되고 있다. 우리나라도 그동안 점수 위주의 지나친 경쟁 중심의 교육으로부터 학생들의 잠재력을 개발시킬 수 있는 방향, 즉 누구나, 언제, 어디서나 교육받을 수 있도록 평생교육진흥을 위해 노력하고 있다. 교육문제를 국제적인 차원에서 제기한 사람은 쿰즈(Coombs)다. 1968년 쿰즈는 「세계교육 위기: 체제분석(The World Educational Crisis: A Systems Analysis)」이라는 보고서를 발표하였다. 이 보고서는 교육체제의 위기 상황에 대한 진단과 내용을 위한 체제 변화의 필요성을 언급하여 국제사회에 관심을 갖게 하였다. 쿰즈에 의하면 교육은 선진국이나 개발도상국을 막론하고 교육은 어느 나라나 상관없이 세계적인 공통된 문제이며, 위기에 처해 있다고 하였다. 즉 "1945년 이후 세계의 모든 국가는 과학과 기술, 경제와 정치적인 사건들, 인구와 사회구조 등에 있어서 엄청나게 빠른 환경적인 변화를 경험하고 있다. 교육체제도 이전보다 빠르게 성장하고 변화해 왔지만, 다른 분야에 비해 변화의 속도가 너무 느리다. 결과적으로 교육체제와 다른 환경요인 사이에 발전 속도 차이로 인해 발생하는 큰 격차가 세계적인 교육 위기의 핵심이다." 쿰즈의 보고서는 교육문제를 해결하기 위해 사회 전체의 결단과 노력이 필요하다는 주장을 함으로써 교육계에 종사하는 교사의 잘못이 아니라 사회변화에 비해 느릴 수밖에 없는 공교육의 특성 때문이라고 하였다. 시대적으로 근대화와 국가 발전을 위해 급속하게 발전하는 사회환경의 변화 기대를 충족시키지 못하는 학교와 대학 등 정규교육(formal education)의 문제점과 한계를 분명히 지적하였다(Coombs, 1968).

에드가 포르(Edgar Faure)는 1971년 유네스코 국제교육발전위원회에서 평생교육에 대한 연구하여 보고하였다(Faure et al., 1972).

포르의 보고서는 과학과 기술의 발전에서 비롯된 비인간화의 경험을 염려하면서 신체적 · 지적 · 정서적 · 윤리적으로 통합을 이룬 온전한 인간을 목표로 교육해야 함을 강조하고 있다. 기술 발전에 의한 비인간화를 극복하기 위해 각 개인이 자신의 문제를 해결할 수 있고, 스스로 결정하며, 결정에 대한 책임을 질 수 있도록 교육해야 한다고 보았다. 온전한 인간을 위한 교육은 일생을 통해 해야 하며(lifelong education), 사회 전체가 이를 위해 노력해야 함을 지적하고 있다(learning society). 국제사회의 교육 문제를 접근하는 데 크게 네 가지의 기본적인 가정을 가지고 있다.

첫째, 국제사회는 하나의 공동운명체를 향한 공동의 염원, 문제, 경향, 운동 위에 존재하며, 이를 반영하고 있다.

둘째, 민주주의의 정당성에 대한 확고한 신념을 가지고 있다.

셋째, 교육 발전의 목표는 온전한 인간의 실현이다.

넷째, 종합적인 평생교육은 우리 사회에서 그 필요성이 점차로 증대하고 있는 온전한 인간을 기를 수 있다.

이 네 가지는 가정이면서도 한편으로는 결론이라고 볼 수 있다.

쿰즈와 포르는 학교 밖 교육, 즉 박물관, 미술관 등 지역사회의 공공 또는 민간기관과 단체가 제공하는 비정규 교육(nor-formal educational)인 사회교육의 중요성을 강조하고 있다.

쿰즈 등(Coombs & Ahmed)은 학습체제가 이루고 있는 여러 유형의 교육이 가지고 있는 특성을 새롭게 정립하였다(Coombs et al., 1973). 형식교육인 학교교육의 한계가 잘 드러나 있다. 학교교육은 의도적, 형식적, 공식적, 장기적, 조직적, 위계적, 제도적, 타율적인 특성을 갖는다. 반면, 우리 사회에서 존재하는 많은 비의도적, 비형식적, 비공식적, 비장기적, 비조직적, 비위계적, 비제도적, 자율적인 특성을 갖는 교육은 학교교육, 즉 형식교육(formal educational)의 범위를 넘어서는 것이다. 일반적으로 이들은 비형식교육(nor-formal educational)과 무형식학습(informal learning)으로 분류한다(Coombs et al., 1973). 쿰즈와 아메드의 교육체제의 구분을 평생교육 관점에서 재구성하여 정리하였다.

| 표 6-6 | **평생교육 형식 구분**

구분	형식교육	비형식교육	무형식학습
	학교교육	사회교육	가정교육
교육의 수혜자	학생	주민, 직장인, 군인, 고객 등	자녀, 영유아, 청소년
교육의 제공자	학교, 대학	회사, 공장, 군대, 교회, 박물관, 미술관, 도서관, 문화센터, 주민자치센터, 학원, 백화점, NGO, 미디어(TV, 인터넷) 등	부모형제(가정), 이웃, 친구, 동료(직장), 놀이터, 여행, 미디어(TV, 인터넷) 등

구분	형식교육	비형식교육	무형식학습
	학교교육	사회교육	가정교육
특성	의도적 형식적 공식적 장기적 조직적 위계적 제도적 타율적	의도적 형식적, 비형식적 비공식적 장기적, 단기적 조직적 비위계적 제도적, 비제도적 자율적, 타율적	비의도적(맥락적) 비형식적 비공식적 장기적, 단기적 비조직적 비위계적 비제도적 자율적

출처: Coombs et al. (1973). New Paths to Learning for Rural Children and Youth. New York: International Council for Educational Development.

이들은 사회 전체가 일생을 통해 교육해야 이런 교육 위기적인 문제를 해소할 수 있다고 보았다. 즉 규모와 영향력 면에서 가정교육이 가장 중요한 밑 부분을 크게 차지하고 있고, 그 위에 사회교육이 있으며, 학교교육은 사회교육 위에 가장 작게 차지하고 있다. 다음과 같은 그림은 학교교육의 제한점을 분명히 하고 가정과 사회 전체가 학습사회로서 기능하며, 일생을 통해 교육해야 할 필요성이 확인되었다.

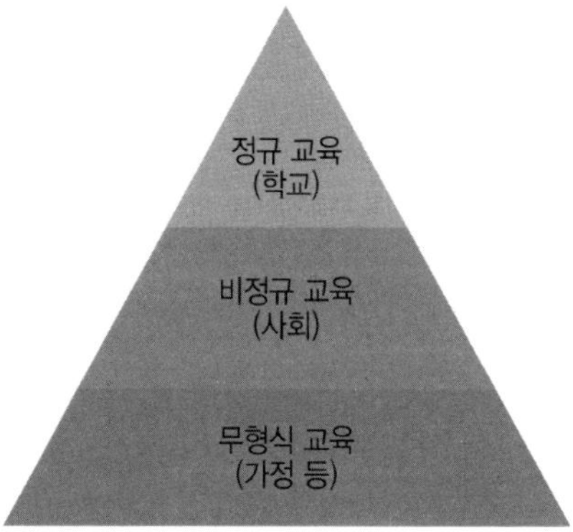

| 그림 6-3 | 교육체제의 특성에 따른 구분

출처: Coombs et al. (1973). New Paths to Learning for Rural Children and Youth. New York: International Council for Educational Development.

청소년 평생교육이 제대로 뿌리내리기 위해서는 가정과 학교, 사회 모두의 변화가 필요하다. 향후 청소년교육의 책임을 학교교육에만 전가하려는 사고방식에서 벗어나 청소년의 삶이 이루어지는 가정, 학교, 지역사회가 공동으로 교육을 담당해야 한다. 또한 청소년 평생교육은 교육시기, 장소, 형식 등에서의 유연성을 강조함으로써 학교교육이 가진 시공간적 한계를 극복하고 청소년들의 학습 받을 권리를 확장하는 데 기여할 수 있다는 점에서 중요한 의미가 있다. 이러한 맥락에서 청소년 평생교육의 구체적인 필요성을 살펴보면 다음과 같다(임형택 외, 2013).

첫째, 청소년들의 다양한 삶을 통해 자신들의 열정적인 삶을 체험함으로써 보다 풍부하게 해석하고 미래의 삶에 대한 비전을 수립할 수 있다. 입시위주의 주입식 교육과 경쟁에 매몰되어 살아가는 청소년들에게 평생교육적 접근은 그들의 관심영역과 특기를 계발하고 이를 토대로 창조적인 미래를 설계하는 데 도움을 줄 수 있다.

둘째, 학교교육에서 흥미를 느끼지 못하거나 공부에 의욕이 없는 청소년들에게 건전한 여가선용의 기회를 제공할 수 있다. 또한 직업교육이나 사회구성원으로 살아가는 데 필요한 실용적인 지식과 정보를 제공해 줌으로써 자신의 존재가치를 인식하게 하고 자신의 삶을 주도적으로 이끌어 가는 데 도움을 주게 될 것이다.

셋째, 입시문화가 곧 청소년문화인 현실 속에서 자신들만의 삶과 문화를 창조하는 데 중요한 기반을 마련해 줄 수 있을 것이다. 다양한 영역과 분야의 평생교육 프로그램을 통하여 청소년들의 가치관을 확립하고, 자신들의 특성에 적합한 문화와 생활양식을 구축하는 데 도움을 줄 수 있을 것이다.

05 청소년 평생교육 발전과제

청소년교육에 대한 평생교육적 접근은 단순한 교육기회의 평등실현을 넘어 수요자로서 청소년이 제공받는 교육적 경험에 주목한다. 또한 청소년 평생교육은 교육의 시기, 장소, 형식의 측면에서 유연성을 강조함으로써 학교교육이 갖는 시·공간적 한계를 극복하고 청소년들의 학습 받을 권리를 확장하는 데 기여할 수 있다는 점에 중요한 의미가 있다. 이를 통해서 평생교육은 청소년들이 균형 잡힌 인격체로 성장하고 돕는 데 목적을 두고 있다(임형택 외, 2013). 따라서 청소년을 교정과 보호의 대상이 아닌 자율성을 지닌 독자적인 존재로 인정하는 것이 무엇보다 중요하다. 이에 청소년 평생교육의 발전과제에 대해 살펴보고자 한다(송성숙 외, 2017; 이복희 외, 2018; 홍지명 외, 2018).

1) 청소년 평생교육에 대한 공감

사회구성원 전체가 학습자가 되는 학습사회의 환경을 만들어야 할 필요가 있다. 사회구성원 스스로 학습의 주체가 되어 지식과 기술능력을 배우고 이를 적극적이고 효율적으로 활용할 수 있는 분위기가 국가 차원에서 활성화되어야 한다. 우리나라는 청소년들의 평생교육에 대한 필요성을 크게 공감하지 못하는 것이 현실이다. 여전히 일류대학을 가기 위한 입시 위주의 학교교육과 좋은 직장에 입사하기 위한 스펙을 쌓는 등의 교육만이 필요하다고 생각하고 있다. 그러나 청소년들의 삶이 대학에 진학했다고, 회사에 입사했다고 해서 끝나는 것은 아니다. 그 이후에 더 긴 삶의 여정을 살아가야 하기 때문이다. 이에 청소년 평생교육에 대한 국민적 공감대가 형성되어 청소년들이 꿈과 진로, 적성, 흥미에 맞는 다양한 평생학습을 경험할 수 있는 생태계를 조성해야 할 것이다.

2) 창의적인 자기주도학습 교육 강화

대부분의 청소년 평생교육 기관에서는 청소년들의 요구보다는 공급자 위주에서 프로그램을 기획하고 운영하고 있는 것이 현실이다. 청소년 평생교육이 활성화되기 위해서는 먼저 청소년들의 생활공간인 청소년문화의집, 청소년수련관 등을 중심으로 학습권이 보장되어야 한다. 그리고 청소년들의 학습 욕구와 지역적 상황을 충분히 반영한 청소년 평생교육 프로그램이 기획·운영되어야 한다. 이를 위해서는 청소년 평생교육 프로그램을 기획하는 단계에서부터 청소년을 대상으로 요구 조사를 실시해 정확한 요구를 분석해야 한다. 뿐만 아니라 청소년들이 직접 참여해 의견을 제시할 수 있는 현실화된 소통구조를 마련하여, 청소년의 특성과 요구를 반영한 청소년 평생교육프로그램을 기획·운영해야 한다.

또한 급변하는 사회 속에서 기존의 방식을 그대로 답습하기보다는 창의적이며 비판적인 사고를 토대로 사회 변화에 좀 더 능동적으로 대처하고 그 변화를 가치 있게 창출해 나가는 능력을 갖추어야 한다. 즉 미래사회는 학습자 스스로 문제를 해결하고 창의적 사고능력을 기를 수 있어야 하므로 교수자의 행위보다는 학습자가 교사 및 동료, 교육기관, 각종 네트워크 등 다양한 형태의 조력자와 협력하에 자기주도적으로 학습할 수 있는 역량을 강화시켜 나가야 한다.

3) 평생교육 지원 및 정비에 대한 방안 마련

청소년들은 가정, 학교, 지역사회에서 형식교육, 비형식교육, 무형식학습, 현장학습 및 실습 체험학습, 학습동아리 활동 등의 다양한 학습을 경험하고 있다. 이러한 다양한 형태의 평생학습을 인정한 제도적 기반이 부분적으로 인정되고 있지만 아직도 해결해야 하는 부분들이 남아 있다. 다양한 대안교육을 접할 기회를 제공해 줌으로써 평생교육의 다양성을 확보할 필요가 있다. 또한 국민 개개인의 평생학습 결과를 국가가 체계적으로 관리하고 인센티브를 제공함으로써 평생학습을 활성화하기 위해 도입된 평생학습계좌제도 부처 간 연동이 되지 않는 한계점을 드러내며 상용화되지 못하고 있다. 이에 다양한 학습경험을 인정하고 공식화되기 위한 제도적 기반이 강화되어야 할 것이다. 따라서 평생학습을 통해 실용적인 지식을 개발하고 피드백 과정을 거쳐 새로운 지식 창출의 원천이 될 수 있도록 평생교육에 대한 다양하고 적극적인 지원 및 지속적인 정비와 관리방안이 마련되어야 한다.

4) 청소년 평생교육 환경의 기능과 역할 강화

청소년교육의 활성화를 위해서는 가정, 학교, 지역사회 환경의 기능과 역할을 강조해야 할 것이다. 이는 단순히 학교나, 가정, 또는 사회의 한 기관만의 책임이나 역할은 아니다. 청소년 평생교육이 제대로 정착하기 위해서는 가정과 학교, 그리고 지역사회 모두의 변화가 필요하다. 이를 구체적으로 살펴보면 다음과 같다(김한별, 2019; 임종운 외, 2005).

첫째, 가정의 기능과 역할을 강화할 필요가 있다. 청소년 평생교육의 활성화를 위해 가정에서 최대한 독립적인 인격체로 인정하고, 자율성을 보장하는 가정교육의 분위기를 조성해야 한다. 그리고 자녀들에게 학과공부만을 강조하기보다는 취미, 특기, 독자적인 삶을 영위할 수 있는 여건을 조성해 줌으로써 자신의 미래를 개척하고, 정신문화의 세계를 확장할 수 있도록 해야 한다. 또한 가족구성원이 가능한 한 여가시간을 함께 함으로써 공동체 의식과 협동정신을 함양할 수 있도록 해야 한다.

둘째, 학교의 기능과 역할을 변화시킬 필요가 있다. 입시경쟁의 도구로 전락한 학교교육의 기능을 회복하는 것이 무엇보다 중요하다. 이를 위해서 학교는 입시위주의 교육에서 탈피하여 미래사회가 요구하는 핵심역량을 기르는 데 있어 중심축을 담당해야 한다. 또한 치열한 경쟁지향적 교육문화를 개선하고, 학생들의 개성을 존중하며 협동적 학습 분위기를 조성하여 자신의 세계에 능동적이고 주체적으로 참여할 수 있게 해야 한다. 뿐만 아니라 특별활동, 동아리활동 등 자치활동을 육성함으로써 독립성과 자율성, 창의성을 길러내야 한다. 나아가 교사와 학생 간 참다운 인격적 만남과 대화가 이루어질 수 있도록 해야 한다.

셋째, 지역사회의 기능과 역할이 강화되어야 한다. 가치와 규범 등에서 일관성이 결여되어 유해요소로 작용하고 있는 지역사회 환경의 개선이 필요하다. 이를 위해서는 청소년들이 여가시간을 보내는 다양한 생활권 시설 등을 신설하거나 개선해야 할 필요가 있다. 또한 청소년 주변에 편재하고 있는 유해환경을 정비하여 건전한 청소년 문화가 형성되도록 해야 한다. 청소년들만의 문화를 창출하고 이를 공유할 수 있는 문화공간을 제공함으로써 자유롭게 문화정보를 수집·교류할 수 있도록 해야 한다.

07

Chapter

다문화교육

01 평생교육과 이주민

1) 이주민 평생교육

국경을 횡단하는 국제이주는 국가 간의 연계와 교류의 증가가 일어나는 것을 말한다. 우리나라도 이주의 시대에 따라 국제화, 지구화 경향으로 변화하고 있다. 경제·사회, 인구학적 상황에 맞추어 외국인을 노동자로 유입하거나 외국인을 배우자로 맞이하는 경우가 매우 흔하게 나타나고 있다(이형하, 2015).

1990년부터 체류 외국인이 증가하기 시작하여 2007년 8월 말 100만 명이 넘어섰고, 2018년 기준 213만 명, 2022년 말 기준 224만 명이 되었다(법무부, 외국인정책본부, 2023). 이주민의 주된 유형은 국제결혼 이주민, 외국인노동자, 새터민이라고 불리는 북한이탈자, 다문화가족 자녀로 구분할 수 있다. 그중에서도 다문화가족 자녀인 결혼이주민 자녀, 외국인 근로자 자녀, 탈북청소년들이 증가하고 있는 추세이다(최운실 외, 2021a).

특히 이주여성은 젠더(gender), 지구화(globalization) 및 이주(migration) 현상으로부터 복합적으로 영향을 받고 있다. 두 나라의 시민(citizens) 자격이 교차하는 복합적인 지대에 자리 잡고 있으며 동시에 친정과 시댁의 생계를 책임지는 노동자(workers)이면서, 아내(wives), 어머니(mothers)라는 가족 내의 지위를 가지고 있다(한건수, 2006).

이주여성은 일반적으로 경제적, 사회적, 개인적 요인으로 인해 결혼을 결정하게 된다. 파이퍼와 로세스(Piper & Roces)는 이주여성들의 경험을 통해 이주, 결혼, 노동이 밀접하게 연관되어 있으며, 이 세 가지를 분리하는 것이 불가능하다고 하였다(Piper et al., 2003). 가난과 실업으로 허덕이는 저개발국 여성들은 자신과 가족의 경제적인 문제를 해결할 대책을 마련하기 위해 자신보다 부유한 나라의 남성과의 결혼을 선망하며 대단위로 이주하고 있다(김동일, 2018). 이러한 선택은 가난이 가져다준 제2의 인생에 대한 도전이며 모험인 동시에 어떠한 고통도 감수할 수 있다는 그들만의 의지표명이기도 하다(김동일, 2018). 특히, 1990년대 초 외국여성과 한국 남성의 국제적 결혼이 폭발적으로 증가하였는데, 이는 우리나라보다 더 경제적으로 어려운 외국여성들이 경제적 또는 신분 상승의 목적을 가지고 결혼을 가난의 도피처, 미지의 세계 동경, 새로운 삶의 출발로 생각하여 선택하게 되는 경향을 반영한다. 한국에서의 국제결혼은 과거 농촌 총각과 '외국인 여성'과의 결합을 의미하기도 했지만, 지금은 도시의 저소득층 근로자와 회사원 등으로 남성의 범주가 확대되는 추세이다(김동일, 2018). 이때 외국인 여성을 '결혼이주여성'이라고 하는데, 이 개념은 한국 남성과 결혼하여 국내에 거주하는 외국출신 여성을 일컫는 말로 '여성결혼이민자', '결혼이민자여성', '결혼이주여성', '외국인 주부', '국제결혼한 외국인 여성' 등으로 불리기도 하지만 국내 인권단체와 여성가족부에서는 '결혼이주여성'이라는 표현을 주로 사용한다. 그러나 법률적으로는 '결혼이민자'라는 용어를 사용하고 있다(김이선 외, 2007). 결혼을 통한 이주가 국적취득을 통한 '이민'으로 곧바로 이어지지 않는 상황과 초국가적인 성격이 강해지는 이주자의 정체성에 대해 이민자라는 용어를 논의할 여지가 있다.

이주민을 대상으로 하는 평생교육은 통상적으로 다문화교육이라는 개념으로 현장에서 실행되고 있다. 다문화 평생교육은 민족, 인종, 계층, 성별, 문화 등의 차이에서 나타나는 다문화사회의 다양성에 대한 인식을 기초로 교육과정과 교육적 관계에서 서로 다른 문화적 배경을 이해하고 존중하면서 상호 평등한 기회와 수평적 소통 관계를 형성하는 교육이라고 정의할 수 있다. 우리는 다양한 사회구성원들에 대한 다양성의 가치를 존중하고 인정하며, 다른 인종과 타문화를 편견 없이 받아들일 수 있는 다문화적 역량을 갖추도록 요구받고 있다(양근숙, 2021). 이러한 사회적인 분위기를 반영하여 우리나라에서는 평생교육 차원에서 교육부 지정으로 국가평생교육진흥원이 2012년 5월부터 중앙다문화교육센터를 운영하고 있다. 중앙다문화교육지원센터는 우리나라 다문화 평생교육추진체계의 중추기관으로서 국가 다문화교육 정책 연구 및 정책 사업을 선도적으로 추진하고 있다.

그러나 최근 우리나라의 다문화교육은 주로 다문화가족의 이주여성과 그의 자녀들만을 위한 것으로 잘못 이해되고 있는 경향이 있어 이에 대한 이해가 요구되고 있다. 다문화 평생교육은 사회구성원 전체의 편견을 없애고 다문화적 민감성을 키울 수 있는 과정으로 운영되어야 한다. 그럼에도 불구하고 평생교육 현장에서는 대부분 결혼이주자와 그 자녀를 대상으로 하는 교육이 이루어지고 있다. 그러므로 향후 다문화 평생교육의 방향은 우리 사회의 소수자인 다문화 배경을 가진 이주민과 전체 국민을 대상으로 하는 두 가지 차원에서 고려되어야 할 것이다.

2) 이주민 평생교육의 의의

다문화사회는 복합적인 이질성과 혼동성을 정책과 제도를 넘어서 일상생활에서 마주치게 되는 사회로서, 다문화교육은 평생교육이다(김진희, 2018). 다문화교육은 학교뿐 아니라 가족, 동료 그룹, 이웃, 교회, 그리고 미디어와 같은 사회적인 장들을 통해서 일상적으로 이루어진다. 즉 가정, 학교교육, 대중매체, 또래 집단, 사회환경은 다문화를 포함한 다양한 이슈에 대한 인식을 심어주고, 특정한 태도와 행동을 이끄는 교육적 역할을 수행하는 것이다. 다문화교육은 서로 다른 문화가 공존하는 현실에서 상호 존중할 수 있는 태도를 갖고, 사회구성원으로서 모두가 필요한 역할을 수행함으로써, 조화로운 공동체를 형성하도록 도우며, 정체성 확립과 편견 해소를 목적으로 한다(서종남, 2008).

다문화교육은 인권 차원에서는 개인의 교육 및 학습권을 보장하고, 사회적 차원에서는 문화 간 갈등을 해소하며, 문화적 차원에서는 다양성을 바탕으로 새로운 문화 창조의 기회를 제공하는 측면에서 그 필요성이 강조된다. 다문화교육의 이론과 실제는 특히 서구사회의 경험을 통해 발전되어 왔다. 역사적으로 다문화사회는 크게 두 가지 형태로 구분된다(이민경, 2008). 그 하나는 영국, 독일, 프랑스와 같이 동질적인 문화를 가졌던 국가들이 자본과 노동의 세계화에 따른 이주 노동자와 이질 문화, 새로운 종교의 유입과 함께 다문화사회의 도전에 직면하는 형태이며, 다른 하나는 미국이나 캐나다와 같이 건국 초기부터 다양한 인종과 문화로 구성된 이민자의 나라였던 형태이다(송지연, 2010). 우리나라는 비로소 다문화사회로 진입하는 단계에 있어 평가하기는 이르나 굳이 앞에서 구분한 바에 따르면 첫 번째 형태와 유사하게 발전될 가능성이 크다.

프랑스에서 다문화교육은 문화적 다양성이 존재하는 현실적 상황에 대한 체계적인 이해와 이러한 다문화사회를 살아가기 위한 태도 형성을 위한 장기간의 학습경험을 제공하는 것을 의미한다. 북미에서 다문화교육은 다원적 사회에 대한 인식을 교육체제에 전이하는 것에 초점을 맞추며 젠더, 인종, 종교 등의 배경에 상관없이 그들에게 적절하고 공평한 교육의 기회를 제공하는 노력을 의미한다.

미국에서 다문화교육은 1960년대의 시민권 운동에서 시작된다. 1960년대의 시민권 운동의 주요 목표는 공공시설, 주택, 고용, 그리고 교육에서의 차별을 배제하려는 것이었다(송지연, 2010). 시민권 운동의 결과는 인종집단, 최초의 아프리카계 미국인과 그 후 다른 집단으로서의 교육제도에 상당한 영향을 미쳤으며, 그들의 경험, 역사, 문화 및 관점을 반영하고자 학교와 여타 교육제도 교육과정을 개혁하도록 요구하였다. 또한 인종집단들은 그들의 이웃에 있는 학교에 대한 공동체의 통제에 대해 압박을 가하였으며, 미국에서 국민의 다양성을 반영하도록 하기 위하여 교과서를 수정하도록 압박하였다(Banks et al., 1993). 이처럼 서구에서의 다문화교육은 인간이 살아가며 주변 환경과 관계를 맺는 과정에서 기본적으로 갖추어야 할 태도를 기르는 것을 요체로 하고 있으며, 서로 다른 문화와 집단에 속해 있는 사람들이 서로의 차이점과 가치를 인정, 존중하며 의사소통해 나갈 수 있도록 타인에 대해 개방적, 비판적, 반편견적인 태도를 지니도록 하는 교육에 주안점을 두고 있다.

02 다문화교육의 필요성과 관점

서구에서 발전된 다문화교육에 대한 다양한 정의에서 나타나는 공통점은 다문화교육이 유색인종, 즉 문화적 소수자 학생들을 위해 학교교육을 변화시키는 개혁이라는 것이다. 특히 미국에서 다문화교육이란 다양한 사회계층, 인종, 민족, 성 배경을 지닌 모든 학생이 평등한 교육 기회를 경험하도록 교육과정과 교육제도를 개선할 것을 목표로 하는 교육개혁운동이며, 세 가지 주요 요소로 구성되어 있다.

첫째, 모든 학생에게 동등한 교육기회를 창출할 것을 목적으로 한다.

둘째, 미국 민주주의의 이상인 평등, 정의, 인권을 실현할 것을 이념으로 삼는다.

셋째, 민주적 이상과 학교 및 사회의 실제 간의 불일치를 최대한 줄이기 위하여 부단하게 추진하는 개혁과정이다.

교육제도가 다양한 집단의 요구에 부응하여 많은 교육 프로그램이 출현하게 되었고, 그 결과 교육자들은 다문화교육이라는 말을 교육평등, 여성, 인종집단, 소수집단의 언어, 낮은 수입집단 및 장애인들과 관련된 다양한 프로그램과 실제들을 나타내는 것으로 사용하게 되었다(Banks, 2008).

매닝 등(Manning & Baruth)에 따르면, 다문화교육은 학습자들이 문화적, 인종적, 사회계급적, 종교적 그리고 젠더의 차이를 인식하여 수용하며 이해하도록 가르치는 것이다(Manning et al., 1996). 즉 다문화교육은 책임감 및 정의, 평등 및 민주주의에 대한 민주적 이상을 향하여 활동하도록 학습자들에게 가르치는 것이다. 이러한 관점에서 보면 다문화교육은 다양한 인종, 민족, 문화, 종교, 사회계급 등과 관계없이 그들이 동등한 교육기회를 얻도록 교육내용 및 교육제도 등의 개혁을 통해 그들의 삶의 질을 높일 수 있도록 돕는 것으로 정의될 수 있다.

1990년대 정부가 세계화 추진을 선언하며 자본시장과 노동시장의 개방, 저출산 및 고령화로 인한 인구감소, 그리고 경제의 글로벌화 등에 따라 우리나라 다문화교육의 필요성이 대두되었다. 국제결혼으로 외국인 배우자가 증가하고 아울러 북한탈출자의 수가 늘어나는 등으로 인해 다른 성질의 문화가 유입되어 다문화사회의 전환이 자연스럽게 요구될 수밖에 없다. 즉 우리 사회 속의 문화적 다양성을 인정하고 존중하며 수용하지 않을 경우 심각한 문화적 갈등과 충돌, 사회문제들이 촉발될 수도 있다. 그러므로 오늘날 다문화사회를 살아가기 위해서는 서로 다른 문화에 대한 이해와 수용, 그리고 소통할 수 있는 능력이 요구된다. 이러한 역량은 교육을 통해서 높여 나갈 수 있기에 다문화 배경을 가진 이주민뿐 아니라 전체 국민을 대상으로 다문화적인 민감성을 높여 나갈 수 있는 평생교육이 강조되고 있다. 다문화 평생교육의 필요성을 구체적으로 제시하면 다음과 같다(이형하 외, 2015).

첫째, 다문화사회에 효과적으로 대응하기 위해서이다. 다문화사회의 도래에 대한 충분한 이해를 바탕으로 문화의 다양성 및 문화적 민감성을 높일 수 있는 다문화 평생교육이 필요하다.

둘째, 소수집단과 인권보장을 위해서이다. 차별의식과 편견은 인권의 문제로 이어진다. 사회적 약자나 소수자들의 인권보장 관점에서 다문화 평생교육이 필요하다.

셋째, 사회적 갈등을 해결하기 위해서이다. 우리나라는 오랫동안 단일민족이라는 자부심을 가지고 문화적 정체성을 유지해 왔기에 최근의 급격한 다문화사회로의 변화는 문화적 충돌이나 사회적 갈등을 야기하고 있다. 이에 전 사회구성원이 문화 간의 차이를 넘어 공존으로 나아갈 수 있도록 다문화 평생교육이 필요하다.

넷째, 세계시민성(global citizenship) 형성을 위해서이다. 현대사회는 세계화, 지구촌화 시대로 국가, 인종, 민족의 틀을 벗어나 전 지구적이고 세계적인 관점에서 함께 문제를 해결하고 공유할 수 있는 세계시민성이 요구된다.

이러한 다문화교육의 필요성에 따라 다문화교육에서 다룰 교육내용과 범위는 두 가지 맥락으로 구분될 수 있다.

첫째, 다문화 구성원과 그 가족에 대한 교육 및 지원이다. 이는 다문화가족을 포괄적인 소외계층으로 보고 소수자를 보호하는 차원에서 그 복지에 초점을 맞추어 실시하는 교육이다.

둘째, 일반인을 대상으로 하는 다문화 이해 차원의 교육활동이다. 이는 일반 시민이나 학생들을 대상으로 소수자에 대한 이해나 세계화 시대에 적합한 가치관 교육을 실시함으로써 보다 근본적인 차원에서 다수자의 변화를 도모하는 교육이다.

다문화사회에서 구성원들이 직면하게 될 문화적 공동체로서의 삶을 위해 교육의 일곱 가지 원칙(반인종편견 교육, 기초교육, 모든 학생에게 중요한 교육, 영향력 있는 교육, 사회적 공평과 평등의 발달을 촉진하는 사회 정의적 교육, 태도와 가치를 경험하고 명료화하는 하나의 과정, 비판적인 교육)을 제시하고 있다. 이러한 원칙들은 다문화교육에 대한 잠정적인 방향과 목표로써 사용될 수 있으며, 동시에 방법론으로써 사용될 수 있다(Nieto, 1992).

매닝 등(Manning & Baruth)에 의하면, 다문화교육에는 몇 가지 가정이 있다. 이러한 가정은 사실상 다문화적 교육의 기초가 되는 철학이라 할 수 있으며, 다문화교육을 효과적으로 촉진할 수 있는 원리의 기반이 된다고 할 수 있다(Manning et al., 1996).

첫째, 문화적 다양성은 사회에서의 요소를 긍정적이고 풍요하게 한다. 개인에게 다른 문화를 경험하게 함으로써 인간으로서 더 성취하기 위한 기회를 증가시키기 때문이다.

둘째, 다문화교육은 모든 학생을 위한 것이다. 어떤 사람들은 다문화교육이 단지 소수민족의 어린이와 청소년을 위한 것이라 믿고 있는데 이는 타당하지 않은 것이다.

셋째, 교수학습지도는 통문화적 조우(crosscultural encounter)이다. 모든 교사와 학생들은 자신의 문화적 자원, 즉 배경, 가치, 관습, 지각 및 편견 등을 가지고 있다. 이러한 문화적 측면은 교수학습 상황에 주요한 역할을 수행하며, 행동과 학습에 실질적인 영향을 미칠 수 있다. 사회경제적 지위, 민족성, 젠더 및 언어는 학교에 대한 개인의 태도와 관점 그리고 개인의 실질적인 학업성취에 강력하고 역동적인 영향을 미치게 된다.

넷째, 다문화교육은 하나의 코스나 하나의 교수학습적 접근이라기보다는 전체적인 학교교육과정에 스며들게 된다.

다섯째, 교육체제는 모든 학생에게 균등하게 잘 제공되지 않았다. 일반적으로 말하면, 사회경제적 지위가 낮은 집단들 그리고 문화적으로 다르거나 영어 이외의 언어를 말하는 소수민족 집단의 구성원인 학생들은 미국 학교체제에서 잘 해내고 있지 않았다.

여섯째, 학교는 이주자와 피난민들의 유입과 몇몇 문화적으로 다양한 집단들의 높은 출생률 때문에 문화적 다양성을 계속 경험하고 더 많이 반영될 것이다.

일곱째, 초·중등학교는 적절한 다문화교육을 수행할 책임을 짐으로써 문화적 차이를 더 잘 이해하는 데 공헌하고 고정관념의 위험성을 보여주고 인종주의, 성차별과 계급주의를 감소시켜야 한다.

03 다문화가족의 문제와 정책

다문화가족이 겪게 되는 어려움은 여러 가지이지만 그중 자녀교육의 문제는 특히 중요하다. 다문화가족의 자녀가 한국 문화에 적응하는 과정에서 어떠한 사회화, 사회적 학습을 경험하는지를 이해하는 것은 다문화교육의 담론에서 필수적이다. 여성 결혼이민자 자녀의 교육은 다음과 같은 특징을 가지고 있다(교육인적자원부, 2006).

첫째, 여성이민자 자녀의 경우 유아기에 한국어가 미숙한 외국인 어머니와 함께 생활하므로 언어발달이 지체되어 있다.

둘째, 언어발달 지체 및 문화 부적응으로 인해 학교 수업에 대한 이해도가 낮으며, 지나치게 소극적이거나 반대로 폭력성 또는 과잉행동장애(ADHD)를 보이는 등 정서장애도 나타났다.

셋째, 국제결혼가정 자녀의 17.6%가 집단따돌림을 경험하였으며, 따돌림 이유는 '엄마가 외국인이어서'가 가장 높고, '의사소통이 잘 안 되어서'로 나타났다(보건복지부, 2005).

넷째, 현재 초등학교에 재학 중인 국제결혼가정 자녀들(87%)이 중·고교 진학 연령대로 진입할 경우 정서적으로 민감한 학생들이 편견과 차별을 견디지 못하고 학교를 포기하는 사례가 늘어나 사회문제가 우려되고 있다(전미자, 2021).

이처럼 다문화가족이 겪는 문제상황은 다양하게 나타나며 이는 다음과 같다.

첫째, 언어 및 문화적 갈등이다. 전반적으로 한국 사회는 다문화가족의 문화를 이해하려는 노력이 부족하며, 다문화가족을 한국 문화에 일방적으로 통합하려는 분위기가 강하다.

둘째, 사회적 편견이다. 우리 사회에 다문화주의 전통이 부재하고 순혈주의 풍토가 있어 여성 결혼이민자에 대한 편견 및 차별의 여지가 적지 않다.

셋째, 사회문화적 고립이다. 외국인 부인들은 언어소통 문제, 생활 전반의 문화적 차이 때문에 불편을 겪거나 가정 파탄에 직면하게 되는 경우가 많으며, 정보나 자원, 취업 등으로부터도 소외받고 있다.

넷째, 가정의 폭력이다. 외국인 여성과 한국 남성의 결혼을 경제적 동기 위주로 바라보는 인식이 지배적이며, 한국인 남편들의 사고도 잘못된 경우가 많다.

다섯째, 자녀들의 정체성 혼란이다. 혼혈아동들은 한국 사회의 편견으로 인해 따돌림을 당하면서 심리적 고립감, 정서적 소외감을 경험하면서 정체성의 혼란을 느끼게 된다.

여섯째, 자녀교육 문제이다. 다문화가족의 자녀는 일반 가정의 아이들에 비해 언어발달이 늦고 의사소통이 제한되어 있어, 이는 대부분 학습 부족으로 이어진다.

일곱째, 자녀들이 당하는 따돌림이다. 국제결혼가정의 자녀는 대다수가 피부색이 다르거나 외모가 다르다는 이유로 집단 따돌림을 경험하고 있다.

여덟째, 빈곤이 세대를 이어가는 문제이다. 다문화가족의 아동들은 열악한 가정환경과 사회적 편견으로 인해 학교와 사회로부터 소외받게 되고, 그 결과 현재의 빈곤을 좀처럼 벗어나기 어렵다.

이러한 다문화가족의 문제 해결을 지원하기 위한 다문화사회 촉진 정책은 다음과 같은 여건의 개선을 먼저 추구하는 것이 바람직한 것으로 간주한다.

첫째, 다문화가족에 대한 사회적 인식 개선이다. 일반 국민의 의식 제고를 위한 홍보를 통해 국민이 가지고 있는 편견을 바로잡아야 한다. 다문화가족이 겪고 있는 문제 중에서 무엇보다 심각한 것은 사람들이 그들을 바라보는 싸늘한 시선이다. 물론 모든 사람이 그렇다고 할 수는 없겠지만 일반적으로 다문화가족을 일반 가정과 다른 시각으로 바라보는 경우가 대부분이다. 이러한 편견을 해소하기 위해서 다문화 관련 공익광고 및 다문화 공생 이해 강좌 등을 개최하고, 지역민들이 함께할 수 있는 행사를 마련하여 그들과 일반 국민의 벽을 허물 수 있도록 노력해야 한다. 지금 세계는 인종과 민족의 경계를 허물어 가고 있다. 우리나라도 이러한 추세에 맞추어 나와 다른 피부색, 다른 문화를 가진 사람들을 바라보는 인식을 개선해야 한다(신영채, 2010).

둘째, 법과 제도의 개선이다. 우리가 만나는 다문화가족 속의 외국인 배우자들은 양쪽 모두 한국보다 가난한 나라에서 왔다는 이유로 세상에서 가장 편안한 안식처 가정에서마저 무시와 차별을 경험한다. 심지어 정신적·육체적 피해에 쉽게 노출되고 파괴당하고 있다. 그러므로 국민의 배우자에게 영주권을 부여하는 것에 대해 적극적으로 검토할 필요가 있다. 또한 미등록 외국인 배우자라도 한국인과 실질적인 결혼생활을 하고 있다면 한국 내에서 체류자격을 변경할 수 있도록 배려해야 한다. 이를 통해서 외국인 배우자의 체류자격을 미끼로 외국인 배우자에 대한 가정폭력 등 부당한 대우를 근절할 수 있고 한국인 배우자는 잠재적인 가해자라는 오명을 씻을 수 있을 것이다(정지윤 외, 2010).

셋째, 문화체험 프로그램의 제공이다. 한국보다 경제적으로 가난한 나라에서 왔다는 이유로 무조건 한국화를 강요할 것이 아니라 그들의 문화적 장점을 인정하고 한국 문화에 적응할 수 있도록 교육과 한국문화체험 프로그램들이 제공되어야 한다. 또한 한국인 배우자가 외국인 배우자 문화를 이해하는 다양한 기회가 제공되어야 한다.

넷째, 다문화가족 자녀들에 대한 교육지원이다. 다문화가족들은 자녀교육 문제에 대한 걱정을 많이 한다. 부모의 국적이 다르고 문화적 차이로 인해 자칫 정체성의 혼란을 겪을 수 있는 자녀들에 대한 다문화교육이 필요하다. 다문화가족 자녀들이 다름에서 오는 차이를 차별로 받아들이지 않고 다문화를 공유한 시민으로 성장할 수 있도록 적극적으로 배려되어야 할 것이다. 또한 이 아이들과 동시대를 살아갈 한국의 아이들에게 다문화교육은 세계시민사회의 구성원으로 성장할 수 있는 좋은 기회라고 여겨진다.

다섯째, 국제결혼 알선업체 규제 및 국제결혼 당사자 보호이다. 국제결혼중개업 관리를 위한 법률 제정 및 불법행위 단속을 강화하고, 결혼사증 발급심사를 강화해야 한다. 우후죽순 격으로 늘어나는 국제결혼 알선업체를 통해 입국하는 이주여성들의 인생은 그들이 제공하는 거짓 정보로 파괴되고 있다. 결혼 알선업체의 횡포와 거짓 정보로 파괴되는 것은 비단 이주여성만이 아니다. 한국인 남성 배우자도 피해자이기는 마찬가지다. 현재 신고업인 결혼알선업체에 대한 다양한 규제와 감시·감독이 필요하다(정지윤 외, 2011).

여섯째, 여성결혼이민자 가족에 대한 경제적 지원이다. 대다수 다문화가족은 경제적인 어려움을 겪고 있다. 외국인 배우자들은 한국 국적이 없으므로 경제활동에서도 차별받고 있다. 정부 차원에서 외국인 배우자들의 능력개발프로그램을 개발하여 제공해야 한다. 그리고 직업상담 및 고용서비스 지원을 통해 취업을 희망하는 외국인 아내의 사회진출을 적극 장려해야 한다(신영채, 2010). 외국인 아내들이 모국어와 한국어에 능통하다는 장점을 살려 외국어 교육 또는 가이드로서 능력을 활용할 필요가 있다. 또한, 다문화가족에 대한 기초생활 수급 확대로 경제적 지원이 필요하다(김우영, 2017).

일곱째, 자녀 출산 및 양육에 대한 지원이다. 임신, 출산, 양육에 대한 대책을 언어별로 제작하여 외국인 아내들에게 배포하고, 저소득가정의 여성 결혼이민자에게 산전·후 지원이 이루어져야 한다. 영유아 예방접종과 저소득계층에 대한 미숙아 및 선천성이상아 의료비와 영유아, 임산부 건강검진 지원 등을 적극 검토해야 한다(서병훈, 2011). 그리고 한국어가 서툰 외국인 아내로 인해 자녀가 한국어 습득에 장애를 겪을 수 있으므로 다문화가족을 위한 보육시설 마련을 통해 문제를 해결해야 한다(신영채, 2010). 다문화가족을 위한 보육시설은 자녀의 언어습득에 도움을 줄 뿐만 아니라 외국인 아내들의 경제적 활동을 장려할 수 있다는 장점이 있으므로 적극적인 지원 대책이 필요하다(김우영, 2017).

여덟째, 이주여성에 대한 언어교육의 확대이다. 이주여성에 대한 교육 지원을 위해서는 정확한 실태조사가 병행되어야 한다. 이주여성들의 국적과 언어 등을 조사하고 그 수를 확실히 파악하여야 한다. 이를 바탕으로 언어교육 프로그램을 실시하여 외국인 아내들이 한국어를 빨리 습득할 수 있도록 도와야 한다.

이처럼 문제를 해결하기 위해서는, 다음과 같은 방향과 전제에 대한 인식이 내포된 다문화사회 지향적 사회·교육 정책이 절실한 실정이다.

첫째, '국경 없는 이주민의 시대'가 현실화된 상황에서, 세계의 정치, 경제, 사회, 문화적 흐름은 급속한 다인종 다문화사회로의 진전을 요구하고 있으므로 이에 적극적으로 호응하는 정책의 방향과 계획이 요구된다.

둘째, 다문화사회는 공존과 협력을 위한 최소한의 보편성을 추구함과 동시에 문화적 다양성을 최대한 관용하고 상호 존중하며 사회적 통합을 이루어 내는 관점이 중요하다.

셋째, 자국민의 의식변화와 타문화를 이해·수용하는 '다양한 문화적 공동체'로서 개방된 한국 사회 내부 구성원들의 의식변화와 자질이 필요하다.

넷째, 소수자 보호, 다수자 변화, 새로운 공동체 형성을 위한 쌍방향 다문화교육이 필요하다. 따라서 다문화가족에 속하는 사람들뿐만 아니라 모든 학생 및 인구를 대상으로 하는 보편적 다문화 평생교육이 필요하다.

다섯째, 다문화사회로의 진입 과정에서 시민사회단체들이 상호연대, 지역사회 갈등을 최소화하고 새로운 사회의 비전을 실천해 가는 협력관계가 요구된다.

여섯째, 전달체계의 효율적 조정 및 사업 주체 간 역할분담이 필요하다. 이와 함께 수요자 중심 서비스 지원체계를 구축해야 한다.

04 다문화 평생교육의 역할

세계화의 흐름은 사실상 모든 국가가 다인종 다문화사회로 변모될 것을 요구하고 있고, 이에 따라 공존과 협력이 보편적인 사회 가치임을 전제하고 문화적 다양성을 최대한 관용하고 존중함으로써 바람직한 사회적 통합이 가능하여야 한다. 이를 위해서는 한국 사회의 내부 구성원이 타문화를 이해·수용하는 수준과 역량을 제고하여 한국 사회를 '다양한 문화적 공동체'로서 인식하고 실천하여야 하며, 핵심적으로는 소수자를 보호하는 한편 다수자를 변화시켜 새로운 공동체를 형성하기 위한 쌍방향의 다문화교육이 필요하다.

다문화 평생교육을 효과적으로 추진하기 위해서는, 시민사회의 다양한 단체들이 상호협력 관계를 통해 지역사회 갈등을 최소화하고 다문화사회의 비전을 선도해 갈 수 있어야 한다. 또한, 다문화 평생교육을 실천할 수 있는 전달체계를 효율적으로 구성하고 사업 주체 간의 역할분담과 협력 및 조정을 원활하게 수행할 수 있어야 하며, 이와 함께 수요자 중심의 다문화 평생교육을 위한 서비스 지원체계를 구축해야 한다. 이러한 맥락에서 다문화 평생교육의 개념은 다양한 인종적·민족적·문화적 배경을 지닌 우리 사회구성원들이 민주사회에서 효율적으로 기능하게 하고 다양한 집단의 사람들과 상호작용·협상·의사소통에 필요한 지식과 태도 및 기능을 습득하게 함으로써 공동선을 추구하는 시민 공동체의 건설을 돕는 데 초점을 두고 교육적 기회를 균등하게 보장하는 것이다.

이 같은 다문화 평생교육은 직접적으로는 이들에게 도움이 되는 교육이지만 우리 사회를 건강하게 유지하고 지속적으로 발전시키기 위한 목적을 위해서도 필요한 평생교육이다. 이들을 위한 다문화 평생교육의 내용은 다음과 같다(민현옥, 2014).

첫째, 개인과 집단이 차별받지 않는 평등한 교육기회를 제공하는 평생교육이어야 한다.

둘째, 평등, 다양성, 정의로운 삶을 핵심가치로 추구하는 보다 나은 사회변화를 추구하는 평생교육이어야 한다.

셋째, 문화다양성을 수용하고 다문화적 의사소통능력을 육성하는 평생교육이어야 한다.

넷째, 교육자와 학생 스스로가 다문화적 존재가 될 수 있다는 것을 일깨워 주고 참여와 소통을 통한 다원적 시민성을 키워 가는 평생교육이어야 한다.

다섯째, 문화적 다양성을 수용하고 다문화적 의사소통능력을 육성하는 평생교육이어야 한다.

이처럼 다문화 평생교육은 평등주의와 타문화와 인종에 대한 존중을 기반으로 다문화사회에서의 문화적 배경이 다른 구성원 간의 상호작용과 사회적 동화를 목적으로 하는 평생교육이다. 우리 사회는 다문화사회로 진입했다는 사실을 누구나 인정하면서도 다문화의 다양성을 이해하지 못하고 타민족과 인종에 대한 차별의식과 편견으로 상대방을 대하는 태도가 여전히 존재한다(민현옥, 2014). 다문화 평생교육에서 중요한 것은 다문화학습에 대한 분석과 다문화교육정책의 재정비와 다문화 평생교육의 피드백을 통한 지속적 개선이라는 점을 알 수 있다. 이러한 측면에서 볼 때, 우리 사회의 다문화교육은 평생교육의 영역 중 먼저 추진되어야 하는 공공 평생교육 영역이다(양흥권, 2022).

05 다문화 평생교육의 과제 및 논의

1) 향후 과제

다문화사회는 피할 수 없는 현실이기에 향후 다문화교육에 대한 관심과 노력은 평생교육 현장뿐 아니라 여러 분야에서 점점 증가할 것으로 보인다. 다문화 평생교육을 위한 향후 과제들은 다음과 같다(국가평생교육진흥원, 2017b; 김동일 외, 2021; 이향란, 2016; 조원탁 외, 2019).

첫째, 국가 간 인구이동이 급격히 늘어남에 따라 이민자 가족에 대한 교육지원은 EU, UNESCO, OECD 등과 같은 국제기구들에서도 중요한 의제로서 등장하고 있다. 이민 증가는 경제활동인구의 증가, 문화적 다양성의 증대 등과 같은 긍정적인 효과를 발생시키기도 하지만, 동시에 인종 간의 갈등, 실업과 범죄의 증가 등 사회문제를 심화시키는 원인이 되기도 한다. 특히 거주국의 차세대가 될 이민 아동들은 언어교육 등과 같은 추가적인 지원 없이는 저소득층 성인이 될 가능성이 높기 때문에 이들 국제기구에서는 이민자 교육문제를 국제공조가 필요한 이슈로 설정하고 다양한 정책방안을 제시하고 있다.

둘째, EU, UNESCO, OECD 등에서는 이민자 가족교육 지원의 궁극적 목적을 사회통합에 두고 있다. 다문화사회를 일찍 경험한 다수의 국가에서 이민은 더 이상 새로운 현상이 아니지만 이민 아동들의 학교부적응과 낮은 학업성취도는 좀처럼 해결되지 않는 난제로 남아 있음을 알 수 있다. 이러한 현상은 최근에 급격히 다문화사회로 진입하고 있는 우리나라에 시사하는 바가 크다. 다문화가족 자녀의 교육문제는 단기적 처방으로는 해결되지 않으며, 장기적 관점을 가지고 체계적인 지원이 필요하다는 점을 보여주기 때문이다.

셋째, 「다문화가족지원법」은 결혼이주여성과 자녀 등 다문화가족에 한정하고 있으며, 인식개선교육 중심으로 규정되어 있어서 다문화교육의 추진 근거로는 매우 부족한 실정이다(국가평생교육진흥원, 2017b). 다문화교육은 외국인, 난민, 북한 이탈주민을 포함한 우리 사회의 모든 구성원이 대상이기 때문에 인종, 민족, 종교 등의 다양성을 이해하고 공존 및 상생하는 사회를 지향한다. 다문화사회에 맞는 교육철학과 목표를 제시하고 체계적인 다문화교육 추진체제를 안정적으로 구축하여야 한다(김진희 외, 2020).

넷째, 단일 문화권에서 성장한 구성원들이 다문화사회에서 조화로운 삶을 살기 위해서는 다양한 관점과 식견을 배워야 한다. 다문화 평생교육이 어떤 관점에서 접근하느냐에 따라 다른 문화와의 교류방식, 한국문화의 평가방법, 타문화에 대한 이해방식이 달라질 수 있다(박순희 외, 2011). 전 지구적으로 증가하고 있는 국가 간의 상호의존성, 다른 나라에 대한 지식과 세계관에 대한 관점을 갖추도록 하는 것은 매우 중요하다(김은정, 2018). 다문화 평생교육은 언어와 문화의 습득 외에도 문화적 민감성과 태도, 가치교육도 함께 이루어져야 할 것이다(박순희 외, 2011).

다섯째, 다문화 평생교육의 대상을 이주여성과 그 자녀 또는 소수의 초·중·고등학생만이 아니라 이주민들에게 편견을 지닌 다수의 집단을 포함한 사회구성원 전체로 확대해야 한다. 다문화 평생교육이 기존의 다문화가족 자녀들을 중심 대상으로 하는 특수한 형태의 교육서비스 제공이라는 소극적 역할을 넘어 사회 전체 구성원을 위한 대안적 모델로서 그 의미와 성격이 새롭게 규정될 필요가 있다(차윤경, 2008). 또한 다문화사회에서 다문화 평생교육을 실현하기 위해서는 무엇보다 사회구성원 전체가 이를 인정하고 수용할 수 있는 분위기가 조성되어야 한다. 소수만을 인식한 교육환경이 아니라 다양한 문화적 배경의 사람들이 더불어 살아가기 위하여 소수인종과 그 문화에 대한 포용력 있는 인식의 확장이 요구된다(박순희 외, 2011).

여섯째, 평생교육의 영역에서 연령, 직업, 지역 등 성인학습자의 특성을 고려한 다문화교육 프로그램을 다양한 방식과 유형으로 개발하여 평생교육 추진체제 안에서 활용할 필요가 있다(국가평생교육진흥원, 2017b). 일반인, 시설종사자, 직장인 등 일반 국민을 대상으로 다문화교육의 이해 프로그램을 개발하여 제공하고 있으나 주로 온라인 또는 집합 강의 방식으로 이루어지고 있어 그 효과는 제한적일 수밖에 없다(국가평생교육진흥원, 2017b). 현재 지자체에서 운영하는 행복학습센터 등 지역 평생교육 추진체제와 연계하여 누구나 쉽게 접근하고 참여할 방안을 검토해야 한다.

일곱째, 교원 다문화 역량강화 연수 지원을 강화해야 한다. 다문화학생이 급격히 증가함에 따라 사회통합과 성숙한 다문화사회를 대비하는 교육의 역할이 강조되어야 한다(국가평생교육진흥원, 2017b). 그뿐만 아니라 난민, 불법체류아동 등 다양한 유형의 다문화학생 증가에 대응하여 맞춤형 교육지원이 필요하다. 이를 위해 교원의 전문성을 신장하여 다문화 이해교육 수업을 활성화하고 다문화 친화적 학교환경 조성과 한국어교육, 중도입국·외국인학생 교육지원, 청소년기 상담지원 등 교원의 다문화학생 맞춤형 지도 역량을 강화해야 한다.

여덟째, 다문화교육 정책학교는 지역 특성에 따라 보다 유연하고 자율적으로 운영될 수 있어야 한다. 기존의 예비학교, 다문화 중점학교, 다문화 유치원 등으로 구분된 학교를 운영하면서 지역 특성 등이 제대로 반영되지 못하는 한계를 개선하고 각 지역 특성과 학교 여건에 따라 교과, 창의적 체험활동, 방과 후 학교 등을 통해 다문화교육을 자율적으로 추진해야 한다.

아홉째, 국제사회 속에 부각되는 다양한 이주민에 대한 차별, 인권과 교육 등의 문제는 다문화사회로 발전하는 한국 사회가 시급하게 해결해야 할 과제들이다(남부현 외, 2016). 정부의 다양한 부처에서 이러한 과제를 해결하기 위한 정책을 제시하고 있으나, 대상에 대한 부처 간의 중복된 예산과 인력투입은 계속적으로 비판을 받아오고 있다. 특히 중앙정부 차원의 정책은 지역의 특성이나 대상별로 차별화된 정책의 부재를 낳고 있다. 이에 중앙정부 차원의 컨트롤 타워를 일원화하고 지방자치단체와 긴밀한 연계를 통한 구체적인 정책과 실천전략을 모색해야 할 것이다. 특히 사회 모든 구성원이 각자 개인적 차원에서 타인과 타문화와 공존하는 법을 학습하고 지역사회 차원에서 다문화 공생을 실천할 수 있도록 지속적이며 체계적인 다양한 교육기회를 제공해야 할 것이다(최운실 외, 2021a).

평생교육은 학습이 전 생애에 걸쳐 촉진될 수 있도록 사회의 전반적인 교육 여건을 향상하는 노력하는 것을 일컫는다. 따라서 다문화사회로의 전환에 기여할 수 있는 평생교육이란 학교에서는 물론 학교 밖의 여러 다양한 교육기관을 활용하여 다문화교육 프로그램을 도입하고 이러한 프로그램의 효과가 극대화될 수 있도록 지원하는 것을 의미한다.

아울러, 다문화교육이란 다문화가족의 자녀나 구성원들에 대한 교육에 제한되는 것이 아니라 모든 학생과 전 사회구성원들을 대상으로 하는 것으로, '문화다원성의 이해에 기초하여 다문화사회에 대한 바람직한 의식과 태도, 규범과 행동 양식을 학습하고 실천할 수 있도록 도와주는' 교육이어야 한다.

다문화교육이 되기 위해서는 한국 사회의 모든 구성원이 '다원적 문화'나 '문화의 다원성 및 다양성'을 보편적 가치와 규범으로 의식하고 행동하는 광범위한 방향으로 지속적인 학습기회가 제공되어야 하며, 이는 주류 문화에 속한 다수자들에 대한 체계적인 교육 활동이 수반되지 않고는 불가능하다. 따라서 다문화교육은 문화적 소수자들이 주류 문화에 순조롭게 적응할 수 있도록 돕는 것뿐만 아니라 역으로 주류 문화에 속한 다수자들이 문화적 소수자들의 문화를 올바르게 이해하고 폭넓게 수용할 수 있도록 하는 것이다. 궁극적으로 기존의 주류 문화를 더욱 발전시키는 데도 긍정적으로 기여할 수 있도록 하는 안목과 태도, 지식과 역량을 함양하는 것이 되어야 한다. 이러한 성격의 다문화교육은 어떤 한 문화가 다른 문화를 일방적으로 지배하는 규율과 체제(문화 제국주의)가 아닌, 다양한 문화가 서로 협력적으로 공존·공영하는 사회적 계약과 규범(문화 다원주의)에 대한 시민적 의식과 역량의 수준을 향상하는 것이다. 즉 다문화교육은 보편적 민주시민교육으로 다루어져야 한다.

현재의 다문화교육은 기본적으로 한국 사회에 순조롭게 적응하는 것을 돕기 위한 기초문해 및 문화교육의 성격으로 이루어지고 있으며, 주로 지자체나 시민단체 중심의 간헐적인 비형식적, 단위 사업적 방식으로 이루어지고 있다. 이와 같은 교육이 당면한 현실적 과제를 해결하는 데 일정한 효과가 있다는 것은 인정되지만 결국은 제한적이고 소극적인 것으로서 한계가 있다.

다문화가족의 자녀 및 부모가 '기초문해와 기초문화의 능력'을 학습할 수 있도록 교육기회를 제공하는 것은 국가 및 지자체의 당연한 의무라고 할 수 있다. 그러나 이렇게 공공성을 지니는 교육기회의 제공도 체계적, 제도적으로 보장되고 있지 않다. 다문화사회를 지향하는 다문화 평생교육의 관점에서는 문해와 기본교육에 대한 기회의 보장은 필수적인 것이며, 그 실천방법에 있어서는 국가와 지자체 및 시민사회가 공동의 책무성을 가지고 협력적으로 노력하는 것이다. 말하자면, 학교를 포함하여 지역사회 내의 모든 교육주체가 진정성을 가지고 참여하는 것을 말한다(강민정, 2011). 공공성이 높게 요구되는 교육 프로그램은 공식교육, 학교교육이 담당하는 것이다. 동시에 문해교육이나 기초교육처럼 '보편적 접근권(universal access)'이 요구되는 교육 프로그램은 전 생애에 걸쳐 학습이 가능하도록 연령과 관계없이 언제라도 기회를 제공하여야 한다. 전 생애에 걸쳐 다문화학습이 촉진될 수 있도록 하는 '다문화 평생교육(multicultural education throughout life)'의 이상을 실천할 수 있는 구상이 요구되고 있다.

평생교육 관점에서는 다문화교육은 반드시 학교 안에서만 이루어지는 것이 아니라, 지역사회 내 어디에서라도 이루어지고 어느 곳에서라도 선도할 수 있어야 한다. 그러므로 다문화교육은 평생교육의 목적과 방법에 매우 잘 부합하는 영역으로서, 두 영역의 융합은 바람직하고 희망적이다. 사실상 다문화교육은 평생교육의 중요한 내용 영역이라고도 할 수 있는 것으로, 다문화 평생교육은 핵심적인 분야가 아닐 수 없다. 즉 다문화 평생교육은 다원적 개방 사회에서 시민적 자질과 역량을 갖추고 이를 지속해서 발전시켜 나가기 위해서는 필수적으로 추구되어야 할 보편적 교육으로서의 성격을 지니고 있다.

2) 논의

다문화주의에 기반한 평생교육 논의에 대해서 살펴보면 다음과 같다(김진희, 2018; 최은수 외, 2017). 이주민을 향한 불편한 시선은 여전히 그대로 있다. 문화다양성은 언제나 일이 되어 가는 형편이나 상태는 도전적이다. 그러나 다문화주의든, 문화다양성이든 어떤 용어를 쓰든 간에 총체적인 생활세계의 다중복합성은 불가피하다. 이는 마치 포스트모던 시대의 학습사회가 근대적 균형성을 부단히 해체하고, 생애에 걸친 학습의 양식, 자원, 방법, 의미를 새롭게 재구조화하는 상황과도 맥락을 공유하고 있다. 단순히 삶터의 외형적 맥락이 다원주의적 변화를 도모한다는 사태적 인식을 넘어, 궁극적으로 인간이 전 생애에 걸쳐 차이와 다름의 경험을 어떻게 해석하고, 세계를 성찰하며, 존재의 경험을 재구성할 것인가라는 근본적인 물음을 불러일으키기 때문이다. 우리 사회의 가시적인 집단으로 성장한 다문화적 실체를 하나의 학습사회에서 게토(ghetto)[7]화하는 것이 아니라, 지속적인 소통과 상호작용의 관계망을 통해 평생교육의 환경을 재구성해야 한다.

---

7) 최초의 유대인 강제 격리구역은 1280년 이슬람 왕국 모로코의 밀라였다. 이슬람 국가에서는 유대인의 집과 문 크기까지 제한했고 14, 15세기에는 유럽에서 강제격리가 이루어졌다. 게토라는 이름은 1516년 베네치아에서 최초로 쓰기 시작했다. 게토는 벽으로 둘러싸여 있었는데 밤이나 성주간 때에는 문을 잠갔다. 그 안에서 유대인은 종교·사법·자선 기관들을 조직하는 등 자치했다. 유대인은 게토 밖에서는 유대인을 나타내는 표지를 달아야 했다. 19세기 서유럽에서는 게토가 사라졌다. 이슬람 국가에서는 1948년 유대인들이 이스라엘로 이주할 때까지 계속 존재했다. 제2차 세계대전 때 나치는 유대인 전멸을 위한 집단수용소 형태의 게토를 만들었다. 현재는 소수민족들이 따로 모여 사는 도시의 특정 지역을 게토라 부른다(다음백과사전, 2024).

08

Chapter

노인교육

01 노인교육

1) 노인교육의 개요

현대사회는 의학의 발달과 생활수준의 향상으로 평균 기대수명이 길어지고 있다. 또한 21세기는 흔히 지식창조사회 또는 지식기반사회라고 한다. 특히 평생학습 관점에서 봤을 때 과거에는 개인이 주어진 역할에만 충실하면 되었던 것에 비해 오늘날은 자신의 역할을 창조해 가는 학습사회로 변화하였다. 지식기반사회에서 노인들은 자신을 개발하고 학습하지 않으면 사회로부터 소외되기 쉬운 계층이 되었다(이효원, 2017). 젊었을 때 사회활동으로 가족을 부양하고 사회에 주도적인 역할을 했으나, 나이를 먹고 신체적 기능이 쇠퇴하여 젊은 층에 비해 사회활동을 하기에는 역부족이 되었다. 급변하는 사회 분위기 속에서 노인들의 여가문제, 경제문제, 사회구성원으로서 기대되는 역할문제 등 자신의 만족스러운 삶을 위해서는 새로운 지식, 기술, 방법 등에 관한 끊임없는 탐구와 교육이 필요하다.

우리 사회의 노인은 이미 늙어 버린 존재로 보고 사회적으로 보호해야 할 대상이라는 시각에서 보고 있다. 그러나 노인은 스스로 활동할 수 있는 잠재력을 여전히 가지고 있으며 청장년층과 구별되는 독특한 능력을 갖춘 존재다. 노인교육은 평생교육 일부로서 성인교육 가운데 노인을 대상으로 하는 교육을 의미하며 구체적으로는 노인이 느끼고 있는 다양한 학습욕구를 충족시키기 위한 공적 또는 사적 지원체계 전체를 의미한다(이혜원, 2000). 과거 노인을 위한 교육은 단순히 노인의 여가를 충당해 주는 수단으로 생각하는 경향이 있었다. 그러나 인간이면 누구나 평생에 걸쳐 배우고 익혀야 하는 평생학습사회(lifelong learning society)의 도래와 노인의 경제적, 교육적 수준의 향상에 힘입어 앞으로 노인을 위한 교육은 더욱 적극적이고 다양한 모습으로 바뀌고 있다. 궁극적으로 노인을 위한 교육은 노인 스스로가 자신들의 삶과 사회에 대하여 힘을 갖도록 (empowerment) 돕는 것이어야 한다.

노인교육은 그들이 이미 습득한 기술을 유지하고 새로운 기술변화에 적응하는 수단일 뿐만 아니라 삶에 있어서 자기만족이나 목적의식, 자아정체성을 강화하는 것이어야 하며, 개인이나 집단이 자신의 삶과 지역 및 전체 사회 속에서 힘을 갖도록 도와주는 것이어야 한다(최복현, 2013). 따라서 노인교육은 끊임없는 자기탐구, 자기계발, 자기실현을 위한 공식적, 비공식적 학습의 유형 및 활동이다(김태준 외, 2007). 구체적으로 노인교육은 공식적·비공식적 방법으로 노인의 지적 감퇴를 방지하고 기존 지식의 양 및 새로운 지식의 양을 늘리기 위해 구성된 실천 가능한 교육적 중재 전략이나 활동이다(김은명, 2007).

노년기는 여전히 발달과정이 진행된다는 것은 노인에 대한 적절한 교육적 지원이 의미 있음을 암시한다. 노인교육은 노인의 발달을 효과적으로 촉진할 수 있는 교육기회에 대한 관심을 갖는다. 노인 자신과 사회구성원 모두가 노인이 사회적 약자라는 고정된 인식에서 벗어날 것을 주문하며 노인이 스스로 건강하고 생산적인 삶을 지속할 수 있도록 돕기 위한 것에 초점을 맞추고 있다.

노인교육은 노년기의 자아실현을 통한 내외적 상황 변화의 적응능력을 발전시키기 위한 교육활동이며, 이는 인생주기를 바탕으로 한 평생교육의 입장에서 다른 연령층의 교육활동과 동등한 비중으로 기회가 제공되어야 한다. 노인교육은 노인에게 자기 확신과 자율성을 상승시켜 주는 역할을 하며 심리적인 문제와 현재 겪고 있는 실제적인 문제를 잘 극복하도록 돕는 교육이 필요하다. 또한 새로운 일을 할 수 있도록 연결해 주며 자기경험을 도와 일상생활에서 시간을 유용하게 쓰도록 해 주고 사회적인 상호작용을 통하여 사회의 변화에 적응하도록 지원하는 것이 필요하다. 노인교육은 소비가 아니라 투자라는 인식이 필요하다. 교육은 개인이 즐기는 휴가로서 의미가 있는 것이 아니라 구체적으로 심리적, 사회적, 경제적인 효과로 나타난다.

2) 노인교육의 중요성

1950년대부터 노화에 관한 연구가 활발히 진행되고 노년학이 발전함으로써 노년학의 하위 분야로 노인교육학 혹은 노년교육학(educational gerontology)이라는 새로운 분야가 탄생하였다(장미라, 2018). 노인교육은 진단 위주의 노년사회학이나 노인심리학 혹은 치유 위주의 노인복지와는 달리 진단을 기초로 치유와 동시에 예방을 추구하는 분야이다. 노인교육은 노인문제를 더욱 근본적으로 해결하고 노인의 삶의 질을 향상하며 고령화 사회의 진전에 적극적으로 대응할 힘을 제공해 줄 수 있다. 노인교육은 오랜 기간 동안 독립된 학문 분야로서 크게 주목받지 못하다가 최근 들어 고령화라고 하는 전 세계적인 환경변화에 힘입어 다양한 프로그램 실천과 학문적 연구 가치를 새롭게 평가받게 되었다. 이러한 형식적-비형식적, 이론적-실천적 교육과 교육학으로서의 노인교육이 강조되는 이유는 다음과 같은 변화에서 찾아볼 수 있다.

(1) 평생학습사회 출현

가장 중요한 변화는 평생학습사회(lifelong learning society)의 등장이다. 물질적 풍요와 여가의 증대는 모든 연령층이 다양한 교육 장면에 참여할 수 있는 평생학습사회로의 변화를 가져왔다(허지혜, 2010). 평생학습사회란 연령층을 불문하고 그들이 계속해서 생존하고 발전해 나가기 위해서는 기존에 지니고 있던 지식과 기술을 확장해 나가는 것은 물론 새로우 지식과 기술을 배우고 발전시켜 나가야 하는 사회를 의미한다. 기술의 발달, 그리고 사회제도의 변화 등이 극심한 현대사회에서는 노인들이 청년 시절에 습득한 지식이나 기술은 이미 그 효용가치가 상실되었고, 따라서 노인들은 계속해서 새로운 지식과 기술을 배우지 않으면 변화하는 사회 속에서 노후생활의 적응이 어렵게 되었다. 우리는 이미 이러한 평생학습사회 속에서 살고 있고, 누구나 쉽게 자신이 원하는 시기에 원하는 학습에 접근할 수 있게 되었다(허지혜, 2010). 평생학습사회에서는 노인도 교육의 주체로서 다양한 교육에 지속적으로 더 많이 참여할 것으로 기대되고 따라서 노년 교육의 영역 또한 더욱 확대되고 있다.

1973년 유네스코 한국 교육위원회에서 개최한 '평생교육의 발전세미나'에서는 평생교육의 필요성을 다음과 같이 설명하고 있다(이해영, 2023).

첫째, 급격한 사회변동에 효과적으로 대처할 수 있고 사회발전을 촉진할 수 있는 한 사회의 교육역량을 증대시키기 위해서이다.

둘째, 개인이 날로 팽창하는 지식을 시시각각으로 습득하고 새로이 출현하는 사회 가치를 창조적, 비관적으로 수용하기 위해서이다.

셋째, 점점 전문화되고 특수화되며 조직화되어 가는 현대사회체계에서 개인이 기능적으로 적응하기 위해서이다.

넷째, 개인이 그 잠재적 개발가능성을 평생 끊임없이 최대한으로 개발시키기 위해서이다.

다섯째, 개인이 발달단계에서 수행하여야 할 새로운 역할을 습득하고 새롭게 일어나는 개인적 욕구를 만족시키기 위해서이다.

여섯째, 개인이 받은 학교교육의 형식을 보충, 보강하거나 정기교육의 기회를 놓친 사람에게는 자기발전을 위한 기초교육의 기회를 제공하기 위해서이다.

(2) 사회변화의 가속화

사회변화의 가속화로 그 주기가 평균수명을 능가하게 되면서 한 사람이 일생을 사는 동안에도 여러 차례 사회변화를 경험하게 되었다. 정보통신 기술을 선두로 끊임없이 새로운 기술이 개발되고, 문화예술 방면에서도 매일매일 새로운 조류와 코드가 유행하고 있다. 이렇듯 빠르게 변화하는 사회 속에서 효율적으로 적응하고 당당한 사회구성원으로서 기대되는 역할을 수행하기 위해서는 사회에서 요구하는 새로운 지식이나 기술에 대한 끊임없는 재교육이 필요하다. 따라서 노인 역시 새로운 사회변화와 지식의 발전에 적응하기 위해 끊임없는 학습이 요구된다.

(3) 핵가족화와 세대 간 갈등 증가

노인인구의 빠른 증가와 수명 연장으로 조부모 역할 시기는 길어졌지만, 전통적 가족제도 붕괴와 개인주의 확산으로 세대 간 접촉 기회는 오히려 줄어들고 있다. 한 시대 속에 여러 세대가 공존하고 오랜 기간을 함께 살아가야 하지만, 각 세대의 가정에서는 물론 사회에서도 서로 완전히 분리된 채 각자의 삶을 살아가고 있다(허지혜, 2010). 따라서 늘어난 노년층과 다른 세대들이 어떻게 서로 교류하고 화합하며, 사회적으로 노인을 어떻게 수용해 나갈 것인가가 중요한 과제로 남아 있다(조성희, 2008). 이에 세대 간의 서로에 대한 정보를 교환함으로써 다른 세대에 대한 이해를 확대하고 그를 통하여 세대 간에 서로 화합해 나가기 위해서는 노년교육, 특히 노인에 관한 교육과 세대 간 이해를 위한 교육이 필요하다(한정란, 2015).

(4) 가치관의 변화

산업화 및 현대화 과정에서 전통적인 경로사상이 무너지고 개인주의와 합리주의가 확산함에 따라 젊은 세대 사이에 노부모 부양의식이 점차 희박해지고 있다. 그 결과 지금의 노인은 물론 앞으로도 과거와 같은 자녀의 부양은 기대하기 어려운 형편이다. 자녀의 부양을 기대할 수 없다는 사실은 곧 노인이 경제적, 사회적, 심리적으로 자립해야 함을 의미한다. 물론 경제적 자립은 연금제도 정착과 철저한 노후경제 준비 등을 통하여 확립해야 할 부분이지만, 그에 못지않게 중요한 것이 사회적·심리적 자립이다(조성희, 2008). 경제적으로는 자립하여 노인 부부끼리 살아가지만, 심리적으로는 독립하지 못하고 여전히 자녀에게 의지하고 있다면 결코 독립된 삶이라 할 수도, 행복한 노년이라고 할 수도 없을 것이다. 따라서 노년의 경제적 자립을 위한 준비와 마찬가지로 사회적·심리적 자립을 위한 준비도 중요하며, 이는 노년기 역할 재정립과 다양한 사회적 활동 참여를 통하여 성취될 수 있다(양형윤, 2010). 이러한 모든 것을 가능케 하는 학습 노력이 노인교육의 몫이라 할 수 있다.

(5) 노인에 대한 시각 변화

과거에는 노년기를 더 이상 발달을 기대할 수 없는 쇠퇴와 조락의 시기로, 노인을 회복 불가능한 장애를 지닌 사람들로 규정해 왔다(조성희, 2008). 그러나 인간이 평생에 걸쳐 발달한다고 하는 전생애 발달(life-span development) 관점의 등장은 노인을 무한한 잠재력과 능력을 지닌 존재이자 여전히 발달과정 중에 있는 대상으로 보는 시각의 전환을 가능케 하였다(김형수, 2006). 전생애 발달 관점은 노인을 노화에 따른 신체적 · 사회적 장애를 극복하고 생존해야 하는 존재로 보기보다는 사회를 위해 공헌하고 봉사할 수 있는 잠재력을 지닌 귀중한 자원으로 보게 만들었으며, 노인이 지닌 장애보다는 그들이 계발해야 할 능력에 초점을 맞추게 하였다(Sherron et al., 1990). 즉 노년을 제2, 제3의 인생을 살기 위한 학습과 노력의 시기로 만들어야 하는 것이다. 이러한 노년기 잠재력 발달 가능성은 노인교육을 가능케 하는 가장 기본적인 전제이기도 하다.

(6) 노인의 욕구 변화

생활수준 및 교육수준 향상으로 노인 자신들의 욕구 또한 변화하고 있다. 경제적으로 궁핍했던 시대의 노인들은 기본적인 의식주와 관련된 생존의 욕구가 가장 컸지만, 경제적으로 안정되고 교육 및 사회적 지위도 높아진 지금의 노인들은 그 이상의 욕구를 지니고 있다(조성희, 2008). 특히 베이비붐 세대의 노화로 인하여 경제력을 갖추고 신체적으로도 건강하며 높은 학력과 사회적 적응능력을 지닌 이들이 빠르게 노년층으로 편입되고 있다. 이들 새로운 노년층은 건강이나 안전, 안락한 삶 등과 같은 기본적인 욕구에서 한 걸음 더 나아가 자기를 계발하고 자아를 실현하려는 더 고차원적이고도 다양한 욕구를 가지게 될 것으로 예측된다(김형수, 2006). 앞으로 노년층의 사회 · 경제적 수준이 향상될수록 노인교육에 대한 욕구는 더욱 커질 것이며, 노년층의 새로운 욕구에 대응하기 위해서는 노인교육이 더욱 중요해질 수밖에 없을 것이다.

(7) 평균수명의 연장

의료 및 보건기술 발달과 영양 및 위생상태 개선으로 평균수명이 연장되고 있다. 평균수명 연장은 한 개인이 일생에서 노인으로 살아야 하는 기간, 다시 말해 노년기가 연장됨을 의미한다. 따라서 이 시기 동안 무엇을 하며 어떻게 보낼 것인가는 노년기 삶의 질을 결정하는 중요한 문제다. 매일 여가뿐인 삶은 지루하고 무의미할 수밖에 없으며, 따라서 늘어난 노년기를 더욱 의미 있고 창조적으로 보낼 수 있도록 돕는 교육적 개입의 필요성이 강력히 제기된다. 노인교육은 '노화에의 적절한 대응과 준비 및 세대 간의 이해 증진을 통하여 노인을 비롯한 모든 연령의 개인들이 자기 발달단계에서 최대한 잠재력을 발휘하고 자신의 발달과정에 더욱 효율적으로 적응해 나갈 수 있도록' 하는 데 있다(허지혜, 2010).

3) 노인교육의 개념

(1) 제라고지의 의미

노인교육은 1940년대에 노년기의 노화와 노인의 삶 전반에 대한 연구를 위한 노년학(Gerontology)의 관심으로 시작되었다. 노인들과 관련된 학문 분야들이 노인의 신체적, 심리적, 정신적, 사회적인 부분들뿐 아니라 노인들의 복지와 교육에 대한 관심으로 확장되어 노년기의 삶을 연구하는 학문적 접근이 더 다양화되었다. 노년기의 삶을 살아가기 위한 교육학적 접근은 특별히 성인교육으로서의 평생교육학적 접근을 통해 노인들의 삶의 질을 높이고 활기차고 성공적인 노년기를 보낼 수 있도록 돕는 것을 목적으로 한다.

노인들은 젊은 시절을 겪어 봤지만, 젊은이들은 노년기를 겪어보지 않았기 때문에 노인들이 더 젊은이들을 이해할 수 있어야 한다고 이야기한다. 다른 말로 하면 인간은 누구도 노년기를 미리 경험하거나 노인이 되어 본 사람은 없다는 것이다. 한 번도 경험하지 않은 노인의 삶, 노년기를 어떻게 보낼 것인지 개인적으로 또 사회적으로 준비하기 위한 교육이 노인교육이다.

노인교육은 신체적 변화와 심리사회적 변화에 따른 불편함을 받아들이고 신체적 노화를 늦출 수 있는 정보와 교육을 받으며 은퇴와 퇴직으로 인해 단절된 사회활동을 어떻게 지속하면서 사회적 관계망을 이어갈 수 있는지에 대한 교육이며 노인의 정서적, 심리적 상태에 대한 이해를 포함하여야 한다. 노인들 역시 변화하는 사회 속에서 살아갈 수 있는 역량을 유지하도록 도우며 그 속에는 경제적 측면에서 노인들의 소득을 이어갈 수 있는 다양한 정책적 지원에 대한 정보와 방법들이 포함되어 노년기의 삶도 충분히 행복할 수 있도록 돕는 역할을 해야 한다.

1950년대에 노화 분야의 대표적인 학자인 라벨(Label)은 교육학을 페다고지(pedagogy), 안드라고지(andragogy), 제라고지(gerogogy) 등 세 가지 교육학의 통합이라고 설명하였다. 인생의 각 시기에는 시기별 고유의 특성이 있으므로 교육은 이를 효과적으로 반영하여 진행되어야 하며 특히 교육학은 이들 시기별 교육을 나누어 분리한 채 추진하여서는 안 되며 평생에 걸친 통합적 교육과정으로 교육을 추진할 수 있도록 지속적으로 연구를 진행하여야 한다는 것이다.

최근에는 이러한 3세대의 교육을 결합하거나 혹은 제3의 교육학으로서 세대초월적 교육의 의미를 갖는 트라이고지(trigogy)라는 새로운 용어도 생겨났다. 노인교육은 단순히 아동, 성인, 노인이라는 연령에 따라 대상을 구분하여 그중 노인을 대상으로 하는 교육학을 의미하는 것이 아니라 연령이나 성별, 지위 등에 관계없이 각자의 관심과 이해에 따라 여러 세대가 한데 모이고 상호작용함으로써 그 속에서 서로 간에 정보를 교환하고 새로운 지식을 만들어 내는 적극적인 과정으로서, 제3의 교육학 또는 초세대적인 교육의 의미를 갖는 '트라이고지(trigogy)'로 포괄적인 교육학으로까지 그 의미를 확장하고 있다(한정란, 2015). 이들 각각의 특성을 다음과 같이 비교하여 설명하였다.

| 표 8-1 | 페다고지, 안드라고지, 제라고지 비교

개념	페다고지(pedagogy)	안드라고지(andragogy)	제라고지(gerogogy)
자기개념	• 타인에 대한 의존성 (교사 중심)	• 자기주도성 증가 (학습자 중심)	• 자기주도성 아직 남음 • 노화에 따라 타인 의존성 증가
경험의 역할	• 학습자원으로 활용 미흡	• 학습자원으로 활용 • 직업과 생활에서 활용	• 전문적 경험의 축적 • 교육적 · 문화적 계승 • 노환(치매 등)으로 인한 경험의 퇴화
학습내용	• 발달단계와 과학적 연구에 기초한 학습내용(교과 중심)	• 직업과 생활에서 요구되는 내용(경험 중심, 문제 중심)	• 생활, 삶의 보람, 여가활용 등 노후생활을 대비하는 내용(교양 중심)
교육과정	• 공교육 교육과정에 준한 내용(공급자 중심)	• 대상별 삶의 과제 중심 (수요자 중심)	• 노년기 삶의 과제에 기초 (수요자 중심)
학습결과	• 학위 취득, 직업을 통한 사회화 준비	• 실생활 활용, 개인개발, 경력개발	• 웰에이징, 심리적 안정
학습조직과 방법	• 공적 교육기관 단위제 학년제의 누적방식	• 평생교육기관 재교육 방법	• 지역 노인교육기관의 평생교육방법
학습동기	• 학력, 취업 등 외재적 동기	• 개인 능력향상, 삶의 문제 해결 등 내재적 동기	• 인생 여정의 전반적 통합

출처: 松井政明, 山野井敦徳, 山本都久. (1997). 高齢者教育論. 東京: 東信堂.

(2) 노인교육의 정의

노인교육은 'educational gerontology'라는 용어로 교육학적으로는 노령 또는 노인을 의미하는 'gero'와 교육학을 의미하는 'gogy'의 합성어인 'geragogy'가 보편적으로 노인교육을 의미하는 용어이다.

노인교육에 대한 정의는 노인을 위한 교육과 노화에 대해 가르치는 교육(Peterson, 1990)과 노년기를 앞둔 중장년층 대상의 노화를 이해할 수 있도록 돕는 교육(Kade, 2001)으로 주로 이해되어 왔다. 이후 노인들의 주체성과 노년기 삶의 질에 초점을 맞추고 이들을 노인교육의 중심내용으로 해야 한다는 연구들이 나오면서 노인들이 주체적 힘을 가지고 자신들이 당면한 문제를 스스로 해결하며 노인들의 삶의 질을 높일 수 있도록 돕는 교육으로 정의되기도 한다(김원경 외, 2011).

피터슨(Peterson)이나 자비스(Jarvis)는 교육노년학을 '노인들을 위한 교육', '노인과 노화에 관한 교육', '노인과 관련된 직업을 가진 이들을 위한 교육' 등 세 분야를 포함하는 것으로 정의해 왔다. 즉 교육노년학은 노인을 위한 교육(education for older adults), 노인에 관한 일반적인 이해와 준비, 전문적 교육까지를 포함하는 노인에 관한 교육(education about older adults), 노인에 의한 교육(education by older adults)까지를 포함하는 노인과 노화 전반에 관한 교육적 연구와 실천이다. 최근에는 앞서 정의되었던 노인교육의 내용을 포함하면서 사회의 변화와 노인에 대한 인식의 변화를 반영한 노인을 위한 교육, 노인에 의한 교육, 노인에 관한 교육이 노인교육으로 그 범주를 확장하여 정의되고 있다(한정란, 2015).

| 표 8-2 | 노인교육의 정의와 범위

<table>
<tr><th>구분</th><th colspan="2">노인을 위한</th><th colspan="2">노인에 관한</th><th>노인에 의한</th></tr>
<tr><td>범위</td><td colspan="2">여가를 위한 교육 및 자신의 삶에 힘을 얻는 교육</td><td colspan="2">노인준비교육, 퇴직준비 교육, 노인 관련 종사자 교육</td><td>노인의 지혜와 경험을 활용한 교육</td></tr>
<tr><td>Peterson (Shrron & Lumsden) (1990)</td><td colspan="2">노인을 위한 교육적 노력의 실천적 연구</td><td colspan="2">노인과 노화에 관한 교육적 노력의 실천적 연구</td><td></td></tr>
<tr><td>Jarvis (1990)</td><td colspan="2">노인을 위한 교육</td><td>노인과 노화에 관한 교육</td><td>노인과 관련된 직업인들을 위한 교육</td><td></td></tr>
<tr><td>김종서 (1984)</td><td>노인을 위한 노인이 아닌 사람이 무엇을 알 것인가에 관한 교육</td><td>노인 자신을 위한 교육</td><td colspan="2">노인 이전의 사람들에게 실시하는 노년기에 대비하는 준비교육</td><td></td></tr>
<tr><td>한정란 (2015)</td><td colspan="2">노인을 위한 교육</td><td colspan="2">노인에 관한 교육</td><td>노인에 의한 교육</td></tr>
</table>

출처: 이윤조 외. (2016). 경기도 노인평생학습 활성화 방안 연구. 수원: 경기도평생교육진흥원.

4) 노인교육 목표와 목적

(1) 노인교육의 목표

노인을 위한 교육은 노인 복지적 차원에서 여가와 관련하여 접근해 왔다. 노인교육은 퇴직하여 소일거리를 만들기 위해 단순히 남는 시간을 보내는 차원에서 접근해서는 안 되며, 또한 단순히 지식을 획득하기 위한 방편이 아니라 계속적이고 다양한 경험을 통해 자아실현을 이루어 가는 과정이 되어야 한다. 단순한 복지적 차원을 넘어 인간의 전 생애에 걸친 평생교육의 일환으로 노인을 위한 교육이어야 한다. 이러한 학습활동은 궁극적으로 노후의 삶의 질을 향상하는 중요한 역할을 한다고 할 수 있다. 노인교육은 이론보다는 실제에 초점을 두고 노인은 물론이고 노인들과 함께 살아가는 사회구성원 모두를 위한 교육내용이 되는 것을 목표로 하며 구체적인 교육의 도달점을 제시할 수 있어야 한다.

노인교육의 목적에 도달하기 위해 노인교육을 위한 다양한 주제들을 살펴보면, 노년기 생활의 불안 해소와 안정된 노후를 위한 준비, 자기계발과 자아실현을 위한 교육, 사회화와 사회적응을 위한 교육, 세대 간 이해와 화합을 이끌어 낼 수 있는 교육, 노인 인력의 효율적 활용을 통한 인적자원화 지원 교육, 노인 관련 산업 종사자들의 노인에 대한 올바른 이해와 실버산업의 경쟁력 강화를 통한 경제적 가치를 이끌어 내는 교육으로 자리매김하여야 할 것이다(김미자 외, 2023).

이처럼 노인교육은 단순히 지식과 정보의 폭을 넓히고자 하는 목적을 넘어 노년기 삶의 질을 향상하고 길어진 노년기의 하루하루를 행복하게 보낼 수 있도록 하는 일상학습으로서 그 목적이 포괄적으로 정의될 필요가 있다. 더구나 평생학습사회로 자리매김한 오늘날 우리 사회의 노인교육은 국민 누구나 소외 없이 건강하고 밝은 삶을 살아갈 수 있도록 하는 매우 중요한 기제임에 틀림없다(최운실 외, 2021b).

(2) 노인교육의 목적

한준상(1999)은 노인을 위한 교육은 노인으로 하여금 보다 창조적인 노년기를 영위할 수 있도록 돕는 데 그 목적이 있으며, 노인을 위한 교육의 구체적 목적을 다음과 같이 제시하였다(한현지 외, 2022).

첫째, 노인들로 하여금 자신들의 위치를 확인하고 노인 및 노화의 특성을 정확히 이해하여 노화에 대해 보다 효율적으로 적응하고 노년기에 요구되는 발달과업들을 성취할 뿐만 아니라 자신의 문제를 스스로 해결해 나갈 수 있도록 도와주는 데 목적이 있다.

둘째, 노인들로 하여금 사회변화를 이해하고 그에 적응할 수 있도록 도우며, 노인들도 변화하는 사회의 한 일원으로서 능동적으로 참여할 수 있도록 도와주는 데 목적이 있다.

셋째, 노인들의 학습과 자기계발에 대한 욕구를 충족시킬 수 있도록 계속적인 자기계발과 학습 기회를 제공하는 데 목적이 있다.

넷째, 교육의 장을 통해 보다 다양한 인간관계를 구축하고 조력과 정보교환을 위한 대인관계망을 확대할 수 있도록 도와주는 데 목적이 있다.

다섯째, 교육에의 참여를 통해 보다 적극적이고 능동적인 삶의 태도를 고취할 수 있도록 돕는다.

여섯째, 노인들의 사회참여와 취업에 필요한 지식과 기술을 제공함으로써 노인들이 경제적으로 자립하고 사회에 능동적으로 참여할 수 있도록 도와주는 데 목적이 있다.

한편, 노인교육의 중요성과 관련하여 김종서(1984)는 다음과 같이 개인생활의 목표 측면, 인간관계의 목표 측면, 경제생활의 목표 측면, 국가생활의 목표 측면 등 네 가지 측면의 교육목적을 정의하여 제시한 바 있다(최운실 외, 2021b).

첫째, 개인생활의 목표 측면에서, 생에 대한 적극성을 가지고 자주적으로 계획을 세워 생활하려는 태도를 갖게 하며, 평생교육의 이념 아래 계속적으로 새로운 지식을 흡수하고 교양을 쌓게 한다. 또한 취미활동에 참가하여 여가를 즐겁게 보내기 위한 기능을 습득시키고 건강과 질병에 대한 기본적인 지식을 갖게 하여 건강을 유지하기 위해 건강습관을 지니게 한다. 그뿐만 아니라 안전에 관한 기본적 지식과 태도를 함양하고 종교에 대한 신앙심을 깊게 하여 편안한 마음으로 여생을 보내려는 태도를 갖게 한다.

둘째, 인간관계의 목표 측면에서, 젊은 사람들과의 세대차를 이해하고 동년배 집단과 밀접한 심리적 유대를 가지면서 어울리려는 태도를 갖게 한다. 이웃 간에 선배 시민으로서 존경받을 수 있는 태도를 지니며, 가정의 가풍을 이어가며 발전시키려는 태도를 갖게 한다.

셋째, 경제생활의 목표 측면에서, 노인에게 알맞은 경제활동의 종류에 관한 정보를 얻고 이에 필요한 지식과 기술을 익히게 하고 경제적 지출을 감당할 수 있는 경비를 스스로 마련하도록 하는 태도를 길러 주며, 근로의 가치가 신성하다는 것을 젊은 세대에게 보여주는 태도를 갖게 한다.

넷째, 국가생활의 목표 측면에서, 국내외 정치, 경제, 사회의 변화 추세를 이해하고 노인복지에 대한 국가·사회적 관심을 불러일으키기 위해 노인이 노인복지의 개념과 국제적 동향을 알게 한다. 또한 사회봉사활동의 필요성, 환경보호의 필요성 그리고 청소년 선도의 필요성을 인식하고 이에 적극적으로 참여하려는 태도를 갖게 한다. 그뿐만 아니라 다음세대에게 전통적인 미풍양식을 가르치려는 태도와 방법을 익히게 한다.

노인교육의 목표를 설정할 때 김종서(1982)는 교육학에서의 교육목표 설정의 기초 자원에 근거하여 철학적 타당성, 사회문화적 타당성, 학습자적 타당성을 기본적으로 고려하여야 한다고 하였다. 교육목표의 분류체계는 인지적 영역, 정의적 영역, 운동기능적 영역의 세 가지로 구별하고 있다(김윤재 외, 2017).

첫째, 인지적 영역의 교육목표는 지식과 이해력, 적용력, 분석력, 종합력, 평가력 등과 같은 지적 능력과 기능에 대한 것으로 새로운 지식을 받아들이고 통합하는 능력은 노인에게도 대단히 중요하고 유용한 것이다. 노인의 지적 능력도 충분히 개발할 수 있는 잠재력이 있으며, 연령증가에 따라 반드시 지능이 하락하는 것은 아니다. 또한 학습능력에 있어서 연령의 요인이 어느 정도 영향을 미치는지도 불분명하다. 노인에게 충분한 시간이 주어질수록, 학습과제의 의미가 분명할수록, 교육내용이 잘 조직되어 있을수록, 노인의 학습능력은 충분히 향상될 수 있다.

둘째, 정의적 영역의 교육목표는 인간의 흥미·태도·가치관, 신념체계에 관련되는 것으로 노인 평생교육에도 대단히 중요한 영역이다. 노인의 학습동기를 유발하고 적극적인 삶의 태도를 지향하고, 긍정적인 사고로 전환하여 윤택한 노년기를 누리기 위해서는 이 영역의 교육목표는 치밀하게 설정되어야 하며, 교육내용도 그에 따라 풍부해져야 한다.

셋째, 운동기능적 영역의 교육목표는 근육이나 운동기능을 강조하는 것으로 노인의 활동력을 촉진하고 건강한 삶을 유지하는 데 필요한 것이다.

(3) 노인교육의 욕구

노인의 욕구란 노인이 생존과 복지 및 자아실현을 위해 필요로 하는 신체적, 경제적, 사회적, 심리적 및 문화적 조건이라 말하며 이런 욕구는 대개 신체적 복지(건강, 영양, 일상적 활동), 심리적 복지(주관적 행복감, 소속감, 사기), 사회적 복지(사회적 원조, 경제적 안녕, 주거환경)의 세 가지 차원으로 구성되어 있다고 말한다(김익균 외, 2008). 한국노인문제연구소는 현재 노인들의 교육욕구 충족을 위한 교육과제를 다음과 같이 제시하고 있다. 첫째, 생활고에 대처하는 교육, 둘째, 노인이 걸리기 쉬운 병에 대한 지식을 갖추고 이를 예방, 치료하는 것, 대기오염, 교통사고 등에 대처하는 교육, 셋째, 노인들이 고독에서 벗어나기 위해 노인 스스로 가족, 이웃, 그리고 지역사회에 직접 참여하여 호흡을 같이할 수 있도록 하는 교육, 넷째, 노년기를 상실의 시기가 아닌 창조의 빛나는 시기로 이끌어 나갈 수 있는 지혜를 습득할 수 있도록 하는 교육이 필요하다고 하였다(송진영 외, 2023).

토슨 등(Thorson & Waskel)은 노인의 학습 욕구에 대해 다음 일곱 가지를 제시하였다(최운실 외, 2021b).

첫째, 변화에 적응하고자 하는 욕구이다. 노인은 신체적, 심리적, 사회적 노화에 효율적으로 적응함으로써 노년기를 편안하고 만족스럽게 보내고자 하는 욕구가 있다.

둘째, 성장하고자 하는 욕구이다. 노인은 자신이 이제 더 이상 갈 곳이 없는 막다른 골목에 있는 것이 아니라 계속해서 성장·발전할 수 있는 존재라는 사실을 확인하고 싶어 한다.

셋째, 다음 세대에게 문화를 전수하고자 하는 욕구이다. 노인은 자신의 세대에서 이룩한 성취들을 다음 세대에게 전달함으로써 자신에게 주어진 사명을 다하고자 하는 욕구가 있다.

넷째, 자신의 삶을 조망하고자 하는 욕구이다. 노인은 그동안 살아온 인생의 의미를 새롭게 조망해 봄으로써 자신의 삶에 대한 성취와 자긍심을 얻고자 하는 욕구가 있다.

다섯째, 사회에 통합되고자 하는 욕구이다. 노인은 자신이 사회의 주변인이 아니라 여전히 하나의 구성원이라는 사실을 확인받고 싶어 한다.

여섯째, 독립성을 유지하고자 하는 욕구이다. 노인은 여전히 사회적, 경제적, 신체적, 심리적으로 독립성을 유지하고 싶어 한다.

일곱째, 타인에게 수용되고 있음을 확인하고자 하는 욕구이다. 노인은 아직도 자신이 다른 사람에게 인정받고 받아들여지고 있다는 사실을 확인하고 싶어 한다.

노인교육 욕구에 관한 대표적인 학자는 맥클러스키(McClusky)로서 1971년 백악관 보고서에 다음의 다섯 가지 노인교육 욕구를 제시하였다(이해영, 2023; McClusky, 1971, 1974).

첫째, 대처능력욕구(coping needs)이다. 학습을 통해 변화하는 환경에 적응하기 위한 욕구라고 해서 환경 적응 욕구라고도 한다. 생활의 여러 가지 요구를 충족하기 위한 신체적, 경제적, 경제적, 복리적 교육의 욕구를 말한다. 노화로 인한 생활적응의 어려움을 극복하고 새롭게 다가오는 변화에 대하여 대처하는 학습을 통해 행복하게 보내고자 하는 욕구를 가지고 있다. 이 욕구는 자신의 노화에 따라 능력과 지식이 감퇴하여 일상생활에 곤란을 느끼기 때문에 이를 만회하고 사회에서 정상적인 기능을 유지하기 위한 교육을 받으려는 것이다. 수입유지, 건강관리, 가족적응, 여가선용, 주택선택, 법률적 조언 등이 해당된다.

둘째, 공헌적 욕구(contributive needs)이다. 교육을 통해 타인이나 지역사회에 기여하고자 하는 욕구로 자원봉사 등의 활동이 노인에게 주는 자아 개념의 충족이나 만족감을 가져다주는 것이다. 남을 위해 헌신하고 봉사를 통해 자아개념을 충족시키고 스스로 만족을 구할 수 있다. 지역사회활동이나 자원봉사활동에 참여하여 자존심을 유지하고 개인적 지위를 향상한다. 교육을 통해 새로운 정보를 얻고 사회봉사활동에 필요한 기능훈련을 받음으로써 자신의 삶을 보람으로 다른 사람을 돕고자 하는 봉사활동을 말한다.

셋째, 표현적 욕구(expressive needs)이다. 노인들이 교육을 통해서 하는 활동 자체가 즐겁고 재미있어서 교육을 원하는 것이다. 새로운 것을 배움으로 느끼는 지적 수준의 유지와 동료 노인학습자들과의 교제를 통한 심리적 안정에 대한 욕구이다. 어떤 목적을 가진 수단이 아니라 활동 자체에 참여하는 것을 목적으로 예술 분야 등에 관여하는 것이 바람직하다. 학습을 통해 사회에 참여하고 표현하고자 하는 욕구로서 자발적인 신체운동, 사회적 활동, 새로운 경험, 그 자체로부터 만족을 얻게 된다. 서예, 미술, 공예 등 그 자체의 흥미에 빠져 이를 통해 동료들과의 친교관계를 형성하고 유지한다.

넷째, 영향력 욕구(influence needs)이다. 노인이 되어 사회활동이나 경제활동이 축소되거나 중단되지만 여전히 사회에 소속되어 영향을 주고자 하는 욕구로 지역사회의 노인단체나 관심 분야의 사회단체, 종교단체, 봉사단체 등을 통해 나타난다. 사회적 역할과 지위가 소멸하는 시기에 노인도 사회의 일원으로서 사회에 영향을 미치고 노인 자신의 생활 방향을 세워 나가는 데 필요한 활동을 집단으로 조직하여 권익을 창출하고자 한다.

다섯째, 초월적 욕구(transcendence needs)이다. 또는 초연의 욕구라고도 한다.

체력의 쇠퇴와 기대수명 감소에 대한 불안을 넘어 인간의 생존에 대하여 보다 높은 의미를 터득하고 정신수준을 올림으로써 세상의 욕망에서 초연해지려는 것이다. 신체적으로는 쇠퇴하지만 인생의 본질적 의미를 찾거나 자기 자신을 초월한 정신세계를 추구하려는 욕구로 종교에 심취하려는 모습 등을 통해 나타난다. 노년기에 다가오는 죽음을 느끼면서 인생의 의미를 더욱 깊게 깨닫고 파악하려는 욕구로 자아실현 욕구를 충족시키고자 한다.

| 표 8-3 | 매슬로우와 맥클러스키의 욕구 비교

매슬로우(Maslow)의 욕구위계	맥클러스키(McClusky)의 노인욕구
자아실현의 욕구	초월적 욕구(transcendence needs) 표현적 욕구(expressive needs)
심미적 욕구	
인지적 욕구	
존경의 욕구	공헌적 욕구(contributive needs) 영향력 욕구(influence needs)
소속감과 사랑의 욕구	
안전의 욕구	대처능력욕구(coping needs)
생리적 욕구	

출처: 한정란. (2015). 노인교육론: 노인을 위한, 노인에 관한, 노인에 의한 교육. 서울: 학지사.

이러한 관점에서 볼 때, 노인들이 지닌 문제점들을 해결하고 그들이 지니고 있는 교육적 욕구를 충족시키며 성공적인 노후생활을 보내기 위해 중심적 역할을 할 수 있는 노인교육의 필요성이 더욱 부각되고 있다.

02 노인교육방법

1) 노인교육의 영역

노인교육은 노인들에게 현대사회에 적응할 수 있는 능력을 키우기 위한 지식을 습득하게 하고, 고독감, 소외감 등을 없애 주고 보람 있는 노후 생활을 하도록 하는 방향의 교육지원이 필요하다. 노인을 위한 교육의 영역을 요약하면 다음과 같다.

첫째, 노년기 교육이라 할 수 있는, 즉 노인 학습자들을 대상으로 하는 교육적 실천과 연구를 포함하는 '노인을 위한 교육(education for older adults)'이다. 지금까지 노인을 위한 교육은 좁은 의미의 노년교육과 동일시되었으며, 새로운 지식이나 변화를 다루기보다는 무료한 시간을 달래기 위한 여가교육 위주로 진행되었다. 그러나 교육은 그들이 이미 습득한 기술을 유지하고 새로운 기술변화에 적응하는 수단일 뿐 아니라 삶에 있어서 자기만족이나 목적의식, 자아정체성을 강화하는 것이어야 하며, 개인이나 집단이 자신의 삶과 지역 및 전체 사회 속에서 힘을 갖도록 도와주는 것이어야 한다. 따라서 노인을 위한 교육은 지금까지의 사회적 편견처럼 불필요한 장식품이나 사치품 정도에 그치는 것이 아니라, 진정한 의미의 자기성장을 위한 공급원이자 노인이 가진 중요한 욕구를 충족시켜 줄 수 있는 원천이다. 노인을 위한 교육은 단순히 여가를 충당하는 수단에 그치지 않고, 노인이 자신의 삶에 대한 힘을 얻는 것(empowerment)과 관련되어야 한다.

둘째, '노화와 노인에 관한 교육(education about older adults and aging)'을 통해 급속한 사회변동에 성공적으로 적응할 수 있는 교육이다. 노인에 관한 교육에서 학습자는 어린이에서 노인에 이르기까지 어느 연령집단이든지 언젠가는 노인이 될 사람들, 노인과 관련된 직업에 종사하기를 원하거나 현재 종사하고 있는 사람들, 그리고 퇴직을 준비하는 이들을 모두 포함하는 '잠재적 노인'이다. 노인에 관한 교육에서는 노화 과정의 특성과 노년기 과업 등 노화와 노인에 관한 지식과 그에 적응하거나 그들과 상호작용하는 데 필요한 지식과 기술을 다룬다. 또 노인에 관한 교육은 초·중·고 및 대학 그리고 사회 교육기관에서 이루어지는 노인에 관한 교육뿐 아니라 노인과 관련된 직업에 종사하거나 그런 직업을 원하는 이들에 대한 전문적인 노년학 교육 그리고 퇴직을 앞둔 이들을 위한 퇴직준비 교육까지를 포함한다.

셋째, 노인의 지혜와 경험을 활용하는 '노인에 의한 교육(education by older adults)'이다. 노인이 되기까지의 시간은 무의미하게 버려진 시간이 아니다. 그 긴 시간 동안 노인은 많은 경험을 하였고 그 속에서 귀중한 의미와 지식과 기술을 쌓아 왔다. 노인이 지닌 인생의 지혜와 경험이라고 하는 가치 있는 자원을 활용하는 것이 바로 노인에 의한 교육이다. 여기에서 교육이라고 하는 개념은 훨씬 광범위하다. 형식적이고 비형식적이고 무형식적인 교육 모두를 포함하는, 즉 좁은 의미의 교육 장면뿐 아니라 봉사를 통한 교육적 의미 전달까지도 범위에 해당한다. 역사나 전통 그리고 전문영역과 관련된 다양한 교육, 전통예절이나 기술 전수, 다양한 장면에서 노인의 자원봉사와 사회참여도 모두 여기에 포함된다.

넷째, '세대공동체 교육(community of generations education; intergenerational education)'이다. 여러 세대 혹은 여러 연령집단이 어떤 교육적인 목적을 위하여 공동체 안에서 함께 활동해 나가는 것으로, 각 세대는 공동체 속에서 자신들이 미처 경험하지 못했던 시간과 공간을 경험할 수 있을 뿐 아니라 서로를 통하여 더욱 많은 것을 배우고 얻을 수 있다. 세대공동체 교육은 세대 간의 서로에 대한 오해와 편견을 줄일 수 있으며, 각 연령 집단이 갖고 있는 차이점보다는 세대 공통의 가치나 관점에 대한 이해를 더욱 부각하고 확대해 줄 수 있다. 또 다양한 배경과 연령 그리고 경험을 가진 사람 간의 상호작용 기회를 제공하며, 서로 다른 연령 집단이 갖는 각자의 이점과 능력을 통하여 서로에게 도움을 줄 수 있고,

더 나아가 한국 사회에 만연된 연령에 따른 분리와 차별을 불식시킬 수 있다(한정란, 2015).

노인 평생교육은 노인의 능력수준과 흥미 또는 필요에 맞추고 노인들의 현재 생활과 직결된 내용을 반영하여 적절한 반복교육을 통해 긍정적인 효과를 나타내도록 점진적으로 깊이와 넓이를 더해 가도록 조직한다. 또한 노인들의 경험 속에 통합될 수 있도록 하나의 교육이 동시에 여러 교육과 연계되도록 해야 하며 학습자 계층을 세분하여 각 계층의 특성별로 원활하게 교육에 참여할 수 있도록 지원해 주는 노력이 필요하다.

2) 노인교육의 원리

한정란(2015)이 제시한 노년교육학의 모형은 노년교육을 노인을 위한 교육, 노인에 관한 교육, 노인에 의한 교육으로 보고 이것들을 모두 아우르는 세대공동체 교육이 필요함을 보여준다. 또한 노인교육의 기본은 노인의 일반적인 특성을 고려함과 동시에 노인의 개별적인 상황을 고려한 교육내용과 방법이 선택되어야 한다. 결국 성인학습자로서의 노인 자신뿐 아니라 관련된 전 세대를 대상으로 다음의 원리로 진행되어야 한다.

(1) 통합과 개별의 원리

노인들은 가족이나 사회로부터 격리되거나 소외감을 느끼기 쉽다. 그러므로 노인에 대한 이해와 사회 속의 세대공동체를 어우르는 통합적인 관점에서 교육내용이 구성되어야 한다. 따라서 노인학교 프로그램 등을 통해 지역사회의 활동에 참여하고 지역사회의 일원으로서 활기찬 노후생활이 될 수 있도록 고려한다. 이와 함께 같은 연령대의 노인들도 신체적, 심리적, 경제적 상황과 욕구가 다르다는 것을 전제로 교육방법과 교육프로그램의 구성이 이루어져야 한다.

(2) 자발성과 참여성의 원리

노인교육은 노인이 스스로 하려는 자발성에 근거해야 하며 강제적이어서는 안 된다. 따라서 노인학교의 운영에서도 노인의 참여와 자율성을 살리고 지원하도록 하여야 하며, 자발적인 참여가 이루어질 때 노인교육의 효과도 높아진다. 성인학습자로서 노인의 자기주도성을 인정하고 자발적인 학습이 이루어질 수 있도록 노인들의 흥미와 동기를 유발할 수 있는 학습이 되도록 하되 노년기 삶을 위해 꼭 알아야 할 정보나 사회환경의 변화에 적응을 돕는 교육이 노인들에게 소외되지 않고 전달될 수 있도록 해야 한다.

(3) 사회화와 다양성의 원리

노인들 역시 빠르게 변화하는 사회를 살아가야 한다. 사회구성원으로서 주체적인 삶을 살아갈 수 있도록 돕는 교육이 되어야 하며 자신의 연륜과 경험을 활용한 교육의 주체가 될 수 있도록 교육내용이 구성되며 노인학습자의 학습효과를 높일 수 있는 다양한 교육방법을 활용해야 한다. 교육방법에 있어 이론적 강의보다는 다양한 시청각 매체를 이용하도록 하고 실습이나 구체적 자료를 이용한 경험적 강의가 효과적이다.

(4) 생활화와 경험성의 원리

노인교육의 목적은 보다 나은 노후생활을 보내기 위한 것으로 교육내용은 생활과 밀접한 것이 좋다. 급격한 사회변화에 적절하게 대응하기 위해 사회화에 필요한 내용과 일상생활에서 가져올 수 있는 문제를 설정하고 노인들이 살아가면서 필요한 주제와 노년기 삶의 문제를 해결할 수 있는 내용을 중심으로 교육내용이 구성되어야 한다. 노인학습자의 경험을 활용하고 학습방법 자체도 경험학습 방법으로 구성되는 것이 효과적이다.

(5) 경로와 사제동행의 원리

노인교육은 교사와 학생 간의 기본적인 관계가 상호 동등한 입장에서 서로 협력적인 관계를 바탕으로 하여야 한다. 특히, 노인학교 강사는 교사와 학생 간의 관계보다 인생의 동료자로서 상호 존중하는 태도가 필요하다. 현장에서 학습자와 교수자는 서로 존중하며 특히 나이가 어린 교수자는 노인학습자에 대한 경로사상을 갖고 교육을 진행하여야 한다. 학습이 이루어지는 과정에 있어서 노인학습자가 자기주도적 학습이 일어날 수 있도록 학습자의 참여를 독려하여 함께 교육의 장을 만들어야 한다. 비록 젊은이보다 교육수준이 낮고 학습능력이 떨어진다 해도 풍부한 경험과 인생을 살아온 노인들에 대한 경로의 자세가 필요하다.

3) 노인지도방법의 원리

노인지도방법은 학습대상자에 대한 올바른 이해가 선행되어야 한다. 김혜경은 크로넷(Kroejnett)의 성인학습지도에 적용할 수 있는 아홉 가지의 지도원리를 포함한 열두 개의 노인학습 지도원리를 제시하였다(김혜경, 2005).

(1) 근접성의 원리(Law of frequency)

선행하는 학습과 후행하는 학습이 시간적, 공간적, 표상적으로 근접 또는 유사성을 띠게 될 때 보다 쉽게 학습한다는 것을 의미한다. 이 원칙은 학습의 수업 종료 부분과 학습자들의 기억에 가장 참신하다고 생각되는 내용에 적용된다. 이를 위해서 교수자는 자주 요점을 정리해 주고 중요한 내용은 수업 종료 시점에 다시 한번 더 정리하고 강조해 주어야 한다.

(2) 적합성의 원리(Law of appropriateness)

학습자들은 교수자들이 자신들의 요구에 부합되지 않는 자료를 사용하는 것을 알면 쉽게 의욕을 상실해 버리는 경우가 많다. 학습상황에서 교수자는 학습자들이 이미 알고 있는 지식과 새로운 것이 어떻게 연계되어 있는지 계속 자각하게 함으로써, 그들로부터 모르는 것에 대한 두려움을 제거할 수 있어야 한다. 노인학습자들은 학습과제가 자신들에게 의미 있고 친숙한 것일 때 더 잘 학습하는 경향이 있다. 따라서 학습자들의 흥미와 발달단계, 직업, 관심사, 학습동기에 비추어 관련성을 갖는 유의미한 학습과제를 제시하고 거부감 없이 쉽게 접근할 수 있도록 친숙하고 현실적이고 구체적인 과제나 자료를 제시하는 것이 요구된다. 이를 위해 우선 교수자는 학습에 참여하는 학습자들의 요구를 분명히 파악하고 있어야 하며, 학습자들이 익숙하게 느끼는 사례를 적절하게 활용할 수 있어야 한다.

(3) 동기부여의 원리(Law of motivation)

학습자들이 배우기를 원하고 배울 준비가 됐으며 배울 이유가 분명하도록 이끌어야 한다는 것을 의미한다. 노인교육에서는 그 어느 교육의 영역에서보다도 학습자의 역할이 더 크게 강조된다. 일단 동기부여가 되면, 목적의식이 강하게 되고 학습효과가 높아지며 학습 분위기가 자연스럽게 조성된다. 노인교육은 형식적인 학교교육과는 달리 교수자에 의해 필요한 지식이 학습자에게 전달되기보다는 학습자들이 관심 두고 있는 내용에 따라 학습의 내용이 구성된다. 이를 위해서는 무엇보다도 학습상황에서 학습자들이 잘 아는 내용으로부터 시작해서 모르는 부분으로 수업을 선개해 나가는 것이 좋다.

(4) 우선성의 원리(Law of primacy)

우선성의 원리는 일반적으로 처음에 배운 내용이 가장 잘 학습된다는 원리로 특히 집중력이 떨어지는 노인들의 학습에서는 수업 도입부에 중요한 사항을 포함하는 것이 좋은 시도라고 할 수 있다. 수업 도입부는 학습자들이 귀를 기울이고 있는 매우 중요한 부분이므로 도입부를 흥미롭게 구성하고, 중요한 내용을 초반에 많이 배치하는 것이 중요하다.

(5) 쌍방향 커뮤니케이션의 원리(Law of 2-way communication)

쌍방향 커뮤니케이션의 원리는 교수-학습과정이 학습자들과 함께 의사소통하면서 진행된다는 것을 의미한다. 학습에 있어 학습자들 간 혹은 학습자와 교수자 간의 상호관계는 매우 중요하다. 그러므로 학습이 이루어지는 내내 학습자 간, 혹은 학습자와 교수자 간의 쌍방향 의사소통 과정에 대한 주의가 요구된다. 교사 중심적인 설명 위주의 강의보다는 토의식 교수나 문제해결 중심의 과제수행, 실험과 실습, 견학, 회상 등의 학습자 중심의 학습활동이 더욱 많이 요구된다.

(6) 피드백의 원리(Law of feedback)

피드백의 원리는 교수-학습 상황에서 교수자나 학습자 모두 서로에 대한 정보가 필요하다는 것을 의미한다. 교수자는 학습자들이 의도하는 방향으로 학습이 잘 진행되고 있는지, 진행속도는 적절한지를 파악하고 있어야 하며, 학습자들은 자신의 학습활동이 기준에 비추어 어떤지 알고 싶어 한다. 학습자들이 학습활동의 결과로 보상(긍정적 강화)을 받게 되면, 바람직한 결과를 가져올 수 있는 행동을 하도록 그들을 변화시킬 수 있는 기회를 얻게 되며 이러한 피드백의 원리는 학습자들의 학습활동을 촉진하기 위한 적절한 강화역할을 할 수 있다.

(7) 참여학습의 원리(Law of active learning)

참여학습의 원리는 학습자들이 학습에 능동적으로 참여할 때 더 많은 것을 학습하게 된다는 원리이다. 노인학습자들은 학습에 대한 능동적 참여가 학습의욕과 관심에 비례하여 증가하지는 않는다. 이는 컴퓨터와 같이 낯선 학습환경에서는 더욱 두드러지게 나타난다. 학습자들은 적극적인 참여학습을 통하여 동기유발을 강화할 수 있으며 더욱더 높은 학습능률을 높일 수 있다.

(8) 다중감각을 활용한 학습원리(Law of multiple-sense learning)

다중감각을 활용한 학습원리는 학습자들이 자신의 오감 중 한 개 이상을 학습에 사용하게 되면, 더 효율적인 학습이 이루어진다는 것을 의미한다. 학습자들에게 어떤 것을 설명할 때 말로만 하지 말고 그것을 보여주고자 노력하는 것이 필요하며 실제로 학습자 자신이 직접 경험해 볼 수 있게 하는 것이 요구된다.

(9) 반복학습의 원리(Law of exercise)

반복학습의 원리는 반복하여 학습한 내용이 가장 잘 기억된다는 것을 의미한다. 학습자들이 새로운 지식을 연습하고 반복하면, 나중에 그것을 활용할 수 있는 가능성이 증가하게 된다. 교수자는 학습상황에서 연습을 조장하거나 다양한 방식으로 지식을 반복 습득하게 함으로써 충분한 학습을 유도하는 것이 좋다.

(10) 조직화의 원리(Law of organization)

노인들의 학습능력은 정보처리 수준과 과정의 약화와 관련이 있다. 그러므로 노인들에게 학습효과를 극대화하기 위해서는 정보를 조직적으로 제시하는 것이 좋다.

(11) 개별화의 원리(Law of individualization)

노인들은 인생에 있어서 다양한 경험수준과 유형을 갖고 있다. 이에 따라 학습 준비도에 많은 차이가 있는 다양한 집단이다. 그러므로 노인들에게는 집단적 접근보다는 개인의 경험, 연령, 교육 등을 고려한 개별적인 접근을 한다. 성인학습에서는 학습자의 역할이 일반적인 학교교육에 비하여 훨씬 더 중요하다. 즉 노인교육에 있어 교수자와 노인학습자는 학습자의 요구와 필요를 진단하는데 상당한 시간을 투자해야 한다. 노인들은 자신의 요구와 필요에 맞지 않을 때 언제든지 다른 활동으로 옮겨 갈 수 있다. 따라서 학습자에게 목표 설정에서부터 충분한 참여를 제공해야 하며 노인교육의 내용과 형식 그리고 그것의 제공은 학습자들의 요구와 필요에 근거를 두고 이루어져야 한다.

(12) 경로사상에 기초한 원리(Law of respect for the elderly)

노인은 지금까지 다양한 삶의 경험이 있으며 대부분이 교수자보다 연령이 많기 때문에 교수자는 경로사상에 기초하여 노인에게 예의 바르고 친절해야 하며 존중해 주어야 한다. 또한 노인교육의 공간은 따뜻하고, 부드럽고, 온정적이어야 하며, 교수자와 학습자 간에 그리고 학습자들 상호 간에 존중하고 존경하는 분위기가 조성되어야 한다. 따라서 가능한 한 모든 교실 분위기나 환경, 과제의 준비에 있어 노인학습자에게 최대한 배려가 이루어지도록 해야 할 것이다.

4) 노인교육의 교육내용

노인교육을 위한 교육내용에서 무엇을 가르칠 것에 관하여 학자들의 의견은 다음과 같다.

(1) 펠드먼과 스위니의 노인교육 내용

펠드먼 등(Feldman & Sweeney)은 노인을 위한 교육을 다음과 같이 세 영역으로 제시하였다(Feldman et al., 1989).

첫째, 생존을 위한 교육이다. 퇴직노인들이 퇴직을 준비할 수 있도록 재정적 계획과 관리를 포함한다.

둘째, 적응을 위한 교육이다. 건강과 독립적인 삶을 위한 교육으로 건강증진과 질병예방, 상담, 보호자 선택에 관한 정보, 소비자 교육, 정치적 의사결정 등에 관한 교육을 포함한다.

셋째, 봉사와 성장을 위한 교육이다. 많은 노인이 살아오면서 축적된 경험이나 지식, 지혜를 가지고 있다. 봉사를 통하여 이러한 노인들의 자원을 사회로 흘려보낼 수 있다.

(2) 피터슨의 노인교육 내용

피터슨(Peterson, 1983)은 노인교육의 과제 일곱 가지를 제시하였는데, 노인에 대한 고정관념의 문제, 노인교육 재정 충당방법의 문제, 노인교육학의 책무성 문제, 다양한 매체의 활용, 직업교육에 대한 관심, 대상의 다양화 문제, 우선순위의 문제 등을 제시하면서 다음의 다섯 가지로 노인교육 내용을 제안하였다(김종남, 2008).

첫째, 환경적응의 요구에 관련된 교육이다. 노화로 인한 쇠퇴를 극복하기 위해서는 노년기의 신체적 변화와 적응에 필요한 전략을 규명하는 것과 관련된 교육, 배우자의 죽음이나 질병, 직업의 상실과 축소, 이사로 인한 새로운 교제 등 사회적 변화에 관한 교육, 은퇴로 인한 경제적 변화에의 적응을 위한 교육, 노화나 노인에 대한 사회의 편견, 자신의 노화에 대한 인정 등 노화로 인한 정서적 변화에 적응하기 위한 교육, 기억이나 지능의 변화에 대한 적응, 감각의 정확성 쇠퇴에의 적응, 성격적 변화 등 심리적 변화에 관련된 교육 등이 포함된다.

둘째, 표현적 요구에 관련된 교육이다. 표현적 요구를 위한 교육에는 예술이나 문화, 여가활동에 관한 교육, 대화기법이나 갈등 관리 등 사회관계에 속한 교육이다.

셋째, 공헌의 요구에 관련된 교육이다. 타인과 사회에 봉사하고 공헌하고자 하는 공헌의 요구를 위한 내용으로 노인들이 지닌 잠재적인 공헌능력에 관한 교육, 그들이 가진 자원을 동원하는 방법 등에 관한 교육, 그들의 시간과 노력을 가장 의미 있게 사용하는 방법에 관한 교육, 사회에 공헌할 수 있는 구체적인 기술을 개발하기 위한 교육 등이 있다.

넷째, 영향력의 요구에 관련된 교육이다. 타인과 사회에 대한 영향력의 욕구를 충족시키기 위한 교육 내용으로 노인 자신에게 가장 적절한 역할을 규명하고 개인과 집단이 적절한 기술을 개발하고 사회적 자원을 제공하며 그 활동의 결과를 평가하는 데 도움을 주는 교육이다.

다섯째, 초월적 요구에 관련된 교육이다. 인생의 의미에 대한 더욱 깊은 이해를 얻고자 하는 초월적 요구를 위한 교육에는 위인들이 인생에 대하여 어떤 의미를 부여했는지에 대한 이해를 제공하는 교육, 회상을 통하여 자신의 인생 의미를 재조명하도록 돕는 교육 등이 이에 포함된다.

03 노인교육의 과제

평생교육 정책 안에서 노년층 학습자들을 위하여 별도로 지원되거나 관리되는 사업은 거의 전무한 상태라 할 수 있다(손의성 외, 2018). 향후 인구 고령화의 급속한 진행과 베이비부머의 노화로 인한 노년층의 교육 및 사회참여 욕구 수준은 꾸준히 증가할 것이며, 따라서 건강과 여가 위주의 노인복지뿐 아니라 노인 평생교육의 활성화는 매우 중요하고도 시급한 과제라 하겠다. 향후 노인 평생교육 활성화를 위하여 필요한 과제들을 살펴보면 다음과 같다.

첫째, 노인 평생교육 업무 주무 부처 지정 및 부처 간 협력이 강화되어야 한다. 현재 교육부와 보건복지부로 흩어져 있는 노인 평생교육의 관리·감독 부처를 명시하고, 부처 간의 역할분담을 명확히 하여야 한다.

둘째, 노인 평생교육 실태 파악이다. 효과적인 정책 수립과 제도 마련을 위해서는 현황 및 실태 파악이 우선되어야 하지만 아직 노인 평생교육 실태조사가 제대로 이루어지지 못하고 있다. 교육개발원에서 매년 실시하는 '평생학습 개인 실태조사'에서도 최근 들어 만 65세 이상 노년층을 조사대상에 추가하였지만 79세까지 제한적으로 포함된 상태이다. 보건복지부에서는 등록된 노인 여가복지시설에 대해서만 관리할 뿐 시설에 대한 전수조사나 학습자 대상 조사를 실시하지 못하고 있다. 따라서 '평생학습 개인 실태조사'에 실질적인 노인 평생교육의 대상인 65세 이상 전 연령층을 대상으로 하여 학습자 개인뿐 아니라 기관 미시설, 프로그램에 대한 실태조사가 함께 이루어져야 할 것이다. 나아가 노인 평생교육시설과 프로그램, 노인여가복지시설에 대한 전수조사를 바탕으로 정책을 수립하고 체계적인 관리, 감독 및 지원이 이뤄질 수 있도록 해야 할 것이다.

셋째, 노인 평생교육 지원을 위한 법적 정비가 필요하다. 현재 노인 평생교육은 그 중요성에도 불구하고 「노인복지법」이나 「평생교육법」 등 법 조항 어디에도 "노인 평생교육"을 구체적으로 명시하고 있지 않다. 노인 평생교육을 담당하는 시설에 대한 시설기준 및 인력배치 기준을 강화하고 지원을 확대하기 위하여 관련 법률의 제정·개정과 더불어 관련 제도 마련이 시급하다.

넷째, 노인 평생교육의 전문성 강화이다. 노인 평생교육기관에서 근무하는 평생교육사는 자격양성과정에서 노인교육론을 필수로 이수하거나 임용 후 보수교육을 통하여 노인교육론을 이수하도록 함으로써 노인 평생교육의 전문성을 강화해야 할 것이다. 또한 현실적으로 평생교육사를 고용하기 어려운 경로당과 같은 소규모 노인 평생교육기관에 대해서는 프로그램 지원이나 관리에 대한 전문적인 자문이나 협조할 수 있게 할 필요가 있다.

09
Chapter

원격교육

01 원격교육의 이해

1) 원격교육의 정의

원격교육의 미래는 디지털 혁신과 급격한 기술 발전의 중심에서 길이 열리고 있다. 4차 산업혁명에서, 가상현실과 인공지능이 점차 더 세밀하게 통합되면서, 학습자들은 현실과 구분이 어려울 정도로 현실적이고 맞춤형으로 디자인된 교육 경험을 할 것이다. 증강현실을 활용한 학습환경은 교실의 벽을 넘어 글로벌한 교육 커뮤니티를 구축하는 데 일조하며, 학생들은 지역과 국경을 초월하여 협력과 소통을 극대화할 것이다. 또한, 개별 학습자의 필요와 성향을 분석하는 개인 맞춤형 교육 서비스가 발전함에 따라 교육의 접근성이 더욱 확대되고, 폭넓은 사회 계층에 걸쳐 교육 기회의 평등성이 증가할 것이다. 뿐만 아니라 실시간 협업과 대화를 강화하는 소프트 스킬 중심의 교육이 강조되어, 학습자들은 문제해결과 협업 능력을 강화하며 미래의 변화에 적응할 수 있는 유연하고 창의적인 역량을 갖추게 될 것이다. 이러한 추세는 전통적인 교육의 경계를 허물고 글로벌 교육의 새로운 지형을 개척하고 있다.

원격교육(distance education)의 개념을 이해하는 데 시간과 공간의 분리는 중요한 위치를 차지한다. 캐나다의 원격대학인 아타바스카(Athabasca)대학교의 댄 콜드웨이(Dan Coldway)는 교육의 실제를 구분하기 위해 시간과 공간의 측면을 활용한다(Simonson, Smaldino, Albright, & Zvacek, 2003). 원격교육은 시간과 공간의 상이성에 따라서 동시적 원격교육과 비동시적 원격교육으로 구분된다.

| 표 9-1 | 시간과 공간 측면에 의한 교육 실제의 구분

구분		공간	
		동일	상이
시간	동일	전통적인 교실 교육	동시적 원격교육(인공위성 활용 원격교육)
	상이	미디어센터, 컴퓨터 랩(laboratory)	비동시적 원격교육(웹 기반 교육)

콜드웨이에 따르면 시간과 공간이 모두 분리된 형태의 교육이 가장 순수한 원격교육 형태이다. 또한 공간은 분리되어 있지만 시간은 동일하게 이루어지는 형태도 원격교육의 한 유형으로 본다. 이처럼 시간과 공간의 분리 여부가 원격교육을 정의하는 데 중요한 특성으로 꼽지만, 이 밖에도 원격교육의 제도화(institution-based) 특성, 상호작용적 원격통신(interactive telecommunication)의 활용 특성, 그리고 교육요소 간 연결성(connection) 특성을 더욱 중요하게 여기는 관점이 널리 인정받고 있다(Schlosser et al., 2009). 원격교육은 아래 [그림 9-1]에서와 같이 크게 네 가지의 개념적 특성을 보인다.

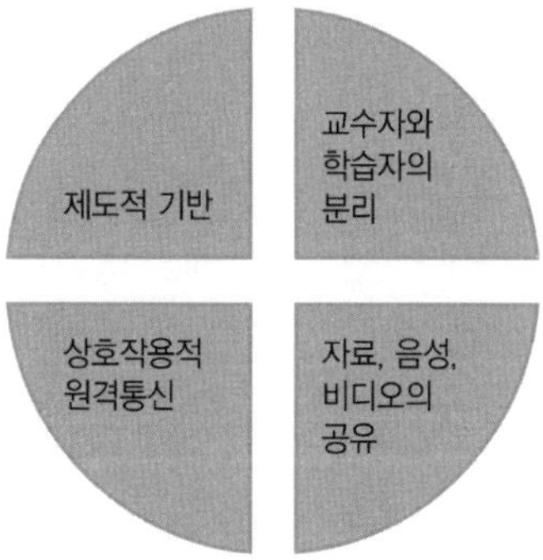

| 그림 9-1 | 원격교육의 특성

출처: Schlosser et al. (2009). Distance education: Definition and glossary of terms(3rd ed). Information Age Publishing.

첫째, 일정한 수준의 제도적 기반을 지니고 있어야 한다. 제도의 뒷받침 없이 이루어지는 자학자습(self-study)은 원격교육과 구분된다. 전통적인 학교 이외에도 기업, 정부기관, 사설 교육기관에서 원격교육의 증가가 계속되고 있다.

둘째, 원격교육은 상호작용성을 제공하고 증진하기 위한 원격통신 매체나 기술을 활용한다. 텔레비전, 전화, 인터넷 등의 전자 형태의 원격통신 기술뿐만 아니라 일반적인 매체, 즉 인쇄물, 우편통신 등을 활용하여 학습내용 교육이 이루어진다.

셋째, 원격교육은 교수자, 학습자, 그리고 학습자료 간의 연결성을 보여주어야 한다. 원격교육에서는 다양한 형태의 자료, 음성, 비디오가 공유된다.

넷째, 앞에서 언급한 것과 같이 교수자와 학습자가 분리되는 특성을 보인다.

원격교육을 이해하기 위해 학자들의 정의를 살펴보면, 무어(Moore)는 교사·학생 간 물리적 거리가 존재하는 환경에서 가르치기 위해서 인쇄자료, 전자기기 또는 기계 장치와 같은 의사소통수단을 활용하는 교육형태(Moore, 1973)라고 하였으며, 키건(Keegan)은 학생과 교사의 분리, 교육조직의 영향, 교사와 학습자를 연결하는 매체 사용, 쌍방향 의사소통 교환, 학습 그룹의 부재, 그룹보다는 개인으로서의 학습자, 산업화된 형태로서의 교육이라고 하였다(Keegan, 1986). 또한 칸(Khan)은 원격교육 범주의 하나인 이러닝은 인터넷 자원과 디지털 테크놀로지를 활용하여 개방성, 융통성, 분산성을 가진 학습환경을 제공하며, 누구나 원하는 시간에 원하는 장소에서 잘 설계된 학습자 중심의 쌍방향 학습을 가능하게 하는 학습 방법(Khan, 2005)이라고 하였고, 신나민, 이선희와 김수연(2021)은 교수자와 학습자가 공간적으로 분리된 상황에서 매체를 통해 중재되는 교수·학습 활동이라고 하였다.

이처럼 원격교육은 일반적으로 교사·학생 간 물리적 거리가 존재하는 환경에서 인쇄, 방송, 컴퓨터와 같은 상호작용을 지원하는 테크놀로지를 통해 교육이 이루어지는 방식을 의미한다(Schlosser et al., 2009).

원격교육(distance education)은 이러닝(e-learning), 사이버교육(cyber education), 원격학습(distance learning), 온라인 학습(online learning)과 혼용되어 사용되기도 한다. 그러나 원격교육은 이러닝(e-learning), 사이버교육(cyber education), 원격학습(distance learning), 온라인 학습(online learning)과 엄밀하게 그 개념이 다르다고 할 수 있다.

먼저, 이러닝은 전자매체를 사용하는 원격교육의 한 유형이라고 할 수는 있으나, 이러닝이 원격교육을 의미하지는 않는다(신나민 외, 2021). 왜냐하면 원격교육에는 이러닝이 아닌 형태도 있기 때문이다.

이러닝(e-learning)은 'electronic learning'의 약자로 1999년 엘리엇 마시(Elliott Masie)에 의해 처음 사용되었다. 이러닝의 정의를 살펴보면 '전자적 수단, 정보통신, 전파, 방송, 인공지능, 가상현실 및 증강현실 관련 기술을 활용하여 이루어지는 학습'이라고 한다(이러닝산업법, 2022). 로젠버그(Rosenberg)는 이러닝의 개념을 다음과 같이 설명하고 있다(Rosenberg, 2001).

첫째, 면대면 학습에서 경험하지 못한 학습자 중심활동을 지원한다는 의미로서 학습경험의 확장(experience)으로 본다.

둘째, 직장인, 주부 등 기존의 교육시스템에서 소외되었던 학습자들에게 학습기회를 제공하고 학습의 선택권을 확대하며 학습시간을 연장한다는 의미로서 학습기회의 확장(extension)이다.

셋째, 교실 외에 인터넷이 연결된 장소이면 어디든지 학습공간이 될 수 있다는 의미로서 학습공간의 확대(expansion)라는 의미가 있다. 즉 지식과 성과를 향상하는 다양한 종류의 해결책을 전달하기 위한 목적으로 인터넷 기술을 이용하는 것이다.

호턴(Horton, 2006)은 교육경험을 제공하기 위해 인터넷과 디지털 기술을 이용하는 것이며, 칸(Khan, 1997)은 하이퍼미디어 기반 웹의 특성과 자원을 활용하는 교수 프로그램이라고 이러닝을 정의하였다.

또한 사이버교육은 현실 공간과 대비되는 개념으로 사이버공간에서 이루어지는 교육으로 원격교육의 한 유형이라고 할 수는 있으나, 이러닝과 마찬가지로 사이버교육이 원격교육을 의미하지는 않는다(신나민 외, 2021). 인쇄매체, 라디오, 텔레비전, 오디오나 비디오 콘퍼런싱을 통해서 원격교육을 실시하는 경우도 있기 때문이다. 원격학습 역시 원격교육과 다르다고 할 수 있다. 원격교육은

'교수자와 다른 시간 혹은 공간에서 계획된 학습에 참여하는 학습자에게 인쇄나 전자적 소통매체를 통해 이루어지는 교육'이라는 정의(McIsaac et al., 1996)에 따르면, 계획되지 않은 자기주도적 학습이나 비계획적인 원격학습은 원격교육의 정의에 포함되지 않는다고 보기 때문이다(신나민 외, 2021).

원격교육은 ① 교수자와 학습자의 반영구적 분리, ② 교육조직의 영향 아래에서 교육 참여(형식적 교육 형태임을 강조), ③ 기술매체의 이용, ④ 쌍방향 커뮤니케이션의 제공, ⑤ 지속적이지 않은 간헐적 학습 모임으로 개별학습이 기본 형태, ⑥ 산업화된 형태의 교육 등으로 핵심 요인을 제시한다(Keegan, 1980). 특히 키건(Keegan)이 제시한 핵심요소 중에서 '산업화된 형태의 교육'은 교수활동이 교수자의 역량에 의존하기보다는 하나의 코스가 설계, 개발, 운영되는 과정이 체계적이어야 하며, 이런 시스템을 갖춘 교육기관에 의해 실행되어야 한다고 강조한다(신나민 외, 2021). 그러나 정인성과 나일주(2007)는 미국 교육 공학회와 라이스(AECT et al., 1997)의 의견을 바탕으로 키건이 제시한 원격교육의 핵심 요소를 다음과 같이 비판하였다(노혜란, 2011).

첫째, 텔레콘퍼런싱 기술의 발달은 원격교육에서 교사와 학생이 공간적으로 분리되어 있으나, 같은 시간대에 가르치고 배울 수 있는 환경을 제공하고 있어 '교사와 학생 간의 분리'가 반드시 시공간적 분리를 의미하지 않는다.

둘째, '개별학습이 기본 형태'는 최근 기술의 변화로 교사와 다른 학생과의 토론이나 협동적 과제수행을 위한 협동학습으로 통합되어 진행된다.

셋째, 지금까지 원격교육이 대다수 학생을 대상으로 산업화된 형태로 이루어졌으나, 소수 학생을 대상으로 특화되어 제공되는 사례가 증가하고 있다.

여러 학자의 정의와 구성 요소를 기반으로 원격교육을 정의하면, '교수자와 학습자의 물리적인 교수·학습 환경의 제약을 극복할 수 있도록 다양한 기술적·문화적·사회적·교육적 지원을 통해 교육의 질을 향상할 수 있도록 지원하는 대안적 교육형태'를 의미한다(노혜란, 2011). 그러나 원격교육을 다른 개념과 구분하고 지나치게 한정하여 접근하기보다는 원격교육이 다른 교육 형태와 어떻게 통합될 수 있는지에 대한 관심을 가지는 것이 중요하다.

02 원격교육의 구성

원격교육은 전통적인 면대면 교육과는 다른 구조(structure), 대화(dialogue), 자율(autonomy)이라는 중요한 세 가지 구성요소가 있다(Moore, 1997). 원격교육에서 소셜 프레젠테이션은 매우 중요한 역할을 하며, 학습자들 간의 상호작용과 협력은 다양한 수단을 통해 깊이 있는 학습을 촉진한다. 온라인 토론, 그룹 프로젝트, 그리고 공동 작업은 이러한 상호작용과 협력을 이끌어 내는 데 효과적인 수단으로 작용한다.

첫째, 온라인 토론은 학습자들이 아이디어를 교환하고 토론을 통해 서로의 의견을 이해하고 비판적 사고를 촉진한다. 이는 단순히 정보 전달이 아니라 더 나은 이해와 지식의 구축을 가능케 한다.

둘째, 그룹 프로젝트는 학습자들이 특정 주제나 과제를 함께 연구하고 해결하는 과정에서 협력과 팀워크의 중요성을 부각한다. 다양한 배경과 관점을 갖춘 학습자들이 함께 참여함으로써 풍부한 학습경험을 제공한다.

셋째, 공동 작업은 학습자들이 실시간으로 문제를 해결하거나 프로젝트를 진행하는 과정에서 상호작용하는 기회를 제공한다. 이는 실제 업무 환경에서의 협업 능력을 향상하며, 동료들과의 소통과 협력이 학습의 핵심 요소로 작용한다.

이러한 다양한 소셜 프레젠테이션 활동을 통해 학습자들은 독립적인 학습뿐만 아니라 다른 이들과 협력하여 새로운 아이디어를 발전시키고 문제에 대한 창의적인 해결책을 모색하는 능력을 기를 수 있다.

1) 구조

원격교육에서의 구조(structure)란 개별 학습자의 필요에 맞게 교육 프로그램이 조직화한 정도를 말한다. 구조화가 높다는 것은 학습자가 교수자 없이 독립적으로 학습할 수 있는 콘텐츠가 충분히 잘 조직화하여 있다는 것을 의미한다. 다시 말하면, 교수학습체제, 내용, 활동 등이 사전에 치밀하게 계획되어 교수자의 의도대로 학습이 이루어질 수 있도록 설계된 상태로서, 매체는 학습자의 학습을 이끌어 주고 통제하고 평가해 줌으로써 전통적인 교수학습을 대신하게 된다(이혜정 외, 2010).

2) 대화

대화는 원격교육의 교수자와 학습자 사이의 직·간접적인 상호작용, 즉 말, 행동, 아이디어, 또는 다른 상호작용으로 이루어지는 실제 대화를 의미한다. 대인 간 상호작용을 중시하는 연구자들은(이혜정, 2004; Morris et al., 1999) 원격교육 교재가 잘 구조화되어 있다 하더라도 사람과 사람 간의 상호작용 부재를 극복하는 데에는 한계가 있다고 지적하면서, 활발한 상호작용을 통해서만 원격교육이 면대면 교육만큼 효과를 얻을 수 있다고 주장한다(이혜정 외, 2010). 무어(Moore, 1997) 역시 원격교육의 첫 번째 구성요소로서 대화를 제시할 만큼 원격교육에서 대화가 중요하다고 하였다. 원격교육의 대화에서는 튜터와의 대화, 학생자치 학습동아리, 출석수업 등의 형태로 나타난다.

(1) 코스 상담

코스 상담은 원격 프로그램에 들어오기 전부터 졸업까지 지속적인 상담을 합의된 장소에서 전화나 전자매체, 문서 등으로 이루어진다. 코스 상담의 주요 내용은 등록 안내, 코스의 내용, 직업 안내, 시험 준비, 중도탈락 위험에 대한 상담, 재정 문제, 학습자의 개인적이고 사회적인 요구와 관련한 것들이다. 코스 상담은 원격교육을 수강하는 학생들에게 계속성, 심리적인 안정감, 실재감을 주어서 필요한 도움과 정보를 얻고 해결할 수 있다.

(2) 튜터와 대화

튜터는 교수자와 학습자의 중간 매개자로서 학습자의 학습과정을 안내, 지원하고 문제해결능력을 향상하는 교수자의 보조자, 학습자의 지원자(이동주, 임철일, 임정훈, 2021)로서, 자기주도적인 학습을 해야 하는 원격교육 학습자들에게 있어서 학습활동을 지원해 주고 어려움을 해결하는 데 도움을 주는 역할을 한다.

(3) 학생자치 학습동아리

원격교육 기관의 학생들은 자발적으로 교수학습에 관한 문제를 토론하고, 공동으로 문제를 해결하고, 상호 간의 경험을 교환하기 위하여 학습동아리(study circles)를 구성하여 운영하도록 지도받기도 한다. 학습동아리는 튜터와의 공식적인 대화를 할 수도 있고, 세미나에서 부족한 내용 등을 보충할 수도 있으며, 학습자의 문제를 이야기함으로써 서로 다른 각도에서 볼 수 있도록 도움을 줄 수 있다.

(4) 출석 수업

원격 프로그램이 수강 시작부터 수료까지 온전히 원격으로만 이루어지는 경우가 많기는 하지만, 교육기관이나 내용에 따라서 출석 수업하기도 한다. 특히, 원격대학의 경우는 세미나, 여름학교, 기숙학교, 면대면 교육 등의 이름으로 출석 수업이 이루어지기도 한다.

3) 자율

자율(autonomy)은 학습자의 자기결정을 의미한다(Moore, 1997). 자율적으로 학습하는 학습자는 자기 뜻에 따라 자신의 학습을 결정할 수 있다. 특히, 성인학습자는 학습과정과 결과에서 스스로 느끼는 만족감과 성취가 주요 학습동기로 작용하며, 학습에 관한 의사결정과 통제 그리고 자율성을 가지고 싶어 한다(Knowles, 1989). 무어(Moore)에 따르면, 자율은 학습자가 자기 결정을 내리는 능력을 의미한다(Moore, 1997). 성인 학습자는 특히 학습의 과정과 결과에 대한 만족과 성취를 중요하게 여기며, 노울즈(Knowles)는 성인 학습자가 학습에 대한 의사결정과 통제, 그리고 자율성을 갖고자 하는 경향이 있다고 설명한다(Knowles, 1989). 이러한 특징을 가진 자율적 학습자는 자기 목표를 설정하고 계획을 세우며, 자기 평가와 피드백 수용, 자원 활용, 문제해결 능력, 그리고 노력과 인내를 통해 지속적인 학습과 발전을 추구한다. 자율과 학습은 서로 깊게 연관되어 있다. 학습자에게 자기 결정과 주도적 참여를 허용하는 자율적 학습은 목표 설정, 학습방법 선택, 학습 과정 관리에 대한 책임을 부여한다.

이는 학습자의 독립적이고 주체적인 학습경험을 형성하며, 개인의 학습 목표와 관심사를 중시하여 학습 동기부여를 높이고, 지속적이며 의미 있는 학습을 유도한다. 또한, 자율적 학습은 학습자가 자신의 강점과 약점을 이해하고 필요에 따라 추가 학습을 통해 개인적인 능력을 향상할 수 있는 기회를 제공한다. 이를 통해 학습자는 창의성을 촉진하고 새로운 아이디어와 관점을 개발하며, 동시에 문제해결 능력을 향상한다. 학습 동기부여를 높이는 성취와 만족은 학습자의 의욕을 유지하고 학습 과정에 긍정적인 효과를 불러온다. 또한, 자율성은 학습자에게 책임감과 독립성을 부여하여 자기주도적 학습능력을 향상하고, 지속적인 학습을 촉진한다. 이러한 관점에서 자율성은 학습자의 주체성과 독립성을 존중하며, 지속적이고 의미 있는 학습을 지원하는 중요한 개념으로 간주된다.

03 원격교육의 필요성과 장·단점

1) 원격교육의 필요성

원격교육은 역사적으로 볼 때 면대면 교육을 하기 어려운 상황에 대한 대안으로 시작되었다. 최근에 와서는 면대면의 전통적인 교육이 제대로 수행하지 못하는 측면을 보완하거나 대체하기 위해 원격교육 혹은 e-러닝이 관심을 받고 있다. 한편 원격교육에 대한 실제적 필요성의 증가는 자연스럽게 원격교육에 대한 이론적 연구에 관심을 가지게 되었다. 원격교육을 구성하고 있는 측면들이 더욱 복잡해지고, 또한 관련된 많은 문제들(예를 들면, 학습자의 중도탈락)이 나타남에 따라서 문제의 성격을 이해하고, 적절한 해결책을 제시하는 이론적 연구의 필요성이 점차로 증가하고 있다.

오늘날 학습자들은 시 · 공간에 구애받지 않고 특정 강좌 내에서 동시적 · 비동시적으로 상호작용할 수 있으며, 서로 간의 학습관리시스템(Learning Management System: LMS)상에서 상호작용할 수 있게 됨에 따라 학습환경은 더욱 유연하고 학습자 중심이 되고 있다.

원격교육에 대한 실제적 필요에 대한 요구를 크게 네 가지 측면을 중심으로 살펴본다. 대학교육의 기회 제공, 평생학습의 기회 제공, 기업의 직무훈련 기회 제공, 그리고 초 · 중등학교의 교육문제 해결 차원이 그것이다(신나민, 2007; 이동주 외, 2021).

(1) 대학교육 기회 제공

원격교육의 역사적 발전과정과 현재 상황을 볼 때 원격교육의 핵심에 있는 교육형태는 원격대학(distance university)이다. 국내와 서구의 교육발전에 있어서 대학은 매우 중요한 위치에 있다. 근대화 과정에서 초 · 중등교육의 대중화를 경험하게 되며, 자연스럽게 대학교육에까지 대중화 요구로 이어졌다. 특히 제2차 세계대전 이후 대학교육의 수요가 급격히 증가하게 되었고 1960년대 영국 총리를 지낸 해럴드 윌슨(Harold Wilson)에 의해 개방대학(Open University) 설립에 대한 논의가 시작되었으며, 1969년 영국 개방대학이 설립되었다. 이후 영국 개방대학을 통해 그 과정을 이수한 학생이 200만 명, 학사학위를 받은 학생이 20만 명을 넘어서고 있다.

우리나라도 1972년 영국의 개방대학과 유사한 형태의 '한국방송통신대학교'가 설립되었다. 2년제 초급대학과정으로 시작해서 지속적인 성장을 거듭해 오다가 지난 1991년 4년제 학사과정으로 개편되었다. 한편 2000년에 공포된 「평생교육법령」을 근거로 사이버대학교가 설립되면서 대학교육의 기회는 더욱 확대되기 시작했다.

영국의 개방대학교 그리고 국내의 한국방송통신대학교와 일반 사이버대학교의 사례에서 볼 수 있듯이 원격교육의 필요성은 무엇보다 대학교육의 확대로부터 찾을 수 있다. 이 점은 원격교육이 기본적으로 성인들을 대상으로 이루어지는 대학 수준의 교육형태라는 인식에 큰 영향을 끼친다.

(2) 평생학습사회 구현

원격교육은 평생학습사회를 구현하는 과정에서 절대적으로 필요하다. 1970년대 UNESCO, OECD 등의 교육 관련 국제기구가 평생학습의 개념을 소개한 이후 평생학습은 이제 현대 사회 교육의 새로운 패러다임으로 자리 잡고 있다. 특히 20세기 중반 이후 지식정보사회의 도래와 함께 기존의 전통적인 학교교육만으로는 개인의 생존과 자아실현이 어려워지면서 평생학습의 이념이 강조되고 있다. 전 인생에 걸쳐서 학습이 이루어지는 것을 지향하는 평생학습의 개념이 다시 한번 강조되고 있다. 평생학습의 이념을 구현하는 과정에서 원격교육은 매우 중요한 기능을 담당하고 있다. 앞에서 언급한 대학교육의 기회를 성인들에게 제공하는 측면은 물론이거니와 이 밖에도 각종 다양한 성인학습의 기회가 원격교육의 형태로 제공되고 있다. 예컨대 대학을 이미 마치고 자신의 생업에 종사하면서도 또 하나의 학위 취득을 위해 사이버대학교를 다니는 사람들이 점차 증가하고 있다. 석사학위 수준의 대학원 과정을 인터넷 기반의 대학을 통해 이수하는 경우가 늘어나고 있다. 또한 각종 평생교육기관에서 운영하는 일반 온라인 강좌가 점차로 증가하고 있다.

(3) 기업의 직무훈련 기회 제공

1990년대 중반 이후 인터넷의 도입과 확산은 전통적인 기업의 교육훈련에도 변화가 생겼다. 면대면의 교실수업이 아닌 인터넷 기반의 정보통신기술을 활용하여 교육과 학습이 이루어지는 이러닝이 사회 전반에 많은 영향을 미쳤다. 특히 이러닝이 기업의 교육훈련 장면에 큰 변화를 가져오게 되면서 기존의 연수원 중심의 집합식 교육의 틀에서 벗어나 이러닝 형태의 원격교육이 국내외를 막론하고 급속하게 성장하였다. 국내의 경우만 하더라도 1999년 이후 인터넷 기반의 원격교육을 노동부의 「고용보험법」에 따라 재정적으로 지원하는 제도가 운영되면서 현재에 이르기까지 폭발적인 증가 추세를 보였다. 기업의 직원들에 대한 전통적인 집합식 교육훈련 기회의 제공은 제한적일 수밖에 없었다. 교육 시설이나 비용의 한계 때문에 많은 수의 직원은 적절한 교육 기회를 얻지 못했다. 그러나 이러닝의 도입과 함께 반드시 연수원 등에 가지 않고 현업을 수행하면서도 필요한 교육훈련을 받는 것이 가능해졌다. 이처럼 이러닝 형태의 원격교육이 기업의 교육훈련에 있어서 중요한 위치를 차지하게 된 것이다.

(4) 초 · 중등학교의 교육문제 해결

원격교육의 필요성은 전통적인 초·중등교육에서도 확인할 수 있다. 초·중등교육은 기본적으로 학교라는 공간을 통해 정해진 시간에 이루어지는 특성을 보인다. 그러나 이런 형태의 초·중등학교 교육에서도 2020년 COVID-19의 상황으로 초·중등교육의 문제점을 원격교육의 형태인 이러닝 혹은 사이버학습을 통해 해결하려는 시도가 이루어지고 있다. 그리고 원격수업을 통해 질적으로 우수한 교수·학습 경험을 어떻게 제공할 것인가의 문제는 교사들에게 중요한 위치를 차지하였다. 과거 초·중등학교에서의 원격교육은 방송통신 중·고등학교와 같이 특수한 학습자를 위한 교육과 보충학습용으로 실시하였다(정순원, 2020).

초·중등학교에서는 일부 상황을 제외한 모든 학생을 대상으로 하는 원격수업을 인정하는 법적 근거가 마련되지 않았기 때문에 학교 단위의 플랫폼을 확보하지 못한 곳은 e-학습터나 EBS 온라인 클래스와 같은 보충학습용 공공 플랫폼을 활용하였고 일부 교사는 민간 플랫폼을 사용하기도 하였다. 콘텐츠 측면에서 지식의 원천은 대부분 교수자였으며, 교사가 직접 만든 콘텐츠가 가장 많이 활용되었고 EBS 콘텐츠도 활용되었다(교육부, 2020a).

2) 원격교육의 장·단점

원격교육의 장점은 시간과 장소의 제약이 없어지므로 학습자들이 유연하게 학습할 수 있으며, 다양한 온라인 자료 및 피드백을 통해 학습경험이 풍부해진다. 또한, 교육자와 학습자 간의 소통이 다양한 온라인 도구를 통해 강화될 수 있다. 그러나 원격교육의 단점으로는 오프라인 교육보다 학습동기 부족, 기술적인 문제, 실시간 소통의 한계 등이 발생할 수 있다. 원격교육의 장점으로는 플렉시블한 학습 일정과 개별화된 학습경로가 가능하며, 지리적 제약이 없어지기 때문에 세계 각지의 우수한 교육자원에 더 쉽게 접근할 수 있다. 또한, 학습자들은 자신의 편안한 환경에서 학습할 수 있어 독립성과 자기주도학습 능력을 키울 수 있다. 하지만 원격교육은 실시간 소통 부재로 인한 상호작용 부족 문제가 발생할 수 있고, 기술적 문제로 학습경험이 저하될 수 있다. 또한, 학습자들 간의 협력이 어려울 수 있고, 일부 학습자들은 온라인 학습에 대한 동기 부족으로 수강 중단의 가능성이 있다. 이러한 장단점을 고려하여 효과적인 원격교육 방법을 구축하는 것이 중요하다. 원격교육의 장점과 단점을 비교하면 다음과 같다.

| 표 9-2 | 원격교육의 장점과 단점 비교

장점	단점
• 장소와 시간의 제약이 없어져 학생들이 편하게 수업을 들을 수 있음 • 온라인 교육은 영상 녹화나 캡처를 통해 수업 내용을 다시 볼 수 있어 복습하기 편함 • 학습자들은 비디오, 오디오, 텍스트 중 자신에게 맞는 학습방식을 선택할 수 있음 • 온라인 교육은 대화형 학습을 가능하게 하며, 학생들은 수업 중 질문을 할 수 있고, 교수와 다른 학생들과 대화를 나눌 수 있음 • 온라인 교육은 종이를 사용하지 않으므로 환경친화적임 • 대부분 온라인 교육은 대학 등록금보다 저렴한 편이며 교육 비용을 절감할 수 있음	• 대면교육과 비교했을 때 상호작용이 부족할 수 있음 • 인터넷 연결이 불안정한 경우, 교육이 중단될 수 있음 • 학습자들은 화면에 집중해야 하기 때문에 눈의 피로가 쌓일 수 있음 • 일부 학습자에게는 기술적인 문제가 발생할 수 있음 • 컴퓨터나 인터넷 연결이 없거나, 사용하는 기기가 성능이 좋지 않을 경우 교육을 따라가는 것이 어려울 수 있음 • 일부 학습자들은 원격교육에서의 학습경험을 선호하지 않을 수 있음 • 실험실 작업이 필요한 과목이나 실제 현장 경험이 필요한 과목 등은 대면교육이 좀 더 효과적일 수 있음

원격교육의 장점을 살리고 단점을 보완하기 위한 대책으로는 실습이 필요한 일부 교육의 경우 대면교육과 결합하여 효과적인 학습이 될 수 있도록 하며, 원격교육을 원활히 수업을 받을 수 있도록 학교는 기술적인 지원을 제공하여 문제를 해결할 수 있도록 해야 한다. 또한 원격교육의 단점으로 상호작용이 부족한 문제를 해결하기 위해 학습자와 교수 간의 상호작용을 증대할 수 있는 다양한 해결방법을 찾아야 한다. 온라인 토론, 온라인 멘토링 등 다양한 방법을 도입하는 것도 좋다. 학습자가 자신에게 맞는 학습방법을 선택할 수 있도록 학습자료를 다양한 형태의 자료로 제공한다. 원격교육의 학습평가방법을 다양하게 제공하여 학습자가 자신의 학습성과를 정확하게 파악할 수 있도록 평가방법을 다양하게 도입한다.

04 원격수업의 중요성과 특징

1) 원격수업의 중요성

COVID-19 발생 후 교육의 형태에 변화가 왔으며 팬데믹으로 인한 영향은 학교교육의 학습 형태를 줌(Zoom)과 같은 디지털 플랫폼을 통해 학습하는 등의 변화를 겪게 되면서 고품질의 교육을 제공할 수 있음을 보여주는 계기가 되었다.

기술의 발전은 화상회의, 가상현실, 게임과 같은 기능을 통해 원격학습이 일방적인 수업의 형태만이 아닌 상호 작용하는 방법으로 가정에서도 기술적인 여건이 된다면 집에서 편안하게 장소에 구애받지 않고 그룹토론 및 프로젝트에 협력하는 부분과 실습 활동에 참여할 수 있도록 다양하게 원격학습을 하게 되었으며, 학생들은 개인적인 학습속도와 일정에 따라 학습을 하게 되었다. 그뿐만 아니라 지리적 또는 경제적인 어려움으로 인해 일반적인 오프라인 교육기관에 다니지 못하는 학생들에게 좋은 교육의 기회를 제공할 수 있었다는 긍정적인 효과가 있었다. 그러나 원격학습은 사회적인 상호 의사소통기능의 감소와 학생들이 신뢰할 수 있는 기술 및 인터넷에 연결될 수 있는 환경이 되어야 한다는 기본환경과 기술이 뒷받침되어야 한다는 전제가 있다. 이러한 환경이 해결되지 못하는 학생들에게는 학습적인 부분에 큰 격차가 있다는 것을 보여주는 부분이다.

교육기관은 이러한 문제를 해결하고 학생들에게 학습이 가능한 최상의 학습환경을 제공하기 위해 지속해서 노력해야 한다. 전반적으로 원격학습의 전망은 밝으며, 오랫동안 교육 분야에서 중요한 역할을 계속할 것으로 보인다. COVID-19 팬데믹은 전통적인 교실 교육의 제공방식에 큰 변화를 가져왔다. 원격수업이 중요한 이유는 다음과 같다.

| 표 9-3 | 원격수업의 중요성

특성	중요성
접근성	• 많은 사람이 교육에 참여하고 접근할 수 있게 됨 • 대면 교육이 어려운 학습자에게 접근이 용이함 • 외딴 지역의 거주자, 장애 또는 건강상의 문제, 직장 또는 가족 부양으로 인해 교육에 접근이 어려운 학습자에게 접근이 용이함
유연성	• 학습자 자신의 일정에 따라 개인에 맞는 속도로 학습할 수 있음 • 학습자는 교육, 직장 또는 가족 책임과 같은 다른 의무의 균형을 맞추며 학습할 수 있어 유연함
효율성	• 학습자가 학습장소에 물리적으로 이동할 필요가 없으므로 교육비용 절감 • 재정적으로 어려운 학습자에게 수업장소에 가지 않아도 저비용으로 학습가능
기술능력	• 원격수업을 진행하기 위해 기술이 요구됨 • 이러한 기술은 능력을 개발하는 데도 큰 도움이 됨
환경적 영향	• 원격수업은 전통적인 대면교육보다 환경적 영향이 적음 • 물리적인 이동을 줄임으로써 탄소배출을 줄이고 기타 환경 영향을 받음

전반적으로 원격교육은 효과적이고 중요한 방식임이 입증되었으며, COVID-19 이후에도 그 중요성을 계속될 것으로 보인다.

2) 원격수업의 특징

원격수업(remote learning)은 COVID-19 감염병 상황에 대비한 학습 공백을 최소화·안정화 학사 운영을 지원하기 위해 교육부가 2020년 「원격수업 운영 기준안」을 제시하면서 사용하게 되었다(교육부, 2020b). 원격수업과 원격교육은 서로 혼용하여 사용하는 경우도 많으나, 전혀 다른 개념이다. 최소한의 교육을 위해 운영된 실시간 원격수업은 화상회의 도구를 활용하여 대면 교실의 시간표와 대면 교사의 강의 모습을 그대로 가져오는 점을 강조하였다(계보경 외, 2020).

원격수업은 교수와 학생이 동일한 장소에 위치하지 않고, 인터넷이나 방송 등 다양한 수단을 활용하여 대면수업과 동일한 교육을 실시하는 것으로 정의된다. 이러한 원격수업은 실시간과 비실시간 두 가지로 구분된다. 실시간 원격수업은 교수와 학생이 동시에 참여하여 실시간으로 상호작용이 이루어진다. 비실시간 원격수업은 강의 콘텐츠를 시간과 장소에 구애받지 않고 언제 어디서든 학습할 수 있는 형태를 말한다. 원격수업에서는 교수와 학생 간뿐만 아니라 학생과 학생 간에도 다양한 상호작용이 중요하다. 온라인 토론, 그룹 프로젝트, 실시간 질문응답 등 다양한 수단이 활용되어 교육의 질을 유지하고 향상하는 데 기여한다. 실시간 화상수업과 콘텐츠 활용 수업(인터넷 동영상 강의), 과제 기반의 활동 중심으로 구분할 수 있다. 또한 정해진 커리큘럼에 따라 대면 수업의 공백을 최소화하기 위해 정해진 수업 시간에 참여하여야 하며, 교수자와 학생들이 동일한 물리적 공간에 모여서 교육을 진행하지 않고 인터넷을 통해 온라인상에서 교육이 진행되기 때문에 교수와 학생들 및 학생과 학생 간의 상호작용이 중요하다(조인식, 2020).

| 표 9-4 | 원격수업의 유형과 특징

유형	특징
실시간 쌍방향 화상수업	• 실시간 원격교육 플랫폼을 활용하여 교사와 학생 간 화상수업을 실시하며, 실시간 토론 및 소통 등 즉각적 피드백이 가능한 수업 • 화상수업 도구 예시: 네이버 라인 웍스, 구루미, 구글 행아웃, MS팀즈, ZOOM, 시스코 Webex 등 활용
콘텐츠 활용 중심 수업	• 학생은 지정된 녹화강의 혹은 학습콘텐츠를 시청하고 교사는 학습내용 확인 및 피드백하는 수업 • 강의 + 활동형: 학습콘텐츠 시청 후 댓글 등 원격 토론 • 예시: EBS 강좌, 교사 자체 제작 자료 등
과제 수행 중심 수업	• 교사가 교과별 성취기준에 따라 온라인으로 학생의 자기주도적 학습내용을 맥락적으로 확인할 수 있는 과제 제시 후 피드백하는 수업 • 예시: 과제 제시 → 독서 감상문, 학습지, 학습자료 등 학생 활동 수행 → 학습결과 제출 → 교사 확인 및 피드백

원격수업은 원격교육과 달리 여전히 교수자와의 상호작용을 전제로 한다. 온라인 커뮤니티, 이메일, 학습관리 시스템을 통해서 학습자의 학습에 대한 학습 방향을 안내하고 피드백하는 교수자의 역할을 강조하고 있다.

3) 원격수업 이슈

형식교육과 비형식교육의 결합을 통해 학습효과를 극대화하려는 노력, 기존에는 존재하지 않았던 새로운 형태의 원격교육 기관의 등장 역시 미래 원격교육의 모습을 지금보다 많이 변모시킬 가능성이 크다.

(1) 블렌디드 학습의 확산

블렌디드 학습(blended learning)은 무언가를 '섞다', '결합하다', '혼합하다', '조화시키다' 등의 의미가 있는 'blend'에 기초한 용어이다. 일반적으로 이러닝을 통해 전통적인 면대면 교육방식이 갖고 있던 시간과 공간상의 제약 및 상호작용성의 한계를 극복하려던 노력에서 한 걸음 더 나아가, 이러닝 방식에 전통적인 면대면 교육이 가진 교육적 장점을 결합·활용함으로써 학습 효과를 극대화하기 위한 교수설계 전략으로 알려져 있다(임정훈, 2004). 블렌디드 학습은 온라인 교육과 오프라인 교육이 가지고 있는 단점을 보완하면서 동시에 고유의 장점을 효과적으로 활용할 수 있다는 점, 시공간적 한계를 뛰어넘어 학습의 장을 확대해 줄 수 있다는 점, 다양한 소통 채널을 통해 개인차를 만족시키는 학습자 중심의 학습이 가능하다는 점, 학습 성취 향상에 기여할 수 있다는 점 등 여러 가지 교육적 유용성이 있다. 블렌디드 학습을 온라인과 오프라인 활동을 결합하는 방식으로 보지 않고 '학습매체나 학습전략의 혼합'이라는 관점에서 접근할 때, 원격수업에서 블렌디드 학습의 활용은 고려할 만한 가치가 매우 높다(임정훈, 2004). 즉 블렌디드 학습을 오프라인, 온라인과 같은 학습 환경의 결합보다는 다양한 매체와 교수·학습 방법을 적절히 혼합하여 활용하는 방식을 뜻하는 것으로 이해할 필요가 있다.

향후 원격수업의 블렌디드 학습은 단순히 온라인과 오프라인을 결합한 학습방식을 지칭하는 블렌디드 학습의 개념에서 벗어나 원격수업 환경에서 여러 교수·학습 매체나 방법, 전략, 지원체제 등을 어떠한 조합으로 결합하여 학습 성과를 향상할 것인지에 대한 블렌디드 학습 전략과 방법론의 탐색이 요구된다(이동주 외, 2021).

(2) 자기주도적 컨버전스 학습

2000년대 들어 일부 학자들은 첨단 정보통신공학의 발달로 등장한 이러닝이 차세대 교육 패러다임의 변화, 매체기술 환경의 변화, 학습자의 심리적 요소에 기초하여 새롭게 변모할 것이라고 하였다(조광수 외, 2005). 그 변화의 핵심은 바로 형식학습과 비형식학습이 결합한 컨버전스 학습이다. 미래에는 체계적이며 특정 목적을 갖고 의도적으로 전달하는 형식학습에만 국한되지 않고, 실용적이고 비체계적이며 학습자의 내적 동기를 기반으로 학습자 주도적으로 이루어지는 비형식학습이 결합한 교육방식이 주목을 받게 될 것이다.

현대사회는 스스로 학습하지 않으면 살아남기 어려운 사회가 되고 있고 교육 분야에서도 교수자보다 더욱 전문적인 지식과 경험 있는 학습자가 등장하여 기존의 교수와 학습의 경계가 불분명한 학습과정이 나타날 수 있다(염명숙 외, 2010).

향후 원격수업 분야에서는 학습자들이 어떤 상황에서 자발적이고 능동적으로 비형식학습에 참여하는지를 파악하여 형식학습과 연계시키거나 형식학습을 보조해 줄 방안을 적극적으로 모색할 필요가 있다. 그래야만 자기주도적이며 자발적인 학습을 통해 의미 있는 학습 효과를 극대화할 수 있기 때문이다.

10

Chapter

문화예술교육

01 문화예술교육의 이해

1) 문화의 보편적 이해

인류는 오랜 세월 동안 더불어 살아가면서 필요한 공통된 생활 방식과 행동 양식을 만들어 왔다. 인류학자들은 사람들의 생활방식의 제반 특징을 종합해서 일컫는 용어를 문화라고 한다. 모든 인간은 특별한 문화, 즉 사회적으로 규정된 상황에서 일어난다. 예를 들면, 어느 나라에서는 상대와 눈을 마주치지 않고 조용히 아래를 보며 이야기하는 것을 공손하다고 해석하는 반면, 어느 나라에서는 자신을 무시한다거나 자신감이 없는 것으로 이해를 한다. 또한 식사 초대를 받았을 경우, 어느 나라는 배불리 먹고도 남았다는 의미로 음식을 약간 남기는 것인 반면, 어느 나라는 음식을 싹싹 비우고 남기지 않는 것이 그 나라의 문화인 것이다. 이렇듯 서로 다른 문화를 이해하지 못하는 상황이 생긴다면 오해가 생기고 혼동을 느끼며 때로는 인간관계에서 갈등을 초래하게 된다. 낯선 문화나 환경을 접했을 때 감정이 불안을 느끼거나 판단의 부재 상태에 놓이는 것을 문화충격(cultural shock)이라고 한다. 문화충격은 1954년 인류학자 오베르그(Kalvero Oberg)가 소개한 것으로, 의사소통의 한 부분이다. 문화충격은 개개인에게 정신적 스트레스를 유발하고 대인관계나 공적인 상황을 기피하게 하는 원인이 된다. 뿐만 아니라 상대방을 불편하게 하고 오해를 불러일으킬 수 있어 대인관계에 장애가 된다(김선주 외, 2019). 어찌 됐든 문화란 모두 사람과 관련된 것이다. 문화는 사람의 손을 거친 인공적인 것을 말한다. 문화에 상대되는 말은 자연(nature)이다. 하늘에 떠 있는 달은 문화가 아니다. 하지만 어떤 사람이 그 달을 그림으로 그려서 벽에 붙이면 문화가 된다(손창남, 2014).

문화 인류학자인 폴 히버트(Paul Hibert)는 다음과 같이 문화를 정의한다.

첫째, 문화는 학습된다(learned)는 점이다. 어떤 사람도 조상에게 물려받은

DNA 때문에 문화가 결정되는 경우는 없다. 한국인 아기가 어릴 때 미국에 입양되어 자랐다면 이 아이는 자연스럽게 영어를 말하고 미국 음식을 먹을 것이다. 미국에서 자란 아이가 DNA 속 유전 인자 때문에 배우지도 않는 한국말을 하고 자기도 모르게 김치를 좋아하게 되지는 않는다. 문화는 타고나는 것이 아니라 학습하는 것이기 때문이다.

둘째, 문화는 '행동 양식(patterns of behavior)'과 '개념(concepts)'과 '산물(outputs)'의 통합된 체계라는 점이다. 한국 사람은 밥을 먹을 때 손을 사용하는 대신 숟가락을 사용한다. 이것은 행동 양식에 속한다. 이런 행동 양식의 근저에는 손으로 먹는 것을 더럽다고 생각하는 우리의 개념이 존재한다. 손으로 먹는 것이 더럽다고 생각하는 사람들은 숟가락을 만든다. 숟가락은 문화의 산물이다. 이렇게 숟가락으로 밥을 먹는 것뿐 아니라 수많은 영역에서 수많은 행동 양식과 개념의 산물이 서로 통합되어 하나의 체계를 이루는데 그 문화 안에 있는 사람들은 특별한 분석 없이 복잡한 문화의 체계를 익숙하게 받아들이며 살고 있다(손창남, 2014).

따라서 문화는 개념의 틀(conceptual design)이다. 사람들이 자신들의 삶을 규제하며, 경험을 해석하고, 타인의 행동을 평가하는 정의(definition)이다. 사회마다 각기 그 사회에만 한정된 특정한 가치와 규칙 및 규정들이 존재하는데, 이러한 특수한 것들이 사회생활의 개념 틀, 즉 문화를 형성한다(임상근, 2013). 더 나아가서 모든 개인은 일생을 통하여 학습과정, 혹은 인류학자들이 말하는 문화화 과정(enculturation)을 겪는다. 각 개인은 이러한 과정을 통하여 사회의 문화적 유산을 습득한다(Lingenfelter et al., 1986).

왜 문화와 예술, 그리고 교육인가? 그것은 문화와 예술을 빌려 자연이 숨겨둔 아름다움을 발견하는 체험을 하고 교육을 통해 인간에 대한 폭넓고 진지한 성찰을 통해 배우며, 나를 찾는 과정이기 때문이다. 당장 눈에 보이지는 않지만 가장 중요한 본질을 찾는 것이고 그것이 바로 창조의 힘, 즉 창의력이기도 하다. 그리고 우리를 열정적이고 역동적으로 움직이도록 하는 원천이기도 하다.

그러므로 문화와 예술, 그리고 교육은 21세기의 핵심 키워드가 될 것이다.

2) 문화예술의 역할

미래는 창작하는 사람, 타인에게 공감 능력을 갖추는 사람으로 하이콘셉트 또는 하이터치의 시대가 온다고 하였다. 즉 미래에는 스토리, 조화, 공감, 놀이가 강조되고 물질적인 축적보다 일의 의미가 필요한 사회가 된다고 하였다. 창의성 교육에 필요한 사람은 감성을 자극하여 정서적인 교감을 유도하는 공감능력을 갖춘 차세대 리더라고 말할 수 있다(Pink, 2005).

OECD는 창의력을 키워 나가기 위해 지적인 도구를 자유자재로 사용할 수 있는 능력, 이질적인 혼성집단에서 소통할 수 있는 능력, 자율적으로 행동할 수 있는 능력을 제시하였다(OECD, 2003). 이러한 핵심 역량을 양성하기 위한 도구로는 문화예술교육이 그 해답이다.

문화예술에 대한 전 세계적인 요구를 통해 국가 경쟁력 제고를 위한 창의인재 양성의 도구로서 문화예술교육의 중요성은 점차 높아지고 있다. 최근에 문화예술교육에 대한 지원과 관심이 그 어느 때보다 집중되어 폭발적인 성장과 더불어 다양한 방법으로 추진되어 있다. 문화예술이 이를 향유하는 능력이 시민, 사회, 국가의 경제적, 사회적, 정치적 수순을 가늠하는 척도가 되고 있으며 인간의 창의적인 생각을 바탕으로 인공지능이라는 거대한 변화의 물결 속에 중요한 부분으로 인식하고 있다. '생각하는 힘을 키우기 위한 방법'으로 '마음의 위로를 얻기 위한 수단'으로, 그리고 '인간과 인간을 다루는 중요한 활동'으로 부각되고 있다(송미숙 외, 2019).

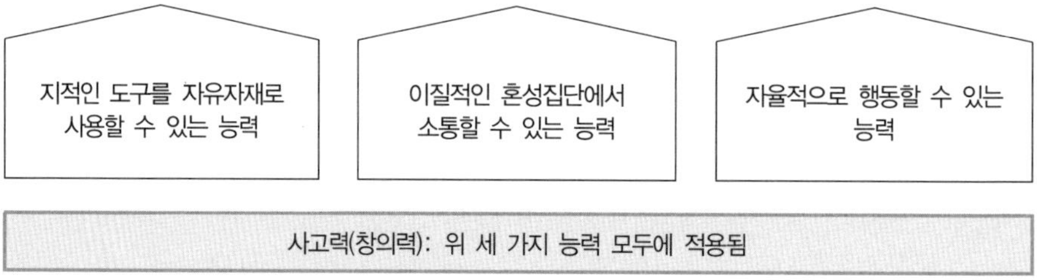

| 그림 10-1 | OECD가 제시한 미래 핵심 역량

어느 시대에서든 가장 중요한 자본은 인간, 즉 노동력이다. 과거의 아날로그에서 디지털로 디지털에서 스마트로 패러다임이 전환하면서 시대가 필요로 하는 인재상도 함께 변하고 있다. 또한 과거에는 사람의 수가 많으면 많을수록 힘이고 재산이라고 생각하지만, 지금의 인재는 창의적인 인재상을 요구한다.

문화예술에서의 창의적인 개념은 실생활의 니즈(needs)를 이해하는 데서 시작한다. 그리고 소비자의 니즈는 끊임없이 변화하기 때문에 이를 예측하는 안목이 디자이너의 주요 능력 중 하나이며, 이를 위해 영감을 잘 떠오르게 하는, 즉 창의적인 아이디어를 창출해 내기 위한 방법의 교육이 필요하다. 풍부한 상상력이 필요하며, 생각한 아이디어를 시각화하는 능력이 중요하다. 기존의 방법을 개선하려는 능력, 기존의 기능을 연계하거나, 새로운 기능을 창출하는 능력, 사고의 전환 능력, 타협하고 조율하는 능력, 자신의 생각을 전달하는 능력, 그래서 문제의 해결책을 제공하여 소비자를 즐겁게 하는 능력이 필요하다. 이러한 능력들이 함께 적용되어 혁신으로서의 디자인(Design as Innovation)으로 발전하게 되는 것이다(김용세, 2018). 우리 주변에도 이러한 창의적인 적용 사례를 찾아볼 수 있다.

Designer: Soon Mo Kang

| 그림 10-2 | 창의적인 디자인 사례

출처: https://www.yankodesign.com/2010/01/07/hang-me-some-tea/ (좌)
https://www.lifehack.org/articles/lifestyle/15-creative-packages-that-will-brighten-your-day.html (우)

문화예술은 그 자체의 경제적 무게도 중요하지만, 또 다른 한편으로는 공동체의 사회화, 교육기능 등 사회적 역할이 더욱 중요하다. 이 때문에 문화예술적 당위성과 경제적 필요가 서로 부딪치는 것을 조정하는 문화예술 경영의 기능이 20세기 중반부터 발전해 왔다. 문화예술 사업은 기본 바탕이 보편성이라는 전제하에 창조 정신과 이미지가 생명이다. 그래서 지나치게 현실적인 접근은 무모한 도전보다 실패할 확률이 더 높아 보인다. 문화예술은 예술적 창의력을 가치화(valorization)하는 데 그 행위의 바탕을 두고 있다. 문화예술은 경제적, 사회적 역할이 더욱 중요해지면서 최고의 고부가가치 사업으로 떠오르고 있다.

또한 영국은 2000년부터 창의성을 국가 교육과정의 주요 목표로 강조하고 있으며, 국립과학교육지원센터(National Science Learning Centre: NSLC)에서는 창의적 교수-학습방법을 위한 연구를 전담하는 부서를 운영하고 있다. 그리고 일본은 인간성 및 사회성 함양을 위한 인성교육의 병행을 추진해 오고 있다. 이처럼 창의교육은 포괄적이고 종합적이며 미래지향적이고 동시적인 특징을 가지면서 '새로운 가치를 창출하고 동시에 더불어 살 줄 아는 인재'를 양성하는 것이 미래교육이다(김형재 외, 2015).

21세기의 창의성은 생존의 문제로 변화하는 사회에서 살아가는 전략으로 지식과 정보의 단순한 학습과 적용이 아닌 무한한 상상력과 창의성을 바탕으로 유용한 산출물을 창출해 내야 한다(김길수 외, 2015). 과거처럼 특정한 전문 영역이나 특정한 계층에서만 창의력이 필요한 시대가 아니며, 학문 분야, 산업계, 광고 홍보, 예술 분야, 일상생활 등에서 지식서비스 사회를 살아가는 사람들은 누구나 창의성이 필요하기 때문이다. 창의력은 이제 개인의 생사가 달린 문제일 뿐 아니라 사회흥망을 좌우하고 나아가 국가의 운명이 달린 문제가 되었다(홍길회, 2018).

인류의 역사는 다음 세대를 위해 교육을 잘하였는가에 따라 어느 민족이나 국가는 흥성하였으며 잘못 교육하였을 때는 쇠망하였다. 그러므로 교육은 어느 시대나 기성세대에게 매우 중요한 과업이다(김동일 외, 2020). 오늘날의 학교교육은 조직적, 장기적, 축적적 구조로 구성되어 있다. 그러나 이러한 교육자 중심의 강요적인 구조는 전인교육을 이루지 못하게 된다. 따라서 학교교육의 한계를 드러낼 수밖에 없다. 학교에서의 교육방법은 교육목적을 달성하기 위하여 준비된 교육내용을 교사가 학생들에게 효율적으로 전달하는 방식으로 학생들의 창의성과 자율성을 높여주는 것에는 한계가 있다(최운실 외, 2021a).

창의성의 개념에는 두 가지 핵심요소를 갖고 있다. 독창성, 독특성, 새로움, 신선함의 뜻을 내포할 수 있는 '새로움'과 유용한, 구체화된, 가치 있는, 의미 있는, 과제 조건을 충족시키는 '적절성(appropriate)'을 내포하고 있다. 따라서 어떤 결과나 산출물이 창의적이라고 평가되기 위해서는 '새로움'과 '적절성' 두 요소를 동시에 충족시켜야 한다(홍길회, 2018).

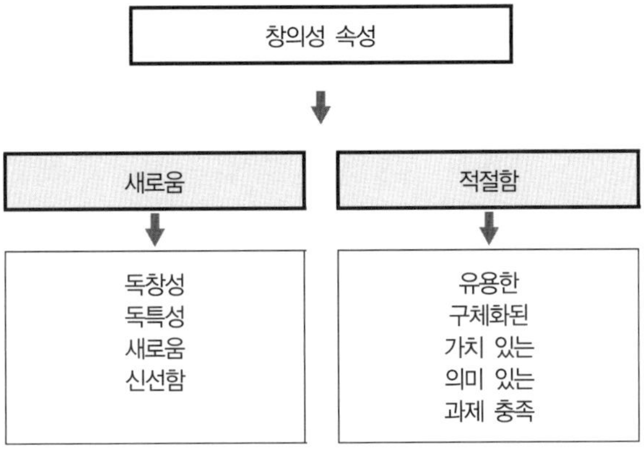

| 그림 10-3 | **창의성 속성**

출처: 홍길회. (2018). 유아교사를 위한 창의성 교육의 실제. 파주: 정민사.

3) 문화예술교육의 개념

문화예술교육은 용어의 구성이 문화와 예술, 그리고 교육의 합성어로 이루어졌다. 우리나라는 「문화예술교육 지원법」이 시행되기 전까지는 문화예술교육이라는 용어 대신 표현하는 단어가 각각 분절되어 사용되었다. 따라서 문화예술교육을 총체적으로 이해하기 위해서는 각각의 단어들의 개념을 파악하고 이해할 필요가 있다.

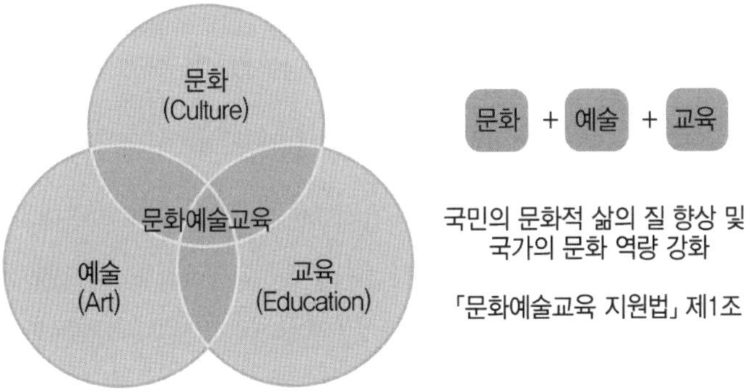

| 그림 10-4 | **문화예술교육의 특징**

(1) 문화

문화(文化)란 무엇인가? 문화라는 말을 정의하기가 참으로 어렵다. 문화의 문(文)의 의미는 무늬라는 뜻이다. 무늬란 서로 다른 모양과 색채가 어우러진 것으로 일정한 질서가 있다. 이에 질서라는 의미의 리(理)를 붙여 문리(文理)라는 말도 사용한다. 즉 생긴 모습과 그것들 사이의 질서를 말한다. 문화와 비슷한 문명도 마찬가지이다. 인간이 만들어 낸 무늬와 그 질서를 문명이라고 한다. 화(化)는 교화(敎化)를 의미한다. 교화란 '교육에 의한 변화'를 말한다. 문화라고 할 때 인간이 발달시킨 인간 나름의 문명을 사람이 태어나면서 자연스럽게 교육되고 습득되는 과정을 의미한다. 따라서 화(化)는 교육에 의해 여러 문물을 익힌 사람들의 집단이라고 하는 사회적 의미가 내포되어 있다(이진오, 1999).

서양에서 문화(culture)라는 말은 경작이나 재배 등을 뜻하는 라틴어(cultus)에서 유래했다. 자연 상태의 사물에 인간의 작용을 가하여 그것을 변화시키거나 새롭게 창조해 낸 것을 의미한다. 여기에는 정치나 경제, 법과 제도, 문학과 예술, 도덕, 종교, 풍속 등 모든 인간의 산물이 포함되며, 이는 인간이 속한 집단에 의해 공유된다. 인류적인 관점에서 보는 문화란 인간이 살아오면서 굳어진 생활양식을 의미한다(이광규, 1998). 문화를 인간 집단의 생활양식이라고 정의하는 인류학의 관점이 이런 문화의 본래 의미를 가장 폭넓게 담은 것이라 할 수 있다. 사회학이나 인류학에서는 흔히 문화를 인간의 상징체계, 혹은 생활양식으로 정의한다. 인간은 상징체계를 통해 사회를 경험하고 인식하며 다른 인간과 더불어 상호작용과 의사소통을 한다. 인간이 한 사회의 구성원이 된다는 것은 그 사회에 이미 존재하는 상징체계를 습득하여 사용할 수 있게 된다는 의미이며, 그 상징체계가 반영하고 있는 사회의 질서와 규범, 즉 생활양식을 따르게 된다는 것을 의미한다. 그렇게 보면 사회에서 의미질서, 혹은 상징체계 속에서 이루어지는 의사소통 그 자체가 문화임을 알 수 있다(박창균, 2019). 문화를 상호작용과 의사소통, 혹은 그것의 기반이 되는 상징체계라 할 때, 그것은 단순히 정신적 작용의 산물이 아니라 한 사회의 관습, 가치, 규범, 제도, 전통 등을 포괄하는 총체적인 생활양식을 의미하게 되는 것이다(한국민족문화대백과사전, 2024).

김은영(2014)은 문화란 인간의 삶 속에서 형성되고 인간에게 독특한 흔적을 남기며 인간이 문화를 통해 자신과 사회를 바라보고 이해하도록 돕는 특성을 지닌다고 하였다. 그런 의미에서 미국의 인류학자인 코탁(Kottak, 1994)은 문화란 사회구성원들에 의해 학습되고(learned), 상징성을 지니며 공유되는(shared), 가운데 모든 것을 아우르고, 통합적이며 양식화되면서(patterned), 다음 세대로 이어지는 특성을 보인다고 하였다(김은영, 2014). 또한 문화는 전통이나 관습, 가치 신념의 한 형태로 사회 안에서 다른 구성원들과 공유하고, 한 세대에서 다음 세대로 전승되며, 하나의 의사소통 수단으로서 역할을 한다. 나아가 새로운 문화들은 연속적으로 축적되고, 다양한 부분들은 융합되어 끊임없는 변화를 거쳐 독특한 문화와 행동양식으로 인류 사회에 존재하게 된다. 문화는 오랜 시간에 걸쳐 생겨난 개념으로 시대에 따라 그 의미가 조금씩 다르고, 학자들에 따라 다양하게 정의를 제시하기 때문에 하나의 문장으로 정리하기는 매우 어렵다. 하지만 문화에 대한 보편적인 관점은 모두 인간의 삶과 매우 밀접한 관계를 맺고 있다(한수정 외, 2023).

(2) 예술

예술은 인간미의 예술이다. 예술은 자신의 모습에 대한 인류의 앎과 연관된다. 예술은 도구이자, 가장 유서가 깊고 가장 근본이 되는 표현 방식이다. 이러한 표현 방식은 다른 표현 양식을 통해서 도저히 드러낼 수 없는 인간 존재의 측면을 드러내는 것까지 가능하게 한다(정귀원, 2005). 예술은 인류가 공유하는 마음의 바탕이고 사유의 바탕이다.

예술은 고대 제정일치 사회의 제사에서 유래된 것이다. 모든 종교의 의례에는 나름의 예술적인 의미와 특질이 있다. 여기에는 기도와 예배를 위해 소리와 동작을 통한 탄원과 복종의 마음가짐이 스며 있다. 이 모든 예술은 지극히 의미심장한 것으로서 인간의 본성과 필요라고 하는 요소로 정교하게 상호 연결되어 있다(Cooper, 1993). 인간을 돕는 예술은 선해야 하며 아름다워야 한다. 아름다울 미(美)라는 글자는 양(羊)과 대(大)를 합친 회의문자이다. 양(羊)이 큰 것을 아름답다고 여긴 것이다. 양(羊)은 고대사회에서 제사로 지내는 제물로 주로 사용되었다. 고대사회에서의 제사는 가장 신성하고 가장 중요한 일이므로 큼직한 제물은 사람들에게 기쁨을 느끼게 해 주었고, 이 기쁨은 아름답다는 의미가 있게 되었을 것이다. 제물로서 훌륭할 뿐만 아니라 먹을거리도 많은 커다란 양(羊)이야말로 아름다움의 상징이었다. 큼직한 양(羊)에서 아름다움을 느꼈다는 것은 곧 실용성에서 아름다움이 나왔음을 의미한다. 실용적으로 이익이 클수록 아름다움을 느끼는 정도도 강하다는 의미이다. 선사시대의 동굴이나 바위벽에 소나 여러 동물의 그림을 새겨 놓은 것도 실용성의 아름다움을 형상으로 재현하고자 하는 욕구에서 비롯된 것이다(이진오, 1999). 또한 제사 때 기록되는 문자는 문학으로 발전하고 여기서 부르는 소리는 음성으로 표현하면 음악으로, 이 장면을 형상으로 표현하면 미술로, 손짓으로 표현하면 무용으로 발전했다. 고대 제사의 과정 중에 각 분야가 이해를 증진시키고 기술적으로 진전되어 나아가게 한다. 예술은 인간의 수천 년 역사를 고스란히 담고 있으며 우리 삶과 문화 속에 면면히 살아 움직이고 있다. 의사소통의 수단일 뿐 아니라, 문화를 배우고 이해할 수 있는 아주 좋은 자료이다.

예술이라는 용어는 기술을 뜻하는 라틴어인 아르스(ars)와 고대 그리스어 테크네(techne)의 복합어로 시작하였다. 테크네는 기술(skill), 즉 우리가 쓰는 생활용품으로 가구나 물건, 건축 등의 무엇인가를 만들어 내는 방법으로서 기술을 의미한다. 이러한 점에서 목수, 직조공, 조각가, 건축가의 작업이 예술로 이해되었다(송미숙 외, 2019). 고대 그리스어의 예술은 단순히 영감이나 상상력으로 만들어지는 창작품이 아니라 이성과 지식이 수반되는 내용을 의미한다. 테크네의 개념과 함께 뮤지케(mouskie), 포이에시스(poiesis)도 예술의 어원으로 사용하는데 뮤지케는 시와 음악, 춤을 포괄하는 개념으로 사용되었고, 포이에시스는 만들다(poieni)라는 뜻이며 일반적으로 사물을 만드는 것부터 시, 그림, 연극, 춤, 음악 등을 만들어 보이는 것을 포괄하는 개념으로 아리스토텔레스의 『시학』에서 언급되었다. 이는 고대부터 예술이라 칭하는 것들이 끊임없이 존재해 왔고, 또한 이러한 작품들이 인간과 상호작용하고 의식을 담아 왔으며, 근대에 들어 예술이라는 개념이 탄생하게 되었다(송미숙 외, 2019).

(3) 교육

독일어로 교육은 에어치웅(Erziehung)이라고 한다. 이 단어는 양육, 육성, 교육, 훈육, 도야 등을 의미한다. 명사인 에어치웅의 동사형의 의미는 '밖으로'와 '끌어 준다'가 합쳐진 합성어이다. 즉 '밖으로 이끌어 낸다'는 의미이다. 이 같은 어휘는 인간의 소질 가운데 아직 발견되지 못한 내면의 잠재적 능력을 찾아서 발전시켜 주는 가능성(可能性, potentiality)과 도야성(陶冶性, educability)을 바깥으로 이끌어 낸다는 양면성을 지닌다. 다시 말하면 교육이란 잠재적 능력을 발견하여 소질을 계발해 줌과 동시에 꿈과 끼를 키워 행복한 도덕적인 인간을 도모한다는 뜻을 가진다(민경훈, 2018). 최근 정부는 청소년들이 자신의 능력을 발전시켜 꿈과 끼를 키우고, 예술을 통해 바른 인성을 함양하는 것을 매우 중시하고 있다(한국예술교육학회, 2017).

교육은 역사이며 사회문화이다. 교육은 단순한 가르침이 아닌 가르치다의 교(敎)와 기를 육(育)이 만난 단어이다. 헬라어는 파이데이아(paideia)라고 하는데, 이 말은 그리스에서 사람들이 도시국가의 프락시스(praxis)에 참여하도록 준비시켜 주는 의도적이고 간접적인 형성의 포괄적인 과정을 의미한다(김동일, 2019b).

교육은 바람직한 인격을 형성하기 위해 지식 또는 기술을 가르치고 배우는 과정 혹은 행동의 결과이다. 교육이란 인간이 가진 내면의 잠재된 소질과 능력의 가능성을 계발 및 발전하게 하며, 윤리적인 인간 발달을 도모하는 데 중요한 의미가 있다. 바람직한 인격 형성이라는 교육의 목적이 세월이 흘러도 변하지 않은 것처럼 보이지만, 교육의 방향과 방법은 시대에 따라 많이 변화하였다. 특히, 인공지능, 로봇, 사물인터넷 등 4차 산업혁명으로 대표되는 미래 사회에서 교육은 방향과 방법적인 면에서 많은 변화를 가져다줄 것으로 예견하고 있다(한수정 외, 2023). 4차 산업혁명에서 교육의 변화는 인간존중을 지향하면서 아이들의 삶이 중심이 될 수 있도록 역량과 인성이 강조되는 교육과정 재구성을 통해 학습자 중심의 교수-학습이 그 핵심이라고 할 수 있으며, 이러한 변화가 개별 교실이 아닌 공동체를 중심으로 하여 교육적 공공성이 확보되도록 교육의 공공성이 강조되는 방향으로 학교교육이 변화하고 있다(최경민 외, 2018).

| 표 10-1 | **4차 산업혁명 사회에서 교육의 변화**

구분	내용	주요 강조사항
교육철학	평생학습자 육성, 개인의 개성 발견과 발전, 편력과 소통, 인간존중	평생교육체제 안에서 총체적 재구성
교육과정	국가 교육과정의 유연화, 교육과정 경로 다양화, 삶 중심 교육과정 재구성	교육과정 재구성 강조
교육내용	역량 중심 교육, 인성 · 시민성 · 협업능력 강조	인성과 역량 교육 강조
교육방법	다양한 교육방법 활용, 학습자 주도, 테크놀로지 기반 교육, 온라인 기반, 네트워크 기반	학습자 중심의 교수-학습 강조
교육복지	교육의 공공성 강화, 소수자와 소외자를 위한 교육복지 강화	공동체로서의 학교

출처: 임종헌 외. (2017). 4차 산업혁명사회에서 교육의 방향과 교원의 역량에 관한 탐색적 연구. 한국교육, 44(2), 5-32.

(4) 문화교육과 예술교육

문화예술교육에서의 교육은 문화교육과 예술교육으로 구분할 수 있다. 문화예술교육은 자신이 포함된 사회 속에서 문화를 배우고, 이를 통해 더욱 풍요로운 삶을 영위할 수 있는 교육이라 할 수 있다. 그러므로 공연장과 미술관과 같은 문화예술기관, 역사와 전통을 담아낸 박물관, 전시관 등을 비롯하여, 지역사회의 행사나 학교의 교과교육, 방과 후 학교, 재량학습 등의 형태로 진행되고 있다. 일반적으로 문화교육은 '문화에 의한 교육'과 '문화에 대한 교육'으로 구분할 수 있다(윤애숙, 2005).

첫째, '문화에 의한 교육'은 전인교육의 측면에서 한 문화권 속에서 발생하는 문제를 스스로 해결해 나갈 수 있는 능동적이고 자발적인 능력을 지닐 수 있도록 하는 것이다. 특히 일종의 자아 교육으로서 사회의 변화 속에서 결여된 것을 보완하도록 도와주는 의미가 강하며, 교육의 주체가 능동적으로 임하는 것이 매우 중요하다.

둘째, '문화에 대한 교육'은 서로 다른 나라, 민족이 지닌 문화를 어떻게 해석하고 행동할 것인지에 대해 가르치는 교육이다. 즉 세계의 여러 문화를 바르게 이해하며 서로 다른 문화권에서 문화적 차이에 의한 문제가 부딪혔을 때 해결할 방법을 제공하는 문화교육이다. 서로 다른 문화를 구분하고 경계 짓는 것보다는 각자의 문화를 이해하고 수용할 수 있는 공동체성을 지녀야 한다는 면을 중요시한다.

예술교육 역시 문화예술교육과 유사하게 '예술을 위한 교육'과 '예술을 통한 교육'으로 구분된다(유혜경, 2000).

첫째, '예술을 위한 교육'은 흔히 떠올릴 수 있는 예술교육의 개념을 대표한다. 즉 전문 예술가 육성을 이론과 실기교육 또는 예술작품 감상을 위한 교육 등 예술의 본연적인 가치와 의미를 그대로 전하고 싶어 하는 예술지향적 개념이다. 직업예술가를 양성하는 예술교육이다.

둘째, '예술을 통한 교육'은 예술을 매개체로 하여 삶의 여러 가지 문제들을 조명하고, 일종의 교양과 소양교육을 위한 수단으로 보는 것이다. 삶에 대한 풍요로움과 깊이를 더하는 대중 예술교육이다. 학습자들의 능동적이고 자발적인 자세를 통해 습득하는 교육으로 예술을 경험하고 체험하면서 이를 통해 심미적 감각을 향상하고, 풍요롭고 창의적인 삶의 깊이를 더할 수 있는 삶을 영위할 수 있는 바탕을 제공한다.

예술교육은 주로 무용교육, 음악교육, 미술교육, 연극교육 등 각 장르에 관한 교육을 총칭하는 의미로 사용되었으며, 각 장르 예술의 고유한 교육방식, 교육과정 등을 중심으로 이루어져 왔다(송미숙, 2012). 그러므로 예술교육은 지향해야 할 목표가 탈 장르적이며 통합적인 교육과정 및 예술교육 과정의 중심연구 주제, 기능 전수 중심에 대한 문제점 등에 대한 논의는 미비하게 이루어져 왔다(김은영, 2006). 우리나라의 경우 1990년대 초반부터 예술교육과 관련된 다양한 관점의 담론이 논의되기 시작했다. 이후 예술교육의 예술지향적이고, 기능 중심의 교육에 대해 문제의식을 느끼고, 문화교육을 바라보는 관점이 보완되어서 내용이 구성되어야 한다는 본질적인 측면에서 논의가 이루어졌고, 2000년대 중반부터 지식 중심 교육의 대안으로 문화예술교육에 대해 주목하기 시작했다(송미숙 외, 2019).

고경화(2017)는 예술교육을 교육의 여러 분야 가운데 하나로 도덕교육, 지식교육, 언어교육, 과학교육 등과 구별된 영역과 과제를 가지고 있다고 하였다. 아울러 다른 교육 분야들과 상호 작용하여 서로 촉진하는 관계를 가지고 있다고 하였다. 예술교육은 사회적 요구에 부응하는 역할을 가진 것으로 보고 있다. 예술교육을 교육적 기능에 따라 범위를 '감각능력을 키우는 예술교육', '창의성 함양을 위한 예술교육', '전인교육을 위한 예술교육'으로 구분하였다. 결국 예술교육은 도덕, 언어, 과학 등 다른 분야들과 상호 작용하여 인간의 발달과정을 위해 작용하는 것으로 정리될 수 있다(안혜진, 2006).

| 표 10-2 | 교육적 기능으로 구분된 예술교육의 범위

범위	내용
감각능력을 키우는 예술교육	• 예술교육은 예술을 느끼고 표현할 수 있는 감각능력을 키우는 과정 • 감각능력의 함양과 미적 대상에 대한 상상력을 키우는 것 • 미적 체험을 통해 미적 판단 능력을 발달 발달시키는 것
창의성 함양을 위한 예술교육	• 창의성을 올바르게 기르는 교육은 미래사회를 위한 교육 • 창의성의 구성요인인 감수성, 유창성, 융통성, 독창성, 재구성 능력이 부여된 예술교육활동은 인간의 창의성 개발을 촉진함
전인교육을 위한 예술교육	• 예술교육은 인간이 조화롭게 발달하게 하는 교육 • 예술교육에서 이상적인 인간상은 이성과 감성이 조화된 인간

출처: 고경화. (2017). 예술교육의 역사와 이론. 서울: 학지사. 재구성.

(5) 문화예술교육

문화예술교육에 대한 정의는 학자마다 차이가 있으나 궁극적인 목적은 문화예술이라는 도구를 통해 창의력을 키우며 인간의 삶의 질 향상에 있다.

방은영(2020)은 "문화예술교육은 인간으로 하여금 타고난 예술적 재능을 삶에서 발휘하는 가운데 풍요로운 삶을 돕는 교육이다. 즉 음악, 무용, 미술, 연기 등 다양한 문화예술 분야에서 드러날 수 있는 예술적 재능을 최대한 길러주고 향유하도록 하는 데 그 목적이 있다"고 하였다.

한국예술교육학회(2017)는 문화예술교육은 용어의 구성에서 나타나듯이 문화, 예술, 교육의 합성어로서, 그 영역이 각각 독립되어 병렬적으로 나열된 특성을 보인 것이 아니라, 이 모든 영역이 함께 녹아들어 자연스럽게 융합된 형태의 고유한 특성이 있다. 즉 문화예술교육이란 지식을 기반으로 한 문화의 성장을 목적으로 하는 예술 활동이 자연스럽게 삶 속에 스며들어 하나의 생활양식으로 굳어진 형태로서, 이 형태는 생활 속에서 예술적 잠재력을 발견하고 능력을 발전시켜 꿈과 끼를 주며, 궁극적으로는 민주 시민으로서 조화로운 인격을 형성시켜 주는 예술교육이다(이예지, 2018).

한수정 등(2023)은 문화예술교육은 단어에서 유추할 수 있듯이 문화, 예술, 교육이 합해져 만들어진 용어이다. 이는 다양한 문화를 경험하거나 음악, 미술, 연극 등 예술 영역에 내재하여 있는 예술적인 면과 전문적이고 기술적인 면을 체험하는 통합적인 교육을 뜻한다. 문화예술교육의 목적은 양질의 문화예술교육 경험을 통해 사람들의 삶의 질을 향상하고, 개인이나 사회구성원의 문화적 잠재능력을 극대화하는 것에 있다.

송미숙 등(2019)은 문화예술교육의 주요 목적은 문화예술 경험을 통해 예술적 기능 및 지식과 이해를 증진하고 다양한 문화예술활동에 적극적으로 참여할 수 있도록 함으로써 문화예술을 향유하고 발전시킬 수 있도록 기여하는 것이며, 의의는 문화예술교육 활성화를 통해 국민의 문화적 삶의 질 향상과 국가의 문화역량 강화에 이바지하는 것이다.

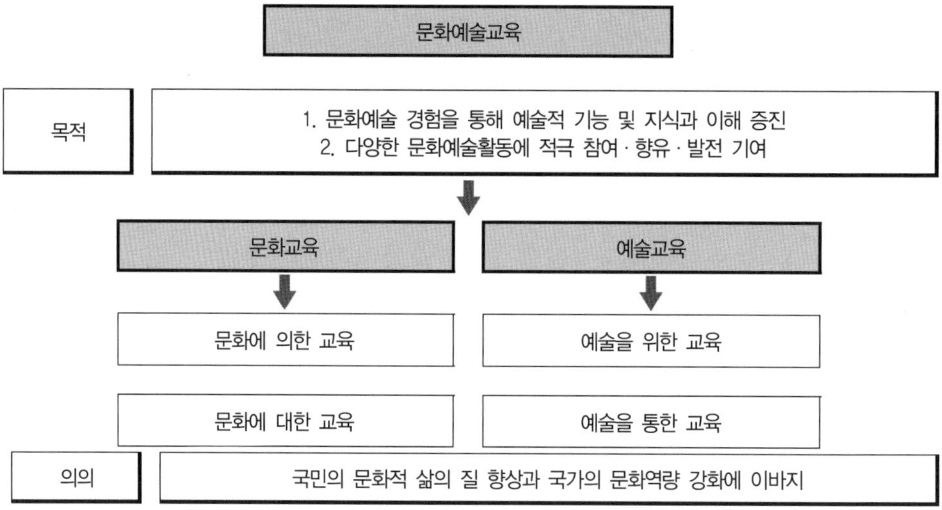

| 그림 10-5 | **문화예술교육의 목적과 의의**

우리나라는 「문화예술교육 지원법」에 의거하여 문화예술교육의 법적 정의는 문화예술 및 문화산업, 문화재를 교육내용으로 하거나 교육과정에 활용하는 교육으로 모든 국민의 문화예술 향유와 창조력 함양을 위한 교육으로, 학교문화예술교육은 어린이집, 유치원, 학교에서 교육과정의 일환으로 행하여지는 문화예술교육을 말하며, 사회문화예술교육은 문화예술교육시설 및 문화예술교육단체와 각종 시설 및 단체 등에서 행하는 학교문화예술교육 외의 모든 형태의 문화예술교육을 말한다(문화예술교육 지원법 제2조). 또한 기본원칙은 제3조(문화예술교육의 기본원칙)에 문화예술교육의 방향을 규정하고 있다.

제3조(문화예술교육의 기본원칙)
① 문화예술교육은 모든 국민의 문화예술 향유와 창조력 함양을 위한 교육을 지향한다.
② 모든 국민은 나이, 성별, 장애, 사회적 신분, 경제적 여건, 신체적 조건, 거주지역 등과 관계없이 자신의 관심과 적성에 따라 평생에 걸쳐 문화예술을 체계적으로 학습하고 교육받을 수 있는 기회를 균등하게 보장받는다.

| 그림 10-6 | **문화예술교육의 기본원칙**

이러한 문화예술교육의 가치는 문화적으로는 미적 감성, 창의성, 정체성, 자존감, 성찰력 등을 증진하고, 사회적으로는 공감능력, 소통능력, 포용성, 공동체성, 사회성 등을 향상하게 하여 국민의 문화적 삶의 질 향상과 국가의 문화역량 강화에 이바지한다.

| 표 10-3 | 문화예술교육의 가치

문화적 가치	사회적 가치
미적 감성, 창의성, 정체성, 자존감, 성찰력	공감능력, 소통능력, 포용성, 공동체성, 사회성

출처: 문화체육관광부. (2018). 문화예술교육 종합계획(2018~2022).

02 문화예술교육의 태동 및 역사

1) 문화예술교육의 태동

문화예술교육은 인간의 조화로운 발달에 목적을 두고 그 실현방법을 문화예술에서 찾는 교육으로 현 시대에 적응하는 창조적, 생태적, 인성적 인간을 길러내는 새로운 이념이다(김리아, 2012).

탈산업사회, 지식정보화사회에 살고 있는 우리들에게 문화예술교육은 사회·문화적 가치를 구현하는 데 있어 근간이 된다. 4차산업 혁명시대에 빠르게 그리고 다양하고 급변하는 패러다임의 변화에 대응하기 위해 새로운 인재상이 필요하다. 21세기를 살아가기 위해서는 창의력과 상상력 그리고 통합적인 사고력이 필요한 때에 모든 사람에게 차별 없이 이러한 능력을 줄 수 있는 것이 바로 문화예술교육이다.

과거 우리나라는 문화예술교육에 대한 전반적인 인식 부족과 그 효과성에 대한 결과가 수치화될 수 없기 때문인데 사치로 여겨져 왔다. 하지만 GDP처럼 수치화할 수 있는 것만이 국력이나 국민의 행복을 좌우하는 것은 아니다. 이런 환경에서 문화예술교육은 긍정적인 인간관계를 통해 다른 삶을 살 수 있게 해 주는 대안으로 작용할 수 있다. 그러므로 문화예술교육이 우리나라에 필요성이 제기되어 태동하게 된 이유는 다음과 같다(김리아, 2012).

첫째, 현상극복을 위한 교육으로 현재의 위기를 극복하고 미래를 준비하기 위한 대안적 교육으로서 문화적 감수성(cultural sensitivity)과 문화적 인식(cultural awareness), 문화적 리터러시(cultural literacy)를 배양하는 교육을 통해 현재의 위기를 극복할 수 있는 개인과 사회의 역량강화(empowerment)를 하는 것이다.

둘째, 문화예술교육은 미래의 준비를 위한 교육이다. 지식기반사회 이후 우리 사회가 논리적·선형적 능력적·컴퓨터와 같은 디지털 능력을 요구하는 정보화시대 경제와 사회로부터 창조의 능력, 공감하는 능력, 큰 그림을 그리는 능력 등을 필요로 하는 하이콘셉트(high-concept)의 시대로 천천히 이동해 가고 있다(Pink, 2005). 하이콘셉트는 예술적·감성적 아름다움을 창조하는 능력, 트렌드(trend)와 기회를 감지하는 능력, 훌륭한 이야기를 만들어 내는 능력, 언뜻 관계가 없어 보이는 아이디어를 결합해 뛰어난 발명품으로 만들어 내는 능력 등과 관련이 있다. 하이터치(high-touch)는 공감을 이끌어 내는 능력, 인간관계의 미묘한 감정을 이해하는 능력, 평범한 일상에서 목표와 의미를 이끌어 내는 능력과 관련이 있다(김리아, 2012).

핑크(Pink)에 의하면 물질적 풍요의 확대와 과학기술의 진보, 그리고 세계화의 진전이라는 세 가지 동력이 결합하여 이 새로운 시대를 이끌고 있다. 물질적 풍요로 인해 정신적 가치에 대한 열망이 높아지고, 과학기술의 발달로 일부 직종이 기계로 대체되어 사라지고 있는 것이다. 세계화의 진전은 선진국 지식 근로자로 하여금 단순한 업무를 해외로 이전시키고 그 외 새로운 업무를 개발해야 하며, 컴퓨터가 대신할 수 없는 능력을 찾아 개발하도록 압력을 가하고 있다. 핑크는 이러한 사회를 “고도 개념과 고도 감성(high-concept and high-touch)”의 사회라 부른다. 핑크는 하이콘셉트의 시대에 미래의 인재가 갖추어야 할 여섯 가지 조건으로 '디자인', '이야기', '조화', '공감', '놀이', '의미'를 들고 있다. 이러한 것들은 아웃소싱하거나 자동화하기 어려운 재능들로서 문화예술교육을 통해서만 습득될 수 있는 것들로 보았다(김리아, 2012).

2006년 6월부터 시행된 「문화예술교육 지원법」은 제1조에서 "이 법은 문화예술교육의 지원에 필요한 사항을 정함으로써 문화예술교육을 활성화하고 나아가 국민의 문화적 삶의 질 향상과 국가의 문화 역량 강화에 이바지함을 목적으로 한다."라고 규정하고 있다. 동법 제3조에서는 아울러 문화예술교육의 기본원칙에 대해 "문화예술교육은 모든 국민의 문화예술 향유와 창조적 함양을 위한 교육을 지향한다."라는 점과 아울러 "모든 국민은 나이, 성별, 장애, 사회적 신분, 경제적 여건, 신체적 조건, 거주지역 등에 관계없이 자신의 관심과 적성에 따라 평생에 걸쳐 문화예술을 체계적으로 학습하고 교육받을 기회를 균등하게 보장받는다."라고 규정하여 문화예술교육 정책의 지향점을 보다 명확히 하고 있다(문화예술교육지원법, 2023).

우리나라의 문화는 소외계층을 위한 문화복지를 확대하고 사회 전반의 문화다양성 인식 제고와 가치 확산을 위한 다양한 문화공간과 사회통합을 도모해야 한다. 그리고 한류 확산 등으로 인해 한국어 수요에 대비하여 준비해야 하며, 이와 더불어 전통문화의 가치를 보존하고 우리 문화를 세계에 알리고 확산시키기 위한 다양한 노력이 이루어져야 할 것이다.

또한 예술 지원정책의 공정성·투명성 강화 및 예술인 창작권 보장을 위해 '창작 환경 개선과 복지강화로 예술인의 창작권 보장' 및 '지역과 일상에서 문화를 누리는 생활문화시대'의 전환의 계기가 필요하다.

마지막으로 국민의 전반적인 문화향유 욕구가 높아짐에도 불구하고 지역 간의 문화 편차가 문제로 지속적으로 제기됨에 따라, 지역의 균형 있는 문화 환경 조성과 지역 고유문화의 발굴·육성 정책을 지속적으로 추진해야 한다.

2) 문화예술교육의 역사

예술학 또는 미학이 성립되기 이전의 예술은 고대 선사시대 종교적 의식에서 시작되었다고 생각할 수 있다. 하지만 학문적 이론의 역사는 고대 그리스 시대로부터 시작된다. 예술에 대한 인문학적·철학적 성찰은 플라톤에 의해 미메시스(mimesis)라고 처음 제기되었다. 그 이후 상당한 변화가 있었지만 결국 예술은 우리 인간만이 아름다움을 느끼고 즐기며 사랑할 줄 안다는 것이다. 따라서 예술은 인간의 미를 추구하는 애미적 관심과 지를 사랑하는 애지적 충동에서 출발하였다고 볼 수 있다(김인환, 1995).

예술이란 무엇인가라는 질문에 아름다운 것, 미적인 것이 가장 기본적인 주제가 된다. 아름다움과 미적인 것은 감성적, 인지적 체험에 의해서 감정영역이다. 아름다운 체험의 근원은 판단에 의해서 성립되기 때문에 미적 판단이 중요하다. 이러한 미적 판단을 반성하는 성찰된 노력이 미학 또는 예술학이라고 한다. 미적 현상에 관한 이론적 성찰, 즉 미학이 성립된 역사는 그리 오래되지 않으며, 개별과학으로서 독자적 학문영역을 차지하는 18세기에 이르러서부터이다. 그 이전에는 포괄적인 개념으로 철학(Philosophia)이라고 하였다. 고대 내지의 중세시대 철학적 사고를 가지고 미를 추구하지만 지금도 과거의 이론체계에 많이 의존하는 편이다(김인환, 1995).

최근 우리나라에서 가장 활발하게 변화하는 문화는 '창작공간'이다. 공간이라는 개념은 사람이라는 구성요소의 중심이다. 특히 창작공간은 '사람'이라는 개념을 예술가뿐만 아니라 관객과 지역주민, 일반 시민에게까지 확장시켜 예술의 범위와 개념을 넓히고 있다. 창작공간의 대부분은 도심의 유휴 시설을 발굴하여 예술가와 지역주민이 함께 누리는 문화 시설로 재활용한다는 점에서 선진적인 아이디어의 결과물이라 할 수 있다. 이미 일본 요코하마의 '뱅크아트 1929', 프랑스 파리의 '104', 중국 베이징의 '따산즈 798' 등 수많은 해외 여러 나라의 성공 사례들이 창작공간의 형성과 운영의 좋은 본보기를 보여주고 있다. 이제

창작공간은 콘텐츠의 보고로서의 역할뿐만 아니라 생활, 사회, 경제, 도시 경쟁력을 이끄는 시대의 대세로 자리 잡아 그 위상을 다져나가고 있다(오면근 외, 2010).

(1) 원시시대 예술과 종교

원시시대의 원초적 예술을 보면, 각 형태의 예술이 구분되지 않은 채 독자적인 목적에 따라 각기 다른 표현 방법으로 발전하여 각기 다른 예술의 분야로 분류되기에는 많은 시간이 소요되었다(Hauser, 1953). 다시 말해, 원래 시·음악·무용·연기·미술 등은 구분되지 않고 결합되어 있어 모든 것이 하나의 행동으로 원시인들이 의사전달의 수단으로 쓰였다. 원시인은 언어가 생기기 전에는 그들끼리 이해할 수 있는 몸짓 또는 손발을 움직이는 형태의 행동으로 의사를 나누고 살았을 것이다. 언어 이전에 의사소통을 하던 몸짓·발짓을 소위 제스처(gesture)라고 한다. 이 제스처는 우주 창조 이후 원시인들이 인식(認識), 상상(想像), 추리(推理), 형태(形態), 의사(意思)를 전달하는 순수한 방법으로서의 행동이다(김흥우, 1969).

한편, 원시인들은 죽음, 굶주림, 비와 햇볕, 천둥과 우박, 전염병과 가뭄, 토지의 비옥 여부와 가축의 다산성 여부 등이 이들의 생활에 공포와 불안을 주었다. 그래서 그들에게 닥쳐오는 행운이나 불행을 현상의 배후에서 행운과 불운을 점검해 주고 보호해 주는 어떤 힘과 연결하고자 했다. 이것은 축복 또는 원하는 것을 가져다주는 선·악 간의 온갖 신령이나 정령의 개념을 낳았으며, 신비스러운 미지의 존재의 압도적인 힘을 가진 초인적 존재, 초월석이고 절대적인 존재에 대한 관념을 낳게 되었던 것이다(Hauser, 1953).

선사시대(prehistory)의 비문명화된 사회유형에서는 예술이 종교와 예술 간의 문제로 취급될 수도 있다. 원시공동체 생활 전체가 유력한 종교적 위계의 비호 아래 실용적 예술형태 속에 구현된 방대한 양의 미적 표현은 종교적인 방면으로 들어간다. 원시인의 정신에는 신비의 요소들로 감싸져 있지 않은 것은 어떤 것도 떠오르지 않는다(Read, 1946).

예술은 시대적 환경 변화에 영향을 받아 왔다. 원시공동체 사회에서 예술은 주로 주술과 제사에 이용되었다. 많은 수확과 사냥을 비는 주술적 의미로 사용되었고 제사를 드리면 공동체 의식을 확인하는 축제의 도구로 사용되었다. 이와 관련하여 예술의 기원은 제사와 유희 두 가지로 나뉘기도 한다. 하지만 원시인의 감성적이고 실질적인 삶 전체로부터 분화되지 않은 원시인의 예술은 이미 종교의식에 따른 행사적인 것이다. 그것은 의식적인 것이고, 공동체적이었으며, 개인적인 관점에서는 비반성적인 것이었다(Read, 1946). 알타미라 동굴벽화, 빌렌도르프의 비너스상 등이 이 시기에 발굴된 주요 예술작품들은 인간이 즐기기 위한 것이 아니라 아무도 안 보는 신성한 동굴에 그려 놓고 설치함으로써 더 많은 생산을 기원하는 주술의 결과로 설명된다. 그러나 우리가 보기에는 이집트, 메소포타미아, 중국에서는 최초 문명시대의 예술이었다.

종교 형식에 따른 의식은 감정을 낳는다. 인간은 자기가 화해의 실존에 필요해서 행했던 것이 어떤 절박한 필연성이 없어도 즐겁게 되풀이될 수도 있다는 사실을 발견했다. 즉 사냥의식, 다산(多産)의식, 기우제 의식 등이 그들을 위하여 어떤 직접적인 목표가 없이도 할 만한 가치가 있다는 의식으로 발견했다. 그래서 그 활동 자체가 즐거운 감정을 낳는다(Read, 1946). 이러한 관념의 발달로 인해 종교적 의식이 나왔으며 이 의식에서 신(神)과의 의사소통의 수단으로써 원초적 예술 등이 사용되고 오늘날의 예술형태로 성장되었다(이숙재, 1987).

(2) 고대 그리스의 예술

고대 그리스에는 예술의 모든 장르를 포괄하는 개념은 존재하지 않았지만 테크네(techne)라는 말이 있다. 이는 오늘날의 예술의 종류를 포함하여 가옥이나 구두, 의류를 제조하는 기술이나 배를 조종하는 조타술, 질병을 치유하는 의술, 요술과 같은 오락술의 의미까지도 포함하고 있었다(최명숙, 2013). 이처럼 예술이라는 포괄적 개념인 테크네는 '기술'이라는 의미로 라틴어의 '아르(ars)'에 해당하며 기술영역에 속하는 견해로 본다.

영어 '아트(art)'라는 말의 어원이기도 한 테크네는 플라톤과 아리스토텔레스에 의해 명백히 규정되기 이전에도 다음과 같은 세 가지 요소를 지니고 있는 인간의 제작(poiesis)에 적용된 말이었다. 그것은 첫째, 자연에 의해 제공된 질료가 있어야 하고, 둘째, 일단의 규칙에 기초해야 하며, 셋째, 제작자 스스로의 작업에 의해 수행되는 지적인 제작능력 일반을 뜻하는 말이었다(오병남, 2017).

그리스인들은 테크네를 인간의 이성적 힘에 기초한 것으로 일반적인 규칙에 의해 의식적으로 인도되는 제작활동이라고 이해했기 때문에 일상의 기술적 행위 일체를 지적 활동의 한 형태로 강조하였다. 그래서 테크네는 크게 두 가지 의미가 포함되어 있다. 그 하나는 원래의 의미대로 손으로 하는 기술이고, 다른 하나는 인식의 의미에서 발전한 이론적 지식이라는 의미로서의 기술이다(강손근, 1998).

미메시스 개념을 인문학적 성찰로 전개한 학자는 플라톤이다(유기환, 2010). 플라톤은 미메시스를 조형예술뿐만 아니라 음악, 시 등의 예술 전반에 광범위하게 적용시키면서 이데아와 현실의 관계를 규정하는 철학적 원리로도 사용하였다(이주영, 1996).

플라톤는 테크네를 일상의 실제적인 기술보다 기하학, 천문학 같은 이론적 지식이 우위를 차지하였다. 즉 그에게 예술은 테크네의 하위개념으로 '모방 기술'이었으며 '미메시스(mimesis)'로 규정하였다(최명숙, 2013).

인간은 예술에서 자연을 모방하는데, 예를 들어 베를 짤 때는 거미를 모방하며, 집을 지을 때는 제비를, 노래를 할 때는 새를 모방하는 것이다. 이는 주로 실용적인 예술에 적용되었다(이승건 외, 2005). 이처럼 예술은 정신상태나 감정상태를 표현하는 하나의 상징이 되거나 자연대상의 재현 또는 모방이 되었다. 그 어느 경우에나 예술은 정보를 전달하는 하나의 매개체요, 전달수단이다(Read, 1946).

예술을 미메시스로 보는 견해는 고대 그리스의 신화에 나오는 신 디오니소스(Dionysos)[8]의 제의로 거슬러 올라가는데, 이 제사와 의식에서 행하는 사제의 숭

8) 그리스 신화에 나오는 신. 제우스(Zeus)와 세멜레(Semele)의 아들이며, 대지(大地)의 풍요

배의식을 의미한다. 제식에서는 언제나 춤과 노래가 따라 다녔는데 단어와 멜로디 리듬과 몸짓이 어우러졌다. 즉 무용, 흉내 내기, 음악 등을 나타내면서 자연과 합일하기 위하여 순수하게 스스로를 자연물로 의식하고 그 자각에 도취하였던 인간의 행위였던 것이다. 그러므로 고대 그리스 당시에 미메시스는 외면적 실재를 재생한다는 의미이기보다는 내면적 실재를 표현한다는 의미로 보아야 할 것이다(임정미, 2011).

(3) 중세시대의 종교예술과 르네상스

중세시대 예술은 귀족들의 사교와 권위를 위한 장식물에 지나지 않는다. 예술가의 지위도 귀족들에 의해 결정되었으며 예술작품 또한 그들의 취향이 반영되기도 하였다. 과거 문화예술은 힘이 있는 자들의 여유였다. 따라서 문화예술은 강력한 왕권, 귀족 사회 또는 종교적 권위와 풍요를 상징했다. 창작자들은 창작에 필요한 자금의 원천도, 힘도, 소비자도 그들이었기에 소수를 위한 작품을 만들면 됐다.

서양 근대사회의 시작이라고 하는 르네상스(Renaissance)는 14세기~16세기에 이탈리아 피렌체와 베네치아를 중심으로 시작되어 프랑스와 독일, 영국 등 유럽에 전파되었다. 인간성 회복을 위한 문화혁신 운동으로 근대의 태동이 되었다. 르네상스의 뜻은 재생과 부활의 의미로 프랑스어로서 그리스, 로마 고전 문화의 부활을 의미하고 있다. 이 시기는 근본적으로 고전 학문의 연구로 인문주의의 근본정신을 가지고 있다. 인간의 개성과 능력을 강조하고 덕성과 존엄성을 중시하여 자유를 존중하는 문화를 이끌어 가는 것이 특징이다. 이 시대의 예술가로 레오나르도 다빈치(모나리자, 최후의 만찬), 미켈란젤로(천지창조, 다비드상), 라파엘로(성모상), 단테(신곡), 페트라르카(이탈리아어 서정시), 보카치오(데카메론), 마키아벨리(군주론) 등 문학과 미술을 중심으로 발달하였다.

(豊饒)를 주재(主宰)하는 신(神)인 한편, 포도 재배와 관련하여 술의 신이기도 하다. 로마 신화의 바쿠스(Bacchus)에 해당한다(다음 어학사전).

르네상스 하면 이탈리아가 본 고장이며 창조력이 용솟음쳤던 시대이기도 하다. 또한 동시에 많은 천재가 나온 시기이다. 신학의 시대, 권위의 시대는 이성 철학에 의해 극복됐다. 르네상스 시대에서는 고대 철학자들이 자주 회화에 나타났다. 고대 철학자들은 지혜와 학문의 세속적인 이상형을 대변했다. 종교적 맥락에서 고대 철학자들의 존재는 신앙과 이성이 적대적인 관계가 아니라 조화를 이룬다고 암시하는 것이다. 바티칸에 있는 라파엘로(Raffaello Sanzio, 1483~1520)가 그린 아테네 학당(Scuola di Atene)은 1508년~1511년까지 4년에 걸쳐 완성했는데, 고대 그리스의 유명한 사상가들을 보여주고 있다. 가장 중심부에는 플라톤이 왼쪽에, 아리스토텔레스가 오른쪽에 나란히 서 있다. 이들의 왼쪽에서 소크라테스가 청중을 향해 연설을 하고 있다(Magee, 2016).

| 그림 10-7 | 라파엘로 산치오의 "아테네 학당"

① 플라톤, ② 아리스토텔레스, ③ 소크라테스, ④ 알키비아데스, ⑤ 플로티누스, ⑥ 에피쿠로스, ⑦ 키티온의 제논, ⑧ 피타고라스, ⑨ 아낙시만드로스, ⑩ 이븐 루시드(아베로스), ⑪ 히파티아, ⑫ 페르메니데스, ⑬ 헤라클레이토스, ⑭ 디오게네스, ⑮ 유클리드, ⑯ 조로아스터, ⑰ 프톨레마이우스, ⑱ 산치오 라파엘로, ⑲ 조반니 안토니오 바치이

출처: 위키백과사전. (2024). https://ko.wikipedia.org

(4) 근대 예술

18세기에는 예술가들이 점차 귀족들의 독점에서 벗어나기 위해 노력해 왔다. 귀족들의 후원제도에 의지하지 않고 독립적 경제시장을 구축하기 위한 노력을 끊임없이 펼쳐 왔다. 따라서 현대 사회의 예술은 인간과의 관계에서 새로운 가치를 찾아가며 다의적 의미를 생산해야 하는 필요성을 갖게 된다. 탈근대 시대 예술가들은 절대적 창작자보다 예술상품을 생산하는 생산자이자 사회적 역할을 새롭게 찾아가는 기획자로 존재하게 되었다. 또한 현대 사회의 예술의 패러다임은 숭배나 절대적인 가치가 아닌 비판이나 관람자와 상호작용으로 변화하고 있다. 이처럼 21세기 예술이나 예술가는 새로운 가치와 자원을 만들어 내는 지위를 부여받으며 거듭나고 있다(신정원 외, 2007).

| 표 10-4 | 예술의 시대적 활용

구분	중세시대	초기 산업자본주의 시대	근대 모더니즘 시대	탈근대 후기 자본주의 시대
예술의 지위	사교계의 권위를 위한 도구	예술을 위한 예술의 탄생	정신적 성찰의 대상 (예술의 특수성)	다의적 의미의 생산
예술가의 지위	귀족 후원자들에게 후원을 받은 창직자	독립된 예술가	혁명적 유토피아주의자	새로운 서사의 제작자이자 사회적 기획자

출처: 한수정 외. (2023). 4.0 평생학습 시대의 문화예술교육론. 고양: 어가.

(5) 현대 예술

지난 세기 사회과학 시대의 민주와 복지국가를 거치면서 대중 중심의 대량소비사회로 세상을 변화시켰다. 대중은 프랑스 대혁명과 산업혁명을 거치면서 정치적, 경제적 자립으로 현대 사회에서 가장 힘 있는 계층으로 등장했다. 창작들도 소수의 힘 있는 자들을 위한 문화예술이 아니라 불특정 다수의 대중을 위한 대중에게 부합된 작품을 만들어야 했다.

1960년대 중반 미국에서는 전미예술기금(National Endowment for the Arts: NES)이

창설되었다. 이전까지 미국에는 공적인 예술지원제도가 없었다. 그러나 공적인 지원이 없으면 조만간 예술이 소멸될 것이라는 보몰의 법칙에 따라 예술에 대한 공공지원여론이 높아갔다. 미국의 경제학자 윌리엄 보몰(William Baumol)은 『공연예술의 경제적 딜레마(Performing Arts-The Economic Dilemma)』라는 책에서 "공연예술은 치명적이지는 않더라도 시간이 가면 갈수록 재정적 위기로 나아간다"고 결론을 내렸다. 공연예술의 경우 인건비는 꾸준히 상승하므로 필연적으로 재정적 위기에 다다를 수밖에 없다는 것이 보몰의 분석이다. 이에 따라 공공재적 성격을 갖고 있는 공연예술을 보호, 발전하기 위해 공공부조가 필수적이라는 것이다. 이를 보몰의 법칙이라 한다. 이같이 문화예술에 대한 공적 부조의 개념에서 생긴 예술경영은 '공공성'을 전제로 한 비영리적 개념에서 출발했다. 이윤이 아니라 지역의 문화적 욕구에 부응해서 예술과 관객, 예술과 사회를 이어주는 것이 가장 중요한 존재 이유였다(김승현, 2009). 또한 국민소득 수준 향상과 일과 삶의 균형 중시 등 경제적인 환경 및 사회문화 환경 변화에 따라 취향에 바탕을 둔 문화활동 참여 수요가 증가하고 있으며, 지역 · 계층 · 연령과 관계없이 모든 국민이 일상에서 문화를 즐길 수 있는 여건 조성의 필요성이 증대되고 있다. 이에 문화정책 분야는 국정 과제인 '지역과 일상에서 문화를 누리는 생활문화시대'를 이행하고 국민의 문화적 권리 확보 및 국민의 문화향유 확대를 위해 문화정책 과제들을 추진하고 있다(문화체육관광부 · 한국문화관광연구원, 2019).

에마뉘엘(Emmanuel)의 지적처럼 과거 문화와 예술은 '있는 사람의 여유'에 바탕을 두고 있는 '천재들의 영역'이었다. 그러나 현재는 문화와 예술을 지탱해 주는 소수의 '있는 사람들'이 더 이상 없다. 그 소수 대신에 불특정 다수인 대중이 대신하고 있다. 따라서 '대중'에게 접근하지 않고는 현대사회의 문화예술을 이야기할 수 없으며, 이로 인해 문화와 예술은 사회적 의미를 갖게 된다. 문화와 예술이 단순히 한 개인의 인격을 고양하고 즐기는 차원이 아니라 대중 소비사회에서 국가경쟁력과 직결되는 창의력 있는 우수한 인력을 양성해 내는 개인적이면서도 집단적인 교육이 된 것이다. 그리고 해외 시장을 개척하기 위한 효과적인 광고 및 판매전략이며 또 역으로 해외의 공세를 막아낼 수 있는 중요한 국방전략이기도 한 것이다(김승현, 2009).

2008년 4월 12일 개관한 노르웨이 오슬로 오페라하우스는 예술과 대중의 관계를 생각하는 데 중요한 건물이다. 오슬로 오페라하우스는 옥상을 시민들의 산책공간으로 만들고 1층 무대, 소품, 의상 제작실 등을 투명한 유리로 만들어 바깥에서도 훤히 볼 수 있도록 한 대중지향적이면서도 음향과 연습실 등에 혁신적인 개념을 도입한 오페라하우스이다.

| 그림 10-8 | 노르웨이 오슬로 오페라하우스

출처: 위키백과사전. (2024). https://ko.wikipedia.org

오슬로 오페라하우스 건축책임자인 타랄드 룬데발은 "오페라하우스의 사회적 가치를 반영하는 데 최선을 다했다."며 "북구의 기념비적인 건축물로 대중이 자유롭고 쉽게 접근하는 것이 가장 중요하다. 이를 위해 사람들이 빌딩 위를 산책하며 마치 아라비아 나이트의 마법의 양탄자를 탄 듯이 넓게 펼쳐진 피오르를 즐길 수 있다."고 설명했다(김승현, 2009).

예술과 사회의 관계는 예술 자체가 사회적 현상이라는 이유 때문에 결코 무시될 수 없다. 예술가는 비록 자신의 일차적인 경험이 독특하기는 하지만 그는 사회적 존재이며, 일차적인 경험에 의해 깊이 표현되거나 예술품의 대상화나 형식이 유일하고 독특하다 하더라도 그것은 언제나 예술가와 사회의 다른 구성원들을 연결하는 다리이다. 그리고 예술작품이 다른 사람들에게 사상, 목적, 가치를 재확인하거나 평가하는 데 영향을 미치고 예술작품의 정서적 내지는 이데올로기적 중요성과 더불어 사람들을 동요하게 하거나 감동시키는 사회적 힘을 지니고 있기 때문이다. 따라서 예술과 사회는 반드시 연결된다. 사회적 작용에 영향을 받지 않는 예술은 없으며, 또한 어떠한 예술이라도 사회에 영향을 미칠 수밖에 없다. 예술은 궁극적인 목적은 인간의 영역을 확장하고 풍부하게 하는 것이다. 예술가는 자신의 현실을 확장한 결과로서 규정된 인간적·정서적·이데올로기적인 내용을 대상화하기 위해, 물질에 일정한 형식을 부여할 수 있는 한에서 문화예술의 궁극적인 가치인 미적 가치를 실현한다. 진실한 예술가는 일상언어로 불가능한 경우에 새로운 언어를 창조할 수 있다. 참다운 예술은 공유됨으로써 인간현존의 본질적인 측면을 드러낸다. 그런 까닭에 의사소통이 단절된 예술은 본질적인 측면에 대한 부정인 것이다. 현대예술은 대중과의 새로운 유대를 모색해야만 한다.

21세기 현대사회의 예술가나 문화예술교육사의 역할은 문화를 통찰하여 사회와 연결되는 과정에서 예술의 새로운 가치를 탐색해 보는 창조자이며 기획자의 역할을 수행하게 되었다. 결국 문화예술교육사는 사회의 문화영역에서 예술로 사회에 참여하는 구성원으로 발전하고 문화의 의미를 재생산하며 가치를 부여하여야 한다(한수정 외, 2023).

(6) 문화예술과 기술의 융합

4차 산업혁명 시대 문화예술은 과학기술을 예술활동에 접목하였다. 이는 공연예술과 시각예술에 새로운 시도들의 확산으로 문화예술의 대량생산과 함께 보급, 소비가 가능하게 되었다. 문화적 삶의 저변 확대로 극대화되는 문화예술은 대중문화에 의해 소비와 향유가 되는 문화가 되었다.

신경과학기반 또는 뇌기반 연구가 문화예술교육의 접목과 같이 과학기술의 발달로 문화예술교육에 생명과학과 융합하는 방법도 주목받고 있다. 이처럼 4

차 산업혁명 시대에 문화예술교육과 다양한 방법들이 융합되어 새로운 학문을 개척하고 있다.

4차 산업혁명 시대를 이끄는 핵심 기술군을 문화적 측면과 연관해서 보면, 인공지능과 빅데이터, IoT 기술(사물인터넷, Internet of Things)[9], 로보틱스 기술[10], AR(증강현실, Augmented Reality)[11]과 VR(가상현실, Virtual Reality)[12]기술, 블록체인 기술[13], 3D프린팅 및 4D프린팅 기술이 중요하게 떠오르고 있다(이상열 외, 2018).

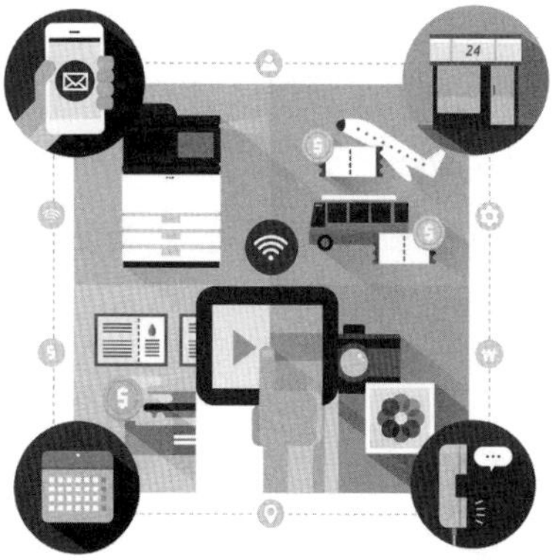

| 그림 10-9 | **IoT(사물인터넷) 기술**

| 그림 10-10 | **로보틱스 자동화**

---

9) 스마트폰, PC를 넘어 자동차, 냉장고, 세탁기, 시계 등 모든 사물에 센서와 프로세스를 장착하여 정보를 수집하고 제어·관리할 수 있도록 인터넷에 연결되는 기술이다.

10) 로봇 + 테크닉스(공학)의 합성어로, 로봇에 관한 기술 공학적 연구를 하는 학문. 센서 공학·인공 지능의 연구, 마이크로일렉트로닉스 기술의 종합적 학문 분야이다(네이버 지식백과 건축용어사전).

11) 증강현실로 현실의 세계에 가상의 물건, 객체, 대상을 구현하여 마치 실제로 존재하는 것처럼 보여주는 기술이다.

12) 가상의 세계를 컴퓨터 시스템을 이용하여 실제로 똑같이 느낄 수 있도록 처음부터 창조하는 기술이다.

13) 가상화폐 거래 내역을 기록하는 장부로서 신용이 필요한 온라인 거래에서 해킹을 막기 위한 기술로 사용된다. 비트코인을 포함한 여러 암호화폐의 보안기술로 사용되고 있다(다음 백과).

| 그림 10-11 | AR의 '알함브라 궁전의 추억'
출처: http://program.tving.com/tvn/tvnalhambra

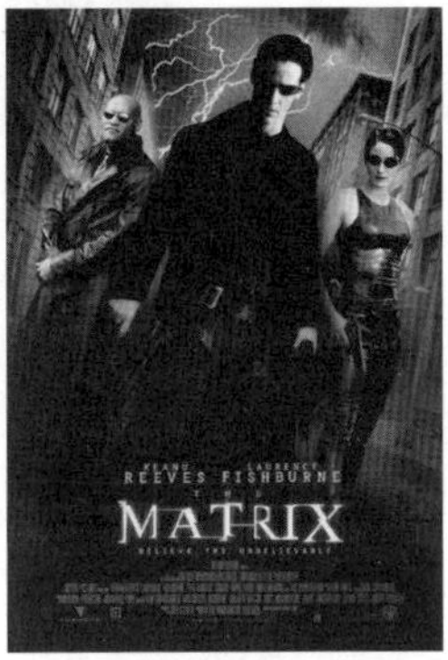

| 그림 10-12 | VR를 제공한 영화 '매트릭스'
출처: https://movie.daum.net/moviedb

4차 산업혁명의 신기술은 문화소비를 증가시키는 효과를 발휘하고 있다. 빅데이터와 인공지능, 알고리즘을 이용한 플랫폼 기업의 콘텐츠 생산 및 유통이 문화콘텐츠의 소비를 폭발적으로 증대시킴으로써, 미디어를 이용한 문화소비 증대 효과가 나타나고 있다. 이를 통해서 공연예술이나 시각예술이 가지고 있는 '규모의 경제'나 생산성의 한계가 극복될 수 있으며 디지털 기술을 이용한 전시 확대는 문화예술 시장의 대중화를 촉진할 수 있다. 이는 문화예술의 다양성에 기여할 것으로 생각된다(서우석 외, 2019).

한국의 경우 2014년 동대문 홀로그램 전용관 K-live, 2015년 서울 코엑스 홀로그램 상설 공연장, 2017년 K-live 송도 홀로그램 전용관이 개관되었다. 코엑스 홀로그램 상설공연장에서 故 마이클 잭슨과 故 김광석을 무대에 홀로그램을 통해 등장시킨 공연사례가 있다. 4차 산업혁명 시대의 기술을 이용하여 주요 문화재 또는 자연 기록 등을 간결하고 정확하게 기록·보존할 수 있고 가상 전시품을 극사실적인 홀로그램 재현 기술을 통해 구현 및 전시할 수 있는 등 가상공연, 기록, 보존, 복원전시 분야로 문화예술을 발전시킬 것으로 보고 있다(변인섭 외, 2019).

| 그림 10-13 | 동대문 K-live에서 '김광석 공연 홀로그램 콘텐츠' 국내 최초로 시연

출처: 전자신문. (2016.06.15.). https://entertain.v.daum.net/v/20160615163505711?f=o

03 문화예술교육의 철학적·사회적·인성교육적 접근

1) 철학적 접근

문화예술교육을 철학적으로 접근하든 교육적으로 접근하든 둘 사이의 관련성이 있다. 문화예술교육과 철학의 관계를 인정하고 교육 현상을 철학적 사유를 할 수 있도록 하는 데 목적이 있다. 문화예술교육 또한 문화와 예술과 교육의 융합이 철학적 기반 위에 이루어졌다. 우리 일상의 삶 속에서 자연스럽게 반영된다고 할지라도 문화예술교육은 이론적 근거를 바탕에서 시작된다. 과거 시대를 대표하는 철학가들의 다양한 교육철학은 현대에 이르러서도 인간 교육에 큰 영향을 미치고 있다(한수정 외, 2023). 철학이란 말은 지혜에 대한 사랑으로 정확하고, 철저하게 사유하는 것이라고 할 수 있다.

문화예술을 가르치는 교사에게 교육철학은 무엇인가? 문화예술교육의 철학적 접근은 '왜 문화예술교육을 하는지?', '문화예술교육은 무엇인지?'라고 하는 본질적인 물음을 제기한다. 좋은 교육은 효과적인 방법으로 가르치는 학습을 의미하는 경우가 많다. 그리고 교육을 위해 무엇을 가르칠 것인가, 교육의 궁극적 목적이 무엇이어야 하는가 하는 교육목적이나 교육내용에 대한 보다 본질적인 질문과 탐구는 필수불가결한 일이다. 그래서 교육목적에 대한 질문과 탐구를 하는 일이어야 말로 교육철학의 주된 목적인 것이다(정윤경, 2010).

문화예술교육을 지도하는 예술지도자들은 자신의 임무를 수행하기 위하여 끊임없이 생각하고, 결정하고, 행동으로 옮겨야 한다. 그 까닭은 예술지도자들의 결정과 행동이 많은 학습자들에게 중대한 영향을 끼칠 수 있기 때문이며, 어쩌면 그 영향은 학습자들의 일생과도 관련이 될 수 있기 때문이다. 예술지도자가 문화예술교육과 관련하여 어떤 것을 결정하고 수행하는 데에는 자신이 하고 있는 일의 중요성에 대한 뚜렷한 신념과 목표가 있어야 한다. 따라서 여기에서는 문화예술교육에서 필요로 하는 결정과 행동을 위하여 근본적으로 도움을 줄 수 있는 교육 철학의 세계를 살펴보고자 한다(한국예술교육학회, 2017).

보통 서양철학의 기둥을 이상주의와 실재주의, 자연주의, 실용주의라고 한다. 이상주의 철학의 기초를 확립한 이가 바로 플라톤(Plato, B.C. 427~347)이다. 그리고 실재주의는 그의 제자 아리스토텔레스(Aristoteles, B.C. 384~322)에 의해 확립된다(정윤경, 2010). 자연주의 교육철학은 루소(Rousseau, 1712~1778)의 자연주의 사상을 바탕으로 하며, 실용주의 교육철학은 듀이(Dewey, 1859~1952)에 의해 구체적으로 발전되었다(한국예술교육학회, 2017).

문화예술교육에 있어 교육자의 반성적 사고를 기반으로 교육철학은 중요하며, 교사는 학습구성원의 창조적인 문제해결에 있어 장기적이고 일관성 있는 올바른 교육철학의 정립과 수행이 필요하다. 또한 교육자로서의 정체성 정립과 더불어 실천적인 교육의 방향성을 제시하는 데 있어 바른 지침을 줄 수 있다(한수정 외, 2023). 그러므로 문화예술교육의 교육과정을 구성할 때 네 가지의 교육철학은 각각 독립적이지만 서로 융합되어 교과과정을 구성하는 것이 바람직하다(한국예술교육학회, 2017). 네 가지의 철학을 살펴보고자 한다.

(1) 이상주의

이상주의(理想主義, Idealism) 교육철학은 사고(思考)에 의한 실재의 확신을 바탕으로 한다. 플라톤은 근본적 실재는 생각(thought)이고 윤리적 가치를 중요하게 다룬다. 인간의 도덕적 세계질서에 따를 때 절대적인 실재의 본질인 선(善)에 이르고 옳은 목적이 충족되며 세계의 도덕적 질서가 유지된다고 보는 관점으로부터 시작된다. 이러한 인식은 학습을 위한 교육내용 선정과 정연한 논리를 가지고 학습을 계획하며 조직한다(방은영, 2020). 이상주의 교육철학의 관점에서 보는 문화예술교육은 이 교육이 인간에게 왜 중요하고 필요한지에 대하여 도덕적 당위성을 찾는 것을 중요하게 여겨야 한다. 플라톤은 인간도야의 이상은 선과 미이며, 선의 영역은 미의 교육과정을 통해서 도달할 수 있다고 주장하고, 조화로운 인격을 형성하는 정신적 발달의 지주로서 예술교육을 중요시하였다(한국예술교육학회, 2017).

(2) 실재주의

실재주의(實在主義, Realism)의 바탕은 아리스토텔레스의 철학을 바탕으로 한다. 실재주의는 외형적 형상을 중요하게 생각한다. 그러므로 핵심철학은 '모든 사람에게 명백한 사실'을 수용한다는 것이며 감각적으로 인지하는 것과 과학이 밝혀주는 것 이상의 그 어느 것도 인간의 마음을 밝히지는 못한다고 간주한다. 그래서 실재주의 철학자들에게 있어 '사물'이란 눈에 보이지 않는 어떤 실재의 표상(表象, representation)이 아니라 나타나는 대로의 사실 그 자체이며 진리에 이르는 길은 관찰과 과학적 증거를 통해서만 가능하다고 주장한다(방은영, 2020).

문화예술교육은 예술의 실제적인 기술 능력 습득을 강조하고 있으며, 권위 있는 전문가의 견해를 중요하게 다룬다. 실재주의는 예술의 실제적인 체험으로 독창적이고 감각적인 인지와 정확하고 체계적이며 과학적인 검증을 교육적인 가치로 여긴다. 실재주의 관점에서 예술교육 지도자는 학습의 과정에 있어 전문적인 지식의 습득을 중요시해야 하며, 교육내용의 선정 및 조직, 학습 방법의 결정에 있어 책임감을 수반하고 학습자의 직접적인 예술 체험과 평가까지 중요하게 여겨야 한다(한수정 외, 2023).

(3) 자연주의

루소는 자연주의(自然主義, Naturalism) 교육철학에 관해 자연적인 것을 원천으로 한다. 가장 자연적인 것을 가치 있는 것으로 보는데, 자신의 관심 있는 내용을 배울 때 가장 잘 배운다고 믿기 때문에 교사가 일방적으로 정하는 교육내용은 바람직하지 않다(방은영, 2020). 교사역할은 개입을 최소화하고 학생의 주체적인 예술활동이 보장되도록 해 주어야 하며 교사와 학생이 비교적 대등한 입장에서 함께 학습하는 환경을 조성하여야 한다. 이는 학습자가 인간의 신체와 인지의 발달과정에 알맞은 다양한 방법을 사용하여 학습자 스스로가 흥미와 관심을 가지고 즐겁게 필요한 지식과 기술을 습득하도록 하는 것에 역점을 둔다(한국예술교육학회, 2017).

(4) 실용주의

실용주의(實用主義, Pragmatism)는 미국의 학자들에 의해 확산되었으며, 윌리엄 제임스(William James, 1842~1910)와 존 듀이에 의해 더욱 확고해졌다. 다른 교육철학과 달리 문화예술교육의 체험을 중요시한다. 듀이의 견해에 의하면 사물은 끊임없이 변화하므로 영속적인 것은 없으며, 삶과 사회적인 경험에서 가치가 형성되어 실용적인 것에 중점을 두고 의미를 부여한다. 실용주의는 생활 속에 예술이 존재하는 것으로 보며, 일상생활과의 깊은 연관성을 중요시한다. 실용주의 관점에서 예술교육 지도자는 학습자의 풍부한 경험과 학습 방법을 중점으로 하며, 예술을 체험하는 과정에서 심미적인 가능성의 계발을 강조한다. 따라서 학습자의 예술적 잠재력과 상상력을 표현할 수 있도록 충분한 기회를 제공해 주어야 하며, 주체적인 예술가로의 역할 수행을 위한 지지가 중요하다(한수정 외, 2023).

2) 사회적 접근

사회적 관점에서 문화예술교육은 두 가지 속성을 가지고 있다. 첫째는 수동적 속성으로서 문화예술교육은 사회적 환경들, 즉 사회, 정치, 경제, 문화 등으로부터 영향을 받는 것이며, 둘째는 능동적 속성으로서 문화예술교육이 자신과 사회에 영향을 끼치는 것이다. 즉 문화예술교육은 사회적·정치적·경제적 조건 등을 바탕으로 형성된 제도에 따라 내용과 방식이 결정되고, 이처럼 결정된 문화예술교육은 자신의 삶과 행복한 사회생활의 구현을 위해서 영향을 주어야 한다는 것이다. 이에 사회적 관점에서 바라보는 문화예술교육은 사회에서 문화예술교육이 왜 중요하고 또한 어떤 과제를 수행해야 할지에 대한 지식을 필요로 한다. 문화예술교육은 다음과 같은 사회적 기능을 가진다(한국예술교육학회, 2017).

(1) 인간 교육 기능

문화예술교육은 인간 교육으로서의 여러 가지 순기능을 한다(한수정 외, 2023).

첫째, 문화예술교육은 인간의 미적 감수성을 계발한다. 미적 감수성은 모든 인간이 가지고 있는 기초적이며 필수적인 감정으로 문화예술교육 활동에 참여함으로써 자연스럽게 계발할 수 있다. 그뿐만 아니라 문화예술교육을 통한 다양한 경험은 미래 사회가 요구하는 창의성 발달의 계기를 마련한다.

둘째, 문화예술교육은 인간의 전인적 성장의 기초를 마련한다. 예술은 자기 생각과 감정을 표현하는 계기를 마련할 수 있고, 이러한 경험을 통해 소통은 물론 자아 만족감을 향상할 수 있다.

셋째, 문화예술교육은 인간을 치유하거나 치료하는 역할을 한다. 물질문명의 발달로 인해 소외되고, 사막화되어 있는 인간의 마음에 감정을 불러일으키거나 타인과 교감할 수 있는 기회를 제공한다. 또한 다양한 문화예술교육 활동을 통해 깊이 내재되어 있는 병든 자아 혹은 사회를 향한 마음의 상처를 치유할 수 있다. 나아가 약물치료, 물리치료 등 의학적인 치료와 함께 인간의 인지, 신체

치료에서 도구적인 역할을 할 수 있다.

(2) 사회통합

문화예술교육은 사회구성원들의 사회성은 물론 공동체로서의 정신을 함양한다. 문화예술교육 활동 안에서 서로를 존중하고, 배려하며, 화합하고, 책임감을 느낄 수 있다. 또한 소속감을 느끼며, 서로 간의 공동체를 형성하여 사회통합을 기대할 수 있다. 사람들은 문화예술 프로그램에 참여함으로써 학교 안 공동체는 물론 학교 밖 공동체, 마을공동체, 지역공동체를 통해 자연스럽게 한 사회의 구성원으로서 경험을 하고, 이러한 경험은 자연스럽게 사회통합의 기회를 마련해 준다(한수정 외, 2023).

(3) 문화산업 발전

문화예술교육을 향유하는 사회구성원이 점점 늘어나면서 다양한 경제적 부가가치를 창출하고 있다. 전 세계적으로 유명한 K-pop, 김치와 같은 한식 문화, 한글, 국제영화축제 등 다양한 문화예술프로그램은 전 세계에 대한민국을 홍보하는 것은 물론 대한민국을 하나의 브랜드로 재탄생시켜 사회 전반에 긍정적인 영향을 끼치고 있다(한수정 외, 2023).

(4) 문화유산 전달

전통문화를 발굴하고, 문화예술교육을 통해 체험하거나 경험함으로써 이를 기억하여 다음 세대로의 전승을 가능하게 한다. 또한 이를 현대적 감각으로 재탄생시켜 발전시킬 수 있다. 현대에는 지역 내 전통과 특성이 반영된 문화예술교육 프로그램을 만들어 현대적 감각으로 재탄생시켜 문화예술교육 테두리 안에서 소개하고, 이를 지역 축제와 연계하여 진행함으로써 전통문화를 계승하거나 발전하도록 하는 경향이 많다(한수정 외, 2023).

(5) 예술 관련 인력양성 기능

우리나라는 물리적 경제 발전과 더불어 더욱 건강한 미래 사회로 나아가기 위해 문화예술의 보전, 개발, 다양화를 정부 정책 중심으로 추진해 나가고 있다. 국민들의 문화예술 참여 기회를 양적으로 확대하는 문화예술 활성화 정책을 시작으로, 사회 전반에서 펼쳐지는 문화예술 활동을 다양화하고 내용의 수준을 높이는 질적 향상을 함께 추진하고 있다. 이러한 문화예술 참여 기회 확대와 질적 수준 향상은 국민들이 일상생활에 다양한 문화예술을 보고, 듣고, 함께 할 수 있는 생활 밀착형 문화예술의 정착과 향유가 함께 이루어질 수 있도록 노력하고 있다(한수정 외, 2023). 이를 위해 전문적이고 역량이 있는 문화예술교육사를 더 절실히 필요로 한다.

3) 인성교육적 접근

인성교육은 인간이 마땅히 지녀야 할 올바른 품성이다. 교육은 인간을 대상으로 하며, 인간형성을 삼는 기본적인 사회기능의 하나이다. 즉 인간형성이란 자연상태로 인간을 인간답게, 사람다운 사람으로 만드는 것을 주된 목적으로 삼고 있기에 '교육', '인간형성', '인간화' 등은 사실상 같은 의미라 할 수 있다(최원호, 2017).

문화예술교육은 넓은 의미의 인성교육으로 미래의 올바른 사회화 운동을 의미한다. 특히 문화와 예술을 통해 문화예술 리터러시(능력)를 신장하고 계발해 효과적으로 능력을 기르도록 하는 것이다. 따라서 학습자를 대상으로 다양한 문화예술 매체를 활용하여 인성교육을 실시한다면 교육적 효과를 극대화할 수 있을 것이다.

21세기는 통합의 시대, 통섭의 시대라고 한다. 그래서 '융합'이라는 말이 흔하게 들린다. 통합을 넘어 통섭의 시대는 자연과학과 인문학의 만남, 아날로그와 디지털의 만남이 이루어지는 시대이다(김병만 외, 2018). 이러한 도래의 시대는 다양한 분야의 전문가들이 모여 모든 학문 간 융합의 결과로 이루어 낸 성과라고 할 수 있다. 이처럼 미래사회는 자신의 전문분야와 다른 전문분야가 서로 협력해야만 의미 있는 성과를 내는 일이 많아질 것이다(윤정진 외, 2017).

11

Chapter

세계시민교육

01 시민의 의미

요즈음은 일반적으로 '시민'이라는 용어를 자연스럽게 사용한다. 하지만 정작 그 의미를 설명하거나 답하기에는 쉽지 않다. 이처럼 우리의 생활 속에서 흔히 사용하는 단어의 개념과 의미나 요소, 권리 등에 대해 이해가 필요하다. 시민(市民, citizen)의 본디 뜻은 저잣거리 사람들, 즉 장돌뱅이를 가리킨다. 현대적 시민의 뜻과는 상당히 거리가 있는 개념이다. 현대적 시민은 민주주의를 키워 오고 완성하고자 하였고, 인간으로서 더불어 살고자 하던 사람들의 의지와 활동 속에서 만들어진 것으로 볼 수 있다. 이러한 맥락에서 시민은 더 나은 사회를 향한 운동을 통해 자기의 모습을 만들어 나가게 되며, 자기의 정체성을 키워 발전시키는 존재를 가리킨다(김창엽, 2020). 시민은 사람이 모이는 공간의 구성원을 의미한다. 이는 그냥 모여 있는 것의 의미만을 갖지 않고 그 지역의 사는 사람으로서 자신의 권리와 이익만을 추구하는 이기적인 개인을 초월하여 타인과 공익을 지향하며 사회, 국가, 세계에서 함께 살아가고 있는 사람들을 의미한다(이동수, 2013).

시민과 유사하게 사용하는 단어들은 인민(人民, people), 국민(國民), 백성(百姓), 공민(公民) 등의 용어가 있다. 인민은 법학, 정치학 사람의 복수형으로 집단을 이룬 구성원인 사람을 말한다. 인민이라는 용어는 에이브러햄 링컨(Abraham Lincoln)이 1863년에 실시한 게티즈버그 연설에서 '국민의, 국민에 의한, 국민을 위한 정부(government of people, by the people, for the people)'라는 구절이 있듯이, 본래 '인민'이라는 용어는 민주주의의 주체를 나타내는 용어로 사용되었다. 인민이란 말은 라틴어의 '포풀루스(populus)'에서 유래하여 프랑스를 통해 일반적으로 사용되기 시작했는데 오늘날 공화국의 구성원 전체 집단을 뜻한다(배상수, 2011). 하지만 20세기 초반부터 공산주의 국가에서는 '국가(nation)'보다 '인민(people)'을 선호하여 사용하면서 반공주의 입장에 따라 인민이라는 단어보다 전체주의 색깔이 더 짙은 국민이라는 단어를 사용하게 되었다(위키백과사전, 2024). 오늘날 우리나라도 조선민주주의인민공화국으로부터 한국전쟁이 일어난 후로 '공산주의 국가 사람' 또는 '공산주의자'라고 구별하여 사용하면서 인민이라는 단어를 사용하지 않게 되었다. 독립된 의미의 인민과 구별되게 국민은 국가의 구성원으로서 종속적 의미가 있다. 백성이라는 단어도 유사한 의미를 가지나 봉건주의적 성격이 있다. 공민이란 '시민성(citizenship)'이라는 말을 일본에서 번역한 용어로 일본에서는 지금도 공민이라는 용어를 사용하고 있다. 공민은 외형상으로 민주주의와 자유주의를 주장한 것처럼 보이지만 실제는 지배 체제를 적극적으로 복종시키기 위한 교화를 목적으로 할 때 편리한 중간 용어라고 비판을 받기도 한다. 공민은 곧 황민이라는 의미와도 같은 것이며 '공(국가 천황)'의 '민(인민)'이기 때문에 '공'과 '민'의 종속관계를 나타내는 말이다(배상수, 2011).

사전에 의하면 시민은 도시 지역 및 국가 구성원으로서 정치적인 권리를 갖고 있는 주체를 말하거나 민주주의 사회의 백성을 의미한다(위키백과사전, 2024). 시민의 협의의 개념은 근대적 시민 계급을 의미하고 광의의 개념으로는 근대적 시민 계급뿐 아니라 중세도시 이래의 시민 신분의 개념이다. 시민은 고대 그리스 시대에 도시 공동체 혹은 도시국가였던 '폴리스(Polis)'를 구성하고 지배했던 사회계층을 의미하였다. 그러나 12세기경부터 유럽의 중세 봉건적 체제가 근대적인 사회로 변화하면서 종래 봉건제도 하에서 귀족과는 다른 사회계층, 즉 상업계층들의 출현으로 새로운 경험을 하게 되었다(김효선, 2012). 그러므로 오늘날 통용되고 있던 근대적 의미의 시민은 17세기 영국의 청교도혁명과 명예혁명, 18세기 미국의 독립혁명 그리고 프랑스의 민주혁명을 통해 절대 왕정을 무너뜨리고 귀족과 성직자의 특권을 폐지함으로써 인간의 자유와 권리를 확보하고 모두가 법 앞에서 평등한 대우를 받게 되는 사회, 시민사회를 이룩한 사람들을 말한다(장금익, 2003).

시민의 라틴어 어원은 '부르가리우스(burgarius)'라고 하는데 이는 '성곽(burg) 안에 있는 사람'을 의미한다. 성(bourg) 안을 강조하는 시민의 어원적 개념은 단순히 공간적 의미를 넘어서 성 안에서 사는 거주자의 정치·문화·사회적인 지위와 생활을 내포하고 있다(허혜경 외, 2017). 시민이란 단어는 사회적이고 정치적이며 역사적인 개념이다. 고대 그리스에서는 제한된 자유민에게만 시민이란 용어가 적용되었다. 그 후 근대 유럽에서 시민이란 단어는 산업혁명과 같이 공업이 발달하던 시기에 도시를 중심으로 하여 부를 축적하면서 성장한 상공업자인 부르주아지(Bourgeoisie)를 지칭하였다. 이들은 구 지배계층에 대항하여 시민혁명을 일으킨 주도 세력이 되었고, 시민은 유산계급, 도시 상공업자 등의 의미를 가지고 있었다(배상수, 2011).

현재 우리가 속한 국가의 시민이 된다는 것은 그 나라가 처한 상황에 따라 권리, 책임과 의무, 복지적 혜택 등이 수반되므로 그 의미가 다양하다. 이는 그가 속한 국가에서 투표할 권리, 국민으로서의 의무를 다함과 동시에 연금, 의료혜택 등 다양한 사회 특권을 갖는 것이다(허혜경 외, 2017). 시민으로서 행사할 수 있는 권리를 시민권(市民權, citizenship)이라 한다. 시민권은 공직에 대한 선거권, 피선거권을 통해 정치에 참여하는 지위, 자격, 공무원으로 임용되는 권리 등의 총칭으로, 시민적 자유권에 해당한다. 일반적으로 어떤 국가의 시민권을 가지고 있다 함은 그 나라의 국적을 가지고 있다는 것과 같은 의미로 사용된다(위키백과사전, 2024). 이러한 시민을 대상으로 시민의 권리와 책임과 의무 등에 대한 이해와 실천하는 것이 시민교육이다. 시민의 개념을 이해하기 위해 시민의 변천 과정을 이해할 필요가 있다.

02 시대별 시민의 변천

시민의 개념은 계급을 바탕으로 고대시민과 자본 소유에 따라 부르주아를 중심으로 하는 근대시민, 그리고 현대시민으로 발전하였다. 그러나 원시공동체의

성원이나 근대 이후 발전되어 나타난 개념의 신민(the subject) 및 국가가 소명하고 있는 사회의 성원을 오늘날의 시민이라고 지칭하기에는 적절하지 않다. 신민이라는 개념은 관료적 관점에서 통제의 성격이 강한 국왕과 신민이라는 주종적 또는 종속적 관계를 확고히 함으로써 부국강병을 도모하는 의도가 있기 때문이다. 현대시민은 시민혁명 이후 민주주의가 발전하고 성장하여 왔으며, 인간은 더불어 살고자 하는 사람들의 의지와 활동 속에서 만들어진 것이라고 볼 수 있다. 즉 시민의 지위와 개념은 주어진 것이 아니라 역동적, 지속해서 변증법적으로 형성되고 이루어지는 것이다(김창엽, 2020). 이처럼 시대별 시민의 변천 과정을 고대 그리스 시대의 시민, 로마 시대의 시민, 중세 유럽 시대 시민, 근대의 시민, 현대의 시민으로 구분하여 내용을 살펴보고자 한다.

1) 고대 그리스

시민이란 단어는 사회적이고 정치적이며 역사적인 개념이다. 고대 그리스에서는 제한된 자유민에게만 시민이란 용어가 적용되었다. 아테네의 정치적으로 조직된 공동체(국가)로서 시민사회를 말하며 이는 고대 도시국가에서 시작되었다. 아직 국가와 다른 영역으로서의 시민사회가 존재하지 않으며 국가와 시민사회가 동일한 개념으로 사용되었다(홍경희, 2004). 그래서 정치사상에서 개인의 선은 이상적으로 사회의 선과 동일한 것이며 개인의 덕은 이상적으로 국가의 덕과 동일한 것이었다. 따라서 정치는 공동의 행위를 통해 충만한 선을 추구하는 도덕 사회 전반에 관한 행위로서 최고의 윤리였다. 시민은 노예와 구분되는 자유인으로서 특수한 계층에 국한되어 있다. 이들은 자신의 자유와 권리를 요구하는 측면보다 공공문제에 가까이 참여하며 책임을 지는 사람들이다.

역사상 변천은 부족과 국가마다 다르지만, 일반적인 변화 순서는 왕정에서 출발하여 귀족정, 과두정, 참주정을 거쳐 민주정으로 이행해 간다(정경실, 2011). 고대 그리스의 여러 도시국가 중에서도 시민의 개념은 민주성을 실시하였던 아테네에서 등장하였다. 아테네는 직접 민주주의의 산실로서 왕이나 소수 귀족에 의한 통치가 아닌 다수의 도시국가가 구성원이 통치하는 민주정을 실시함으로써 시민의 개념이 형성되었다. 이를 통치에 참여할 수 있는 지위와 권리를 지닌 사람들을 데모(demos)라 하였는데 이들이 오늘날 시민의 기원이라 할 수 있다(허혜경 외, 2017).

도시의 주민들은 자유민과 비자유민으로 구분된다. 자유민은 시민과 비시민으로 다시 나누어지고 비자유민에는 농노와 노예가 있다. 자유민의 시민은 심판과 행정에 참여할 권한이 있는 사람이 원칙이다. 그러나 시민은 언제나 같은 사람이 되는 것이 아니라 자격 요건이 다양하다. 또한 국가 존립에 필요한 사람들이라고 해서 모두 시민으로 간주해서는 안 된다는 것은 확실하다. 예컨대 미성년자는 성인과 같은 의미에서 시민이 아니다. 성인은 절대적인 의미에서 시민이지만, 미성년자는 조건부 시민이다(천병희, 2013).

시민으로 구성된 '민회'에서는 도시의 행정 및 입법과 관련한 주요사안이 결정된다. 민회에 참석할 수 있는 자격은 아테네인 중에서 20세 이상의 성인 남자 시민들만이 가지고 있다. 반국가적인 범법행위 등으로 정치적 권리를 상실한 경우를 제외하면, 모든 남자 시민들은 재산, 출신과 관계없이 민회에 참석할 수 있었다(정경실, 2011). 아테네에서 시민권은 가족적 또는 공동체적 측면이 강한 대신 개인주의적이고 법적인 측면은 희박했다. 아테네의 시민권은 '공유한다' 또는 '나누어 가진다'라는 의미를 강하게 담고 있었다. 따라서 아테네에서 정치 문제란 사회 기능의 주요한 부분들이 원활하게 작동할 수 있도록 전체 사회 내에서 각 구성원의 직능과 계급을 이상적으로 배열시키고, 각자에게 적합한 위치를 찾아주는 작업이었다(강정인, 2006).

고대 그리스 도시국가는 상위 계급인 성인 남성만 시민권을 가지고 정치에 참여할 수 있는 권리로 규정되었다. 여성, 노예, 외국인, 미성년자 등은 시민에 포함되지 않는다는 점에서 현대적 민주주의와는 다르다. 아리스토텔레스에 의하면, 시민은 도시국가의 정치에 참여함으로써 최고의 선(善)에 도달하여 자기 자신을 완성할 수 있으므로, 개인의 윤리적 완성과 시민 정치의 발전은 밀접하게 연관되어 있다고 보았다. 아리스토텔레스는 "인간은 정치적 동물(zoon politikon)"이라 함으로써 도시국가에서의 시민적 삶을 표현하였는데, 이는 막스 베버가 서양의 고대 시민을 "호모 폴리티쿠스(Homo Politicus, 정치적 인간)"라 칭한 것과 일관적이다(허혜경 외, 2017).

고대의 시민교육은 기본적으로 국가, 즉 시민사회를 유지하고 발전시키는 것을 목표로 한다. 공동체 유지를 위한 논의는 사익과 공익에 대한 논쟁으로 나타났는데, 이러한 논쟁의 두 축은 플라톤과 아리스토텔레스이다. 플라톤은 사익을 없앰으로써 공익을 증진할 수 있다고 믿었고, 그에게 시민교육의 목표는 통치자로서, 군인으로서, 혹은 생산자로서 각자 자신에게 적합한 위치를 찾고, 사적 욕망을 제거하며, 자신의 위치에서 국가의 정의를 위해 열심히 노력하는 인간을 기르는 것이다. 한편 아리스토텔레스는 사익을 없애기보다는 교육을 통해 사익을 공익으로 전환함으로써 시민사회가 강화될 수 있다고 믿었고, 그에게 시민교육은 사익을 추구하는 인간의 본성적 욕망을 공익을 위한 것으로 개화시키려는 데에 목표를 두었다. 공사 영역의 분리는 로마제국 시대에 확실해지며 시민과 국가의 관계에 있어 공적 의무를 잘 이행할 수 있는 시민을 양육하는 것으로 시민교육이 정립되었다. 그러나 공사 영역이 분리되었다 하더라도, 여전히 시민사회는 국가와 동일시되는 영역이었고, 시민교육은 엄격히 공적 영역에 속한 것이었다.

2) 로마의 시민

로마제국시대로 접어들면서 시민의 개념은 한층 확대되었다. 고대 로마에서는 그리스 도시국가보다 시민권 개념이 발전한 키비스(civis) 또는 키비타스(civitas)가 사용되었는데, 오늘날 시민을 의미하는 시티즌(citizen)이 여기서 유래되었다(허혜경 외, 2017).

키비타스(civitas)는 그리스의 폴리스(polis)에 상응하는 용어로서 도시국가, 또는 특정 정치공동체를 의미한다. 또한 키비스(civis)는 폴리테스(polites)와 마찬가지로 키비타스를 이루는 구성원으로서의 시민을 뜻한다. 그러나 로마의 시민은 그리스의 시민과 중요한 차이가 있다. 그리스 아테네의 시민권은 본질적으로 정치적인 개념이자 지위로서 시민의 정치적 기능을 정의하는 것이다. 로마의 시민권은 일차적으로 법률적 개념(Bordes, 1982)으로 법률 안에서 덕성을 키우는 것에 관심을 기울인다(Heater, 2003). 로마 시민이 입었던 토가(toga)는 재산 소유와 정치 참여의 권한을 나타내는 남성 시민의 자랑스러운 상징이었으나, 여성이나 미성년자는 토가를 입을 수 없었다(허혜경 외, 2017).

로마제국은 정복지가 점차 늘어남에 따라 광대한 영역을 관리하기 위한 방법으로 시민권을 부여하여 포용과 동화정책을 운영하였다. 그래서 고대 로마는 다양한 민족을 국가 기반으로 하여 개방성과 관용성의 사회로 로마 천년의 역사를 유지하게 된다. 로마 시민권에는 여러 등급이 있어 로마제국의 정치와 식민지 정책에 탄력적으로 활용할 수 있었다. 피정복지 주민에게도 로마 시민권을 부여하였으나, 정치적인 투표권은 철저히 제한하였으며, 동맹국 주민에게도 준시민권을 부여하였다. 또한 아버지가 로마인이면, 어머니가 피정복지 출신이라도 시민권을 허용하였다. 로마는 노예나 전쟁포로라 하더라도 국가를 위해 특별한 공을 세운 경우에는 시민의 자격을 부여하였다. 황제도 특정 가문에 국한하지 않았는데, 심지어는 이민족 출신이라도 왕위에 오를 기회가 부여되었다. 이러한 로마제국의 개방적인 정책은 로마가 대제국 지위를 점하게 된 문화적 힘의 근간이 되었다(허혜경 외, 2017).

3) 중세 유럽의 시민

유럽의 역사에서 서로마제국이 멸망(476년)하고 게르만 민족의 대이동(4세기~6세기)부터 르네상스(14세기~15세기)가 끝날 무렵(1453년) 약 1,000년 동안을 중세라 하는데, 이 시기에는 강력한 왕권보다는 농촌지대의 토지를 매개로 군주와 신하, 영주와 농민이 지배·종속 관계를 형성하는 도시국가, 즉 봉건제도(feudalism)가 운영되었다.

기존 봉건 귀족층과 토지소유자계층은 농촌에서 도시로 이주하여 경제활동과 정치활동에 참여하였다(임유선, 2012). 중세 유럽 사회는 정치권력의 소재지가 도시가 아니라 농촌에 있었으며, 농업을 중심으로 한 농경사회였다. 또한 귀족, 성직자, 기사 등으로 형성된 소수의 특권층과 농민, 농노 등으로 구성된 다수의 피지배계층으로 신분이 엄격하게 구별된 계급사회였다. 특권층은 농노로 하여금 조상에게서 물려받거나 왕에게서 하사받은 토지를 경작하게 하고, 지대(rent)를 수취하여 거대한 부를 축적하였다(허혜경 외, 2017).

봉건제 질서에 균열이 생기기 시작한 것은 11세기 말부터 13세기 말까지의 십자군 원정이다. 전쟁으로 인해 교황의 권위는 땅에 떨어지고, 중세 유럽에 변화를 이끌어 갈 새로운 세력으로 상인이 등장하였다. 특히 13세기 후반에는 사회계층의 변동이 심하여 상인의 현실적인 감각이 사회의 모든 면에 침투함으로써 이탈리아 특유의 시민문화를 형성하였다(Burckhardt, 2011).

중세의 시민사회는 국가라는 정치공동체와는 분리되어 있는 독립된 사회로서의 교회 공동체와 중세 자치도시로서의 시민사회라는 두 가지 형태로 등장한다. 이 두 가지 시민사회 개념은 서로 다른 영역을 지칭하는 말이지만, 양자 모두 정치공동체인 국가와 구분되는 영역으로서 국가권력을 비판하고 견제하는 역할을 한다는 점에서 현대 시민사회의 개념에 매우 중요한 시사점을 준다(홍경희, 2004). 그러나 새로운 신흥세력으로 상인과 수공업자 같은 거주자들이 자치공동체를 형성하였다(송현정, 2003). 그렇게 자치공동체에는 사설 학원이 설립되기 시작했는데 활발한 학문 활동이 이루어졌다. 이처럼 중세시대 전 유럽 각지에서 번성하였던 상업 도시공동체에서의 시민교육은 완전히 세속적 필요에 따른 실용적이거나 교양적인 지식 기능으로 상인과 수공업자의 필요에 따른 교육이었다(홍경희, 2004). 이는 대단히 자유주의적이며 자본주의적 시장원리에 따른 교육이었다(梅根悟, 1955).

중세 봉건사회에서 농촌이 정치권력의 중심지였기 때문에, 중세 도시는 정치인 대신 상인들이 비교적 자율적인 공간을 확보하여 활동하기에 적합한 공간으로 자리 잡았다. 즉 중세 도시는 정치인이나 행정인이 아닌 경제인의 도시로 출발한 것이다. 중세 유럽의 도시에서는 영주가 자발적으로 자치권을 양도한 경우도 있었으나, 막대한 부를 보유한 도시의 시민들이 영주에 맞선 군주를 지원함으로써 자치권을 획득한 경우가 더 많았다. 이 과정에서 왕권이 강화되고 봉건제가 붕괴되었으나, 한편으로는 절대왕정의 시대가 예고되었다(허혜경 외, 2017).

중세 도시는 각각 자치권의 범위가 달랐으나, 중세의 시민은 신분상의 자유, 사법권, 시장개설권, 화폐발행권, 조세징수권 등을 보유하게 되었다. 중세 후기 무렵에는 군주와 영주가 오히려 시민에게 경제적으로 의존하게 됨에 따라 도시의 자치권은 강화되었으며, 그에 따라 경제적 영향력과 함께 정치적 영향력은 더욱 확대되었다. 막스 베버(Max Weber, 1864~1920)는 중세의 시민을 '호모 에코노미쿠스(Homo Economicus, 경제적 인간)'라 하였으며, 중세 시민이 서양 근대 민주주의와 자본주의를 형성하는 주역이 되었다고 주장한다(이동수, 2013).

4) 근대 시민

중세가 붕괴되면서 보편적인 교회공동체로서의 시민사회 개념은 세속화되기 시작하였고, 국가와는 분리된 시민사회 영역이 자리 잡기 시작했다. 특히 근대에 들어서면서 자본주의가 등장함에 따라 시민사회 개념은 국가권력을 견제하는 영역으로서 경제사회까지를 모두 포함하게 되었다(홍경희, 2004). 봉건제도에 기반을 둔 유럽의 중세사회는 약 16세기~17세기 무렵부터 변화의 바람이 일기 시작하였다. 근대시민의 출현으로 경제적 못지않게 큰 영향을 미친 것은 다음과 같다(이동수, 2013).

첫째, 문예부흥과 종교개혁이라는 거대한 사상적 변혁이었다. 종교개혁과 르네상스 운동의 근본 동기들은 전혀 상반된 것이었으나 근대적 의미의 시민이 출현하는 데 끼친 영향은 비슷하였다고 할 수 있다. 르네상스는 기독교가 정신세계를 지배하던 시대에 고전문화에 대한 재음미를 통하여 인본주의 사상을 고취하였고 그것은 신과 교회 중심의 수직적 권위에 비판적인 시각을 제공하였으며 인간의 권리에 눈을 뜨게 했다(홍경희, 2004). 문예부흥이 중세의 세계관을 약화했다면 그의 영향을 어느 정도 받아 일어난 종교개혁은 중세 기독교의 통일된 세계관과 교회의 세속적 권위를 격하시키는 데 많은 공헌을 했다(손봉호, 2003).

또한 루터(Martin Luther)와 칼빈(Jean Calvin) 등에 의한 종교개혁(Reformation) 운동은 근대사회를 여는 데 기여하였다. 루터는 종교개혁운동을 통해 성경을 독일어 구어체로 번역, 보급하여 누구나 어디에서든 성경을 접할 수 있도록 하였다. 이 운동은 모든 인간이 평등하다는 인간평등 사상을 싹틔우는 결정적인 계기로 작용하였다. 영국에서의 종교개혁운동은 청교도주의(Puritanism)로 발전하게 되어, 인간의 평등사상, 노동의 신성함, 근면과 절약을 강조하여 영국 산업혁명을 일으키는 정신적 가치관의 기초를 마련하였다(허혜경 외, 2017).

둘째, 중세 말부터 급속도로 발전한 과학기술은 천동설 등을 수정하는 데 기여함으로써 근대사회를 앞당기는 역할을 하게 되었다. 과학기술의 비약적인 발전은 인간의 삶을 편리하게 하는 물질문명을 발달시켰을 뿐 아니라 인간의 자연지배 능력을 급속도로 신장시키는 계기가 되었다(허혜경 외, 2017).

초기 자유주의자들은 개인들이 자유와 권리를 가지며 어느 정도 생활적 여유와 교육을 받은 계층들의 집합체로 보았다. 이러한 개인들이 자신의 안전을 지키기 위해 합의에 따라, 즉 계약에 의해 하나의 사회를 이룬다. 대표적인 자유주의자 로크(John Locke, 1632~1704)에 의하면 인간은 자유롭고 평등한 존재인데 자유를 포기할 수 있는 유일한 방법은 인간 스스로가 시민정부를 구성하는 것으로 로크는 계약에 의해 국가를 수립하는 것이 인간의 자유 실현을 위해 가장 올바른 방법이라고 보았다(홍경희, 2004).

루소(Jean-Jacques Rousseau)는 정치적 권리와 법치주의를 시민사회가 존재하기 위한 조건으로 보았다. 그는 인간의 정치적 권리는 이성의 산물이며, 전적으로 인간이 자신의 의지를 토대로 하고 있다고 보았다(서경희, 2001). 그렇지만 정치적 권리가 구체적으로 실현되기 위해서는 입법이 필요하다고 보았고, 입법은 시민사회를 제대로 유지할 수 있도록 하는 정부의 원칙을 정하는 것이었다(김혜진, 1997). 그는 사회계약론에서 시민사회를 재산의 차이로 인한 불평등 사회로 파악하면서 국가는 이러한 불평등을 시정하기 위한 사회계약에 의해 성립된 보편의지의 구연이며, 국민의 자발적인 합의에 따라 국가가 생기게 되었다고 보았다. 사회계약에서는 인간이 자신들의 권리를 모두 공동선에 양도함으로써 구성원들의 상태가 평등해진다고 보고 있으며, 그 공동선은 곧 국가를 의미한다. 따라서 루소는 시민사회를 곧 시민국가로 보고 있으며 국가와 시민사회를 구분해서 설명하고 있지 않다(홍경희, 2004).

로크와 루소의 시민사회 개념은 모두 개인 각자의 자유를 보호하기 위해 자유를 스스로 포기하고 집합적 의지나 보편적 의지라고 표현되는 국가에 의해서 질서가 잡히는 상태를 의미한다(이신행 외, 1999).

| 표 11-1 | 근대의 긍정적인 시민 사회관 비교

구분	로크(Locke), 토크빌(Tocqueville)	몽테스키외(Montesquieu)
국가관	• 사회가 이미 존재하고 있으며, 개인의 생명과 재산을 확실히 보장하기 위해 계약에 따라 정부가 만들어짐 • 최소국가론/민주주의	• 강력한 군주 중심의 정부를 전제하나 독재 가능성이 있으므로 법에 의해 권력이 제한되어야 함 • 권력분립/입헌군주제
시민사회	• 시민사회는 국가 이전에 이미 존재하고 있는 경제의 영역에서 도출 • 사적 이익을 추구하는 개인들이 집행권을 받아 공적으로 처리함으로써 자연 상태의 결함 해결	• 군주와 귀족 사이의 상호 호혜적인 관계를 형성해 줄 수 있는 중간 조직
개인, 국가, 사회	• 시민사회는 개인과 국가 사이를 매개하는 중간 조직체	• 군주와 귀족과의 관계 고려 • 군주의 독재 방지를 위해 권력분립 기구가 있어야 함

구분	로크(Locke), 토크빌(Tocqueville)	몽테스키외(Montesquieu)
시민사회 중심계층	• 신흥 부르주아	• 귀족
공통점	• 경제사회의 개념을 긍정적으로 포함	

출처: 홍경희. (2004). 민주시민사회에서 시민교육의 내용분석 연구: 고등학교 사회교과서 내용분석. 명지대학교 교육대학원 석사학위논문. 재구성.

근대에 들어서면서 자본주의가 등장함에 따라 시민사회의 개념은 국가권력을 견제하는 영역으로서의 경제사회까지를 모두 포함하게 되었다. 근대 이후 자본주의의 등장으로 경제 영역은 개인 이익 추구의 영역으로서 정치, 사회 영역과 더불어 중요한 영역으로 부각되었다. 하지만 자본주의가 심화되고 무한한 사익 추구가 오히려 개인의 자유와 권리를 억압하는 문제점을 드러내자 이러한 시민사회를 부정적으로 보는 입장이 나타났다(황성규, 2003).

| 표 11-2 | 근대의 부정적인 시민 사회관 비교

구분	헤겔(Hegel)	마르크스(Marx)
시민사회	개인들의 이해 관심에 뿌리를 둔 필요의 체계	필요뿐만 아니라 빈곤, 불평등, 폭도 등을 만들어 내고 시장 밖에서 자기 욕망 추구의 장이므로 극복해야 할 대상
국가, 사회	국가는 시민사회가 안고 있는 문제를 해결하는 윤리적 공동체	국가는 하나의 사적 공동체
공통점	시민사회를 경제사회와 동일시하여 부정적으로 비판	

출처: 홍경희. (2004). 민주시민사회에서 시민교육의 내용분석 연구: 고등학교 사회교과서 내용분석. 명지대학교 교육대학원 석사학위논문. 재구성.

도시가 발달하고 상업이 활발해지기 시작하면서 기술장인과 상인이라는 부르주아 세력이 등장하게 되었다. 이들은 자신의 이익을 증진시키기 위해 절대 군주와 손을 잡고 새로운 체제를 형성하게 되었다. 그래서 절대 군주의 보호망이 절실하였으며, 절대 군주 역시 권력을 강화하기 위해 신흥 부르주아의 경제력이 필요하였다. 하지만 경제적 지원에 기초하여 권력을 강화한 절대 왕정은 부르주아와의 동맹을 폐기하고 이들의 부를 통제하고자 하였다. 그리고 절대 왕정이 점점 자신들의 이익과 자치 영역 확대에 걸림돌로 여겨짐에 따라, 부르주아도 절대 군주의 간섭이나 통제에서 벗어나고 싶어 하였다. 부르주아들은 경제적으로는 사유재산의 절대 보장과 산업 활동의 자유를 요구하였고, 정치적으로는 인간의 존엄성과 자유, 평등, 법치를 보장하는 사회제도를 주장하면서 정치 참여의 확대를 요구하였다. 이러한 부르주아의 경제적 및 정치적 요구는 시민혁명으로 분출되었다. 다시 말해 부르주아는 절대 왕권을 붕괴시키고 시민혁명을 이끌어 근대 시민사회를 형성하는 주체가 되었다. 근대 시민사회의 개념은 여러 가지 측면에서 논의되고 있으나 자본주의의 등장과 함께 경제영역이 부각되면서, 경제사회를 시민사회의 개념에 포함했다는 점을 공통점으로 들 수 있다(홍경희, 2004).

부르주아 계층이 시민혁명의 중심 역할을 하였으나, 프랑스혁명(1789)이 발발한 당시 지배계급의 향락과 부패, 피지배층에 대한 수탈, 그리고 영국에서 부르주아가 주도한 시민혁명이었던 명예혁명(1688)이 발생하는 등 당시 상황도 함께 영향을 주었다(허혜경 외, 2017). 시민혁명에는 프랑스의 시민권리선언으로도 불리는 '인간과 시민의 권리선언(Déclaration des droits de l'Homme et du citoyen)'을 빼놓을 수 없다. 1789년 봉건적 구체제에 종지부를 찍은 프랑스혁명의 결과물로 제정된 이 문서에는 형사 사법 절차와 관련된 인권, 종교의 자유, 언론·출판의 자유 등 근대적 의미의 인권들이 상당수 열거되어 있다.

비슷한 시기인 1791년에 제정된 미국의 '권리장전(Bill of Rights)'도 인권사에서 중요한 문서로 평가받는다. 1776년에 작성된 버지니아 권리장전을 보완(수정헌법)하는 형태로 제정된 이 권리장전에는 종교의 자유, 언론·출판의 자유, 청원권, 재판을 받을 권리 등이 보장되어 있어 프랑스 인권선언과 함께 중요한 근대적 의미의 인권문서로 평가를 받는다(이준일 외, 2017).

5) 현대 시민

근대의 시민사회가 긍정적이든 부정적이든 경제사회를 포함하는 영역이었던 것과는 달리, 현대 시민사회는 경제사회와 분리된 개념으로서 경제사회의 문제점을 극복하기 위한 대안으로 제시되었다. 따라서 현대의 시민사회는 국가권력을 견제하는 동시에 경제영역의 침투도 견제하는 제3영역으로서 시민사회라는 성격을 띠고 있다. 이를 주장한 대표적인 학자는 그람시(Antonio Gramsci)와 하버마스(Jürgen Habermas)로 이들은 국가권력과 시장경제 양자의 위협을 모두 견제하는 민주적 공공영역으로 시민사회를 정의했다(황미자, 2002).

현대 시민교육은 국가권력과 시장경제 논리의 침투를 견제하는 공공영역으로서 시민사회가 제 역할을 다하기 위해 개인이 스스로 자신의 삶을 규제할 수 있는 자율성, 시민사회가 끊임없는 경쟁과 갈등의 장으로 전락하지 않도록 시민들 간의 연대감 형성 그리고 윤리적 권위로서 공정성 등이 시민교육의 주요 목표가 될 수 있다.

현대의 시민이란 근대 시민사회가 형성하면서 발생한 개념으로 모든 인간이 인간으로서의 보편적 권리와 의무를 진 주체적 의식을 소유한 존재이자 정치공동체의 유지 및 발전의 주체적 구성원이라 할 수 있다(이관춘, 2011). 현대적 시민권이란 유럽의 시민혁명을 거치면서 근대 시민 계급이 실현한 시민권, 즉 자유, 평등, 생명, 사유재산, 참정권 등 제반 권리로서 현대 사회의 기본적인 구성원리가 되었다(허혜경 외, 2017).

19세기에 접어들면서 인권 보장을 위한 투쟁은 흑인노예 해방, 여성의 권리 향상 그리고 전쟁 기간 중의 인권보호, 즉 인도주의 법의 발전으로 확대되었다. 한편 산업혁명을 계기로 자본주의가 본격화되면서 노동자 계급이 양적으로 급격히 증대하였고 아동노동, 저임금 그리고 열악한 노동조건이 심각한 사회문제로 등장하였다(국가인권위원회, 2015). 또한 자유와 평등을 위한 민주적 시민정치의 이념들이 19세기 말부터 세계 여러 지역으로 전파되기 시작하였다. 이러한 이념에 의해 단일 민족적 정체성에 기초한 민족국가(nation-state)가 발전하였다. 유럽 민족국가들은 다른 국가의 주권을 인정하지 않고, 침략과 정복을 통해 식민지화하였다. 유럽 열강들, 그리고 동아시아에서는 일본이 아프리카와 아시아 지역, 북태평양 일부 섬들을 식민지로 지배하였다. 제국주의 열강들은 자국 내에서는 자유와 평등의 이상을 주장하면서 식민지 피지배민들에게는 가혹한 수탈과 차별 정책을 폈다(허혜경 외, 2017). 이러한 상황에서 노동자의 인권에 관한 관심이 높아졌고 당시 노동자 계급의 해방을 주장했던 사회주의 사상은 인권운동에도 큰 영향을 주었다.

20세기에 들어와 두 차례의 세계대전을 통해 잔혹한 인권침해와 인권 말살의 현실을 경험한 뒤 국제연합(UN)은 1948년 세계인권선언(Universal Declaration of Human Rights)을 제정하였다. 1차 및 2차 세계대전을 통해 대부분의 국가가 식민지에서 벗어나 독립하게 되었다. 이후 세계인권선언, UN헌장, 각국의 민주주의 헌법 등을 통해 자유와 평등과 같은 기본권 사상이 세계적으로 확산하였다. 현재로서는 민주국가만이 시민의 권리를 보장하고, 시민의 책임 수행을 보증할 수 있는 유일한 체계라 할 수 있다(이관춘, 2011).

03 시민성의 개념

1) 시민의 3요소

시민은 한 국가의 구성원으로서 시민지위와 시민권을 가지고, 시민성을 발휘할 때 시민으로의 개념적 요소에 포함된다. 따라서 시민의 개념은 시민성, 시민지위, 시민권의 세 가지이며 그에 따른 설명은 다음과 같다(김영인 외, 2017).

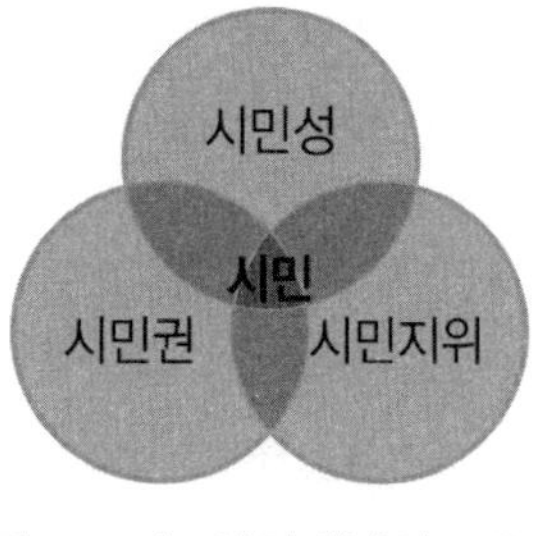

| 그림 11-1 | 시민개념의 3요소

출처: 김영인 외. (2017). 시민교육론. 서울: 한국방송통신대학교출판문화원.

첫째, 시민의 개념에는 시민참여, 시민정신, 시민의 책임과 같은 내용성이 수반되는데, 이러한 내용성을 시민성(citizenship)이라 한다. 시민성은 시민 자질 또는 시민의식이라고도 불리며, 시대, 정치적·사회적 가치관, 문화 등에 따라 가변적이다(허혜경 외, 2017). 시민성은 민주주의의 이념을 구현하는 시민의 자질이므로, 시민의 중요한 개념적 요소라 할 수 있다.

둘째, 시민지위는 국가의 법이 규정하는 바에 따라 시민에게 부여된다. 시민지위는 국가 구성원으로서의 형식적인 지위를 의미한다. 예를 들어 한 개인이 법적으로 대한민국 국민이라면, 대한민국이라는 국가에 토대를 두고 시민지위를 지니고 있다. 시민은 시민지위와 함께 권리와 의무를 동시에 지니게 되는데, 여기서 등장하는 개념이 시민권이다.

셋째, 시민권은 시민지위가 획득되면 특별한 사유가 없는 한 주어진다. 시민권은 특정 국가의 정치, 경제, 사회 등의 활동에 참여할 수 있는 시민의 권리와 의무를 의미한다. 민주주의가 발달할수록 시민권의 범위는 확대된다.

통상적인 의미에서 시민성이란 특정한 정치공동체를 전제로 그 공동체의 구성원들이 갖는 권리, 혹은 덕성을 의미한다. 시민성은 법적으로 규정된 지위와 권리의 문제일 뿐만 아니라 좋은 시민이 되기 위한 헌신과 충성 그리고 책임의 문제이기도 하다. 이처럼 시민성을 시민의식, 곧 덕성으로 이해한다(김재훈, 2020).

오늘날 우리가 사용하는 시민(citizen)이라는 개념은 주로 서구의 역사에서 등장했던 개념으로서, 본래 도시(city)라는 공동체 안에서 살아가는 사람이라는 뜻을 가지고 있다. 다시 말해 시민은 개별적 존재로서의 한 개인이 아니라 특정한 공동체의 구성원으로서의 인간을 의미한다. 그렇기 때문에 역사 속에서 시민이라는 개념은 다분히 정치적, 법적 맥락 속에서 다루어져 왔다. 오랫동안 시민성은 특정한 정치공동체의 성원으로서 부여받은 '법적 지위(legal status)'를 언급하는 데 사용되어 왔다. 법적 지위라는 요소에 초점을 맞출 경우, 시민성은 특정 정치공동체 내의 법 아래에서 일정한 권리를 가지는 것으로, 시민은 법 아래에서 동등한 권리를 지닌 개인으로, 그리고 시민적 권리는 국가가 헌법과 법률을 통해 시민들에게 보장하는 권리로 이해된다(노영란, 2002). 시민성은 인간의 기본적인 가치, 즉 안전, 번영, 자유와 자기절제, 정치적 참여, 정중성(civility)에 대한 책임감과 덕성이 포함되어야 한다(Kymlicka, 2018). 이는 권리 기반의 시민성만으로는 시민적 삶의 바람직한 비전이 구현될 수 없음을 의미한다(김재훈, 2020).

20세기 후반의 시민은 단순히 정치공동체 내에서 일정한 권리를 통해 지위를 부여받은 존재일 뿐만 아니라 그 정치공동체에 참여함으로써 스스로의 삶을 실현하는 존재로 이해되기 시작했다. 즉 시민성의 수동적인 자격에 대한 강조에서 한 발 나아가 그것이 지닌 활동(activity)의 요소가 부각되기 시작한 것이다. 이러한 관점에서 시민은 법이 부여하는 권리를 수동적으로 수락하는 존재에서 능동적인 활동이나 참여를 통해 적극적으로 시민적 삶을 일구어 가는 존재로 이해된다. 그리하여 시민의 책임과 덕목(responsibilities and virtues)이 시민성을 구성하는 데 보다 강조되게 된다. 법적 지위로서의 시민성이 시민이 되는 것이 무엇인지에 대한 물음에 관계한다면 활동으로서의 시민성은 훌륭한 시민에게 요구되는 것이 무엇인지에 대한 물음에 관계한다(노영란, 2002).

2) 시민성의 의미

시민성이란 사회적 관계에서 요구되는 행위의 표준으로서 그 어원은 라틴어 'Citiva'인데, '국가나 공동체를 구성하는 개인이나 제도가 구성원으로서 수행해야 하는 기능적 역할'이라는 뜻으로 사용되었다. 즉 공동체의 구성원으로서 지녀야 할 책임으로 공동 목적, 공동체 의식 등과 의미를 담고 있다. 영어의 'Citizenship'은 시민이라는 'Citizen'과 자질이라는 'ship'의 합성어로서 '시민이라는 지위에서 요구되는 자질'을 지칭한다(임유선, 2012). 즉 시민성이란 분리된 개인에게 요구되는 자질이 아니라, 공동체의 구성원으로서 시민에게 요구되는 자질이다. 또한 한 사회의 구성원으로서 시민들은 그들 스스로와 세계를 보는 하나의 공통적인 기본 방법에 견해를 같이하고 있어야 한다. 그들은 공동체의 구성원들로서 함께 이해하고 서로 의사를 소통하며, 또한 다 같이 일할 수 있는 어떤 기본적인 것들에 대해 어떤 목적들과 목적을 달성하기 위한 수단들이 무엇인가를 분명히 인지할 수 있는 능력을 갖추고 있어야 한다(이영희, 1995).

시민성은 '관계'로 형성된 사회의 구성원을 전제로 하며, 구체적인 모습은 시대와 장소에 따라 서로 다르게 표현되며, 특정한 시대와 특정한 사회에서 형성된 사회적 관계에 근거해서 요청된 자질이라고 할 수 있다. 이는 개인에게 요구되는 자질이 아니라, 특정 공동체 구성원으로서의 시민에게 요구되는 자질을 의미한다. 이 시민성은 다른 사람과 더불어 잘 살기 위해 필요한 행동규범이라 할 수 있다(김왕근, 1995).

오늘날 한국 사회를 보면 분배의 양극화가 사회적 불평등을 가중시키는 경향이 있다. 사회정치적 갈등이 근본적 이념과 가치를 둘러싼 감정대립으로 치닫는 한편 각 집단의 이익을 극대화하려는 집단이기주의의 행태를 보이는 경우가 많아 정치적 합의를 이루어 내기가 쉽지 않다. 특히 사회적 책임을 공유해야 할 정당, 언론, 종교, 대학, 조합, 경제·사회단체와 같은 중간 기제들에서 갈등과 대립이 더욱 격심하게 나타나는 경향이 있다(임유선, 2012).

민주적인 제도가 아무리 잘 마련되어 있다고 해도 구성원의 가치관이나 태도가 민주화되어 있지 않다면 그 국가나 사회는 민주주의로 갈 수 없을 것이다. 따라서 민주주의를 달성하기 위해서는 그 국가나 사회의 구성원이 일정 수준의 시민적 자질, 즉 민주시민의식이 갖추어져야 한다(홍경희, 2004).

김창엽(2020)은 시민성을 더불어 사는 것, 인간을 인간답게 존재하게 하는 것의 토대로서 존재하게 된다. 이것은 시민성이 더불어 사는 인간으로서의 품성, 인간을 비인간화시키는 요인을 간파하고 이를 극복하는 실천, 더불어 사는 모습을 구체적으로 꿈꾸고 이를 현실화하는 방법 모색과 실천이 유기적으로 결합되는 것을 의미한다.

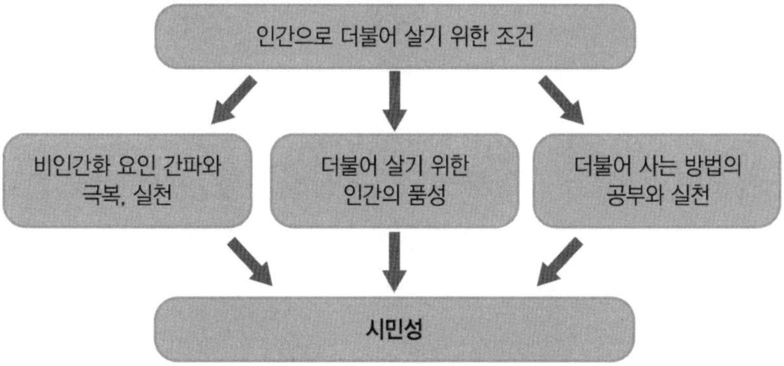

| 그림 11-2 | 시민성의 속성

출처: 김창엽(2016). 지역사회와 시민교육. 서울: 청목출판사. 재구성

이러한 시민성은 독특한 인간의 속성으로 진술되는 그 무엇이 아니라, 보편적 인간의 바탕으로 민주주의 사회의 필요에 부응하는 것이다. 이는 시민성이 당시 사회구성원에게 주어진 특징이 아니라, 시민 스스로에 의하여 발전되고 형성될 수 있는 당위로서의 속성이라는 것을 의미한다. 비인간화 요인을 간파하고 극복, 실천하는 시민성의 속성은 사회정의의 구현과 밀접한 관계를 맺게 된다(김창엽, 2020).

3) 시민성과 평생교육

평생교육과 시민성을 연계하기에는 아직은 미비한 부분들이 있다. 하지만 평생교육의 주요 실천과 향후 과제에 관하여 탐구하는 동시에 장애인, 비정규직

노동자, 이주민 등과 같은 사회적 약자에 대한 평생교육적 지원에 대한 담론이 필요하다. 이에 평생교육과 사회정의를 연결해 가늠하기 위하여 평생교육의 '사회 부조리와 병폐에 대한 저항의 담론이자 가능성'을 확인해야 한다.

또한 시민성과 시민교육의 개념을 되짚어 보고, 사회정의에 대한 어원적 뜻을 다음과 같이 살펴보았다(김창엽, 2019).

첫째, 시민성은 인간을 비인간화시키는 요인을 간파하고 이를 극복하는 실천과 더불어 사는 모습을 구체적으로 꿈꾸고 이를 현실화하는 방법 모색과 실천이 유기적으로 결합한 것을 의미한다. 시민성은 시민이 되기 위한 전제조건으로 시민교육은 시민이 시민성을 갖추도록 지원하는 전체를 가리킨다. 여기서 눈여겨볼 것은 인간을 비인간화시키는 요인이 비가시적인 사회구조와 제도에 크게 자리하고 있다는 것이고, 이것을 배제하는 활동이 시민성의 속성이다. 시민성과 시민교육이 인간의 인간화를 지향한다는 것을 주목해야 한다.

둘째, 사회정의는 어원적으로 사회에서 인간이 "눌리고, 굽고, 낮게 처한 것을 바르고 옳게 제대로 잡는다"라고 할 수 있다. 즉 인간이 인간화되는 것과 크게 관련이 있다. 이때 사회정의는 어떤 대상을 위한 정의보다는 어떤 상태를 위한 정의인가에 주목해야 한다. 즉 불평등하고 그릇된 사회 상태인가, 평등하고 옳은 사회 상태인가에 초점을 맞춰야 한다.

평생교육은 인간을 비인간화시키는 요인을 배제할 실천에 대한 필요와 당위성을 갖게 된다. 사회정의는 사회구조와 제도, 문화의 부조리와 모순에 의해 왜곡되고 비인간화된 인간의 인간화를 다시 회복하는 기반으로 기능한다. 즉 평생교육과 사회정의는 인간의 인간화를 지향하며, 이를 위해 비인간화를 강제하는 사회구조와 제도의 도전에 응전하는 공통점을 가지고 있다(김창엽, 2019).

04 세계화와 세계시민교육

1) 세계화의 이해

세계시민교육의 핵심적 단어는 세계화(Globalization)이다. 세계화란 사회적, 경제적 관계가 국경을 넘어 세계로 확대되어 발전하는 것을 말한다. 즉 세계 전체의 상호의존성이 높아지면서 다양한 측면의 관계가 세계적으로 단일한 체계로 통합되어 가는 현상을 의미한다. 세계화는 다양한 요인으로 나타나는데 이는 다음과 같다(다음백과사전, 2024).

첫째, 교통·통신 기술의 발달에 따라 세계 각 지역의 공간 및 시간 거리가 축소되면서 다양한 분야에 걸쳐 국경을 뛰어넘는 교류와 소통이 활발해졌다.

둘째, 이윤을 추구하는 기업이 국내를 넘어 활동무대를 전 세계로 넓히면서 상품이나 자본이 자유롭게 이동하게 되었다.

셋째, 정치적으로는 미국과 소련을 중심으로 대립하였던 냉전 시대를 벗어나면서 국가 간 교류의 폭이 확대되었다. 또한, 정보의 빠른 확산으로 다른 폐쇄적인 국가들에도 변화의 바람이 불고 있다.

워터스(Waters)는 세계화를 사회적 및 정치적 제도에서 지리적 제약이 사라지고 있으며, 이를 사람들이 점차 깨닫게 되는 사회적 과정이라 정의하고 있다. 그는 세계화 과정이 진행되면서 경제적 영역에서는 물질적 교류의 확대, 정치적 영역에서는 정치적 교류 및 상호작용의 확대, 그리고 사회문화적 영역에서는 상징적·문화적 교류의 확대가 일어난다고 하였다(Waters, 1995). 숄테(Scholte, 2001)도 세계화를 일종의 사회적 과정으로 인식하였으며, 그는 세계화의 개념을 다음 다섯 가지 특성으로 설명하고 있다(Scholte, 2001; 이종식, 2016 재인용).

첫째, 국제화(internationalization)이다. 국제화는 국가들 사이에 국경을 가로질러 나타나는 상호작용과 상호의존의 심화 현상을 말한다.

둘째, 자유화(liberalization)이다. 자유화 현상은 세계 경제의 개방과 통합을 위해 국가 간의 왕래에 대한 정부 주도의 제한들을 철폐해 가는 과정을 말한다.

셋째, 보편화(universalization)이다. 보편화 현상은 다양한 사물과 경험들이 지구 곳곳의 사람들에게 보편적으로 확산되어 가는 현상이다.

넷째, 서구화(westernization)이다. 서구화는 특히 문화 제국주의자들을 중심으로 많은 사람이 유럽과 미국을 롤 모델(role model)로 하는 세계화, 다시 말해 유럽식화나 미국식화하는 현상을 의미한다.

다섯째, 탈영토화(deterritorialization)이다. 탈영토화 현상은 영토적 관점에서 장소나 거리, 그리고 국경 등이 기존에 누렸던 압도적 지배력을 상실하는 현상을 의미한다.

이제 지구는 점점 세계화로 확산되어 가고 있다. 일반적인 세계화의 특징을 살펴보면 다음과 같다(이관춘, 2011).

첫째, 현재 세계 경제 질서는 상품시장은 물론 서비스 시장, 자본 시장, 금융 시장 등 모든 시장이 범세계적 차원에서 단일 경제체제 그리고 자유화되는 방향으로 개편되고 있다(김준현, 2006).

둘째, 생활공간이 국경을 초월하여 지구촌 전체로 확대되고 있으며, 이에 따라 인류 생존과 직결된 문제들이 세계적 차원에서 발생하고 전개되고 있다.

셋째, 국가 간 교류가 증가하면서 문화접촉이 빠르게 진행되고, 문화동질화 현상과 함께 문화 충돌현상도 진행되고 있다. 문화와 지리, 사회적 영토 사이에 자연스러운 관계로 국가 간의 경계가 희미해지고 다양한 문화가 공존하는 환경이 되고 있다(Tomlinson, 1999).

넷째, 세계 자본의 지배가 강화되어 국경에 구애받지 않고 기업합병과 흡수 통합이 일반화되고 있다.

다섯째, 교육이 서비스 부문의 하나로 포함되어 있으므로, 국가 주도의 국민 교육체제가 도전받고 있다(김신일, 2015).

여섯째, 세계화는 정치적·경제적 통합과 더불어 사람들의 사고방식과 태도에도 변화를 가져왔다.

이처럼 세계화에 따른 탈국가적 환경 속에서 시민의식(citizenship)의 새로운 변화 가능성을 제기하였는데, 이것이 바로 글로벌 시민의식이라 할 수 있다(Soysal, 1994).

2) 글로벌 시민의식

글로벌 시민을 어원적으로 코즈모폴리턴(Cosmopolitan)이라고 한다. 코즈모폴리턴은 그리스어 kosmos(세계)와 city(도시)를 뜻하는 polis(시민)의 합성어로부터 유래되었다. 세계시민주의(世界市民主義), 혹은 세계주의 등으로 번역되기도 한다. 코즈모폴리턴은 광의의 의미로 국제인(國際人)이라고도 한다. 국제인은 국제적으로 활동하는 능력과 자질을 갖춘 사람을 이르는 말이라는 사전적 의미가 있다(다음백과사전, 2024). 사상이나 행동반경이 국제적인 넓이를 가진 사람, 또는 가져야 한다고 주장하는 사람으로, 예를 들면 여러 개의 외국어를 말할 줄 알고 세계 각지를 자주 여행하며, 여러 국가의 국적을 가진 사람을 가리키기도 한다.

글로벌 시민의식은 지구공동체의 일원이 됨에 따라 생기는 권리, 책임감, 의무이다. 세계시민은 일반적으로 특정 나라나 장소가 아닌 지구공동체의 시민으로서의 정체성을 중요하게 생각하는 사람으로 정의한다. 이는 한 사람의 정체성을 지리적이나 정치적인 경계에서 벗어나게 한다. 또 세계시민으로서의 책임감이나 권리는 지리적이나 정치적인 경계에서 초월한 인간다움에서 나온다. 이것은 그들의 국가성이나 다른 지역적인 정체성을 비난하거나 포기하는 그런 사람을 의미하지 않는다(위키백과사전, 2024).

한편, 국가주의 또는 국제주의라는 의미의 코즈모폴리터니즘(Cosmopolitanism)도 있다. 개인이 국가와 민족을 초월함으로써 자신을 세계 사회의 일원으로 파악하는 사상 및 양식이 코즈모폴리터니즘이다. 각 민족이나 국민국가(nation-state)를 매개로 하지 않는다는 점에서 코즈모폴리턴과 차이가 있다(다음백과사전, 2024).

글로벌 시민으로 사고하고 행동한다는 것은 자신이 속해 있는 지역이나 민족, 국가에 대한 관심으로 한정되지 않고, 세계공동체의 소속감, 관계성, 책임감 등을 인식하고 이러한 광범위한 관심을 일상생활의 실천영역으로 통합할 수 있는 문화적 성향을 갖추는 것이다(현은자 외, 2013).

글로벌 시민은 지구공동체의 인권, 자유, 평등, 사회 정의, 생태환경, 평화 등을 지키고자 하며, 종교나 인종, 성 등에 상관없이 모두를 존중하고, 다양한 불평등 요인들을 줄여나가는 책임 있는 행동을 한다(옥일남, 2014). 특히 글로벌 시민은 인류가 직면한 위기 상황을 글로벌 관점에서 접근하고, 위기의식을 공유하여 협동과 실천을 통하여 해결하고자 하는 글로벌 책임의식을 지닌 시민이라 할 수 있다(Falk, 1994). 글로벌 시민성(global citizenship)은 세계시민의식, 지구시민의식, 글로벌시민의식과 같이 다양하게 해석되어 사용되고 있다(성열관 외, 2015). 글로벌 시민성에 대해 학자들 혹은 기관에 따라 정의하면 다음과 같다(윤종혁, 2015).

| 표 11-3 | 글로벌 시민성의 개념

단체(저자)	개념
UNESCO (2014)	더 광범위한 공동체와 전체 인류에 소속감을 느끼고, 지역 · 국가 · 세계에 대해 열려 있는 시각을 견지하며, 보편적 가치에 기초한 다양성 및 다원성을 존중함에 따라 자신과 타인, 그리고 환경을 포괄적으로 이해하고 행동하는 자
월드비전 (2015)	국적을 넘어 가장 넓은 공동체인 지구마을의 구성원으로서 정체성을 지니며, 다양성 존중, 변화하는 세상에 대한 정확한 인지, 세계적 문제에 대한 책임감을 지니고 동참하며 실천할 수 있는 지식, 기술, 가치와 태도를 보유한 자
노찬옥 (2005)	인류라는 공통점을 기반으로 다양한 문화 간의 정체성을 인정하면서 보편성을 추구하는 자
김지현 외 (2009)	보편적 관점에서 인간의 보편적인 기본권을 존중하고 인류애를 중요하게 여기는 자
송민경 (2014)	인류 및 세계 간의 상호의존성을 인식하고, 글로벌 이슈와 문화에 대한 복합적인 문제를 이해하는 동기, 태도, 역량을 갖춘 자
정지현 외	문화 다양성을 존중하면서 국가 발전에 기여할 수 있는 국가정체성을 지닌 시민

단체(저자)	개념
(2015)	역량과 더불어 국가를 초월한 사회의 다원적 가치를 이해하고 세계와 소통이 가능한 세계시민역량을 함께 보유한 자
Pike (2000)	민족이나 국가의 경계를 넘어 인류의 복지, 환경, 기본권, 존엄성에 관심을 갖고 관여할 수 있는 책임감을 지닌 자
Hicks (2003)	글로벌 공동체의 시민으로 살아가거나 이를 느끼는 자
Mcintosh (2005)	개인의 고유한 정체성과 진실성을 지키고 심화하는 동시에 다름과 특수성의 경계를 아우르는 연계성 및 연결성을 보호하고 이를 위해 실천하는 자
Noddings (2005)	경제 및 사회정의 구현, 환경보호를 통한 지구 보호, 사회 및 문화 다양성 보존, 평화 수호자
Morais & Ogden (2011)	세계에서 살고 있는 사람들의 복지에 책임의식을 느끼고, 개인이 속한 지역, 도시, 국가의 경계선을 넘어서 시민에게 유익한 일에 참여하고 행동하고자 하는 바람을 지니는 자(Sklarwitz et al., 2015. 재인용)
Wierenga (2013)	인류의 삶이 국가적 경계를 넘어 지구적으로 상호 연결되어 있음을 인지하는 자
Guo (2014)	인간성, 지구, 집단 결정의 영향력에 대한 광범한 이해를 바탕으로 한 인식과 행동을 할 수 있는 자

출처: 윤종혁. (2015). 세계시민교육의 실태와 실천과제. 서울: 한국교육개발원.

영국의 NGO 단체 옥스팜(Oxfam)은 글로벌 시민의식을 학습영역 전반에 걸쳐 하나의 접근법으로 받아들여 교과과정을 개발했다. 1997년에 발간된 '글로벌 시민의식 커리큘럼(1997)'은 유아기(5세 미만)부터 고등학교(16~19세)까지 단계별 학습을 통해 '배우고 생각하고 행동하는(Learn-Think-Act)' 접근법을 장려한다. 잉글랜드와 스코틀랜드, 웨일스에서 시행되고 있는 이 과정은 '전학교적(whole school)' 접근법으로 능동적 글로벌 시민의식을 권장한다. 또한 교사 지도서를 통해 참여 학습을 장려하고 학습평가 도구를 제공한다(유네스코 아시아태평양 국제이해교육원, 2014; 허혜경 외, 2017). 옥스팜(2015)은 글로벌 시민을 다음과 같이 정의하고 있다(Oxfam, 2015).

| 표 11-4 | 영국 옥스팜에서 정의하는 세계시민

- 더 넓은 세계에 대해 알고 세계시민으로서의 자기 역할을 이해하는 사람
- 다양성을 존중하고 가치 있게 여기는 사람
- 세계가 어떻게 작동하고 있는지를 이해하는 사람
- 사회 정의에 열정적으로 헌신하는 사람
- 지역 수준부터 글로벌 수준까지 다양한 수준의 공동체에 참여하는 사람
- 더 평등하고 지속가능한 세상을 만들기 위해서 다른 사람과 협업하는 사람
- 자신의 행동에 책임을 지는 사람

출처: 윤종혁. (2015). 세계시민교육의 실태와 실천과제. 서울: 한국교육개발원.

세계시민성은 세계시민교육의 핵심 구성체이다. 어떤 관점에서 세계시민성을 다루는가에 따라 세계시민성은 다양한 방식으로 표현된다(김진희, 2017). 다중적 시민성과 국제적인 민주주의를 강조한 히터(Heater), 세계시민성을 다루면서 코즈모폴리턴 민주주의를 주장한 헬드(Held), 다원적인 시민성이 곧 세계시민성이라고 설명한 셀비(Selby), 적극적인 시민참여를 통해 전 지구적 민주주의를 실현하는 교육을 강조한 린치(Lynch), 그리고 평화와 사회정의, 환경보호와 같은 윤리적 돌봄(Caring)을 강조한 나딩스(Noddings) 등의 논의를 정리하였다(Pike, 2008).

이처럼 세계시민성은 학술적 논의뿐만 아니라 정책적으로도 매우 광범위하고 복합적 영역이다. 각기 다양한 이데올로기적 프레임과 정치 철학적 프레임을 가지고 있기 때문에 학계뿐만 아니라, 교사나 정책입안자에게 그러한 다층성과 모호함은 혼란과 오해를 불러일으키고 있다(김진희, 2017). 세계시민성을 다루는 다양한 접근법을 정치적, 도덕적, 경제적 그리고 비판적 측면으로 나누어 각 논의의 초점을 이해하는 것이 필요하다(Johnson, 2013).

첫째, 정치적 관점에서 세계시민성을 다루는 접근(political global citizenship)이다. 이는 세계정부(world state)라는 개념을 상징하고, 현재의 단위 국가의 헌법적, 실행적, 법리적 체제를 갖춘 주권을 지구적 차원에서 변환해서 재구조화하는 논의라 할 수 있다. 글로벌 거버넌스 구현을 통한 민주주의 확산을 기획하는 것이라 할 수 있다.

둘째, 도덕적 세계시민성(moral cosmopolitan global citizenship)이다. 현재 세계시민성 담론의 주도적 개념을 이끌고 있다. 모든 인류는 서로에게 관계를 맺고 있으며 상호 책무성을 가지고 영향을 미치는 존재이므로 도덕적 세계시민성이 누구에게나 필요하다는 인식론을 가지고 있다.

셋째, 경제적 세계시민성(economic cosmopolitan global citizenship)이다. 경제적 세계시민성은 신자유주의와 자본주의의 파급력을 부정하지 않는다. 개인주의와 신자유주의 사상에 기초를 두고 있는 이러한 접근법에서 시민은 얇은 시민성(thin citizenship)을 가지고 있는 존재로 개인의 이해관계와 욕구에 따라 기능할 수 있다. 이는 도덕적, 정치적 세계시민성을 축소하고, 글로벌 시장에서의 경쟁력, 소비주의, 그리고 자본주의를 통해서 세계공동체를 만든다. 여기서 창출된 기업의 사회적 이윤은 필요한 경우, 공공선을 위해서 활용될 수 있다는 접근이다(Schattle, 2008).

넷째, 비판적·탈식민주의 관점에서 세계시민성을 접근하는 담론(Critical-post-colonial global citizenship)이다. 자유주의적 세계시민론자들이 말하는 시민적 자유를 충만하게 누리는 개인의 자율성은 유토피아적 생각이며, 이는 전 세계에 팽배한 불평등과 차별, 소외의 구조에 눈을 감는 접근이라고 비판하는 것이다. 해방을 위한 투쟁과 전 지구적 연대야말로 세계시민성이 발현되는 진정한 모습이라는 점을 지적하고 있다. 예를 들면, 전 세계의 이주 노동자들이 대항적 헤게모니(counter-hegemony)의 주체로서 억압적인 글로벌 체제를 해체하고 사회 변환을 도모하는 정치성(politics of social transformation)이 누락된 세계시민성은 허구에 불구하다는 입장이다. 즉 사회 구조적 체제 안에서 그리고 지역 맥락에서 재구성되어야 하는 점을 역설하는 접근이다.

3) 세계시민교육

세계시민교육이란 세계시민(global citizen)을 길러내기 위한 교육, 또는 세계시민성(global citizenship)을 함양하기 위한 교육으로 세계시민교육은 시간이 지남에 따라 계속해서 변화하는 특징을 가진다(윤종혁, 2015). 이러한 세계시민교육은 학자들 혹은 기관들에 따라 세계시민교육, 글로벌시민교육, 지구시민교육, 글로벌교육 등으로 다양하게 번역되어 지칭되고 있다(강순원, 2010; 김용신, 2009; 윤인진, 2012; 장원순, 2015; 조대훈 외, 2013). 세계시민교육으로 일괄 통일하고 관련 내용을 정리하면 다음과 같다(윤종혁, 2015).

| 표 11-5 | 세계시민교육의 개념

단체(저자)	개념
교육부 (2015)	인류의 보편적인 평화와 인권, 그리고 다양성과 관련된 지식과 기술을 학습하고 가치를 내면화시키며 책임감 있는 태도를 배양하는 교육
UNESCO (2014)	보다 정의롭고, 평화로우며, 관용적이고, 포용적이며, 안전하고, 지속가능한 세상
OXFAM (2015)	빠르게 변하고 상호의존적인 세상에서 학습자들의 삶의 도전과제와 기회를 비판적이고 적극적으로 참여하도록 하는 틀
국제개발협력 시민사회포럼 (2015)	복잡한 전 지구적 도전 문제들을 이해, 공동체적 의식 및 책임의식으로 이에 대응, 더불어 사는 사회를 만들기 위한 적극적이고 실천적인 역할과 참여를 진작하는 교육
월드비전 (2015)	빈곤, 인권, 평화, 기후변화 등의 글로벌 이슈에 대해 배움으로써 지구마을 사람들에 대한 공감력을 높이고 지구 공동의 문제를 해결하고 더 나은 세계를 만들어 가기 위한 역할의식과 책임의식을 함양하는 교육
김용찬 외 (2007)	세계화 시대에서 평화의식을 보유하고 대응할 수 있도록 하는 세계시민의식과 세계시민으로서의 자질을 함양하고자 하는 교육적 노력
강순원 (2010)	국가적 한계를 뛰어넘어 세계화된 사회에서 요구되는 보편적 시민의식을 함양하는 교육
성열관 (2010)	글로벌 문제 해결 및 인권 존중, 지속가능 발전 및 협력, 평화 지향 및 인간 존중이라는 보편적 가치에 입각한 교육

단체(저자)	개념
윤인진 (2012)	인권을 존중하고 세계 평화를 수호하며 다문화를 이해하고 세계에서 나타나는 문제를 인지하고 이를 해결할 수 있는 세계시민의 소양과 역량을 함양하는 교육
조대훈 외 (2013)	학습자를 능동적인 교육 주체로 인식하고, 변혁적이며, 과정과 문제해결을 중시하며, 참여와 실천을 지향하고, 시민성 실천을 통해 학습하며, 평생교육적 측면의 다면적 교육
김진희 외 (2014a)	지구촌의 구성원으로서 정체성을 가지는 교육, 국제 관계를 구조적으로 이해하여 비판적 사고를 함양하는 교육, 인류의 보편적 가치를 추구하고 윤리적 행동을 실천하는 교육, 모든 사람과 동물, 환경은 공동체임을 인식하는 교육, 지구 문제에 공동으로 대응하고 지역사회에서부터 참여하는 교육
모경환 외 (2014)	글로벌 시대에 요구되는 시민의 자질을 함양하는 목표로 전개되는 일련의 교육 흐름
정지현 외 (2015)	글로벌 관점에서 지역 사회의 문제와 국가의 문제를 비판적으로 인지하는 능력을 함양하고, 세계 공동체 및 인류애를 위해 보편성을 지니고 생각하고 행동할 수 있는 세계시민을 양성하는 교육
Kirkwood (2001)	복합적 관점, 문화에 대한 이해와 존중, 글로벌 이슈 관련 지식, 상호연계 체계로서의 세계에 대한 교육
Hicks (2003)	글로벌 이슈 · 사건 · 관점을 가르치고 배우는 것과 관련 있는 학문분야
Osler & Starkey(2005)	소속 국가와 세계와의 맥락적인 관계를 이해하도록 돕는 지식, 가치 및 태도, 기술을 아우르는 총체적 교육(정지현 외, 2015. 재인용)
Davies (2006)	참여하여 학습하고 가치를 탐구하는 교육 접근을 통해 글로벌 상호의존성과 문화 다양성을 습득
Tawil (2013)	지역 및 글로벌 수준에서 사회적 발전을 위해 시민으로서 참여하고, 기여하도록 하는 지식, 기술, 가치와 관련된 교육
Guo (2014)	글로벌 공동체의 구성원으로서의 소속감을 기르고, 보편적 인간성, 글로벌 연대에 대한 느낌, 보편적 가치에 기반하여 행동하는 정체성과 책임감을 키우는 것

출처: 윤종혁. (2015). 세계시민교육의 실태와 실천과제. 서울: 한국교육개발원.

위의 내용을 정리하면, 세계시민교육은 학습자들이 보편적 인류애에 기초하여, 아직 현실에서 존재하지 않는 세계적 차원의 집단적 연대감과 책임감을 느끼고 행동하여야 한다는 도덕적 · 규범적 열망 혹은 상상에 기반하고 있다

(Marshall, 2011; Rizvi, 2009). 여전히 국익과 개인의 경쟁력이 우선시되는 현실의 교육 풍토에서 이러한 세계시민교육의 염원이 구체적으로 어느 정도까지 실효성 있게 달성될 수 있느냐, 혹은 어떠한 접근 방식으로 달성될 수 있느냐에 따라 다양한 스펙트럼의 관점이 존재할 수 있다. 이것이 바로 세계시민교육 개념 자체가 규정하기 힘든 내재적 속성을 지닐 수밖에 없는 이유이기도 하다(Marshall, 2011; Rizvi, 2009).

4) 세계시민교육의 필요성

캐나다 출신의 미디어 이론가이자 사회학자인 마샬 맥루한(Marshall McLuhan)은 통신수단의 발전으로 인하여 지구상의 모든 사람이 한 동네의 일원이라는 의식을 갖고 살아가게 된다는 생각에서 1965년에 '지구촌(Global Village)'이라는 개념을 제시하였다. 20세기에 발의한 그의 예측은 적중했고 전 지구적 차원에서 세계화(Globalization)와 지방화(Localization)가 동시에 진행되면서, 글로벌 공동체라는 하나의 세계적 활동무대가 가시적으로 형성되었다(김진희, 2017). 그는 언제 어디서나 필요한 정보를 주고받을 수 있고, 나아가 기술 우위의 세상이 나타날 것이라고 예측하였다. 지구촌이라는 개념은 오늘날 인터넷, 웹, 휴대폰 등 다양한 정보통신 및 IT기술을 통하여 빠르게 실현되고 있다(신남희, 2020).

글로벌화의 영향은 정치, 경제, 사회 그리고 교육의 제 측면에서 나타나고 있다. 정치적으로는 세계 각국 간에 거버넌스의 연계가 심화되는 양상으로 나타나고, 경제적으로는 전 세계적인 시장이 형성되어 자본과 물류의 흐름을 통해 상호 영향을 주고받는 상황이 심화되며, 사회적으로는 국경을 초월하는 대규모 인구이동이 일상화되어 가면서 전례 없는 인구이동의 시대로 접어들고 있다(IOM이민정책연구원, 2014). 교통의 발달로 상품과 자본이 국경을 넘어 자유롭게 이동함에 따라, 다국적 자본 시장이 등장하고 노동 분야에서 국가 간의 경계가 무너지고 있다. 정보통신의 발달은 시간과 거리를 초월한 세계적 규모의 의사소통을 가능케 하고 다양한 형태의 문화를 교류시키고 있다. 이러한 흐름은 국경을 기반으로 한 국가 및 국민의 개념을 약화시키는 반면, 세계화의 현상에 대응할 시민적 정체성의 필요성을 강화한다. 교육영역 역시 국가 단위의 경계를 넘어서 인권, 평화, 사회 정의, 문화다양성 등 인류의 상호 발전 문제를 고민하며 세계시민으로서 의식과 행동 변화를 촉구하는 교육의 필요성이 높아졌다(김신일, 2001). 그런 점에서 국민국가의 '컨테이너'에서 벗어나서 새로운 형태의 시민사회 출현과 그에 걸맞은 새로운 형태의 교육이 필요하다는 점에서 세계시민교육의 발현을 구성하는 사상적, 실천적 토대는 마련되어 왔다(김진희 외, 2013).

이처럼 세계시민교육의 배경에는 글로벌화와 밀접하게 관련되어 있다(Tawil, 2013). 21세기는 국가 내의 계층적, 문화적, 인종적 갈등과 공존의 문제가 아니라, 국가와 국경을 넘어서 전 지구적 문제 해결을 위해 지구적 공동체 수준의 연대와 협력을 강조하는 세계시민교육은 하나의 지구공동체로서 다양한 문화 및 사람들과의 상호의존성을 이해하는 보편적 인류 공영을 추구하는 가치 지향적 교육이자 사회적 실천을 도모하는 교육이라는 점에서 지구촌 전체가 직간접적으로 경험하고 있는 빈곤, 인권, 평화, 환경, 형평성의 문제에 관심을 갖고 이에 대한 공동체적 해결방안을 모색하는 데 초점을 둔다. 이러한 문제해결을 위해 지구촌이 학습해야 하는 교육영역으로 변화하고 있다(김진희 외, 2014b; UNESCO, 2014b).

이에 세계시민교육은 전 지구적 문제를 해결하기 위해 결단하고 행동할 수 있는 세계시민 의식의 필요성과 이해를 도모하는 교육으로 이해된다. 특히 지역적 편협성을 탈피하여 타인과의 연대 및 책임감을 가질 수 있도록 관련 지식과 도덕적 사회적 행동 및 기술을 가르치는 교육으로 규정된다(윤선인 외, 2019). 한편 세계화의 흐름 속에서 경제적 불평등, 사회적 빈부 격차, 기후 변화, 전쟁, 빈곤, 난민, 질병 등의 문제는 전 지구적인 위험 요인이 되어 인류 전체를 위협하고 있다. 이러한 현실은 세계화의 문제점에 공동 대응하기 위해 국제사회의 구성원이 어떠한 자질을 가져야 하는지에 대한 성찰을 필요로 한다. 지구촌의 세계화는 각 개인이 개별 국가의 편협한 이해관계를 떠나 보편적 가치를 지향하는 의식과 태도를 함양시키고, 새로운 국가관, 세계관 및 글로벌 시민으로서의 자질을 향상하여야 하는데(유재경, 2008), 이것이 글로벌 시민교육이 필요한 이유이다.

5) 세계시민교육 학습영역

유네스코는 세계시민교육을 학습자들이 더 포용적이고 정의롭고 평화로운 세상을 만드는 데 이바지할 수 있도록 이에 필요한 지식, 기능, 가치, 태도를 길러주는 교육으로 제시한다. 구체적 실천을 위하여 세계시민교육의 학습영역을 인지적 영역, 사회·정서적 영역, 행동적 영역으로 분류하고, 이를 토대로 학습자 특성과 학습 주제를 제시하였다(유네스코 아시아태평양 국제이해교육원, 2015).

첫째, 인지적(cognitive) 영역은 지역, 국가, 세계의 이슈에 대해 인식하고 비판적 사고를 통하여 서로 다른 국가와 국민이 상호 연관되어 있음을 이해하는 것을 의미한다. 세계와 그 복잡성, 세계의 상호연계성 및 상호의존성을 이해하는 데 필요한 지식과 사고 기능을 의미한다. 지식은 주로 아는 것과 관련된 기초적인 지적 과정이자 모든 지적 능력의 토대를 이룬다. 사고 기능(thinking skills)은 과제를 효과적으로 성취하기 위하여 정보나 자료를 조직하고 이용하는 정신적 능력이다. 그래서 사고 기능에서는 정보의 분류, 해석, 분석, 요약, 종합과 평가 능력이 요구된다. 특히 사고 기능은 분석적, 비판적, 통합적 사고가 핵심을 이루고 있다.

둘째, 사회·정서적(social-emotional) 영역은 보편적 인간성을 가지고 있음을 자각하고 다양한 가치에 공감하고 존중하는 의식을 갖는 것을 말한다. 가치와 태도, 사회적 기능을 의미한다. 이 중 가치와 태도는 정서적 영역에 해당한다. 가치는 사람의 전반적인 신념체계에 핵심적으로 자리 잡고 있는 믿음이다. 이런 가치는 행동과 행위의 기준이 된다. 반면 태도는 어떤 방식으로 반응할 정신적 준비 상태를 말한다. 그래서 가치는 곧 태도로 나타난다. 사회적 기능은 사회적 영역에 해당한다. 사회적 기능은 더불어 사는 사회에서 타인의 감정과 권리를 존중하고 민주시민으로서 요구되는 기능이다. 이를 위해서는 배려, 존중, 연대 등이 필요하다.

셋째, 행동적(behavioral) 영역은 더 평화롭고 지속가능한 지역, 국가, 세계를 위해 효과적이고 책임감 있게 행동하는 것을 의미한다. 행위, 수행, 실천 및 참여, 즉 실천적 행위를 강조하는 영역이다. 이것은 사람이 자신의 가치, 지식과 의사결정을 행동으로 전환하는 능력을 의미한다. 여기서는 시민행동, 사회참여, 민주시민행동 등을 강조하며, 행동하기 위해서는 동기부여를 필요로 한다. 사회·정서적 영역은 주로 동기를 강조하고, 행동적 영역은 주로 행위를 강조한다. 예를 들어, 공감(sympathy)은 동기에 해당하고, 이를 바탕으로 한 나눔(sharing)은 행동에 해당한다.

세계시민교육을 위한 이 세 가지 학습영역은 학습 성과, 학습자 특성, 학습 주제 및 학습 목표의 기초를 이루고 있다. 또한 인지적, 사회·정서적, 행동적 영역은 서로 별개의 학습 과정이 아니기 때문에 학습 과정에서 상호 연계하고 통합해서 다루어져야 한다.

12

Chapter

지역사회교육

01 지역 및 지역학의 개념

지역의 발전을 위해 지방자치단체는 여러모로 역량을 키우기 위해 노력하고 있다. 일정한 사회적 특성을 가진 지역 안에서 성립되어 있는 생활공동체를 통해 주민의 개개인과 더불어 지역사회 전체 공동체의 변화에 적응하고 진화에 기여하고자 물적·인적 자원 및 인프라를 지역주민에게 제공하기도 한다. 지역사회교육은 기본적이고 보편적인 삶의 질 향상을 위해 지역사회에서는 모든 종류와 형태의 평생교육이어야 하고 인간 생활의 한 부분이어야 한다(최운실 외, 2021a).

1) 지역의 이해

지역사회교육의 개념에 앞서 지역에 대한 의미를 알아보고자 한다. 지역(地域)이란 우리가 보고 만지는 실체적이고 유형적인 지표(surface)일 뿐만 아니라, 우리의 머릿속에서 인식되고 구성되는 공간으로서 일종의 추상성도 띠고 있다. 다시 말해서 우리가 사는 땅을 일컬어 '지표'라 한다면, 이를 개념적으로 재구성한 것이 '공간' 또는 '지역'이다.

지역은 자연적 또는 사회적·문화적 특성에 따라 일정하게 나눈 지리적 공간과 일정하게 구획된 어느 범위의 토지로 정의된다(다음한국어사전, 2024). 이러한 지역의 개념을 어떻게 파악하고 설정하느냐의 문제는 간단하지 않으며, 접근방법도 매우 다양하다. 그러나 여기에서는 지리학적 개념과 경제학적 개념, 그리고 사회학적 개념의 세 가지 측면에서 살펴보고자 한다(염일열 외, 2022).

첫째, 지리학적 개념으로 지역이란 한 가지 이상의 특질에 대하여 동질성 내지 균일성이 존재하는 경계 내의 구역이라고 하는 견해이다.

둘째, 경제학적 개념으로 지역을 입지(location)라는 관점에서 접근하고 있다.

경제학은 지역을 영역의 면적보다 경제적인 제 기능의 작용, 즉 생산·교환·분배의 각 요소를 효율적으로 배치함으로써 지역의 경제문제를 해명하고자 접근한다. 경제기능이 작용하는 범위인 경제권(수도권, 중부권, 동남권, 서부권)을 중심으로 설정된다.

셋째, 사회학적 개념으로 지역은 커뮤니티(community)라 불리는 것과 같은 개념으로 지역성과 공동성이라는 두 개의 복합적 요소가 포함되어 있다. 그러나 커뮤니티가 공동체, 지역사회 등 여러 가지 용어로 번역되고 있다는 사실은 개념이 명확하게 정립되어 있지 못하다는 것을 말해준다.

결론적으로 지역은 지표면의 일부로서, 고유한 장소적 관계를 맺으며, 공간적인 넓이를 갖고, 인접 공간으로부터 구별되는 형식적인 성격을 지니고 있다고 할 수 있다.

지역의 유사 개념으로는 지구, 구역, 권역 등을 사용하기도 한다. 지구(地區)는 일정한 목적 때문에 특별히 지정된 지역을 의미하고, 구역(區域)은 정치적, 행정관리적 이유에서 지역을 보다 작은 단위로 구분한 것으로 자치구역, 행정구역, 선거구 등은 구역에서 파생된 개념이다. 또한 권역(圈域)은 지구나 지역처럼 계획적, 정책적인 목적으로 지역을 구획한 것이지만, 차이점은 반드시 법률적 구획이 아닐 수 있고, 공간적 범위는 하나의 지역에 한정되지 않을 수 있다. 다시 말해 지방자치단체의 장기발전계획에서 구분한 권역은 법률에 근거하지 않은 권역이고, 수도권(서울, 경기, 인천) 등은 법률에 근거한 권역에 속한다.

2) 지역학 정의

1991년 지방자치제 실시 이후 전국의 지자체들은 지역의 뿌리 찾기 운동과 지역의 정체성 확립이 곧 지역의 경쟁력이라는 인식 확산으로 지역학을 개발하고 육성하게 되었다. 지역학은 세계화 시대에서 지역의 정체성을 정립하고, 지역문화 콘텐츠를 개발하여 문화산업으로 육성하고, 다시 그것을 세계화하여 지역 발전의 동력으로서 능동적 미래지향적 대응을 위한 흐름이었다(국가평생교육진흥원, 2019).

지방화 시대에 정체성이란 무엇이며, 그것이 지니는 의미는 무엇인가? 정체성의 원리는 동일성(identity)의 원리이다. 즉 지역민이 자기 지역의 역사와 문화 등에서 지역의 특질과 정서에 대한 공감대를 형성하고 이로써 생성되는 일체감, 그것이 곧 지역의 정체성이다. 이러한 지역의 정체성 정립은 지역민의 지역에 대한 자긍심과 애향심을 자극하여 그것이 지역발전의 원동력으로 작용함으로써 지역경쟁력의 증진과 지역주민의 삶의 질 향상에 긍정적인 효과를 발휘하는 측면이 있다. 따라서 이러한 지역의 정체성을 기반으로 하여 지역발전의 논리를 연구·활용·보급하는 분과학문으로서 지역학의 수립이 요청되었다(한기범 외, 2014).

지역을 학문의 관점으로 바라보는 것을 지역학이라고 한다. 지역학은 일정한 지역의 역사, 문화 따위를 종합적으로 연구하는 학문을 의미한다. 학문적 기존 연구들에서 '지역학'은 일정한 공간을 토대로 연구대상을 설정하고, 종합적 또는 학제적(inter-disciplinary)으로 연구를 수행함으로써 주민들의 삶의 질을 높이는 데 기여하는 학문으로 논의되고 있다. 다시 말해서, 지표면의 일정 공간을 토대로 역사적인 시간의 흐름 속에 살아왔던 사람들이 이루어 놓은 유무형의 자취들, 즉 문화를 종합적으로 분석, 고찰하여 지역을 더욱 나은 삶의 공간으로 만들어 나가는 데 기여하며, 인간 중심의 가치들을 찾고 좋은 삶의 공간을 만들어 가는 실천 학문이다. 그리고 인문학, 사회과학, 자연과학의 학제 간 연구를 통해 지역의 특징과 정체감을 찾아내고, 지역을 보다 나은 주민들의 삶의 공간으로 만들어 나가는 데 기여하는 학문이다. 지역별 지역학의 정의는 목적과 대상과 방법론에 있어 약간의 차이가 있다. 지역별 지역학에 대한 개념 정의를 살펴보면 다음과 같다(염일열 외, 2022).

| 표 12-1 | **지역학에 대한 개념 정의와 차이점**

목적	대상	방법론
• 지역정체성 추구 및 확립 • 지역의 역사문화 본질과 가치를 밝힘 • 지역의 현재 및 미래의 발전 도모 • 지역주민들의 삶의 질 향상에 기여 • 지역사회의 당면과제 해결과 미래의 발전과정을 모색하는 이론적, 학문적 논리 제공	• 지역의 모든 것을 다루는 경우와 특정 분야에서 한정시키는 경우로 분류할 수 있음	• 종합적 연구 • 학제적 연구 • 학제 간의 총체적 연구

출처: 염일열 외. (2022). 양주학. 양주: 양주시평생교육진흥원.

우리나라의 지역학은 지방화 시대의 출현이라는 변화에 능동적으로 대응하려는 지방정부나 지역 학계의 대응전략 및 대응 논리로서의 산물로 나타나게 되었다. 그러나 다른 한편으로 그것은 때마침 한국에 불어닥친 세계화의 추세와도 밀접한 관련이 있다. 세계적으로 세계화 논쟁이 야기된 것은 대개 1970년대로부터였다. 그리고 10여 년 후에는 우리나라에서도 세계화 논쟁(1980~1990)이 거세게 일어났는데, 이러한 '세계화'의 추세는 처음부터 그 저변에 근대성 논리와 함께 미국을 중심으로 하는 선진강대국들의 세계적인 상업주의적 의도를 내포하고 있었다. 따라서 약소국이나 개발도상국들로서는 그것이 경계의 대상으로, 때로는 비판과 배척의 대상으로 인식되기도 했다. 그러나 이러한 세계화 추세는 개발도상국인 한국으로서는 일방적으로 외면하거나 배척할 수 없는 세계적 추세로 다가왔고, 우리는 불가피하게 이러한 세계화의 도도한 흐름에 합류할 수밖에 없게 되었다. 그리하여 2000년경 이후 세계화는 이미 거스를 수 없는 세계적 흐름이 되고 있다. 세계화 논쟁이 더 이상 화두가 되지 못하는 데서도 이를 감지할 수가 있다. 그렇다면 우리는 이러한 세계화의 추세를 일면 경계하면서도, 정당한 방법이기만 하다면 우리도 그 추세에 합류하여 세계 속에서 우리의 위상과 입지를 곧추세우고, 오히려 이러한 추세를 적극적으로 활용하는 방향으로 나아갈 수밖에 없다. 사실상 우리나라의 지역학은 이러한 지방화와 세계화 변화 추세의 산물이라 할 수 있다. 전자정보통신의 혁명적 기술혁신으로 시간과 공간의 단축이 세계적 차원에서도 현저하게 나타나고, 지방화 추세와 함께 이제는 중앙정부를 통해서만이 아니라 지방정부로서 또는 지역 학계로서도 어렵지 않게 세계와 소통할 수 있고, 또 그렇게 하도록 강요받는 시대로 변해 가고 있는 것이 오늘의 현실이다. 따라서 이제는 각 지방이 나름대로 정체성을 정립하고, 특성 있는 지역문화 콘텐츠를 개발하여 그것을 문화산업으로 육성하고, 다시 그것을 세계화하는 것이 지역 발전의 동력으로 작용할 것이라는 인식이 점차 공감을 얻어 가고 있다. 지방화 시대와 함께 급속한 세계화의 추세가 지역학의 출현을 재촉하게 된 하나의 시대적 배경이라고 할 수 있는 것이다(한기범 외, 2014).

| 표 12-2 | **지역별 지역학에 대한 개념 정의**

구분	개념 정의
강원학	강원도와 강원인의 정체성과 주체성을 확립하기 위한 지역학으로 강원도민의 과거와 현재에 이르는 고유한 적층된 삶과 문화의 총체적 표현물을 대상으로 강원도의 고유한 문화와 전통의 가치를 재확인하고, 그것을 현대적 시점으로 재해석함으로써 주민 정체성을 인식시키고 지역관을 바로 세우며 새로운 발전의 정신적 틀거리를 만들기 위한 정신학
부산학	부산시민의 시선에서 상호 관련된 다양한 영역(부산의 역사 · 전통, 문화 · 예술, 정치 · 경제 · 사회, 지정학적 위치에 따른 특수성, 시민들의 일상생활 등)을 포착하여 종합적 · 학제적으로 연구하여 지역 정체성과 고유한 미래상을 발견함으로써 부산시민들의 삶의 질 향상에 기여하고자 하는 학문적 지향 및 실천 활동
서울학	서울의 장소의 이력을 기록하고, 그 의미를 새기는 작업으로 서울의 시간을 편년하고 인문적 의미를 규명하고, 서울의 공간과 구조를 정의하고 형태를 유추함. 서울학은 역사 · 문화 · 철학 · 사회 · 건축 · 도시 · 조경 분야의 학제적 간 연구를 통하여 조명하는 융합학
인천학	인천의 역사 · 문화적 · 사회적 정체성에 대해 체계적으로 연구하는 동시에 인천 사회의 현실적인 역동성을 인문학적으로 규명하여 도시발전의 미래상을 제시하는 것
전주학	전주의 자연 · 지리 · 역사 · 사회 · 문화 등 제 학문 분야에 대한 체계적 연구 · 분석을 통하여 전주의 지역 정체성을 규명하고, 이를 바탕으로 전주와 전주인의 지속적인 발전가능을 위하여 지역사회의 당면 과제 해결과 미래의 발전과정을 모색하는 이론적 · 학문적 논리 제공
제주학	제주지역을 대상으로 연구하는 학문이며, 제주지역에 대한 학제 간의 총체적 접근을 요구하고, 지역 정체성 추구를 목적으로 함. 또한 제주지역의 내적 발전을 위한 실천적 학문을 지향하며, 제주의 과거를 바탕으로 현재를 조명하고 미래를 추구하는 학문

출처: 염일열 외. (2022). 양주학. 양주: 양주시평생교육진흥원.

3) 지역학의 속성

지역학을 구성하고 있는 학문적 속성들은 장소성, 특수성, 관계성, 정체성, 다양성을 갖는다. 지역학의 속성은 다음과 같다(염일열 외, 2022).

첫째, 장소성은 특정 장소로서의 '지역'을 연구대상으로 설정한다.

둘째, 특수성은 특정 지역의 특수하고 고요한 역사, 문화, 사회, 주민들의 일상적 삶의 과거, 현재적 해석과 미래의 방향을 도출한다.

셋째, 관계성은 해당 지역의 과거, 현재를 해석하고 미래를 지향할 때, 그러한 해석에 있어서 지역주민 간 혹은 주변지역 혹은 중앙의 삼권(입법 · 행정 · 사법)과의 관계가 중요하게 고려된다.

넷째, 연구의 결과는 지역주민이 지역주민으로서 고유한 지역 정체성을 인식, 강화 혹은 확대하는 데 기여한다.

다섯째, 지역학의 연구결과는 결국 각 지역의 문화다양성을 보여주고 그것들의 총체인 국가 · 지구촌의 문화다양성을 풍부하게 한다.

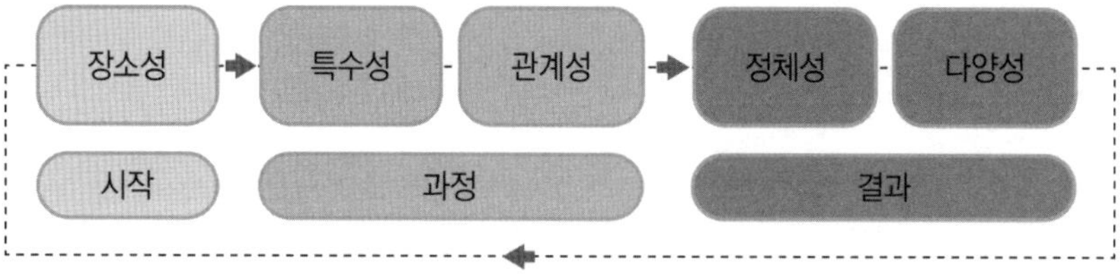

| 그림 12-1 | **지역학 속성들의 관계도**

출처: 염일열 외. (2022). 양주학. 양주: 양주시평생교육진흥원.

4) 지역학의 주체

지역학은 누가, 무엇을, 어떻게 하여야 할까? 지역학의 주체는 지역주민이다. 지역의 주인인 지역주민이 자신의 지역이 지닌 역사와 문화의 특성과 가치를 알고, 나아가 미래지향적인 발전 방향과 전망을 할 수 있게 하는 것이다. 지역학은 되도록이면 학문적이어야 한다. 하지만 지역에 대한 사랑(愛)이 담겨 있어야 한다. 이해와 교육, 활용, 계승 그리고 개발이라는 방향으로 접근하여야 한다. 그리고 가르치는 것보다 참여의식과 주체로서의 역량을 기르는 것이 중요하다. 그렇다면 지역학은 어떻게 하여야 할까? 지역학 주체자의 역할은 다음과 같다(이해준 외, 2018).

첫째, 시민, 학생, 공무원이 시민강좌, 교재 편찬 등을 통해 평생교육 활성화를 위해 노력해야 한다.

둘째, 자료 수집, 정리, 분류하고 이러한 것을 편찬하여 지역의 관련 자료를 아카이브(archive) 하여야 한다.

셋째, 지방자치단체는 현안 과제, 중점 과제, 대안 과제를 발굴하고 확인하여 정책개발에 앞장서야 한다.

넷째, 학자들은 그 지역의 경쟁력과 특성화, 취약분야에 대한 대안을 지속적으로 연구하여야 한다.

다섯째, 시민들은 시민활동과 주민참여 사업을 지원하고 활용해야 한다.

02 지역사회교육

1) 지역사회교육의 이해

지역사회교육(community education)은 그 지역사회의 발전을 위하여 지역사회 수준에서 학교의 정규과정 이외에 주민을 대상으로 하여 조직적으로 교육활동을 진행하는 것을 의미한다. 지역은 구성원들의 모든 삶, 즉 정치, 사회, 경제, 문화, 학문, 교육, 종교, 예술 등의 다양한 부분들에 개입되어, 서로 맞물려 돌아가는 하나의 체제로 이루어져 있으므로 지역주민의 삶의 질과 행복지수를 높이는 중요한 수단이 되고 있다. 따라서 지역은 다양한 측면을 고려하여 총체적으로 균형 있는 발전이 이루어져야 한다. 그렇지 않으면 오히려 전체 발전에 지체되는 결과를 초래하고 만다(이경화 외, 2017).

김남선(2013)은 지역사회 성립조건을 지리적 영역의 공유로서 일방적 커뮤니케이션이 아닌 상호 커뮤니케이션이 이루어지는 공동생활 환경과 사회적 상호작용으로서 지리적 영역 내에 있는 지역주민들 간의 상호교류, 그리고 공동유대감으로써 출생부터 혈연, 또는 지연 등으로부터 시작되는 원초적인 공동의식보다 그 지역사회 주민들의 사회생활로 인한 상호교류를 통해 나타난 획득적 의식을 의미한다고 하였다. 또한 한국지역사회교육협의회(2002)는 지역사회교육은 일정한 한 공동체의 지역주민을 대상으로 하여 지역사회의 자원과 역량을 동원한 평생교육의 실시로 자기 성장의 계발과 기회, 지역사회의 문제를 공동의 힘으로 해결하고 충족시키는 과정이라고 하였다. 자비스(Jarvis)는 지역사회교육의 개념을 지역사회의 실천 및 지역사회 발전을 위한 교육, 지역사회 내에서의 교육, 학교와 같은 교육기관 밖의 성인교육의 세 가지로 구분하였다(Jarvis, 2006b). 그중에 지역사회 내에서의 교육과 학교 밖 성인교육을 지역사회 교육의 범주가 아닌 평생교육의 범주로 해석하였다. 지역사회 평생교육은 지역에 기반을 두고 지역의 물리적·문화적 환경을 개선하려는 의도를 내포하고 있는 교육실천이며, 지역주민의 상호 연대와 참여를 바탕으로 이루어지는 교육활동인 동시에 상명하달식과 같은 수직적 교육 운영체제가 아닌 지역주민의 자발적 자기결정권을 근간으로 하고 있기 때문이다(김한별, 2019).

이처럼, 지역사회교육이란 일정한 지역의 주민을 대상으로 공동체를 형성하여 지역사회의 모든 교육적 자원과 역량을 총동원한 평생교육을 통하여 자기계발과 성장의 기회를 제공하며, 지역사회의 현안을 공동의 노력으로 찾아내어, 그 문제를 지역사회가 통합적 노력으로 해결하고 충족시키는 과정이라고 할 수 있겠다(김종서 외, 1990).

결국 지역사회 평생교육은 지역공동체의 교육적 요구에 대비함으로써 전체 지역사회에 봉사하는 지역성, 공동체성과 함께 개인, 조직, 지역사회가 성장함으로써 삶의 질을 향상하는 활동이라고 개념화할 수 있다. 여기에는 지역사회의 공동체적 성격(문화), 지역사회의 자원과 역량 활용, 평생학습, 지역사회의 발전과 성장이라는 요소가 포함된다. 그러므로 지역사회 평생교육 개념은 지리적으로 사람들이 거주하는 공간으로서 지역, 그리고 지역 공통의 관심과 활동을 함께하는 사람들에게 적용되는 영역으로서, 다양한 부분들의 종합적인 활동이라고 할 수 있다(이경화 외, 2017).

2) 지방자치단체와 지역사회

교육이란 인간의 삶의 질이다. 교육은 그동안 각각 사람들의 역사이며 문화인 것이다. 교육은 사실이나 지적 활동의 가시적 결과물인 지식과 개인이 어떤 분야의 정보들을 완전히 내면화함으로써 통합적 능력인 판단의 결합으로 이루어진다(김승호, 2019). 이러한 문화의 지식을 받아들이는 것이 교육인 것이며 인간이 되어 가는 과정이다. 인간은 더불어 살아가는 과정을 통해 끊임없는 교육이 요구되는 것이다.

21세기는 앎(배우는 것)과 삶(행하는 것)을 실천하기에는 어려움이 있을 수밖에 없다. 그러므로 지속적인 성장을 위해서는 학교제도 교육뿐 아니라 모든 교육의 활동이 끊임없이 이루어져야 한다. 평생 삶의 질 향상을 위한 교육이 평생교육이다. 더 나아가 개인이 아닌 공동체의 교육실현에 접근하는 것이다. 이것은 궁극적으로는 자치분권 실현을 의미한다. 이는 주민 조례 발안제 도입, 주민 직접 참여제도 개선, 지방의회 역량 강화 등을 위해서는 지역주민이 주체적으로 지역을 위해 활동하는 기능과 역할이 선행되어야 하며 이에 따른 기초지식과 전문적인 능력 및 소양이 길러지고 자기의 기능을 적절히 수행할 수 있으며 문제해결능력 등을 통한 지식 욕구가 충족되어야만 지역사회는 조화롭게 발전할 수 있다. 지역사회공동체는 개인과 지역사회의 삶의 질 향상을 위한 마을공동체 활성화 등 다양한 사업들을 추진하기 시작했다. 그에 따른 사업으로는 서울시는 '동네배움터'와 충청남도는 '마을교육공동체', '행복학습 자치학교'가 마을을 기반으로 하는 평생학습체제이다(국가평생교육진흥원, 2019).

(1) 평생교육과 지방자치단체 연계

OECD는 2001년 프랑스 파리에서 열린 교육부장관 회의에서 '모든 사람의 능력개발에 대한 투자(Investing Competencies For All)'를 주제로 개최하여 평생학습체제 구축을 강화하고 지역주민의 학습권을 실질적으로 보장함으로써 지식기반 사회의 학습도시사업을 강조하였다(최은수, 2019). 우리나라는 1994년 창원시가 평생교육 관련 조례 제정, 1999년 광명시가 전국 최초로 평생학습도시를 선언하면서 각 지방자치단체에서도 평생학습도시에 대한 관심을 갖게 되었다. 본격적으로 교육부는 2001년부터 평생학습도시 조성사업을 시작하면서 지역사회에서 평생교육을 활성화하는 계기가 마련되어 지역주민을 위한 각 도시의 학습권 보장 및 평생교육 기회 확대에 기여하였다(국가평생교육진흥원, 2019).

이와 더불어 정부는 '모두가 안전한 국가, 다 함께 잘 사는 지역'이라는 목표하에 분권과 균형발전으로 다 함께 잘사는 지역, 누구나 어디에서든 안전한 나라, 혁신을 주도하는 열린 정부, 화해와 통합의 포용 사회, 작지만 체감도 높은 시책의 추진계획을 제시하기도 하였다(행정안전부, 2019). 또한, 대통령소속 자치분권위원회 「자치분권 종합계획(안)」 보고자료에 의하면 6대 전략 33개의 과제를 제시하였다. 특히, '주민주권 구현' 전략은 지역사회교육론과 시민교육론을 비롯하여 평생교육과 밀접한 관련이 있다. 새로운 국가발전 전략으로 자치분권체제로 중앙과 지방이 동반적 관계에서 실질적 자치권을 확대하고, 지방 주도 성장을 촉진하여야 지속 가능한 균형이 있는 국가발전을 선도할 수 있다고 하였다(대통령소속 자치분권위원회, 2018). 이를 위해 먼저 민주주의의 질적 제고를 위한 주민주권 구현이다. 지방의 정책과정에서 주민이 소외되지 않기 위해 주민 참여제도를 도입하는 것이다. 그리고 지역주민 '스스로 자신의 삶을 바꾸는' 주민주권

역량강화를 위한 구현이다. 이러한 주민주권은 주민 중심의 정책과정 참여와 주민자치 활성화로 풀뿌리 민주주의 정착을 위한 교육이 필요하다. '교육자치 강화 및 지방자치와의 연계·협력 활성화'는 평생학습도시의 기반이 되는 과제로 제시하였다. 추진에 대한 필요성은 교육서비스의 질 제고를 위해 인적·물적 지역자원의 총체적 활용 필요성과 자치행정 분야와 교육행정 분야의 연계·협력 활성화로 주민의 편익 증진을 도모하고자 하였다. 추진방안으로는 다음과 같이 제시하였다(대통령소속 자치분권위원회, 2018).

첫째, 국가 책무성이 요구되는 최소 범위, 즉 국가 교육표준, 미래교육 전략·방향, 교육격차 해소, 안전 및 갈등관리 등의 역할을 제외하고는 교육부-교육청-학교 간의 유·초·중등교육 권한의 합리적 배분 이양을 위해 규제적 지침 정비 및 제도개선 등을 진행한다.

둘째, 지역사회와 지방교육기관의 협력을 통해 주민참여 확대방안을 마련한다.

셋째, 자치단체와 교육기관이 평생학습의 질 제고를 위해 지역의 자원을 활용하는 교육지원센터 설치와 마을교육 네트워크 형성, 온종일 돌봄 체계 구축을 마련한다.

지방자치단체의 평생교육은 지역주민의 삶 속에 자연스럽게 다가와 있는 상황이다. 또한, 중앙정부와 광역시·도 및 시·군·구의 여러 공공기관과 부서에서 다양하게 운영되고 있다. 지역주민과의 관계에서 이루어지는 평생교육의 특성을 고려한다면 지방자치단체의 역할을 새롭게 정리할 필요가 있다. 지방자치단체장은 평생교육법의 평생교육 진흥과 관련하여 지역주민 활동 중심의 지역밀착형 사업을 중심으로 '중앙정부-시·도-시·군·구 연계 거버넌스 시스템 구축'이 필요하다. 그리고 각 지방자치단체는 해당 교육청과 상호 소통하며 협력적이고 통합적인 관계 형성 체제가 필요하다. 이러한 시스템 구축이 미래 사회를 대비하는 지방자치단체의 평생교육으로 첫 발걸음이 될 것이다.

(2) 지방자치단체의 평생교육 전문성

교육은 인간이 '어떠한 상태로 되어 가는 과정' 속에서 있다고 본다. 즉 인간화 과정의 배경이 되는 사회가 자기 모습을 바르게 갖추도록 개입하는 것을 포함한다(김창엽, 2019). 결국, 평생교육은 주민이 더 나은 삶과 다 함께 잘 사는 것이라고 할 수 있다. 따라서 성인학습자의 특성과 같이 누가 챙겨주는 것이 아니라 지역주민 스스로가 자기주도적이고 주체적으로 하는 활동이며, 지역주민으로만 평생교육을 한다는 것은 어려움을 겪게 되므로 지방자치단체의 지원이 필요한 것이다. 즉 법적·제도적 평생교육 시스템을 갖춘 중앙정부가 지역주민이 언제, 어느 곳이든 상관없이 지속적인 학습이 이루어지도록 책무가 필요하다(교육부, 2018). 또한 평생교육 영역은 지방자치단체 행정에서 벗어날 수 없다는 특성이 있다. 지방자치법 제9조(지방자치단체의 사무범위), 제112조(행정기구와 공무원), 지방교육자치에 관한 법률 제2조(교육·학예사무의 관장), 제19조(국가행정사무의 위임)에 근거하여 지방자치단체는 평생교육기관·단체 또는 시설 설치자의 요청에 따라 각종 평생교육 활동을 지도 또는 지원하기 위해서는 공공시설의 개방, 행정·재정적 지원, 평생교육 프로그램개발 지원, 평생교육 단체 또는 시설 종사자의 능력향상 연수 등의 다양한 업무가 부여되어 있다(신원득 외, 2000).

평생교육 진흥을 위하여 시·도청 및 시·군·구청, 읍·면·동의 평생교육 전담 조직은 점차 확대되고 있다. 하지만 포용적인 복지, 체육문화예술, 과학기술 및 직업 등 사회와 문화 전반에 걸친 다양한 평생교육 영역으로 확대되고 있는 상황에 21세기의 평생교육사의 역할은 매우 중요하다. 다시 말해서 현대 사회문제에 대한 생애에 걸친 평생학습을 기반으로 문제해결능력과 중앙정부와 지방자치단체의 적극적인 물적·인적 지원이 필요하다. 따라서 이러한 복잡하고 다양한 직무를 수행하기 위해 평생교육사 자격을 가진 팀 체제의 전담공무원 직렬화가 요구되는 상황이다. 이에 평생교육은 지역주민 밀착형 교육이 되며 평생교육사는 지역주민이 요구되는 포용 사회로 가는 디딤돌이 될 것으로 기대된다. 사회적 변화에 따른 지방자치단체의 적극적인 대응으로 평생교육사의 고용은 필수적인 사항이 되었다. 국가와 지방자치단체 차원의 평생교육 서비스 확대, 지식경제사회·고령화라는 변화에 따른 근로자 및 일반 시민의 다양한 평생교육 서비스에 대한 요구는 평생교육 서비스의 전문화와 직결된다. 또한, 지역사회 평생교육 특성화 및 주민의 평생교육 질적 향상의 필요성으로 평생교육사 전문직화가 증대되었다. 학습을 중심으로 각종 지역교육기관 및 유관기관의 네트워크 구축과 평생교육 제공을 통한 지역 통합적 평생교육체제 구축의 필요성이 요구된다. 또한, 우리나라의 평생교육사 직업에 관한 인식전환도 필요하다. 평생교육사를 사회봉사 또는 교육복지사의 봉사영역으로 보는 인식에서 이제는 다양한 학습형태가 공존하는 가운데 그에 따른 평생교육 허브(Hub)의 역할을 담당할 전문성을 갖춘 고용이 필요하고 체제화가 이루어져야 한다. 그러므로 지식기반사회는 지속적인 발전과 경쟁력 확보를 위해 지역의 발전과 평생교육 이념을 명시적이고 조직적으로 실현할 전문조직과 평생교육 전담공무원이 배치되어야 한다(김동일, 2019b).

03 평생학습도시

1) 평생학습도시의 개념

평생학습도시란 개인의 자아실현, 사회적 통합증진, 경제적 경쟁력을 높여 궁극적으로 개인의 삶의 질 제고와 도시 전체의 경쟁력을 향상할 수 있도록 언제, 어디서, 누구나 원하는 학습을 즐길 수 있는 학습공동체 건설을 도모하는 총체적 도시 재구조화(Restructuring) 운동이다. 동시에 지역사회의 모든 교육자원을 기관 간 연계, 지역사회 간 연계, 국가 간 연계시킴으로써 네트워킹 학습공동체를 형성하려는 지역 시민에 의한, 지역 시민을 위한, 시민의 지역사회교육

운동이다(국가평생교육진흥원, 2013).

영국 평생학습도시연합회(Learning City Network)의 평생학습도시 정의는 파트너십을 통하여 지역의 학습요구를 다루며, 사회관계와 제도관계의 힘을 활용하여 학습의 가치에 대한 인식 속에서 문화적 변동을 일으키기 위해 도시의 모든 영역을 포괄하는 사회 통합, 재생, 그리고 경제 발전을 위한 한 방법으로 학습을 분명히 활용한다.

유럽평생학습추진위원회(ELLI)는 평생학습도시를 학습공동체(learning community)로 표현하면서 '개인의 성장을 촉진하고, 사회통합을 유지하며 번영하기 위해, 또한 시민 모두의 잠재력을 풍부히 개발하기 위해 그 지역의 모든 자원을 동원하는 도시, 마을, 지역'으로 정의하고 있다(Longworth, 1999).

2) 평생학습도시 추진 배경과 필요성

평생학습도시 사업 추진 배경 및 필요성은 다음과 같다(국가평생교육진흥원, 2013).

첫째, 지식기반사회의 도래이다. 지식기반사회, 지식기반경제 시대를 맞이하여 지식 환경의 변화와 함께 인류 문화 전 영역에서 급속히 확대되고 있는 지구 규모의 교역 현상은 경제 분야에서도 중요한 영향을 미치고 있다. 그러므로 지역 경제의 존속과 발전을 위해 지식 창조의 주체로서 인간의 학습에 대한 관심과 지역 문화 자원의 창출에 대한 관심이 증대되고 있다.

둘째, 평생학습사회 진입이다. 지식의 급속한 팽창과 지식 수명 주기의 단축에 따라 사람은 일생 동안 생활양식이 전혀 다른 여러 사회를 살아갈 수밖에 없게 되었다. 이런 변화 추세는 인간은 어느 한 시기에 배운 한정된 지식만으로 평생 일정 수준의 생활을 유지할 수 없게 되었고, 새로운 지식과 문물을 습득하려는 노력을 지속해야만 하는 사회가 되었다. 이러한 사회 변화는 교육체제의 변화를 자극하여, 학교중심 교육체제에서 벗어나 사회의 다양한 자원이 교육적 기능을 수행하는 평생교육체제로 전환되고 있다.

셋째, 지방자치의 경쟁력 강화이다. 사회민주화 추세에 맞춰 지역의 행정은 지역 자체적으로 해결한다는 지방자치의 원리에 입각하여 정부는 점차 지역 발전에 대한 책무를 지역으로 이관하고 있다. 또한, 주민의 이동에 따라 지역의 존폐가 결정되고 있고, 인구의 안정적 유지와 지역발전을 위해 지역주민의 요구를 반영한 행정서비스 개선이 절실히 요구되고 있는 상황에서 지역주민의 학습요구를 직접 해소할 뿐만 아니라, 조직학습을 통해 주민의 자치역량을 강화하고 지역의 요구에 대응할 수 있도록 행정서비스를 혁신하는 최선의 전략으로 평생학습도시 사업에 관심이 고조되고 있다.

넷째, 지역사회의 네트워크 체제 구축 요청이다. 사회의 다양성 확대에 따라 다양한 행정 수요를 감당할 수 있는 지역사회 네트워크 체제 구축에 대한 관심이 확대되고 있고, 학습 네트워크는 지역주민이라면 '누구나, 언제나, 어디서나' 학습할 수 있도록 지원하는 강력한 전략으로 인식되고 있었다. 그래서 공동의 다수에 초점을 맞춰 서비스에 대한 주민의 접근 가능성에 대한 요구도 높아지고 있다.

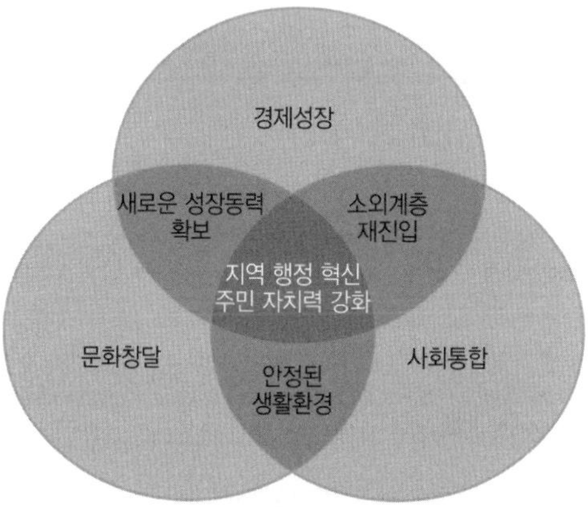

| 그림 12-2 | **지역운영 원리로서 평생학습의 대상 영역**

출처: 국가평생교육진흥원. (2013). 평생학습도시 가이드북(개정판). 서울: 한국교육개발원.

3) 평생학습도시 특징

평생학습도시들이 추진했던 특징을 정리하면 다음과 같다(김한별, 2019; 양병찬, 2002; 이희수, 2002; 최운실 외, 2021a).

첫째, 평생학습도시는 지역사회가 거듭나기 위한 운동이다. 양질의 인적자원을 꾸준히 공급할 수 있는 재교육체제를 마련하게 되었다. 주민들의 경제적 역량 강화를 도모하게 되었고, 개인의 자아성장, 인격도야, 삶의 질 향상을 이루었을 뿐만 아니라 주민들의 민주역량을 강화하고, 참여의식 확대를 통해 민주사회의 토대가 되었다.

둘째, 평생학습도시는 학습의 가치에 대한 재인식을 갖게 되었다. 학습을 통해 지역사회가 갖고 있는 경제적 · 사회적 · 정치적 · 문화적 자원을 발굴하고 서로 연결하여 미래지향적 지역 활성화가 가능하게 하였다. 이에 따라 지역의 경제적 번영과 고용 강화, 지역의 평등과 사회적 통합증진, 지역의 문화 창조 및 발전의 원동력을 제공하고 지역 행정 혁신과 주민의 자치력 증진에 기여하게 되었다.

셋째, 평생학습도시와 지속적 지역발전의 두 가지 핵심전략을 융합 활용하였다. 주민 개개인의 개별학습을 격려하고 촉진함으로써 개인의 능력 및 삶의 질 향상을 도모하고 지역 단위의 조직학습을 추동하여 지역사회가 당면한 현안을 해결하고 사회통합을 이루고자 하였다.

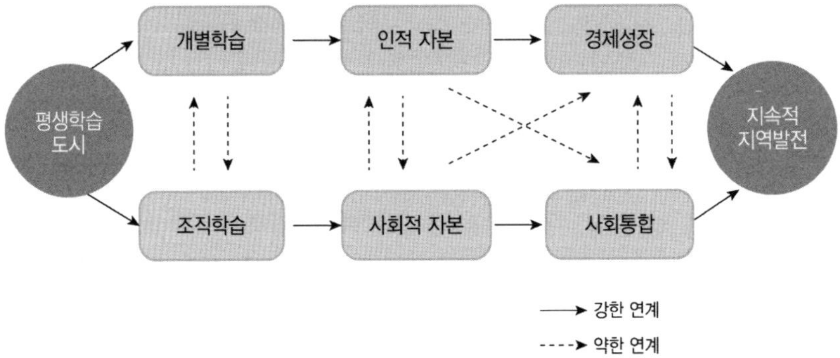

| 그림 12-3 | **평생학습도시의 목적과 전략**

출처: OECD. (2001). Cities and Regions in the New Learning Economy. Paris; OECD.

넷째, 도시는 특화된 활동이 집약된 지역으로 인근의 지역과 상호작용하는 공간으로 새로운 인식을 가지게 되었다. 기존의 도시 공간은 사회편익시설 혹은 산업환경 등 물리적 특성을 중심으로 편성되었으나, 평생학습도시는 학습이라는 추상적 특성을 집약한 공간으로 재편되었다. 평생학습도시는 평생교육 프로그램양이 단순히 많은 공간이 아니라 학습자원 간 네트워크 구축, 학습의제 설정 등 학습기회 확대를 위한 다양한 활동을 지역 운영의 원리로 채택하게 된 것이다.

다섯째, 학습공동체로서 평생학습도시는 주민의 요구와 지역사회의 필요를 찾아내어 지역사회 스스로 이를 극복할 수 있는 방안을 강구하는 자생적 특성을 지니고 있다. 이러한 평생학습도시는 자체의 생명력을 기반으로 지속적인 발전을 추구하며, 내외의 환경변화에 따라 필요한 경우 자신의 색깔을 극적으로 변화시키기도 한다. 또한 지역의 교육적 자본을 축적하여 향후 발생할지도 모르는 새로운 지역 문제에 적극적으로 대처할 수 있는 역량을 확보하고자 한다.

여섯째, 지역에 내재한 다양한 문제를 확인하고 이를 해결하기 위해서 자치단체뿐 아니라 지역주민, 사회단체, 공공단체, 기업체 등 다양한 구성원이 함께 참여하여 자원을 공유해 나가는 네트워크가 전략적 대안으로 자리매김하고 있다.

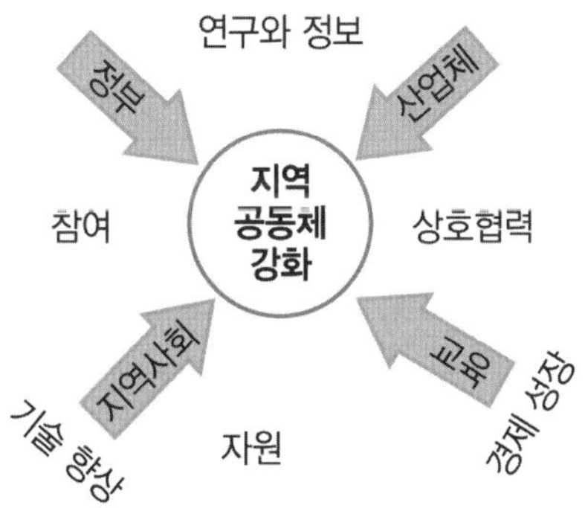

| 그림 12-4 | 평생학습도시의 기본 전략

출처: 양병찬. (2002). 지역을 살리기 위한 평생학습마을 · 도시만들기. 서울: 한국교육개발원. 재구성.

일곱째, 다양한 지역사회 내 교육 문제에 대해 지역의 모든 자원이 참여하고 해결해 나가는 지역의 학습적 향상을 위한 지역사회 네트워크 체제 구축이 요청되고 있다. 평생학습도시의 네트워크 유형은 인적 네트워크(Communication Network), 사업 네트워크(Transportation Network), 시설 네트워크(Location Network), 정보 네트워크(Information Network)로 구분할 수 있다. 이러한 네 가지 평생학습도시 네트워크는 일차적으로 지역주민들에게 다양하고 풍부한 평생학습 기회를 제공하는 데 유용하다.

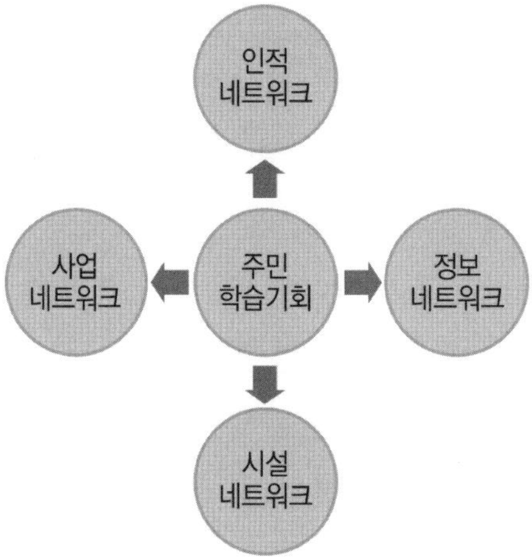

| 그림 12-5 | **평생학습도시 네트워크 유형**

출처: 김한별. (2019). 평생교육론(3판). 서울: 학지사. 재구성.

4) 평생학습도시 동향

도시는 서양의 전유물만은 아니며, 한자에서 도시는 말 그대로 道와 市의 합성어로서 관청과 시장, 정치적 기능과 경제적 기능으로 이루어지는 것으로 되어 있다. 관공서와 시장이 없으면 사람이 모이지 않으며 또한 사고팔고 모여서 자유롭게 말할 수 있어야 본질적인 도시인 것이다. 도시는 3Ts인 기술(Technology), 관용(Tolerance), 인재(Talent)를 보유하고 있다는 것이 창조적 도시의 요체이다

(Florida, 2002, 2005a, 2005b). 오늘날 같은 지식사회, 지식경제 시대에 도시는 '도시에서의 교육'을 넘어 총체적인 '학습도시'로 발전하고 있다. 그러므로 지식경제 시대의 도시 경영은 토지 경영이 아니라 교육 경영이어야 하며 이를 아는 지방자치단체장과 그 도시는 번창하고 그런 도시로 이루어지는 국가는 강한 나라가 될 것이다(윤여각 외, 2016). 따라서 평생학습도시는 모든 지역주민의 지적 자산 가치를 평생 높여주는 가장 신뢰할 만한 투자이다.

평생학습도시 조성사업은 국가-시·도-시·군·구-읍·면·동으로 이어지는 지역의 평생교육 활성화 사업으로 2001년부터 시작하여 현재까지 꾸준히 추진하고 있다. 평생학습도시 주요사업으로는 평생학습도시 1 도시 1 특성화 프로그램, 평생학습도시 컨설팅 지원, 평생학습도시 연계 체제 구축 지원, 평생학습 결과 표준화 지원 등과 같이 다양한 내용으로 전개하였으며, 성과는 첫째, 국가 차원의 평생교육 활성화에 기여, 둘째, 각 지역의 인프라가 체계적으로 구축, 셋째, 지역 평생교육 관계자들의 전문성이 크게 향상, 넷째, 지역시설 및 단체 간의 연계·협력 체제 구축을 마련하였다.

| 표 12-3 | **학습도시의 유형과 특성**

유형		특성
경제 발전 중심	산업 혁신형	지역을 위하여 주로 기업체가 주도하는 학습지역운동으로 산업단지 및 산업 복합단지에서 혁신을 증진하려는 것을 주된 목적으로 함
	학습 파트너십형	교육훈련 제공자와 학습자를 위하여 지역사회 내에 학습 파트너십을 형성하여 협력을 증진하고 시민의 학습 참여를 활성화함
시민 사회 중심	지역사회 재생형	현대 사회와 같은 급속한 변화의 시대에 새로운 역할 또는 정체성 탐색을 목표로 시·군·구 범위에서 종합적이고도 광범위한 지역재생(regeneration)을 기본 특징으로 함
	이웃공동체 형성형	이웃을 위하여 형식적 학습, 비형식적 학습, 성찰적 학습을 활용, 새로운 형태의 이웃공동체를 형성하여 시민정신의 향상과 적극적 시민정신 형성을 주도하는 것을 특징으로 함

출처: Yarnit, M.(2000). Towns, Cities, and Regions in the Learning Age: A Survey of Learning Communities. London: LGA Publications for the DfEE. NCA.

평생학습도시 사업의 국외 동향은 1968년 허친스(Hutchins)의 '학습사회론' 이후 평생학습사회 건설을 슬로건으로 학습도시, 학습지역, 학습타운 등의 명칭이 출현하였다. 학습도시는 1979년 일본의 가케가와시(掛川市)에서 선언한 이후 1992년 고텐베르그(Gothenburg)시에서 개최된 OECD 회의에서 새로운 도화선이 되어 영국, 스페인, 호주, 캐나다, 미국, 남미, 아프리카 등 전 세계적으로 급속히 확대되었다. 1988년부터 2000년 4월까지 5차에 걸쳐 평생학습도시 국제회의가 개최되었고(독일, 프랑스, 덴마크, 스웨덴, 스페인, 영국), 1995년 바르셀로나 회의에서는 100개 이상의 도시가 학습도시헌장을 수용하였다. 그리고 1994년 교육에 의한 발전을 추구하는 지역이 자율적으로 참여하는 '국제교육도시연맹(International Association of Educating Cities: IAEC)'이 창설되기도 하였다.

UNESCO는 '도시의 힘으로 모두를 위한 평생학습 달성하기'를 목표로 2011년부터 글로벌학습도시네트워크 구축 작업을 착수하였다. 2013년 베이징에서 열린 1차 회의는 학습도시의 개념을 정립하는 자리였으며, 이를 토대로 멕시코시티에서 개최된 2015년 2차 회의에서는 도시 내 평생학습 증진을 통해 지속가능발전목표(SDGs)를 달성하기 위해 유네스코 글로벌학습도시네트워크(Global Network of Learning Cities: GNLC)를 공식 출범시켰다. 한국은 2016년에 35개 도시가 가입한 것을 시작으로 현재 총 53개 도시가 GNLC에 가입해 있다. 2023년을 기준으로 전 세계 76개국 294개 도시가 GNLC 회원으로 활동하고 있는 가운데, 한국은 전 세계에서 가입 도시가 가장 많은 국가로 발돋움하게 되었다(글로벌학습도시네트워크, 2024).

| 표 12-4 | **국내 GNLC 가입현황** (2023년 기준)

지역(도시 수)	가입도시(가입년도)
서울(8)	강남구(2016), 관악구(2016), 도봉구(2019), 서대문구(2016), 성동구(2016), 송파구(2020), 용산구(2018), 은평구(2016)
부산(5)	남구(2020), 사상구(2018), 사하구(2016), 서구(2018), 연제구(2016)
인천(1)	연수구
대구(1)	수성구(2016)
대전(2)	대덕구(2016), 유성구(2016)
울산(1)	남구(2016)
세종(1)	세종시(2022)
경기(15)	고양시(2016), 광명시(2016), 군포시(2016), 남양주시(2016), 동두천시(2016), 부천시(2016), 성남시(2018), 수원시(2016), 시흥시(2016), 안산시(2018), 연천군(2016), 오산시(2016), 의정부시(2016), 이천시(2016), 화성시(2022)
강원(3)	영월군(2018), 인제군(2018), 화천군(2016)
충북(1)	진천군(2019)
충남(3)	공주시(2020), 논산시(2022), 당진시(2016)
전북(4)	군산시(2016), 익산시(2016), 전주시(2016), 진안군(2016)
전남(3)	나주시(2016), 순천시(2016), 영광군(2016)
경북(4)	구미시(2016), 상주시(2016), 안동시(2019), 포항시(2018)
경남(1)	통영시(2016)

출처: 글로벌학습도시네트워크. (2024). https://unesco.or.kr/gnlc/

5) 평생학습도시 과제

평생학습도시사업이 지역평생교육 활성화와 사회적 · 경제적 · 학문적 성과를 내는 훌륭한 사업이기는 하나 과제가 없는 것은 아니다. 평생학습도시로 지정된 이후 지속적인 사업 추진을 통해 성과를 내고 평생학습도시로서 위상을 강화하는 곳도 있지만 관리가 안 되는 곳도 있다. 평생학습도시로 선정되기 위하여 관련된 기반을 구축하는 노력만큼 선정 이후 유지 · 발전할 수 있도록 해야 하는데 이에 대한 시스템이 없었다(강은숙 외, 2023).

평생학습도시 지정제에서 인정제로 바꾸어야 한다는 논의는 2010년부터 제기되었다. 당시 평생학습도시 지정제도에 대한 한계점을 다음과 같이 제시하면서 인정제도 도입의 필요성을 요구하고 있다(최운실 외, 2010).

첫째, 국가 지정으로 인한 평생학습도시 조성사업 지속적 추진의 어려움이 있다. 기존 평생학습도시 및 예비평생학습도시의 경우 평생학습도시로 선정되고자 관련 법적·인적·물적 인프라를 확보한 상태이며, 비평생학습도시의 경우 여전히 평생학습도시 조성사업에 대한 관심과 열의가 높은 현 상황에서, 국가의 예산 삭감으로 인한 평생학습도시 조성사업의 사실상 중단은 정책적 혼란을 가중하고 있다. 이에 기존 국가지정 방식의 평생학습도시 조성사업의 체제를 인정제도로 전환함으로써, 국가 예산 확보 및 지원과 관계없이 희망 지방자치단체가 평생학습도시로서 브랜드화하고 평생학습을 통한 도시재구조화운동을 추진할 수 있는 기회를 제공할 필요가 있다.

둘째, 평생학습도시 유형별 운영 격차 극복 방안이 필요하다. 평생학습도시 운영 현황을 '농촌형 평생학습도시', '중소도시형 평생학습도시', '도시형 평생학습도시'로 유형화하여 분석한 결과, 평생교육 시설, 운영 평생교육프로그램, 평생학습동아리 수, 전담인력 확보의 측면에서 평생학습도시 유형별 격차가 있는 것으로 확인되었다. 현행 평생학습도시 사업이 평생학습도시 선정 근거로서 획일적인 기준을 제시하고 있다는 점을 고려할 때, 이를 보다 지역화, 지방화 중심의 지역 여건을 반영할 수 있는 기준 마련이 요구되어야 한다. 또한 지역 특성을 반영한 자율적 지표 개발을 통해 지자체의 자율성을 강화하여 평생학습도시를 통한 지역 재생에 기여를 기대할 수 있을 것이다.

셋째, 국가의 직접예산 지원 방식의 대안으로서 지역재생장치 마련이 필요하다. 평생학습도시 조성사업이 지역재구조화를 필연적으로 요구하여 지역 재생을 도모하는 도시재구조화 운동이라는 점을 고려할 때, 국가의 직접적 예산지원 유무와 관계없이 지역에서 여전히 중요하게 추진해야 할 필수 사업이다. 따라서 지자체가 '평생학습조례' 제정을 통한 지자체 재원 마련뿐만 아니라 지역사회 내 다양한 평생학습재원을 마련할 수 있도록 지역재생장치를 마련하여야 한다.

넷째, 평생학습도시 구축단계 이후 예산 확보 및 운영 방향 등이 제시되어야 한다. 평생학습도시 지역 여건 및 특성, 지역민의 학습요구 수준 등을 반영한 예산 확보 및 운영 방향을 제시할 필요가 있다.

다섯째, 지자체 내 평생학습 전담 추진조직의 필요성 및 역할 강화가 요구된다. 현재 비평생학습도시라고 해서 지역민에 대한 평생학습서비스 제공이 전무한 것은 아니다. 따라서 이와 같은 평생학습도시 내 평생학습 관련 전담조직의 신설 및 운영은 비평생학습도시에 대한 지자체 내 평생학습 전담조직의 필요성을 시사할 수 있고, 기존 평생학습도시 내 전담조직도 '팀'에서 '과'로 승격하고, 전담조직의 명칭도 '평생교육(학습)'이라는 용어가 명시됨에 따라 그 역할에 평생교육적 기능을 강화해야 함을 시사한다.

여섯째, 평생교육 전담인력의 전문성과 역량 강화 방안 및 네트워크 기회 제공이 필요하다. 평생교육 전담인력의 전문성 및 역량 강화를 위한 연수 등의 교육기회 제공 및 평생교육사 간 네트워크 기회 제공을 통한 평생교육의 자생적 질적 제고 방안이 마련될 필요가 있다. 특히, 평생교육의 영역이 광범위해짐에 따라 새로운 영역에서 평생교육을 실천하고 있는 평생교육 전담인력에 대한 직무분석의 요구뿐만 아니라 평생교육 관계자 연수기회 확대가 요구된다. 평생교육관계자 연수는 평생교육영역별, 평생교육기관 유형별, 기관장급, 실무자급으로 세분화하여 운영될 필요가 있다.

일곱째, 평생교육 정책 실행을 위한 법적 규정의 필요성을 시사한다. 지자체에서 평생교육 관련 정책을 실행하는 데 그 내용과 방법을 명료하게 규정하기 위한 것으로 해석할 수 있다. 따라서 평생교육 정책 실행을 위해서는 평생학습도시 조성사업의 법적 근거 마련이 필수적으로 요구됨을 시사한다.

여덟째, 평생학습정보의 접근성 제고를 통한 평생학습기회를 확대해야 한다.

평생학습도시 홈페이지 구축은 ① 온라인상의 평생교육 인프라 구축, ② 온라인상의 평생학습 정보서비스 제공, ③ 온라인상의 평생학습 정보서비스 제공을 통한 투명성 제고, ④ 평생학습정보에 대한 접근성 제고라는 측면에서 '평생학습기회 확대'라는 의의를 지닌다.

아홉째, 평생교육네트워크 구축 및 운영의 중요성을 시사한다. 대부분의 지자체에서는 '평생학습사업의 원활한 추진'을 위해 지자체장 산하의 '평생교육협의회'를 개최한다. 평생교육협의회는 평생교육이라는 패러다임 속에서 지역사회 내 평생교육 유관기관장이라는 인적자원의 만남이 이루어질 수 있는 핵심전략이다. 지역사회 내 평생교육 관련 기관장 및 관련 주체들의 모임을 통해 지역사회 평생교육네트워크 구축을 위한 토대가 마련되고, 이는 효율적 평생교육사업 운영을 위한 중요한 자원으로 활용될 수 있다.

열째, 평생교육관계자 네트워크 구축 및 역량 강화를 위한 노력이 필요하다. 평생학습관계자 연수는 평생교육관계자 간 '온오프라인 만남의 기회 및 만남의 장' 제공을 통해 평생교육네트워크 구축을 위한 토대를 마련할 뿐만 아니라 평생학습관계자의 평생교육 관련 전문성 및 역량 강화를 통한 평생교육의 질 제고 기능을 수행하고 있다. 따라서 평생교육관계자 네트워크 구축 및 역량 강화를 위한 '평생학습관계자' 연수의 효과성 고취 및 참여 확대를 위한 노력이 요구된다.

열한째, 성과평가를 통한 질 제고 등의 지속적 사후관리의 필요성이 요구된다. 평생학습도시로 선정된 이후에는 효과적인 지원 및 촉진 정책이 미흡한 실정이다. 특별한 사후 조치나 평가가 미비하기 때문에 지속적인 질 관리가 이루어지지 않고 있으며, 이로 인해 평생학습도시 간 격차가 심화될 수 있다. 평생학습도시 조성사업의 성공적 운영은 성과지표나 객관적 평가체제, 자체평가체제의 구축을 통해 현실적인 운영과 지역적 특성에 기초한 단계별 평가 계획이 수립될 수 있어야 한다. 따라서 평생학습도시 사업을 운영하는 지자체별 지역적 특성을 반영한 자체평가체제 마련 및 자율적 특성을 반영한 지표 개발 및 평생학습도시 조성사업 전반적인 성과지표 개발을 통해 성과 평가를 통한 양적 성과와 질적 제고를 강화해야 한다.

위와 같이 지정제에서 인정제로 전환할 경우 첫째, 지역 차원의 평생학습사업에 대한 공공성과 신뢰성 인정, 둘째, 지자체의 평생학습 진흥정책에 대한 기준 제시 및 지역평생학습 진흥역량 개발, 셋째, 광역 및 기초자치단체의 평생학습도시사업에 대한 사후관리 및 모니터링을 통한 평생학습도시사업의 질적 수월성 제고 및 유지라는 긍정적 의의가 있다고 하였다(이희수, 2019).

13

Chapter

장애인 평생교육

01 장애인 평생교육의 개념

1) 장애인 평생교육의 이해

1985년 유네스코 국제성인교육회에서 채택된 「학습권 선언」에서 학습하는 것은 인간의 가장 기본적이고 보편적인 권리라는 것과 장애인이나 고령자, 비문해자 등과 같은 여러 가지 이유로 인하여 학습에서 소외되어 있는 사회적 약자들의 편에서 더욱 분명하게 규정하고 있다. 이러한 학습권의 정의로 '개인적으로나 집단적으로 인격적, 지적, 기능적 향상을 위하여 자유롭게 탐구하고 기초교육에 참여할 권리'라고 김신일(1999)은 규정하여 모든 사람이 학습할 권리와 교육에 참여할 권리를 설명하고 있으며, 한숭희(2003)는 평생교육 자체가 교육소외계층에 대한 고려에서 출발하며, 그 문제의 해결을 주목적으로 하고 있기 때문에 소외계층의 평생학습 기회 확충이라는 과제를 두며 소외계층 학습의 필요성을 사실상 역설하고 있다.

장애인 평생교육이 그들의 삶의 질 제고를 목표로 이루어져야 하는 교육이라면 일반인과 공통된 가치와 욕구·장애인의 특정 가치와 욕구 및 장애인 개개인의 가치와 욕구의 충족을 위해 요구되는 내용을 중심으로 해야 한다. 정보지식과 기술을 기반으로 하는 지식기반사회의 도래는 인간의 다양한 생활영역에의 참여를 조건으로 새로운 지식과 기술습득을 끊임없이 요구하고 있다(정인숙, 2005). 장애인 평생교육도 일반인과 다르지 않다. 이는 일반인과 마찬가지로 공공의 차원에서 실제적인 지원 대책을 강구해야 한다. 장애인이나 일반인이나 출생에서 죽을 때까지 추구하는 행복의 개념은 똑같고, 삶의 질을 향상시키기 위한 객관적 지표는 마찬가지이기 때문에 평생의 기본개념을 전제로 하여 장애인의 평생교육 모형도 생성되어야 한다. 그러한 의미에서 평생교육은 인간의 배움 본능을 죽음에 이르는 그 순간까지 실현해 나가도록 도와주는 배움의 과정이다.

장애인의 평생학습은 기본적인 인권이자 행복추구권이며 장애인의 복지와 교육의 완성도를 가름하는 지표이다. 이러한 의미에서 볼 때, 장애인의 삶의 질 향상과 급속도로 변화하는 사회환경에 적응하기 위해 일반인과 마찬가지로 생애 전반에 걸쳐 평생교육이 이루어지도록 지속적인 관심과 지원이 반드시 요구된다고 볼 수 있다.

최근 「평생교육법」이 개정되면서 장애인 평생교육에 대한 국가의 책무성이 강화되면서 장애인 평생교육의 효과적인 전달 체계 구축, 장애인 평생교육의 전문성 제고, 장애인 평생교육 지원 환경을 조성하기 위하여 평생교육 계획 수립, 조사, 연구 개발, 연수, 유관기관 간 협력 체계 구축 등의 사업을 수행하는 다양한 변화가 시작되고 있다.

(1) 장애의 개념

「장애인복지법」 제2조에 의하면, "장애인은 신체적 · 정신적 상태로 오랫동안 일상생활이나 사회생활에 상당한 제약을 받는 자로서 대통령령으로 정하는 장애의 종류 및 기준에 해당하는 자"로 정의하고 있다. 「장애인복지법」에 따른 장애유형 분류는 〈표 13-1〉과 같다.

| 표 13-1 | **장애유형 분류**

대분류	중분류	소분류	세분류
신체적 장애	외부 신체 기능의 장애	지체장애	절단장애, 관절장애, 지체기능장애, 척추장애, 변형 등의 장애
		뇌병변장애	뇌의 손상으로 인한 복합적인 장애
		시각장애	시력장애, 시야결손장애, 겹보임(복시)
		청각장애	청력장애, 평형기능장애
		언어장애	언어장애, 음성장애, 구어장애
		안면장애	안면부의 추상, 함몰, 비후 등 변형으로 인한 장애

대분류	중분류	소분류	세분류
	내부 기관의 장애	신장장애	투석치료 중이거나 신장을 이식받은 경우
		심장장애	일상생활이 현저히 제한되는 심장기능 이상
		간장애	일상생활이 현저히 제한되는 만성 · 중증의 간기능 이상
		호흡기장애	일상생활이 현저히 제한되는 만성 · 중증의 호흡기 기능 이상
		장루·요루장애	일상생활이 현저히 제한되는 장루 · 요루
		뇌전증장애	일상생활이 현저히 제한되는 만성 · 중증의 뇌전증
정신적 장애	발달 장애	지적장애	지능지수가 70 이하인 경우
		자폐성장애	소아청소년 자폐 등 자폐성 장애
	정신 장애	정신장애	조현병, 조현정동장애, 양극성정동장애, 재발성우울장애, 뇌의 신경학적 손상으로 인한 기질성 정신장애, 강박장애, 투렛장애(Tourette's disorder), 기면증

출처: 2024년 장애인복지 사업안내 Ⅰ. (2024).

(2) 장애인 평생교육의 개념

장애인 평생교육은 요람에서 무덤까지의 교육의 수직적 통합과 가정교육, 학교교육, 사회교육의 수평적 통합교육으로 보는 광의의 정의를 받아들여 교육의 자기실현과 종합성, 보편성, 연계성, 융통성, 다양성, 자율성을 특징으로 하는 의도적이고 조직적인 모든 교육활동이라 정의할 수 있다(정동영 외, 2001).

장애인 평생교육은 장애 성인을 대상으로 지역사회에서의 삶의 질을 증진하는 것을 목적으로 하는 교육활동이다. 비장애인과 함께 교육받는 통합교육뿐만 아니라 장애유형과 정도의 차이를 고려한 분리 교육까지도 욕구에 따라 선택할 수 있어야 하는 것이다(이지수, 2019).

2) 장애인 평생교육의 필요성

정부는 그간 장애인의 교육기회를 확대하기 위해 다양한 노력을 기울였다. 1995년부터 장애인의 '대학입학 특별전형제도'를 권장하고, 2008년부터는 만 3세 미만 장애 영유아 과정의 보육과 전공과 과정의 교육을 무상으로 지원하였다. 2007년에는 「장애인 등에 대한 특수교육법」을 제정하여 국가와 지방자치단체의 장애인 평생교육 지원을 강화하였으나, 장애인과 비장애인 간 교육수준은 현격한 차이를 보였고, 학령기 이후 평생학습 참여율 또한 비장애인보다 매우 저조한 것으로 나타났다. 전체 국민의 교육 정도에 비해 현격한 차이를 보인다. 이러한 학령기 교육에서의 장애인과 비장애인 간 교육수준의 차이를 보완하기 위해서는 장애 성인의 평생교육 지원을 강화함으로써 생애 전반의 교육기회를 확대하여야 한다. 그러나 대다수 장애인은 평생교육 프로그램에 참여하지 못하고 있는 것으로 나타나, 장애인과 비장애인 간 평생학습의 불균등을 해결하려는 방안 마련이 시급한 것으로 진단되었다.

장애인은 학교를 졸업하고 난 후의 장애 성인에 대한 교육적 지원은 단절되는 현상이 나타난다. 학교를 졸업한 이후에도 이들이 겪는 장애는 해소되지 않고 지속되지만, 제공되는 교육적 지원은 주로 장애인복지관, 장애인단체, 장애인 평생교육기관, 사회복지관, 장애인 직업전문학교 등과 같은 기관의 개별적 노력에 머무르고 있다. 이러한 기관마저 접근성이 떨어지는 경우 장애인의 보호와 이들에 대한 교육의 책임은 고스란히 가족의 부담으로 지워지게 된다(최성애, 2010). 그러나 장애인에 대한 교육적 배려는 사회 전체 수준에서 체계적으로 접근할 필요가 있다. 이에 장애인 평생교육의 필요성을 살펴보면 다음과 같다(박원희, 2002; 박은주, 2005).

첫째, 장애인 평생교육은 삶을 영위하기 위한 수단이자 목표이다. 비장애인의 학습은 자신의 목표를 실현하거나 삶의 질 향상을 위한 수단적인 성격이 강하다. 그러나 장애인의 경우는 심리적·지적·신체적·환경적인 장애 때문에 삶의 목표를 실현하기가 상대적으로 어렵다. 그러나 교육은 장애의 여부와 관계없이 모든 인간의 기본적인 권리이며, 장애인들이 사회의 구성원으로 살아가기 위해서는 지속적인 평생교육이 필요하다.

둘째, 장애인 평생교육은 최고의 복지이다. 이들의 평생교육이 보장될 때 진정한 의미에서 장애인복지가 생산적이고 호혜적인 관계로 이루어진다. 모든 장애인에게 평생교육이 현실적으로 이루어지지 못한다면 장애인 복지는 일방적인 시혜의 차원에서 머무를 수 있다. 따라서 장애인의 평생교육은 기본적인 인권이자 행복추구권이며 장애인의 재활과 복지의 완성도를 가름하는 시금석이라 할 수 있다.

셋째, 장애인 평생교육은 경제생활을 위한 재활의 수단이다. 재활의 종류는 교육재활, 사회심리재활, 의료재활, 직업재활로 분류할 수 있다. 이를 평생학습 관점으로 본다면 교육과 직업재활은 동일 차원의 재활이라고 할 수 있다. 여기에서 말하는 교육재활은 학교교육을 의미하며, 직업재활은 사회에서 직업을 갖는 것을 의미한다. 평생교육 차원에서 장애인이 사회의 구성원으로 자립할 수 있는 직업교육이 이루어져야 한다. 장애인 평생교육은 이들의 경제생활을 위한 중요한 재활의 수단 그 자체이다. 그러므로 장애인도 존엄한 인간으로서 평생교육에서 예외가 될 수 없으며, 장애인에게 있어서 평생교육은 직장과 여가를 포함한 삶 자체라고 보아야 할 것이다. 장애인들은 대체적으로 육체적·정신적으로 어려움을 가지고 있으므로 타인의 도움 없이 스스로 사회에 적응하며 살아가기 어렵다. 따라서 이들이 사회에 적응해서 생활할 수 있도록 하기 위해서는 지속적인 평생교육이 필수 불가결하며, 이들의 삶의 질 향상을 위해서도 평생교육이 반드시 이루어져야 한다.

이러한 문제점의 보완을 위해 정부는 2014년 5월, 학령기 이후(중등과정 졸업 이후) 발달장애인의 전 생애에 걸친 교육 지원 강화를 위한 「발달장애인지원법」을 제정하였다. 이로 인해 장애인의 평생교육을 활성화하기 위한 별도의 법률적 근거를 마련할 필요가 발생하게 되어, 2016년 5월 「평생교육법」 일부 개정안이 국회 본회의를 통과하였다. 개정안에서는 ① 국가와 지자체가 장애인 평생교육 정책을 수립·시행하고, ② 교육부장관 소속 국가평생교육진흥위원회와 시·도지사 소속 시·도평생교육협의회의 위원으로 장애인 교육 관련 전문가를 위촉하여 장애인 평생교육 정책의 전문성을 확보하며, ③ 국가 차원의 장애인평생교육센터를 설치하여 장애인 평생교육의 효과적인 전달체계 구축과 전문성 제고, 지원 환경조성에 기여하도록 하며, ④ 지자체와 시·도교육감은 장애인 평생교육시설을 설치 또는 지정·운영(평생교육사 배치)하고, 시·군·구평생학습관은 장애인을 대상으로 하는 평생교육 프로그램을 개발하도록 하는 등의 장애인 평생학습권을 지원하도록 규정하고 있다.

02 장애인 평생교육 정책

1) 국내 장애인 평생교육 정책

보건복지부는 '맞춤형 지원으로 장애인의 자유롭고 평등한 삶을 실현하는 행복사회'라는 슬로건의 제6차 장애인정책종합계획 정책비전(2023~2027) 안에 장애인의 평생교육을 담고 있다.

비전	맞춤형 지원으로 장애인의 자유롭고 평등한 삶을 실현하는 행복사회
목표	장애인의 사회적 배제 해소와 삶의 질 향상
정책방향	• (약자복지) 취약계층인 장애인에 대해 더욱 두텁게 지원 • (사회서비스 고도화) 수요자 욕구에 기반한 맞춤형 통합서비스 지원 • (글로벌 스탠다드) 전 생활영역에서의 장애인의 권리보장 확대

9대 정책 분야 · 30대 중점 과제 · 74개 세부 추진 과제

❶ 장애인 맞춤형 통합지원 및 자립 · 주거 결정권 강화

- 지역사회 장애인 생활지원 강화
- 발달장애인 평생돌봄 지원체계 마련
- 장애인 자립 및 주거 자기결정권 강화
- 장애인 서비스 제공 기반 고도화

❷ 지역사회 기반 장애인 보건 의료 체계 강화

- 장애인 맞춤형 보건의료 지원체계 확립
- 장애인 보건의료사업 고도화
- 혁신기술 기반 장애인 헬스케어 활성화

❸ 생애단계별 맞춤형 교육 지원체계 고도화

- 장애 조기발견 및 영유아 교육지원 강화
- 장애학생 맞춤형 특수교육 지원 강화
- 장애인 고등 · 평생교육 기회 확대

❹ 소득보장제도 강화 및 장애인 고용 지원 확대

- 장애인 소득보장 확대 및 제도 선진화
- 취업 지원 및 고용안정 · 직업훈련 확대
- 장애인 벤처 · 중소기업 지원

❺ 장애인의 일상생활 속 체육 · 관광 여가 확대

- 장애인 체육 이용환경 지원 확대
- 장애인 관광 향유 증진 기반 확충

❻ 장애인 문화예술 향유 및 디지털 미디어 참여 확대

- 장애인 문화예술 접근성 제고
- 장애예술활동 지원 강화
- ICT기반 정보격차 해소 · 사회참여 확대
- 미디어 접근권 보장 강화

❼ 장애인 이동 및 시설 접근, 재난안전 보장 강화

- 장애인 교통수단 확대 및 이동 보장
- 일상생활 위한 장애인 편의시설 확대
- 장애인 재난안전 대응체계 강화

❽ 장애인의 사회참여 및 권리 보장 강화

- 장애인학대 예방 및 권리옹호 강화
- 정신장애인 사회참여 및 권익증진 지원
- 여성장애인 지원 확대 및 차별 해소
- 장애인정책 국제협력 강화

❾ 장애인 정책 추진기반 강화

- 장애 개념 확대
- 장애인 보건복지 전달체계 개편
- 장애인 정책조정 거버넌스 강화
- 장애인권리보장원 설치

| 그림 13-1 | **제6차 장애인정책종합계획(2023~2027) 비전 및 추진전략**

또한 '모두가 존중받는 국가책임 맞춤형 특수교육 실현'을 위한 제6차 특수교육발전 5개년 계획(2023~2027)은 장애인의 고등평생교육 기회 확대 등 장애인 평생교육 지원에 관하여 실현하고자 하였다.

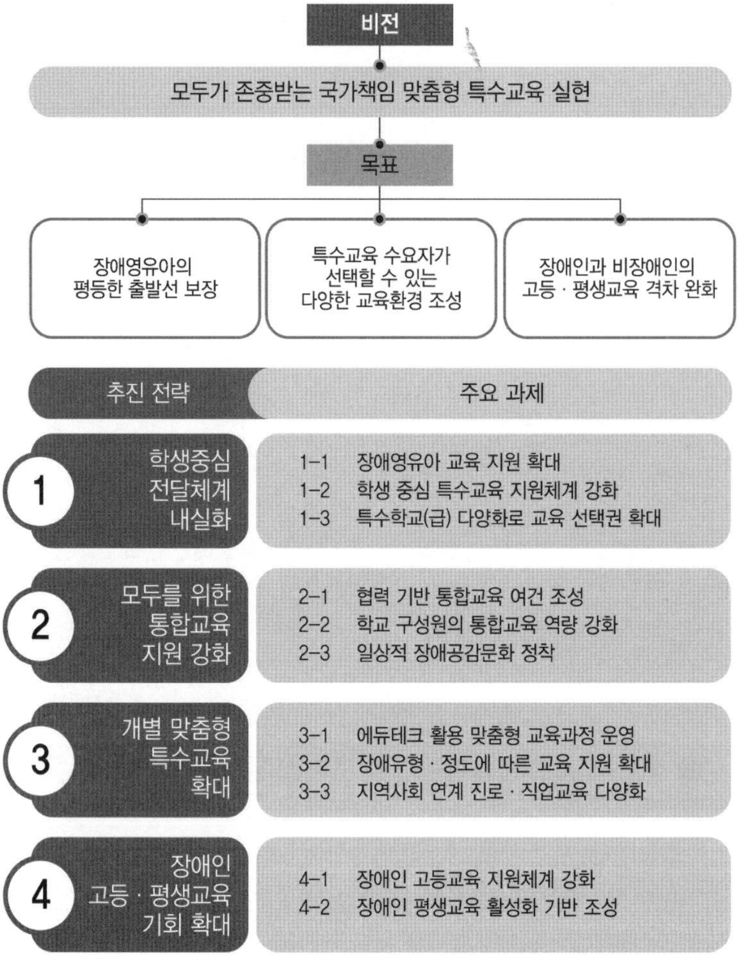

| 그림 13-2 | 제6차 특수교육발전 5개년 계획(2023~2027) 비전과 중심과제

이상에서 살펴보았듯이 장애인의 균등한 평생교육의 기회 보장과 완전한 사회참여와 평등을 통하여 사회통합을 이루는 기본이념을 실현하고자 장애인 복지와 장애인 평생교육은 본질적으로 그 궤를 같이 한다(임경미 외, 2019).

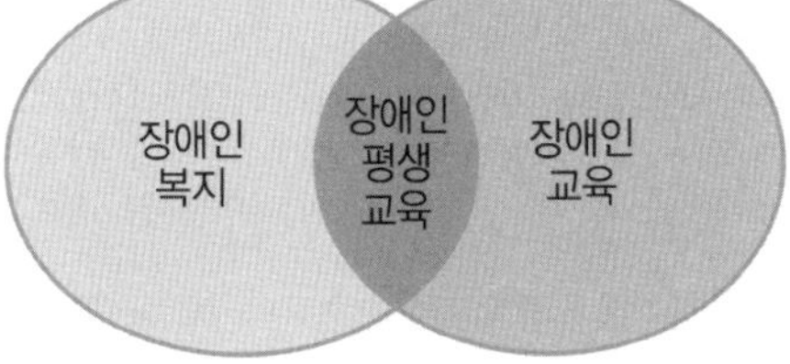

| 그림 13-3 | 장애인 복지와 평생교육

출처: 강은숙 외. (2023). 평생교육론. 서울: 학지사.

2) 국외 장애인 평생교육 정책

국외 장애인 평생교육 정책을 살펴보면, 미국과 일본 그리고 유럽 등 복지선진국이라 할 수 있는 여러 나라들의 장애인 평생교육은 장애인만을 위한 기관이나 프로그램을 운영하기보다는 강력한 「차별금지법」을 토대로 일반인들과 함께 통합된 환경에서 장애인에게 적합한 프로그램을 개발하고 제공하는 데 초점을 두고 있다. 이들 나라에서 장애인 평생교육 정책이 어떻게 수립되고 운영되고 있는지 알아보는 것은 대부분 일반인들과 분리된 환경 속에서 제공되고 있는 우리나라의 장애인 평생교육에 많은 시사점을 줄 것이다.

(1) 미국의 장애인 평생교육 정책

미국의 평생교육은 1976년 학습기회를 박탈당한 사람들에게 학습기회를 제공하기 위한 「평생학습법(The Lifelong Learning Act, 1976, 2011년 개정)」의 제정을 실시하여 구체적인 지원체계의 마련을 구축하기 시작하였다. 이 법률은 여성교육, 노인교육, 퇴직자교육, 부모교육, 성인교육 등 미국 전체 시민의 평생교육 지원 방안에 대해 연방정부 차원에서 규정하고 있다. 그러나 장애인에 대한 구체적인 지원에 대한 내용은 규정하지 않았다. 그러나 미국의 「재활법(Rehabilitation

Act, 1973)」과 「미국 장애인법(The American with Disability Act, 1990, 2008년 개정)」 그리고 「장애인교육법(Individuals with Disabilities Education Act: IDEA, 2004)」은 장애인에 대한 어떠한 차별도 엄격히 금지하고 있을 뿐만 아니라, 교통기관 및 공공건물 등에 대한 접근, 그리고 통신과 커뮤니케이션의 접근 등에도 차별금지를 규정하여 장애인 역시 평생교육의 대상임을 명확히 하고 있다.

장애인 평생교육 및 학습권 보장을 위한 이상의 법률 내용을 보다 구체적으로 살펴볼 수 있다.

첫째, 반차별 시민법인 「재활법」은 1973년에 제정된 법으로 누구나 장애로 인해 불이익을 받지 않도록 하며 특별한 혜택이 아닌 일반적인 접근기회를 공정하게 가질 수 있도록 '적절한 조정(academic adjustment)'을 제공하여야 한다는 의무사항을 포함하고 있다. 이는 단순히 교육기회의 확대에만 한정되는 것이 아니라 장애학생의 특성과 정도에 따라 모든 교육기관에서 학습자에게 적절한 교육과 지원을 제공해야 함을 의미한다. 「재활법」은 장애와 연관된 활동들을 경제적으로 지원하도록 하며, 이 활동에는 직업재활(Vocational rehabilitation)프로그램이나, 독립적 생활(Independent living)프로그램, 연구 및 재활훈련과 국립 장애인 협회(The National Council on Disability)에서 주관하는 일 등을 포함한다.

둘째, 1990년 부시(Busch) 대통령에 의해 인준된 「미국장애인법(ADA)」은 장애인 차별 금지를 위하여 제정된 법으로서 장애인에 대한 차별을 해소하기 위하여 국가의 의무를 명백하고 포괄적으로 규정하고, 장애인에 대한 차별을 다루는 분명하고 강력하며 일관되고 실효성 있는 기준을 제공하는 데 목적을 두고 제정되었다. 이 법의 제정으로 미국 사회 내의 장애인에 대한 제반 차별행위를 금지하는 법적 기반을 공고히 하였으며, 장애인은 교육을 위시한 모든 사회적 영역에서 기회평등의 보장뿐만 아니라, 실질적인 사회참여를 가능케 하는 편의 및 지원서비스를 제공받을 권리를 부여받게 되었다. 또한 이 법은 "모든 사람은 중등과정 이후의 계속적인 교육을 받을 권리가 있으며, 장애를 이유로 교육 및 직업활동 참여가 거부되어서는 안 된다."라고 명시하여 학령기 이후 장애인의 교육기회의 보장에 대해 규정하고 있다.

셋째, 「장애인교육법」은 1975년 미국의 영유아 장애아동들을 위한 서비스 제공 및 학령기 장애학생들의 공립 무상교육과 적절한 교육기회 보장을 포함하는 가장 영향력 있는 법이다. 1990년도 개정을 통해 개별화교육계획(IEP)의 작성을 의무화한 이후, 1997년도 개정에서는 14세부터의 개별화전환교육계획 작성을 의무화하였다. 개별화전환교육계획에는 중등교육 후 논리적이고 현실적인 연간 목표를 세우도록 하고 있으며, 고등학교 졸업 이후 일 년 동안 학생의 지속적인 학업과 고용상태 등에 대해서도 끊임없는 관리와 감독을 내포하고 있다. IDEA는 장애학생들을 위한 평생교육 지원 방안에 대해 직접적으로 혹은 구체적으로 제시하고 있지는 않지만, 중등교육 이후의 장애학생의 '평생학습 기회 제공'과 관련하여 전환교육에 대해 구체적으로 명시하고 있다는 데에 그 의의를 찾을 수 있다(박재국 외, 2013).

이처럼 미국의 장애인 평생교육은 통합과 지역사회 참여라는 가치로 장애인만을 위한 교육기관이나 프로그램을 개설하기보다는 비장애인을 위한 평생교육기관이나 지역사회 내의 다양한 기관과 연계하여 실시하고 있다. 지역에서는 지역민을 위한 회관을 만들어 주민들의 발전을 위하고 취미활동을 증진하기 위해 여러 가지 강좌를 개설하는데, 이러한 프로그램 중에서 장애인들이 등록하여 교육을 받는 장애인들이 많이 있다. 예를 들면 장애인이 여가시간을 활용하여 등산, 컴퓨터 교육, 그림 그리기, 스피치 등의 다양한 프로그램에 참여하여 일반인과 더불어 장애인들에게 필요한 교육을 진행한다.

미국의 장애인 평생교육 정책은 법률적으로 사회적 약자에 대한 평생교육 및 고등교육 기회의 제공에 대한 사회적 책임이 부여되어 있다. 이는 단순히 평생교육 기회제공이라는 측면보다는 적절한 교육기회의 제공을 강조함으로써 평생교육기관들이 장애인에게 특화된 평생교육 프로그램 개발 및 운영에 대한 적극적인 참여를 유도해 냈다는 측면에서 우리나라의 장애인 평생교육에 시사하는 바가 크다고 하겠다. 특히 우리나라의 장애인평생교육이 별도의 장애인 평생교육 기관을 중심으로 이루어지고 있는 것과는 달리 미국의 장애인 평생교육은 지역사회 내에 있는 일반 평생교육기관에서 장애인에게 특화된 평생교육 프로그램을 개발·운영함으로써 장애인들이 지역사회 내에서 평생교육 프로그램의 혜택을 누릴 수 있도록 하고 있다. 이를 위해서는 강력한 차별금지법의 제정과 장애인에 대한 인식 개선이 선행되어야 할 것이다.

(2) 일본의 장애인 평생교육 정책

일본은 1970년대 이전에는 대부분 학령기의 청소년을 대상으로 교육이 이루어졌다. 이것은 기능적 사회교육 중심의 학교교육이었다. 그러나 1970년 이후부터는 전통적인 학교중심의 교육이념에서 청소년기 이후의 성인교육도 중시하는 Post-School 중심의 평생교육, 평생학습 이념으로 서서히 바뀌고 있다. 일본의 평생교육은 「헌법」, 「교육기본법」, 「사회교육법」 그리고 「생애학습 진흥법(생애학습 진흥을 위한 시책의 추진체제 등의 정비에 관한 법률)」 등을 근거로 한 제도를 만들어 진행하고 있다.

첫째, 일본의 평생교육은 1949년에 「사회교육법」이 제정됨으로써 구체화되기 시작하였다. 「사회교육법」은 「헌법」, 「교육기본법」, 「학교교육법」과 함께 교육기본법제의 한 부분을 이루고 있다. 「사회교육법」은 학교교육법에 사회교육을 첨가하여 공교육을 제외하고 청소년과 성인을 상대로 행해지는 조직적인 교육활동으로 간주하고 있다. 제3조에 모든 국민은 모든 기회와 장소를 활용하여 자신들의 실생활에 필요한 문화생활을 할 수 있도록 환경적 지원을 강조하고 있어 이 법에 장애인도 적용되어야 하는 것을 지시하고 있다. 이 외에도 「사회교육법」은 국가 및 지방공공단체의 사회교육에 대한 임무, 사회교육을 위한 국가의 지방공공단체에 대한 원조, 시정촌의 교육위원회의 사무, 도부현의 교육위원회의 사무 등을 밝히고 있으며, 사회교육주사 및 사회교육 관계 단체, 사회교육위원, 공민관 등의 역할을 밝히고 있다. 또한 2001년 특수교육의 방향성에 관한 조사연구협력자회의 '21세기 특수교육의 방향성에 대하여 한 사람, 한 사람의 요구에 따르는 특별한 지원의 이념(최종보고)'에서는 장애를 가진 사람이 학교졸업 후 지역사회 속에서 자립하고 참여하기 위해서는 교육위원회가 복지 관계 기관 및 복지단체 등과 협력함과 동시에 학교가 복지 등의 관계시설과 협력하여 전 생애에 걸친 학습기회의 충실을 도모하고, 장애인을 위한 평생교육을 지원할 필요가 있다고 명기하며, 장애인의 학교 졸업 후 평생교육에 관한 구체적인 방침을 최초로 제시하였다. 그리고 문부과학성(2001)은 '후기 중등교육기관의 수용 촉진과 장애인의 평생교육 지원에 대하여'에서 교육위원회는 장애인이 학교 졸업 후에도 지역 속에서 자립하고 사회에 참여할 수 있도록 복지 관계 기관이나 복지단체 등과 연계하여 전 생애에 걸친 학습기회의 충실을 위해 노력할 것을 지적하고 있다.

둘째, 일본 「사회교육법」의 운영원리 및 기본 원칙은 「교육기본법」에 토대를 두고 있다. 2006년에 개정된 「교육기본법」 제2조 교육목적 조항에서 규정하고 있는 내용에 따라 교육의 목적은 모든 기회, 모든 장소에서 실현되어야 하며, 제3조 평생교육 이념 조항에서 규정하고 있는 내용에 따라 국민 한 사람, 한 사람이 자신의 인격을 갈고닦고 풍요로운 인생을 영위할 수 있도록 전 생애에 걸쳐서 어떠한 기회 또는 어떠한 장소에서도 학습하도록 하고, 그 성과를 제대로 살릴 수 있는 사회의 실현이 도모되지 않으면 안 된다고 명시하고 있다. 제4조 교육의 기회균등 조항에서는 모든 국민은 동등하게 그 능력에 따른 교육을 받을 기회를 부여받아야 하며, 사회적 지위, 인종, 경제적 지위, 어조, 성별, 또는 가문에 따라 교육상 차별되지 않는다고 명시하면서, 국가 및 지방공공단체는 장애를 가진 자가 그 장애 정도에 따라 충분한 교육을 받을 수 있도록 교육상 필요한 지원을 강구하지 않으면 안 된다고 규정하고 있다. 또한 평생교육에 관한 답신으로서 문부과학성의 중앙교육심의회에서 1981년 답신 '평생교육에 대하여', 1990년 답신 '평생교육의 기반정비에 대하여', 2008년 답신 '새로운 시대를 개척하는 평생교육의 진흥방책에 대하여'가 각각 발표되어, 전 생애에 걸친 주체적인 학습활동 조직의 중요성을 언급하고 있다. 아울러 특수교육에 있어서도 생애발달의 시점에 입각한 성인기 연구의 하나로서 장애인 평생교육 보장의 검토가 필요하다고 제시되어 있다. 이러한 평생교육 이념은 장애인 평생교육 정책에 반추되어 있으며, 그것을 적용할 때도 장애인은 제외되어서는 안 된다는 것을 분명히 하고 있다. 즉 일본의 장애인 평생교육 정책은 장애인을 대상으로 별도로 규정한 내용보다는 일반인의 평생교육 규정에 따라 이루어지고 있으면서도 장애인의 다양한 특성을 고려하여 그들의 사회생활 능력과 직업능력을 촉진하는 데 중점을 두도록 제도와 정책을 정비하고 있다.

셋째, 「생애학습 진흥을 위한 시책의 추진체제 등의 정비에 관한 법률(이하, 생애학습진흥법)」이 1990년 6월에 제정되어 7월에 시행되었다. 여기에서 평생교육이라는 용어 대신에 '생애학습(生涯學習)'이라는 용어를 주로 사용하고 있는데, '교육'이 아닌 '학습'이라 제시한 것은 해당되는 법률을 교육 행정적인 것에 범주화하지 않기 위한 것이다. 생애학습은 두 가지 의미를 포함하는데, 아동기의 '지역활동'에 해당하는 '학교 외 교육'과 초등·중등·고등 학교교육을 마친 후에 계속되는 '청년기 교육' 혹은 '성인교육'을 지칭한다고 밝히고 있다. 「생애학습진흥법」의 취지는 국민이 평생에 걸쳐 학습할 기회가 널리 요구되는 상황에서 생애학습진흥을 위한 시책의 추진체제 및 지역의 생애학습 기회를 정비하는 것이었다. 이 법률은 기본법적 성격을 지니는 것이 아니라, 생애학습의 진흥이라는 시대적 요청에 부응하기 위하여 문부성을 중심으로 실현가능하고 또한 신속히 실시해야 하는 모든 시책을 규정한 것으로서 향후 일본의 평생교육 추진을 위한 모든 시책의 선도적인 역할을 완수하려고 하는 것이다.

일본의 생애학습은 장애인과 일반인을 별도로 구분하여 시행하지 않는다. 1953년대 활성화되었던 청년학급이 장애인들의 생애교육의 일환으로 남아 있지만, 정부의 정책은 장애인이나 일반인을 구분하지 않고 지역 내 모든 이들을 대상으로 한 생애교육에 초점을 두고 진행하고 있다. 생애교육의 구체적인 활동에 있어서도 모든 부분에서 장애인들을 위한 생애교육 내용을 포함하고 있다. 이러한 지역 안에서 행해지는 장애인 평생교육은 장애인의 사회통합을 꾀하기 위한 것으로서 영국, 호주, 미국 등과 같이 정상화 이념에 기초를 두고 실시하는 사회통합의 이념에 근거하여 이루어지고 있다. 따라서 일본의 장애인 평생교육 정책이념은 지역사회를 중심으로 사회통합 목적과 장애인의 직업능력 회복, 그리고 사회생활 능력 향상을 촉진하는 방향으로 시행하고 있다. 또한 일본의 장애인 평생교육 정책은 장애인에게 별도로 규정하여 적용하기보다는 일반인의 평생교육 지침에 따라 행해지고 있으며, 장애인의 특성을 살펴 장애인들의 개별적인 사회생활 능력이나 직업능력을 향상시키는 데 역점을 두고 있는 것이 특징이라 할 수 있다.

03 장애인 평생교육의 특성

인간은 누구나 배움을 통해 의미 있는 삶을 누리고자 하며, 또 그렇게 살아갈 권리가 있다. 현대와 같은 지식기반사회에서는 변화에 능동적으로 대처하면서 나아가 삶의 질을 향상시키기 위한 노력이 수반되어야 한다. 그러기 위해서 평생교육은 삶에 있어 필수적이며 그 중요성은 부각될 수밖에 없다. 특히, 장애로 인해 사회적응에 어려움을 겪고 있는 장애인에게 평생교육은 일반 사회구성원보다 중요성이 더 크다고 할 수 있다. 즉 장애인은 언제, 어디서나, 누구든지 교육을 받을 수 있도록 하는 평생교육의 가장 중요한 대상이라고 할 수 있다.

교육기회의 평등은 단순히 참여할 수 있는 기회의 양적 균등과 더불어 참여를 통해서 획득할 수 있는 효과, 즉 교육 결과의 평등까지 고려할 수 있어야 한다. 교육 결과의 평등을 구현하기 위해서 신체적·인지적 장애를 가지고 살아가는 장애인은 비장애인과 구별되는 특별한 교육적 지원이 요구된다. 이러한 교육적 배려는 이들이 참여할 수 있는 교육기회의 사회적 보장을 넘어서 이들이 자신들의 독특한 조건과 관련하여 구성하는 교육 경험의 가치가 비장애인의 그것과 동등할 수 있도록 돕는다는 점에서 의의를 가진다.

누구든지 자신의 자아실현을 도울 수 있는 교육기회에 참여할 수 있도록 하는 평생교육의 취지를 감안할 때, 장애인은 평생교육적 차원에서 지원해야 할 계층이다. 그러나 교육적 소외계층에 관한 관심을 강조하는 평생교육의 영역에서도 현실적으로 장애인은 덜 주목받고 있으며 특히 장애를 가지고 있는 성인에 대한 사회적 관심과 지원이 더욱 요구되는 실정이다.

장애인은 비장애인에 비해 학습 속도가 느리고 학습 집중력과 지속력이 부족한 경우가 많다. 이들이 사회구성원으로서 제 역할을 하기 위해서는 꾸준한 학습활동이 필요하며 비장애인보다 더욱 적극적인 교육기회를 제공 받아야만 한다. 그러나 이들 중 평생교육 프로그램에 참여하여 학습하는 경우는 극히 소수이며, 대부분 학교 졸업 후 다시 가정으로 돌아가 사회와 단절된 생활을 하고 있다(임동진 외, 2014).

04 장애인 평생교육의 문제와 과제

1) 장애인 평생교육의 문제

교육부(2019)의 '장애인 평생교육 활성화 방안(2020~2022)'에 의하면 장애인 평생교육은 다음과 같은 문제점을 가지고 있다.

첫째, 참여율이 저조하고 접근성이 미약하다. 평생교육기관의 운영 프로그램 대부분이 비장애인 위주이며, 접근성이 약해 장애인 평생교육 참여율은 낮다.

둘째, 장애인에게 적합한 평생교육 프로그램 부족이다. 비장애인에 비해 장애인 운영프로그램이 다양하지 않으며, 장애유형과 장애정도를 고려한 프로그램이 부족하다.

셋째, 장애인의 문해교육에 대한 맞춤형 지원이 부족하다. 저학력·비문해 성인문해교육 프로그램을 지원하고 있으나, 장애인 맞춤형 문해교육 교육과정 등 장애인의 문해교육에 대한 지원은 미흡하다. 전국 장애인 인구의 절반이 넘는 장애인이 중졸 이하로 학력 소외 현상이 심각하나, 장애유형을 고려한 문해교육 프로그램을 통한 학력인정 체제 마련이 시급하다.

넷째, 장애인 평생교육에 대한 지원 체계가 미비하다. 국가장애인평생교육진흥센터 설립으로 국가 단위 장애인 평생교육 전담조직이 구성된 반면, 지자체는 기존 평생교육이나 장애인 업무 부서에서 담당하고 있다.

다섯째, 장애인 평생교육의 체계적 관리가 미흡하다. 특수교육 실태조사 및 통계조사는 주로 학령기 학생이나 일반성인 대상 등으로 실시되고 있다.

2) 장애인 평생교육의 과제

급변하는 현대사회에서 교육은 학습자의 다양성을 인정하고 학습과정과 학습방법의 다양화를 모색해야 하며 학교교육을 중심축으로 하던 이전의 교육 패러다임이 아니라 학교를 떠난 후에도 평생 학습할 수 있는 교육체제의 구축이 요구된다(정동영 외, 2003). 「평생교육법」 개정으로 장애인 평생교육에 대한 기반을 다질 수 있는 근간이 형성되었다. 법적 근거의 마련으로 지금까지보다는 평생교육이 활성화될 것이라 기대감을 높여준다. 그러나 개정법이 그 실효를 거두기 위해서는 향후 각계각층의 현실적인 노력이 필요할 것이다. 현재 이루어지고 있는 장애인 평생교육의 실천에서 지속적인 고민이 필요한 사항을 제시하면 다음과 같다(김두영, 박미진, 2016; 최운실 외, 2017).

첫째, 장애인 평생교육에 관한 기초연구와 통계조사를 실시해야 한다. 그 대상에 대해 효과적인 교육을 구현하기 위해서는 대상에 대한 이해가 선행되어야 한다. 평생교육에 관한 관심이 높아지면서 국가적인 차원의 전반적인 평생교육 현황을 체계적으로 살펴볼 수 있는 평생교육 통계 역시 중요하게 되었다. 장애인 평생교육이 효과적으로 현장에서 실현되기 위해서는 장애인평생교육통계조사를 실시하여 장애인 평생교육 정책 형성에 필요한 기초자료를 마련하는 데 힘써야 할 것이다. 이를 위해서는 장애인 평생교육에 관한 기초연구가 시급히 이루어져야 할 것이다.

둘째, 장애인 평생교육 전문가의 육성 및 인력풀 형성이 이루어져야 한다. 개정된 평생교육법은 국가 단위부터 시·군·자치구 단위의 심의·협의기구 위원으로 장애인 평생교육 전문가를 포함하도록 하고 있다. 이는 국가에서부터 지역에 이르기까지 평생교육진흥 정책을 수립하고 운영함에 있어 장애인 평생교육 전문가의 의견을 수렴하겠다는 의지이다. 그러나 그동안 특수교사 양성에만 노력을 기울여 왔을 뿐 장애인 평생교육 전문가의 육성에 관심을 기울이지 않았기에 현장에는 아직까지 장애인 평생교육 전문가 인력풀이 형성되어 있지 못한 것이 현실이다. 이에 장애인 평생교육 전문가 육성과 인력풀 형성이 선행되어야만 양질의 장애인 평생교육을 구현할 수 있을 것이다.

셋째, 장애인 평생교육의 주체는 당사자인 장애인이어야 한다. 그동안의 장애인 평생교육은 공급자 입장에서 시혜적 성격을 가지고 제공되어 왔던 것이 현실이다. 또한 교육전문가로서 장애인에 대해 전문적 식견을 갖춘 비장애인이 장애인의 요구를 결정하고 반영하여 왔다. 하지만 지금부터는 장애인 평생교육 프로그램을 개발·운영·평가하는 전 과정에 당사자인 장애인의 요구를 반영해서 그들이 평생교육의 주체가 될 수 있도록 해야 할 것이다.

넷째, 전 국민의 인식개선 교육이 선행되어야 한다. 평생교육 차원에서 장애인 평생교육은 장애인에 대한 편견을 해소할 수 있도록 비장애인에 대한 인식개선 교육이 선행되어야 한다. 이를 통해 장애인이 사회적 약자가 아니라 이 사회를 함께 살아가는 진정한 동반자로서 거듭날 수 있을 것이다. 또한 장애인을 대상으로 하는 교육과 지역주민을 대상으로 하는 교육을 평생교육기관에서 함께 운영함으로써 통합교육의 효과를 더 자연스럽게 거둘 수 있도록 노력해야 한다. 이를 통해 장애인들이 현재의 불편한 삶을 스스로 살아갈 수 있는 자립능력을 길러줄 뿐 아니라, 이들이 가지고 있는 관심과 교육적 요구를 만족시킬 수 있도록 장애인 평생교육의 질을 높여 나가야 할 것이다. 장애인이 살아갈 사회는 비장애인이 살아가는 사회와 다르지 않다. 따라서 지역사회기관에서 장애인 프로그램을 함께 운영함으로써 통합교육의 효과를 보다 자연스럽게 거둘 수 있도록 노력해야 한다.

다섯째, 후천적 장애인에 대한 관심과 교육적 지원이 필요하다. 우리나라 장애인의 90.5%가 후천적 장애인이다. 이런 점을 감안할 때 장애는 우리들의 지근거리에 있다고 볼 수 있다. 어쩌면 우리는 현재 비장애인이지만 언젠가 장애를 가질 수도 있는 예비장애인일 수 있는 것이다. 이러한 점을 고려하여 후천적 장애인과 그의 가족이 심리적 안정을 찾을 수 있도록 평생교육이 그 역할을 수행해야 할 것이다.

Reference

참고문헌

가영희, 성낙돈, 안병환, 임성우. (2017). 성인학습 및 상담. 서울: 동문사.

강대중, 김한별, 김현수, 한숭희, 현영섭. (2017). 평생교육사 자격제도 발전방안 연구. 서울: 국가평생교육진흥원.

강마리아, 강진희, 김선자, 백주현, 임정미. (2023). 평생교육실습. 서울: 동문사.

강민정. (2011). 결혼이주여성의 평생교육 참여와 사회적응에 관한 연구: 전라북도 순창군을 중심으로. 광주대학교 대학원 석사학위논문.

강손근. (1998). 플라톤 미학에 있어서 '미네시스'에 관한 연구. 동아대학교 대학원 박사학위논문.

강순원. (2010). 다문화사회 세계시민교육의 평생교육적 전망. 평생교육학연구, 16(2), 69-91.

강은숙, 신혜정, 엄미란, 임정임, 정선영. (2023). 평생교육론. 서울: 동문사.

강정인. (2006). 민주주의의 이해. 서울: 문학과지성사.

계보경, 김혜숙, 이용상, 김상운, 손정은, 백송이. (2020). COVID-19에 따른 초중등학교 원격교육 경험 및 인식 분석: 기초 통계 결과를 중심으로. 대구: 한국교육학술정보원.

고경화. (2017). 예술교육의 역사와 이론. 서울: 학지사.

곽내영. (2007). 곽내영 교육학(상). 서울: 도서출판 들풀.

교육개혁위원회. (1996). 신교육체제구축 & 위상 교육개혁(안). 서울: 교육개혁위원회.

교육부. (2014. 11. 05.). 2014학년도 사내대학평생교육시설 인가 승인 보도자료.

교육부. (2015.3.20.). 2015 세계시민교육(GCED) 중앙선도교사 발대식. 교육부 보도자료.

교육부. (2018). 제4차 평생교육진흥 기본계획(2018~2022). 세종: 교육부.

교육부. (2019). 장애인 평생교육 활성화 방안(2020~2022). 세종: 교육부.

교육부. (2020a). 코로나-19 감염병 대응: 2020학년도 초·중·고·특수학교 원격수업 운영 기준안. 세종: 교육부.

교육부. (2020b). 체계적인 원격수업을 위한 운영 기준안 마련. Press Release. Retrieved from https://blog.naver.com/moeblog/221875590767.

교육부. (2022). 제6차 특수교육발전 5개년 계획(2023~2027). 세종: 교육부.

교육인적자원부. (2006). 다문화가정 자녀 교육지원 대책. 서울: 교육인적자원부.

국가인권위원회. (2015). 인권의 첫걸음: 국가인권위원회 인권강사양성과정 자료집. 서울: 국가인권위원회.
국가평생교육진흥원. (2013). 평생학습도시 가이드북(개정판). 서울: 국가평생교육진흥원.
국가평생교육진흥원. (2014). 2013 평생교육백서. 서울: 국가평생교육진흥원.
국가평생교육진흥원. (2017a). 평생교육사 연수 교육과정 매뉴얼. 서울: 국가평생교육진흥원.
국가평생교육진흥원. (2017b). 2017 평생교육백서. 서울: 국가평생교육진흥원.
국가평생교육진흥원. (2019). 2018 평생교육백서. 서울: 국가평생교육진흥원.
국가평생교육진흥원. (2020). 2019 평생교육백서. 서울: 국가평생교육진흥원.
국가평생교육진흥원. (2023). 2022 평생교육백서. 서울: 국가평생교육진흥원.
국제개발협력시민사회포럼. (2015). 국내외 시민사회 교육개발협력의 동향과 과제: 2015 세계교육포럼 및 국제교육개발협력 증진을 위한 시민사회 역량강화 연구 최종보고서. 서울: 국제개발협력시민사회포럼.
권건일, 송경애. (2021). 교육학개론: 인간과 교육의 만남. 파주: 양서원.
권건일, 이주영, 이연실, 최순자, 김창숙, 이근주. (2011). 글로벌 시대 부모교육. 파주: 양서원.
권대봉. (2006). 평생교육의 다섯마당. 서울: 학지사.
권두승, 조아미. (2016a). 평생학습사회 실현을 위한 성인학습 및 상담(3판). 파주: 교육과학사.
권두승, 최운실. (2016b). 평생교육경영론(2판). 파주: 교육과학사.
권두승. (2000). 성인학습 지도방법의 이론과 실제. 서울: 교육과학사.
권이종, 이상오. (2001) 평생교육. 서울: 교육과학사.
권인탁, 임영희. (2017). 평생교육경영론(2판). 서울: 학지사.
기영화, 최성우, 이기성, 전주성, 박경실, 전기선, 진규동, 한우섭, 최영준, 김대식, 김주섭, 송민열, 신재홍, 최용범. (2013). 평생교육론. 서울: 학지사.
김가영. (2008). 영국 평생교육 정책동향. 서울: 평생교육진흥원.
김기표. (2016). 4차 산업혁명과 학교교육. 평화학논총, 6(2), 62-78.
김길수, 김태현, 남주헌, 류한술, 박두성. (2015). 창의적 아이디어 발상법. 서울: 아트하우스.
김남선. (2009). 평생교육론. 서울: 형설출판사.
김남선. (2013). 지역사회교육론. 서울: 형설출판사.
김대식. (2017). 4차 산업혁명 시대 초등교육의 정체성과 역할. 교육사상연구, 31(4), 23-45.
김도수. (1995). 사회교육학. 서울: 교육과학사.
김도수. (2001). 평생교육. 서울: 양서원.
김동일, 박경숙, 이미나, 김병남. (2021). 평생교육론. 파주: 교육과학사.
김동일, 이미나, 신재한, 김형수, 김영춘, 김병남, 박은영, 임운나. (2020). 청소년지도사, 청소년상담사, 평생교육사를 위한 청소년교육론. 파주: 교육과학사.
김동일. (2018). 이주여성의 한국생활적응 과정과 교회평생교육 경험에 관한 연구. 광주대학교

대학원 박사학위논문.
김동일. (2019a). 한국교회의 사회활동과 교회평생교육 고찰: 호남지역 교회 중심으로. 예술인문사회융합멀티미디어논문지, 9(11), 67-79.
김동일. (2019b). 평생교육 활성화를 위한 전담공무원 제도 제안. 예술인문사회융합멀티미디어 논문지, 9(12), 27-36.
김동일. (2021). 평생교육경영론. 서울: 동문사.
김두영, 박미진. (2016). 2016 한국 사회, 평생학습에 길을 묻다. 「평생교육법」 개정의 내용과 발전과제 제1회 서울 평생학습 대토론회. 서울: 서울특별시평생교육진흥원.
김리아. (2012). 문화예술교육이 가치변화에 미치는 영향: 명화가 있는 가치카드 프로그램을 중심으로. 이화여자대학교 정책과학대학원 석사학위논문.
김미자, 김정희, 배철우, 양원영, 이석진. (2023). 노인교육론. 서울: 동문사.
김미향. (2014). 한국 사회교육자 전문성에 관한 제도적 규정의 변천과정 연구. 동의대학교 대학원 박사학위논문.
김병만, 조미경, 윤미승. (2018). 대학생용 창의 · 인성 검사도구 개발 방향 탐색. 인문사회과학기술융합학회. 예술인문사회융합멀티미디어논문지, 8(12), 113-124.
김봉철. (2001). 중학교 평생교육 운영에 관한 학부모의 인식 연구. 경기대학교 교육대학원 석사학위논문.
김선주, 김우정. (2019). 세계 시민이 알아야 할 글로벌 매너. 고양: 어가.
김성렬, 김종두. (2001). 평생교육 학습자들의 학습욕구 분석. 교육논총, 5, 1-28.
김성이, 조학래, 노충래, 신효진. (2013). 청소년복지학. 파주: 양서원.
김승현. (2009). 문화, 경영을 만나다. 파주: 김영사.
김승호. (2019). 수업이란 무엇인가. 서울: 학지사.
김신일. (2001). 지구촌시대의 국제이해교육 프로그램. 한국국제이해교육학회.
김신일. (2015). 교육사회학. 파주: 교육과학사.
김애순, 윤진. (2001). 청년기 갈등과 자기 이해. 서울: 중앙적성출판사.
김영인, 설규주. (2017). 시민교육론. 서울: 한국방송통신대학교출판문화원.
김영화, 유태한, 최영진 (2021). 오늘의 청소년, 그들은 누구인가?: 청소년복지론. 파주: 정민사.
김왕근. (1995). 시민성의 내용과 형식으로서의 덕목과 합리성의 관계에 관한 연구. 서울대학교 대학원 박사학위논문.
김용세. (2018). 비즈니스 이노베이션 서비스 디자인. 서울: 박영사.
김용신. (2009). 한국 글로벌교육 연구전통의 이해와 변환. 글로벌교육연구, 1(1), 43-61.
김용욱, 우정한, 박종화. (2011). 장애인의 사회참여 확대를 위한 직업교육 중심의 평생교육 모델 개발에 대한 기초연구. 지체·중복·건강장애연구, 54(1), 237-256.

김용찬, 박정훈. (2007). 평화교육을 위한 초등학생의 세계시민적 자질 조사연구. **초등사회과교육, 19**(2), 19-37.

김용현, 성낙돈, 윤여각, 이상오, 정기수, 강무섭, 송병국, 양병찬, 김진한, 김노마, 이정희, 심의보, 하광호, 정찬남. (2018). **평생교육경영론(2판)**. 파주: 양서원.

김우영. (2017). 현장교육을 통한 다문화교육방안연구: 대전 중구 다문화센터 교육현황 분석을 중심으로. 중부대학교 인문산업대학원 석사학위논문.

김원경, 전제아. (2011). 한국 노인교육 연구동향: 2000년 이후 국내 학술지 논문을 중심으로. **평생교육학연구, 17**(4), 235-263.

김윤재, 이주영. (2017). **노인교육론**. 파주: 정민사.

김은명. (2007). 프로그램 운영과 수강 만족도 분석을 통한 노인교육의 활성화 방안. 경성대학교 대학원 박사학위논문.

김은영. (2006). 저소득층 아동 및 청소년 대상의 문화예술교육 현황 및 개선방안 연구. 한국예술종합학교 석사학위논문.

김은영. (2014). **이론과 실제가 살아있는 문화예술교육**. 서울: 학이시습.

김은정. (2018). 다문화국제혁신학교 운영 사례 연구: 희망초등학교를 중심으로. 경인교육대학교 교육대학원 석사학위논문.

김이선, 김민정, 한건수. (2007). 여성 결혼이민자의 문화적 갈등 경험과 소통 증진을 위한 정책과제. **한국여성정책연구원 연구보고서, 2006**, 291-308.

김익균, 김인수, 이형진, 정용민, 최윤신. (2008). **노인복지론**. 파주: 교문사.

김인수. (2009). 레널즈(W. D. Reynolds)가 한국장로교 선교상황의 발전과 변화에 끼친 영향 연구. 호남신학대학교 대학원 박사학위논문.

김인환. (1995). **미학·예술학 서설**. 서울: 미술문화원.

김재은. (1992). **성인교육론: 신앙공동체 인간화 모형**. 서울: 성광문화사.

김재훈. (2020). 세계시민주의에 근거한 도덕과 세계시민성 구조화 연구. 한국교원대학교 대학원 석사학위논문.

김종남. (2008). 교육비참여자들의 노년기교육 요구 및 장해요인. 한서대학교 대학원 석사학위논문.

김종서, 김신일, 한숭희, 강대중. (2009). **평생교육개론(개정3판)**. 파주: 교육과학사.

김종서, 주성민. (1990). **지역사회학교의 이론과 실제**. 서울: 교육과학사.

김종서. (1982). **노년기생활**. 서울: 대한노인회.

김종서. (1984) **노인교육과정개발**. 노인문제와 노인교육에 관한 연구 세미나 보고서. 서울: 유네스코 한국위원회.

김준현. (2006). 경제적 세계화와 경제정의. **담론201, 8**(4), 109-136.

김지자, 정지웅. (2001). 경험학습의 개념 및 이론과 발전방향. **평생교육학연구, 7**(1), 1-15
김지현, 손철성. (2009). 세계시민주의, 공동체주의, 자유주의. **시대와철학, 20**(2), 93-126.
김진화, 김한별, 고영화, 김소현, 성수현, 박새봄. (2008). 평생교육사 직무모델 개발 및 타당화 연구. **평생교육학연구, 14**(1), 1-31.
김진화. (2011). **평생교육프로그램개발론**. 파주: 교육과학사.
김진화. (2013). **평생교육사 양성체제의 현황과 발전방안**. 평생교육사 일석삼조 세미나: 평생교육사 자격제도 정비를 위한 비전과 과제. 서울: 국가평생교육진흥원.
김진희, 김경애, 한효정, 김태준, 공석기, 권진희, 김자영, 이로미. (2020). **다문화배경 청년의 평생교육 실태 및 지원방안**. 진천: 한국교육개발원.
김진희, 임미은. (2014b). 공정여행 수업활동에 나타난 세계시민교육의 의미 탐색. 한국교육개발원. **한국교육, 41**(3), 213-239.
김진희, 차윤경, 박순용, 이지향, 윤정현, 김혜인. (2014a). **평화와 협력을 위한 세계시민교육: 2015 세계교육회의 의제 형성 연구**. 서울: 유네스코 한국위원회.
김진희, 허영식. (2013). 다문화교육과 세계시민교육의 담론과 함의 고찰. **한국교육, 40**(3), 155-181.
김진희. (2017). **글로벌시대의 세계시민교육: 이론과 실제**. 서울: 박영사story.
김진희. (2018). **다문화교육과 평생교육: 이론과 실제(2판)**. 서울: 박영스토리.
김창엽. (2016). **지역사회와 시민교육**. 서울: 청목출판사.
김창엽. (2019). **바보야, 중요한 것 학습이 아니야**. 고양: 공동체.
김창엽. (2020). **평생교육을 논(論)하다**. 고양: 공동체.
김태준, 홍영란, 김선자, 박응희, 정혜령, 한정란. (2007). **고령화 사회에 대응하기 위한 노년교육 장기 발전 방안 연구**. 서울: 한국교육개발원.
김한별. (2019). **평생교육론(3판)**. 서울: 학지사.
김향은, 류경희, 주석진. (2016). **청소년복지론**. 파주: 정민사.
김형수. (2006). 한국 '노인교육전문가 양성과정'의 평가도구 개발과 노인교육프로그램의 적합성 평가연구. 인하대학교 대학원 박사학위논문.
김형재, 구성수, 김형숙, 김병만, 이종길, 김경숙, 심민서, 허수윤, 김경은, 홍순옥. (2015). **유아교사를 위한 창의·인성교육의 이론과 실제**. 서울: 학지사.
김혜경. (2005). **고령층 정보화교육 교수법 개발**. 서울: 한국정보문화진흥원.
김혜진. (1997). 그람시와 하버마스의 시민사회론 비교 연구. 고려대학교 대학원 석사학위논문.
김효선. (2012). 고등학교 〈정치〉 교과서 분석: 민주시민의 자질 함양을 중심으로. 경희대학교 교육대학원 석사학위논문.
김흥우. (1969). **연극원리**. 서울: 교육원.

남부현, 오영훈, 한용택, 전영숙, 이미정, 천정웅. (2016). 다문화사회교육론. 파주: 양서원.
남윤석. (1988). M. S. Knowles의 성인교육론 연구. 연세대학교 교육대학원 석사학위논문.
남정걸. (2008). 평생교육경영학(개정판). 파주: 교육과학사.
노경란. (2011). 평생교육사의 전문성 제고를 위한 직무와 역량 개발에 대한 토론. 제1차 평생교육정책포럼 자료집. 서울: 국가평생교육진흥원.
노영란. (2002). 시민성과 시민윤리. 철학연구, 88, 187-209.
노찬옥. (2005). 다원주의 사회에 적합한 세계시민 개념의 모색. 시민교육연구, 37(1), 35-54.
노혜란. (2011). 원격교육론. 파주: 교육과학사.
대통령소속 자치분권위원회. (2018). 자치분권 종합계획(안). 서울: 대통령소속 자치분권위원회.
모경환, 임정수. (2014). 사회과 글로벌 시티즌십 교육의 동향과 과제. 시민교육연구, 46(2), 73-108.
문화체육관광부. (2018). 문화예술교육 종합계획(2018~2022). 세종: 문화체육관광부.
문화체육관광부 · 한국문화관광연구원. (2019). 2018 문화예술정책백서. 세종: 문화체육관광부.
미래창조과학부 미래준비위원회, KISTEP, KAIST. (2017). 10년 후 대한민국 미래 일자리의 길을 찾다: 미래전략 보고서. 서울: 진한엠앤비.
민경훈. (2018). 학교문화예술교육에서 학교교사와 문화예술교육사 간 협력수업의 정체성과 교수설계에 관한 연구. 예술교육연구, 16(4), 265-284.
민현옥. (2014). 다문화 교육정책의 발전방안에 관한 연구: 해외 사례와의 비교를 중심으로. 중앙대학교 행정대학원 석사학위논문.
박상진, 박종석, 유재봉, 강영택, 이숙경. (2016). 다음세대를 위한 기독교교육 생태계. 서울: 예영커뮤니케이션.
박순희, 이주희, 김은진. (2011). 다문화교육 프로그램이 대학생의 문화적 민감성 증진에 미치는 효과. 청소년학연구, 18(6), 123-145.
박원희. (2002). 중도 · 중복장애인 여가활동 프로그램 방향: 평생학습차원을 중심으로. 중앙대학교 대학원 박사학위논문
박은주. (2005). 장애인 평생교육 필요성에 관한 연구. 단국대학교 특수교육대학원 석사학위논문.
박인섭. (2014). 대학의 평생교육 해외선진사례 심층조사 분석 연구. 서울: 국가평생교육진흥원.
박재국, 김혜리, 민영성, 이충렬. (2013). 장애성인 평생교육 전문 인력수급을 위한 법령 및 제도 개선 연구. 아산: 국립특수교육원.
박진규, 윤여숭, 최용환, 최희선, 하중래. (2024). 청소년문화(2판). 서울: 학지사.
박창균. (2019). 문화적 문식성 신장을 위한 매체언어 교육의 방향. 국어교육연구, 71, 105-132.
방은영. (2020). 문화예술교육개론. 고양: 공동체.

배규한, 김민, 김영인, 김진호, 김호영, 문성호, 박진규, 송병국, 이춘화, 조아미, 조혜영, 최창욱, 한상철, 황진구. (2007). **청소년학개론**. 서울: 교육과학사.

배상수. (2011). 민주시민교육에 관한 고등학교 사회교과서 분석: 일반사회영역의 민주시민자질 내용을 중심으로. 경희대학교 교육대학원 석사학위논문.

배석영, 박성희, 박경호, 황치석. (2013). **평생교육론**. 파주: 양서원

배장오. (2013). **평생교육개론(개정2판)**. 고양: 서현사.

백사인, 배양자, 박병훈, 염영미. (2015). **청소년복지론**. 서울: 창지사.

법무부, 외국인정책본부. (2023). **2022 출입국·외국인정책 통계연부**. 과천: 법무부.

변인섭, 김정우, 석지연, 김수영, 김가은, 김길현, 정석환, Stephen Farrant. (2019). **문화기술 연구개발사업 지원현황 분석 및 공백기술 조사를 통한 지원 전략 수립 연구**. 나주: 한국콘텐츠진흥원.

변종임, 이범수, 채재은, 김현수, 박진영. (2015). **평생교육사 자격제도 개선방안 연구**. 서울: 국가평생교육진흥원.

변종임, 이희수, 최돈민, 구교정, 김동은, 김옥남, 박형충, 최종철, 최정하. (2006). **각국의 평생교육정책**. 서울: 교육과학사.

변종임, 최돈민, 이덕난, 이세정, 고영상, 위영은, 이은주. (2014). **100세 시대 평생교육체제 구축을 위한 평생교육법 정비방안 연구**. 세종: 교육부.

보건복지부. (2005). **국제결혼 이주여성 실태조사 및 보건·복지 지원정책방안**. 과천: 보건복지부.

보건복지부. (2023). **제6차 장애인정책종합계획(2023~2027)**. 세종: 보건복지부.

서경희. (2001). 한국의 시민운동의 성격 및 방향에 관한 연구. 한국교원대학교 대학원 석사학위논문.

서병훈. (2011). 국제결혼 이민자가족의 다문화 사회 통합을 위한 정책적 지원방안 연구: 천안시 국제결혼 이민자가족 실태조사를 중심으로. 호서대학교 행정대학원 석사학위논문.

서보준, 서명환, 김우호, 이진열, 박희숙. (2018). **평생교육경영론**. 고양: 공동체.

서우석, 심보선, 김혜인, 김민재, 박소연, 이호영. (2019). **4차 산업혁명 시대의 문화정책 연구**. 세종: 문화체육관광부.

서종남. (2008). **다문화교육과 한국 다문화가정 자녀를 위한 생활지도**. 일본국제이해교육학회 제18회 연구대회 발표.

성낙돈, 가영희, 안병환, 임성우. (2015). **평생교육학개론**. 서울: 동문사.

성연환. (2011). 한국기독교 초기 선교사들이 한국사회의 평생교육에 미친 영향 연구. 강남대학교 교육대학원 석사학위논문.

성열관, 이형빈, 김미수, 손정은. (2015). **월드비전 세계시민교육의 효과성 연구**. 서울: 월드비전.

성열관. (2010). 세계시민교육 교육과정의 보편적 핵심 요소와 한국적 특수성에 대한 고찰. 한국

교육, 37(2), 109-130.

손봉호. (2003). 시민성과 시민윤리. 시민사회와 시민교육: 손봉호 교수 정년기념. 서울: 교육과학사.

손옥이. (2018). 유럽 주요국의 노사관계와 사회적 대화 동향: 네덜란드, 스페인, 덴마크, 아일랜드. 사회적 대화(통권3호). 서울: 대통령소속 경제사회노동위원회.

손의성, 한정란, 전수경. (2018). 고령사회 인생 3모작 설계를 위한 노인교실(노인대학) 교육 프로그램 개발 연구. 세종: 보건복지부.

손창남. (2014). 문화와 선교. 서울: 조이선교회.

송미숙, 이재정, 한애진. (2019). 문화예술교육 개론. 서울: 레인보우북스.

송미숙. (2012). 문화예술교육으로서의 무용교육, 그 역할과 과제. 우리춤 연구, 17, 9-35.

송민경. (2014). Global Citizenship(지구시민성)에 관한 연구. 청소년학연구, 21(12), 483-512.

송성숙, 전명기, 김경은, 조계형. (2017). 청소년교육론. 파주: 양서원.

송준석. (2018). 인간과 교육의 탐구. 파주: 정민사.

송지연. (2010). 중학교 다문화 교육 프로그램 개발 및 적용: 창의적 재량활동을 중심으로. 한국교원대학교 교육대학원 석사학위논문.

송진영, 유광수. (2023). 노인복지론. 고양: 지식터.

송현정. (2003). 시민사회와 시민교육의 역사적 전개과정 분석과 현대 시민 교육의 방향 모색. 시민사회와 시민교육: 손봉호 교수 정년기념. 서울: 교육과학사.

신나민, 이선희, 김수연. (2021). 교사와 예비교사를 위한 원격교육론. 서울: 박영story.

신나민. (2007). 원격교육입문: 기술복제시대 교육에 대한 이해. 고양: 서현사.

신남희. (2020). 세계시민교육 실천을 위한 봉산탈춤 프로그램 개발 연구. 한국교원대학교 대학원 석사학위논문.

신성훈. (2013). 한국 지역사회교회의 시기별 평생교육활동 특성. 중앙대학교 대학원 박사학위논문.

신영채. (2010). 다문화가정의 지원정책 개선방안에 대한 연구: 경기도를 중심으로. 경희대학교 테크노경영대학원 석사학위논문.

신용주. (2021). 평생교육방법론. 서울: 학지사.

신원득, 이희수, 하혜영. (2000). 평생교육활성화 방안과 지방자치단체의 역할. 수원: 경기개발연구원.

신정원, 이영주, 이동연, 심광현, 전규찬, 임학순, 홍성욱, 홍성태. (2007). 현대 사회와 예술/교육. 서울: 커뮤니케이션북스.

안승문. (2009). 북유럽 복지국가의 교육과 한국 교육의 과제. 참교육을 위한 전국학부모회. 인텟

자료.
안옥순. (2018). 평생교육 관련 학술논문과 법에 나타난 평생교육 개념의 비교 연구. 서강대학교 교육대학원 석사학위논문.
안혜진. (2006). 사회문화예술교육의 지원제도 연구. 추계예술대학교 예술경영대학원 석사학위논문.
안효찬. (2012). 소셜 네트워크(Social network) 시대의 청년 교육목회 연구. 장로회신학대학교 목회전문대학원 박사학위논문.
양근숙. (2021). 결혼이주여성 강사양성을 위한 상호문화주의 관점 다문화교육 역량 프로그램 개발. 동의대학교 대학원 박사학위논문.
양병찬. (1997). 영국의 대학확장 연구: 대학사회교육의 이념 형성과 제도화 과정을 중심으로. 단국대학교 대학원 석사학위논문.
양병찬. (2002). 지역을 살리기 위한 평생학습마을·도시만들기. 서울: 한국교육개발원.
양형윤. (2010). 현행 한국무용 프로그램이 노인교육에 미치는 영향 분석. 서울여자대학교 전통문화예술대학원 석사학위논문.
양흥권. (2022). 평생교육론: 학습세기의 교육론. 서울: 신정.
여성가족부. (2022). 2021 청소년백서. 서울: 여성가족부.
염명숙, 조은순. (2010). 인터넷 세대를 위한 원격교육활용론. 서울: 남두도서.
염일열, 이도남, 김종임, 홍정덕, 김정완, 김용환, 위상배, 정원희. (2022). 양주학. 양주: 양주시평생교육진흥원.
오면근, 서진영. (2010). 서울, 문화를 품다: 서울시창작공간 이야기. 서울: 생각의나무.
오병남. (2017). 미학강의. 서울: 서울대학교출판문화원.
오윤선, 황인숙. (2020). 청소년문화론(2판). 파주: 양서원.
오윤선. (2010). 청소년 세대집단과 이상행동 치료. 서울: 예영 B&P.
오인탁, 양은주, 황성원. (2006). 새로운 학교교육문화운동: 대안교육의 뿌리를 찾아서. 서울: 학지사.
오혁진. (2016). 한국 사회교육사상사. 서울: 학지사.
옥일남. (2014). 글로벌 시민성 함양을 위한 사회과 교수·학습 방안. 시민교육연구, 46(3), 105-140.
월드비전. (2015). 제9회 월드비전 세계시민교육 교원연수 자료집. 서울: 월드비전.
유기환. (2010). 미메시스에 대한 네 가지 시각: 플라톤, 아리스토텔레스, 벤야민, 리쾨르. 세계문학비교연구, 33, 375-406.
유네스코 아시아태평양 국제이해교육원. (2014). 글로벌시민교육: 21세기 새로운 인재 기르기. 서울: 한림출판사.

유네스코 아시아태평양 국제이해교육원. (2015). **유네스코가 권장하는 세계시민교육 교수 학습 길라잡이: Global Citizenship Education: Topics and Learning Objectives 한국판 해제본**. 서울: 유네스코 아시아태평양 국제이해교육원.
유재경. (2008). 유아 세계시민교육 프로그램 모델 개발 연구. **유아교육·보육복지연구, 12**(4), 293-315.
유평수. (2002). 성인교육에 대한 철학적 접근과 그 평가. **교육논총, 17**(1), 169-199.
유혜경. (2000). **예술교육(개정증보판)**. 서울: 학지사.
윤선인, 조윤정. (2019). 세계시민교육의 실천방향에 대한 철학적 성찰: 카신의 언어 논의를 중심으로. **교육문화연구, 25**(4), 327-349.
윤애숙. (2005). 미술 감상활동을 통한 학습지도 방안 연구: 중학생을 대상으로. 조선대학교 교육대학원 석사학위논문.
윤여각, 정민승, 오혁진. (2016). **평생교육론**. 서울: 한국방송통신대학교출판문화원.
윤인진. (2012). 민족교육, 시민교육, 세계시민교육. **민족연구, 50**, 4-23.
윤정진, 김병만, 김성원, 김정주, 김형재, 엄세진. (2017). **인성교육의 이론과 실제: 인성과 미디어**. 고양: 공동체.
윤종혁, 김진희, 최수진, 한만길, 김정래, 천호성, 최영철. (2016). **교육 형평성 실현을 위한 정책연구: 유네스코 교육차별철폐 협약 이행과 관련하여**. 서울: 한국교육개발원.
윤종혁. (2015). **세계시민교육의 실태와 실천과제**. 서울: 한국교육개발원.
이경화, 권옥경, 김숙기, 김경열, 황성용, 권희철, 송미정, 임제현, 최윤주, 이은정. (2017). **평생교육론**. 서울: 태영출판사.
이관춘. (2011). **호모 키비쿠스: 시민교육으로서의 평생교육**. 서울: 학지사.
이광규. (1998). **문화인류학 개론(수정판)**. 서울: 일호각.
이동수. (2013). **시민은 누구인가**. 서울: 인간사랑.
이동주, 임철일, 임정훈. (2021). **원격교육론**. 서울: 한국방송통신대학교출판문화원.
이미리, 김춘경, 여종일. (2021). **청소년 심리 및 상담**. 서울: 학지사.
이민경. (2008). 한국사회의 다문화 교육 방향성 고찰: 서구 사례를 통한 시사점을 중심으로. **교육사회학연구, 18**(2), 83-104.
이병준, 곽영환, 권두승, 김수정, 김종표, 김진화, 박인선, 송진휘, 양병찬, 임철일. (1999). **평생교육사 직무분석**. 서울: 한국직업능력개발원.
이복희, 김윤아, 김종표. (2018). **청소년지도자와 평생교육사를 위한 청소년교육론**. 서울: 학지사.
이상열, 박종웅, 노수경. (2018). **문화영향평가 유형별 가이드라인 개발 연구**. 서울: 한국문화관광연구원.
이숙재. (1987). 무용이 인류문화에 미친 영향에 관한 연구: 원시시대의 무용을 중심으로. 이화여자대학교 대학원 석사학위논문.
이승건, 안용규. (2005). '미메시스(mimesis) 미학'에서 본 무용예술. 움직임의철학, 13(2), 255-274.
이신행, 고상두, 양기호, 오문환, 이진원, 장동진. (1999). 시민사회운동. 서울: 법문사.
이영현, 임언, 김철희, 박명준, 김상태. (2009). 교육훈련 국제개발협력 선진화 전략. 서울: 한국직업능력개발원.
이영희. (1995). 국민학교의 민주시민 의식 연구. 한국교원대학교 대학원 석사학위논문.
이예지. (2018). 50대 중산층 남성들의 사진 활동 경험과 의미화에 관한 연구: 문화자본론의 관점에서. 연세대학교 커뮤니케이션대학원 석사학위논문.
이윤조, 이경화, 김남희, 신혜란. (2016). 경기도 노인평생학습 활성화 방안 연구. 수원: 경기도평생교육진흥원.
이은영. (2022). 메타버스를 통한 청소년 신앙교육 모델. 장로회신학대학교 대학원 석사학위논문.
이종식. (2016). 글로벌시대와 시민사회. 파주: 한국학술정보.
이주영. (1996). 루카치 미학연구: 미메시스론을 통해 본 예술과 현실의 관계. 홍익대학교 대학원 박사학위논문.
이준일, 김정혜, 유승익, 박진아, 이승택, 노진석. (2017). 인권 길라잡이. 서울: 국가인권위원회.
이지수. (2019). 장애인 평생교육의 쟁점과 현장의 목소리: 전북 군산시 사례를 중심으로. 평생교육학 연구, 25(1), 55-83.
이진오. (1999). 한자 속에 담긴 우리문화 이야기. 서울: 청아출판사.
이해영. (2023). 노인복지론(6판). 서울: 창지사.
이해준, 신현철, 양병찬, 문옥배, 이인배, 고경호 (2018). 충남학의 이해II. 홍성: 충청남도평생교육진흥원.
이향란. (2015). 평생교육경영론. 고양: 공동체.
이향란. (2016). 평생교육개론: 평생학습사회를 지향하는. 고양: 공동체.
이형하, 박상희, 송선화, 김정오, 김훈희, 권충훈, 최희철. (2015). 다문화사회와 다문화교육의 이해. 고양: 공동체.
이형하. (2015). 결혼이주여성의 생활세계와 사회자본. 고양: 공동체.
이혜원. (2000). 가정봉사원의 노화사실 인지정도와 노인에 대한 태도-급여유무별 비교. 한국사회복지학, 43, 358-384.
이혜정, 최경애, 김세리, 홍성연, 홍영일. (2010). 대학 이러닝 운영을 위한 개념체제: 구조와 상호작용의 관점에서. 아시아교육연구, 11(2), 297-326.
이혜정. (2004). 웹기반 원격교육의 이론적 논의에 관한 새로운 관점: Moore의 개념을 넘어서.

교육학연구, 42(1), 137-168.

이효원. (2017). 초고령화 사회에 노인의 삶의 질 향상을 위한 노인교육방안 모색. 동아대학교 대학원 석사학위논문.

이효주. (2003). 성인학습 이론과 교회 성인교육 프로그램 개발의 실제. 목원대학교 대학원 석사학위논문.

이희수, 조순옥. (2007). 「Learning to be」와 「Recurrent Education」에 대한 비교. 평생교육학연구, 13(4), 203-230.

이희수. (2002). 평생학습도시/마을 조성 정책 동향과 과제, 패러다임의 대전환: 학습도시로 가는 길. 서울: 한국교육개발원.

이희수. (2019). 평생학습도시가 나아가야 할 방향. 2019 전국평생학습도시 관계자 워크숍 자료집.

이희영. (1999). 평생교육사 역할에 관한 일 연구. 성균관대학교 교육대학원 석사학위논문.

임경미, 김선자, 김소윤, 이석진, 임정임. (2019). 세계시민의 평생교육을 위한 문해교육의 이론과 실제. 서울: 도서출판 말벗.

임동진, 문상호. (2014). 장애인의 개인적 특성이 경제활동실태와 자활의 정도에 미치는 영향 및 장애인 고용의무정책의 효과성. 한국정책학회 춘계학술발표논문집, 2014, 767-786.

임상근. (2013). 21세기 현대적 상황(CONTEXT)에서 교회 음악을 통한 효과적 선교 커뮤니케이션에 대한 연구. 총신대학교 선교대학원 석사학위논문.

임유선. (2012). 마키아벨리리(Niccolo Machiavelli)의 『로마사 논고』에 나타난 공화주의적 시민성 연구. 성신여자대학교 대학원 석사학위논문.

임정미. (2011). 미메시스 해석을 통한 발레교육의 발전 방향 탐색. 중앙대학교 대학원 박사학위논문.

임정훈. (2004). 혼합형학습(blended learning) 전략의 초·중등학교 현장 적용 가능성 탐색. 교육학연구, 42(2), 399-431

임종운, 문영희. (2005). 평생교육개론. 서울: 홍익재.

임종헌, 유경훈, 김병찬. (2017). 4차 산업혁명 사회에서 교육의 방향과 교원의 역량에 관한 탐색적 연구. 한국교육, 44(2), 5-32.

임형택, 권재환, 권충훈, 김경열, 김두열, 김인숙, 박찬원, 박희석, 신준영, 오상봉, 오선아, 오정란, 유승우, 윤은종, 전희정, 정경희. (2015). 평생교육방법론. 고양: 공동체.

임형택, 권재환, 김경열, 김경태, 김민, 박병훈, 박찬원, 박희석, 오상봉, 오선아, 윤은종, 이두휴, 이용교, 정민, 천정웅. (2013). 청소년교육론: 희망세대와 함께 하기. 고양: 공동체.

장금익. (2003). 제7차 교육과정에 나타난 민주시민 교육의 특성과 개선 방안: 고등학교 사회 교과서 내용 분석을 중심으로. 영남대학교 교육대학원 석사학위논문.

장미라. (2018). 클레이를 활용한 표현활동이 노인의 정서에 미치는 영향: 도서지역 노인을 위한 미술교육을 중심으로. 한국교육원대학교 교육대학원 석사학위논문.

장용성. (1991). 말콤 노울즈의 안드라고지. 연세대학교 교육대학원 석사학위논문.

장원순. (2015). 동북아의 지역 갈등과 지구촌 시민교육의 과제. **사회과교육연구, 22**(1), 33-47.

장진호. (1988). **평생교육과 사회교육**. 서울: 형설출판사.

전미경, 심태은, 안윤정, 이송이, 임윤서. (2017). **나비: 나의 삶, 나의 비전**. 파주: 정민사.

전미자. (2021). 산청지역 결혼이민자들의 자녀교육과 의사소통 능력에 연계성에 관한 연구. 부산교육대학교 교육대학원 석사학위논문.

전숙녀. (2012). 중등교사의 교육정향성에 관한 연구. 동의대학교 교육대학원 석사학위논문.

정경실. (2011). 아테네 민회가 민주시민교육에 주는 함의. 한국교원대학교 교육대학원 석사학위논문.

정귀원. (2005). 서사구조로 본 삼국유사: 공간을 중심으로. 연세대학교 교육대학원 석사학위논문.

정동영, 정동일, 정인숙. (2001). **장애인 평생교육 협력체제 구축 방안 연구**. 안산: 국립특수교육원

정동영, 정동일, 정인숙. (2003). 장애인 평생교육 관계자의 요구분석을 통한 장애인 평생교육 지원방향 탐색. **특수교육, 2**(1), 5-35.

정민승. (2011). **평생교육사의 영역별 다양화 전략**. 제11차 평생교육정책포럼 자료집. 서울: 국가평생교육진흥원.

정범모. (2004). **가치관과 교육**. 서울: 배영사.

정순원. (2020). 초중등학교의 원격수업에 관한 법령 현황 및 개선 방안. **한국교육, 47**(2), 53-82.

정애숙. (2021). 북향민 위기청소년을 위한 실존상담의 기독교적 적용. 서울성경신학대학원대학교 박사학위논문.

정옥분. (2015). **전생애 인간발달의 이론(3판)**. 서울: 학지사.

정윤경. (2010). **교사를 위한 교육철학**. 파주: 교육과학사.

정인성, 나일주. (2007). **원격교육의 이해**. 서울: 교육과학사.

정인숙. (2005). 장애성인 평생교육 현황과 대책 수립에 관한 연구. **특수교육연구, 12**(1), 75-98.

정지웅, 김지자. (2000). **사회교육학개론**. 서울: 서울대학교출판부.

정지윤, 강경식. (2010). 다문화가족 실태. **대한안전경영과학회 학술대회논문집, 2010**(1), 391-398.

정지윤, 김영철, 강경식. (2011). 우리나라 다문화 교육 현황과 정책적 개선 방안. **대한안전경영과학회 학술대회논문집, 2011**(11), 457-468.

정지현, 김영순, 장연연. (2015). 다문화 리터러시 교육 참여 고등학생의 '세계시민 되기'의 의미. 학습자중심교과교육연구, 15(5), 323-350.

조광수, 장근영, 계보경, 정태연, 이수진. (2005). 학습자의 흥미·동기·몰입 강화에 기반한 차세대 e-러닝 학습 모델 및 개발방법론 연구. 서울: 한국교육학술정보원.

조대훈, 조아라. (2013). 행복교육 실현을 위한 글로벌 시민교육 개선 방안 연구(Global Citizenship Education). 세종: 교육부.

조만형. (2022). 현대인에게 꼭 필요한 생활 속의 법(개정판). 서울: 박영사.

조성연, 박미진, 문미란. (2017). 성인학습 및 상담(2판). 서울: 학지사.

조성희. (2008). 교회에서의 노인교육에 관한 한 연구. 한일장신대학교 한일신학대학원 석사학위논문.

조원탁, 박순희, 서선희, 안효자, 송기범, 이형하. (2019). 다문화사회의 이해와 실천. 파주: 양서원.

조인식. (2020). 대학의 원격수업 관련 쟁점과 개선과제. 서울: 국회입법조사처.

조재준. (2012). 평생교육행정경영론. 서울: 태영출판사.

조혜정. (1997). 학교를 거부하는 아이를 거부하는 사회. 서울: 또 하나의 문화.

주명희. (2012). 성인 문해학습의 전환학습적 특성. 전남대학교 교육대학원 석사학위논문.

지식재산연구원. (2019). 지식재산권용어사전. 서울: 진한엠앤비.

지은실. (2009). 인적자원관리 용어사전. 파주: 한국학술정보.

진명석. (2017). 평생교육사 자격제도의 이해. 2017년 제1차 평생교육사 양성기관 담당자 직무연수. 서울: 국가평생교육진흥원.

차갑부. (1997). 성인교육방법론(3판). 서울: 양서원.

차갑부. (2014). 평생교육론: 모든 이를 위한 평생학습(2판). 파주: 교육과학사.

차경수, 최충옥, 이미나. (1995). 교육사회학의 이해. 파주: 양서원.

차윤경. (2008). 세계화 시대의 대안적 교육모델로서의 다문화 교육. 다문화교육연구, 1(1), 1-23.

최경민, 이영기, 손장호. (2018). 학교가 행복한 우리 아이들: 교육과정 재구성에서 희망을 찾다. 고양: 공동체.

최명숙. (2013). 고대 동서양의 예술 · 교육사상과 교육과정 이해에 근거한 미술과 교육과정이론. 한국교원대학교 대학원 박사학위논문.

최복현. (2013). 노인교육 전담기관의 프로그램 운영 실태에 관한 연구: C시 운영자의 관점에서. 한국교원대학교 교육대학원 석사학위논문.

최성애. (2010). 장애아 부모의 경험학습.

최운실, 권두승, 박소연, 박새봄, 임형균, 고영상. (2010). 평생학습도시 인정 지표 및 매뉴얼 개발. 서울: 국가평생교육진흥원.
최운실, 송성숙, 박수정. (2017). 평생교육방법론. 파주: 양서원.
최운실, 송성숙, 최라영, 김경은, 김정진, 이준석. (2021b). 노인교육론. 파주: 양서원.
최운실, 송성숙, 최라영, 조미경, 이주석. (2021a). 평생교육론. 고양: 공동체.
최운실. (1993). 한국사회교육의 실상과 미래전망연구(1). 서울: 한국교육개발원.
최원호. (2017). 인성교육개론. 서울: 학지사.
최윤정. (2018). 성인학습 및 상담론. 서울: 학지사.
최윤진. (2008). 청소년호칭의 역사에 관한 연구: 청소년호칭 유형과 의미변화를 중심으로. 청소년학연구, 15(7), 369-386.
최은수, 김미자, 최연희, 윤한수. (2017). 평생교육론. 고양: 공동체.
최은수. (2019). 주요 외국의 평생교육정책. 서울: 학지사.
한건수. (2006). 농촌 지역 결혼 이민자 여성의 가족생활과 갈등 및 적응. 한국문화인류학, 39(1), 195-219.
한국보건사회연구원. (2017). 2017 장애인실태조사.
한국예술교육학회. (2017). 문화예술교육 개론. 서울: 레인보우북스.
한국지역사회교육협의회. (2002). 평생학습실현: 지역사회교육. 서울: 한국지역사회교육협의회.
한국청소년정책연구원. (2019). 청소년심리학(2판). 파주: 교육과학사.
한기범, 권선정, 윤용혁, 황의동, 김문준, 김상기, 성봉현, 이필영, 오석민, 서오선, 이왕기, 허경진, 문희순, 곽호제, 임선빈. (2014). 충남학의 이해. 홍성: 충청남도평생교육진흥원.
한수정, 민경훈, 임형택, 한경훈, 한정섭, 박영주, 임은정, 이보림, 김현미. (2023). 4.0 평생학습 시대의 문화예술교육론(개정판). 고양: 어가.
한숭희, 오헌석, 김경애, 이정은. (2005). 북유럽 평생학습정책 추진 사례분석을 통한 한국의 평생학습추진 전략 수립연구. 서울: 한국교육개발원.
한숭희. (2006). 평생교육론: 평생학습 사회의 교육학(2판). 서울: 학지사.
한우섭, 김미자, 신승원, 연지연, 진규동, 신재홍, 송민열, 김대식, 최용범, 최은수. (2019). 평생교육론(2판). 서울: 학지사.
한정란. (2015). 노인교육론: 노인을 위한, 노인에 관한, 노인에 의한 교육. 서울: 학지사.
한준상. (1999). 21세기 한국노인교육의 장기정책 발전방안 연구. 서울: 미래창조과학부.
한준상. (2002). 호모 에루디티오. 서울: 학지사.
한준상. (2009). 청소년학 연구. 서울: 연세대학교 출판부.
한현지, 임선희, 김우호, 김현진, 이경희. (2022). 노인복지론. 서울: 동문사.
행정안전부. (2019). 2019 업무보고: 모두가 안전한 국가, 다함께 잘사는 지역. 세종: 행정안전부.

허지혜. (2010). 노인복지관의 사회교육프로그램을 중심으로 한 노인음악교육 실태분석. 이화여지대학교 교육대학원 석사학위논문.

허혜경, 김혜수. (2017). **글로벌 시민교육**. 서울: 창지사.

현영섭. (2011). **평생교육사의 전문성 제고를 위한 직무와 역량개발**. 제11차 평생교육정책 포럼 자료집. 서울: 국가평생교육진흥원.

현은자, 김현경, 박현경, 오정옥, 윤현민, 조은숙, 최혜경. (2013). **그림책을 활용한 세계 시민교육**. 서울: 학지사.

홍경희. (2004). 민주시민사회에서 시민교육의 내용분석 연구: 고등학교 사회교과서 내용분석. 명지대학교 교육대학원 석사학위논문.

홍기형, 이화정, 변종임. (2006). **학습사회 구현을 위한 평생교육의 이해**. 서울: 교육과학사.

홍길회. (2018). **유아교사를 위한 창의성 교육의 실제**. 파주: 정민사.

홍지명, 신봉호, 전상준, 조혜영, 김회엽, 서동기, 조창영. (2018). **인간과 교육**. 파주: 정민사.

황미자. (2002). 시민사회가 민주주의 발전에 끼친 영향 연구: 2000년 4·13 총선거, 낙천·낙선운동을 중심으로. 계명대학교 대학원 석사학위논문.

황성규. (2003). 한국 NGO의 발전 방안에 관한 연구: 시민참여 활성화 방안을 중심으로. 계명대학교 교육대학원 석사학위논문.

황종건. (1992). **사회교육 체계의 재정립**. 서울: 21세기정책연구원.

IOM이민정책연구원. (2014). 이민정책. 통권1호. 서울: IOM이민연구원.

梅根悟. (1955). *世界教育史*. 出版. Special order. 김정환, 심성보 역. (1990). **세계교육사**. 서울: 풀빛.

松井政明, 山野井敦徳, 山本都久. (1997). *高齢者教育論*. 東京: 東信堂.

持田榮一, 森隆夫, 諸岡和房. (1979). *生涯教育事典*. 東京: ぎょうせい.

AECT., & Rise. (1997). *Distance education: Review of the literature*(2nd ed.). Washington, D. C.: Association for Educational Communications and Technology.

Aristoteles. (n.d.). *Politik*. Hamburg: Felix Meiner Verlag. 천병희 역. (2013). **정치학**. 고양: 숲.

Banks, J. A. (2008). *An introduction to multicultural education*(4th ed). Seattle, WA: University of Washington. 모경환, 최충옥, 김명정, 임정수. (2016). **다문화교육 입문**(5판). 파주: 아카데미프레스.

Banks, J. A., & Banks, C. A. (Eds.). (1993). *Multicultural education: Issues and perspectives*. Boston: Allyn and Bacon.

Berk, L. E. (2022). *Development through the lifespan*. Thousand Oaks: SAGE Publications.

Bordes, J. (1982) *Politeia dans la pensée grecque jusqu'à Aristote.* Paris, Les Belles Lettres. 나정원 역. (2000). 폴리테이아: 고대 그리스 시민권론과 정치체제론. 서울: 아르케.

Brockett, R. G., & Hiemstra, R. (1991). *Self-direction in adult learning: Perspectives on theory, research and practice.* New York: Routledge.

Brookfield, S. (1985). A critical definition of adult education. *Adult Education Quarterly, 36*(1), 44-49.

Brookfield, S. D. (1987). *Developing critical thinkers: Challenging adult to explore alternative way of thinking and acting.* San Francisco: Jossey-Bass.

Buber, M. (1938). *What is man?*. 남정길 역. (1992). 인간이란 무엇인가?(11판). 서울: 대한기독교서회.

Burckhardt, J. (n.d.). *Die Kultur der Renaissance in ltalien.* Wien: Phaidon. 지봉도 역. (2011). 이탈리아 르네상스 이야기. 서울: 동서문화사.

Coombs, P. H. (1968). *The world educational crisis: A systems analysis*. New York: Oxford University Press.

Coombs, P. H., & Ahmed, M. (1973). *New paths to learning for rural children and youth*. New York: International Council for Educational Development.

Cooper, J. C. (1993). *An illustrated encyclopaedia of traditional symbols.* London: Thames and Hudson. 이윤기 역. (2001). 그림으로 보는 세계문화 상징 사전(증보2판). 서울: 까치.

Crain, W. C. (1980). *Theories of development: concepts and applications.* Englewood Cliffs, N.J.: Prentice-Hall. 서봉연 역. (2004). 발달의 이론. 서울: 중앙적성출판사.

Crain, W. C. (2011). *Theories of development: Concepts and applications.* Boston, MA: Prentice Hall. 송길연, 유봉현 역. (2012). 발달의 이론: 개념과 적용(5판). 서울: 시그마프레스.

Cremin, L. A. (1970). *American education: The colonial experience, 1607-1783*. New York: Harper and Row.

Darkenwald, G. G., & Merriam, S. B. (1982). *Adult education: Foundations of practice.* New York: Harper & Row. 백종억 역. (1986). 성인교육의 이론과 실제. 서울: 덕성여자대학출판부.

Dave, R. H. (1973). *Life-long education and school curriculum.* Hamburg: UNESCO Institute for Education.

Dave, R. H. (1976). *Foundation of lifelong education.* New York: Pergamon Press.

Davies, L. (2006). Global citizenship: Abstraction or framework for action?, *Educational Review, 58*(1), 5-25.

Dewey, J. (1910). *How we think.* Chicago: University of Chicago.

Dewey, J. (1916). *Democracy and education.* New York: Macmillan.

Dewey, J. (1938). *Experience and education*. New York: Macmillan company.

Elias, J. L., & Merriam, S. B. (1995). *Philosophical foundations of adult education*. Malabar, Fla.: Krieger Pub. 기영화 역. (2012). **성인교육의 철학적 기초**. 서울: 학지사.

Elkind, D. (1967). Egocentrism in adolescence. *Child Development, 38*(4), 1025-1034.

Falk, R. (1994). The making of global citizenship. In B. van Steenbergen(Eds.), *The condition of citizenship.* London: Sage Publications.

Faure, E., Herrera L., Kaddoura, A., Lopes, H., Petrovskii, A., Rahnema, M., & Ward, F. (1972). *Learning to be: The world of education today and tomorrow.* Paris: UNESCO.

Feldman, N. S., & Sweeney, S. W. (1989). Lifelong education for lifelong needs. *Adult Learning, 1*(3), 14-17.

Florida, R. (2002). *The rise of the creative class.* New York: Basic Books.

Florida, R. (2005a). *Cities and the creative class.* New York: Routledge.

Florida, R. (2005b). *The flight of the creative class.* New York: Harper Business.

Freire, P. (1970). *Pedagogy of the oppressed.* NY: Seabury.

Freire, P. (1973). *Education for critical consciousness.* NY: Seabury.

Fry, H., Ketteridge, S., & Marshall, S. (1999). *A handbook for teaching & learning in higher education. Enhancing Academic Practice.* 전남대학교 교육발전연구원 역. (2006). **대학의 최신 교수-학습 방법**. 서울: 학지사.

Grow, G. (1994). In Defense of the Staged Self-Directed Learning Model. *Adult Education Quarterly, 44*(2), 109-114.

Guo, L. (2014). Preparing teachers to educate for 21st century global citizenship: envisioning and enacting. *Journal of Global Citizenship & Equity Education, 4*(1), 1-23.

Harari, Y. N. (2014). *Sapiens: a brief history of humankind*. London: Harvill Secker. 조현욱 역. (2015). **사피엔스: 유인원에서 사이보그까지, 인간 역사의 대담하고 위대한 질문**. 파주: 김영사.

Harari, Y. N. (2016). *Homo deus: A brief history of tomorrow*. London: Harvill Secker. 김명주 역. (2023). **호모 데우스: 미래의 역사**. 파주: 김영사.

Hauser, A. (1953). *Sozialgeschichte der Kunst und Literatur.* Munchen: C. H. Beck. 백낙청, 염무웅 역. (1979). **문학과 예술의 사회사**. 서울: 창작과비평사.

Heater, D. B. (2003). *A history of education for citizenship.* London; New York: Routledge

Falmer. 김해성 역. (2009). 시민교육의 역사. 파주: 한울아카데미.

Herlihy, B., & Corey, G. (Eds.). (2006). *ACA Ethical standards casebook* (6th ed.). Alexandria, VA: American Counseling Association.

Hicks, D. (2003). Thirty years of global education: a reminder of key principles and precedents. *Educational Review*, *55*(3), 265-275.

Hiemstra. (1988). Translating Personal Values and Philosophy into Practical Action. In R. G. Brockett, (ed.), *Ethical issues in adult education*. New York: Teachers College Press.

Horton, W. (2006). *E-learning by design*. San Francisco: Pfeiffer. 김세리, 한승연, 우영희, 박성희. (2009). Horton의 이러닝 설계: 활동 유형 및 사례. 서울: 아카데미프레스.

Houl, C, (1992). *The literature of adult education: A bibliographic essay*. San Francisco: Jossey-Bass.

Illich, I. (1970). *Deschooling Society*. New York: Harper and Row.

James, W. (2004). *The varieties of religious experience: A study in human nature*. New York: Simon & Schuster.

Jarvis, P. (1985). *The sociology of adult and continuing education*. London: Croom-Helm.

Jarvis, P. (1987). *Twentieth century thinkers in adult & continuing education*. New York: Routledge. 강보선, 노경란, 김희선, 변정현 역. (2018). 20세기 성인교육철학. 서울: 동문사.

Jarvis, P. (1990). Trends in Education and Gerontology. *Educational gerontology, 16*(4), 401-409.

Jarvis, P. (2006a). *Towards a comprehensive theory of human learning*. London: Routledge.

Jarvis, P. (2006b). *From adult education to the learning society*. New York: Routledge Taylor & Francis Group.

Johnson, L. (2013). Towards a Framework for Global Citizenship Education. Ph.D. Student, Institute of Education, University of London.

Kade, S. J. (2001). *Selbstronganisiertes alter: Learen in "reflexiven milieus"*. Bielefeld: Bertelsmann.

Keegan, D. (1980). On Defining Distance Education. *Distance Education, 1*(1), 13-36.

Keegan, D. (1986). *The foundations of distance education* (2nd ed.). London: Routledge.

Keller, Fred. (1977). *"Behaviorism." Collier's Encyclopedia* (Vol.4). New York: MacMillan Educational Corporation, Inc.

Khan, B. H. (1997). Web-Based Instruction: What Is It and Why Is It. In Khan,

B. H.(Ed.), *Web-based instruction.* NJ: Educational Technology Publications.

Khan, B. H. (Ed.). (2005). *Managing e-learning: Design, delivery, implementation, and evaluation.* Hershey, PA: Information Science Publishing.

Kirkwood, T. F. (2001). Our global age requires global education: clarifying definitional ambiguities. *The Social Studies, 92*(1), 10-15.

Knight, G. R. (1980). *Philosophy and education: An introduction in Christian perspective.* Berrien Springs: Andrews University Press.

Knowles, M. (1970). *The modern practice of adult education: Andragogy versus pedagogy.* New York: Association Press.

Knowles, M. (1996). "Andragogy: An emerging technology for adult learning". In Edwards, R. (ed.), *Boundaries of adult learning.* London: The Open University.

Knowles, M. S. (1975). *Self-directed learning.* New York: Association Press.

Knowles, M. S. (1977). *A history of the adult education movement in the United States.* New York: Krieger.

Knowles, M. S. (1980). *The modern practice of adult education: From pedagogy to andragogy.* New York: Cambridge Books.

Knowles, M. S. (1984). *Andragogy in action: Applying modem principles of adult education.* San Francisco: Jossey-Bass.

Knowles, M. S. (1989). *The making of an adult educator: An autobiographical journey.* San Francisco: Jossey-Bass.

Knowles, M. S., Holton, E. F., & Swanson, R. A. (1998). *The adult learner: The definitive classic in adult education and human resource development.* Houston: Gulf Publishing.

Kolb, D. A. (1984). *Experiential learning: Experience as the source of learning and development.* Englewood Cliff, NJ: Prentice Hall.

Kottak, C. P. (1994). *Anthropology: The exploration of human diversity.* New York: McGraw-Hill.

Kymlicka, W. (2002). *Contemporary political philosophy: An introduction.* Oxford; New York: Oxford University Press. 장동진, 장휘, 우정렬, 백성욱 역. (2018). 현대 정치철학의 이해: 공리주의, 자유주의, 마르크스주의, 공동체주의, 시민덕성이론, 다문화주의, 페미니즘. 파주: 동명사.

Lengrand, P. (1970). *An introduction to lifelong education.* Paris: UNESCO.

Lingenfelter, S. G., & Mayers, M. K. (1986). *Ministering cross-culturally: An incarnational model for personal relationships.* Grand Rapids, Mich.: Baker Book House. 왕태종 역. (2005). 문화적 갈등과 사역: 인간관계와 성육신(2판). 서울: 조이선교회.

Lloyd, M. A. (1985). *Adolescence.* New York: Harper & Row.

Long, H. B. (1996). *Adult and continuing education.* New York: Teachers College, Columbia University.

Longworth, N. (1999). *Making lifelong learning work: Learning cities for a learning century.* London: Kogan Page.

Magee, B. (2016). *Story of philosophy.* London: DK Publishing. 박은미 역. (2016). 사진과 그림으로 보는 철학의 역사. 서울: 시공사.

Manning, M. L., & Baruth, L. G. (1996). *Multicultural education of children and adolescents.* Boston: Allyn and Bacon.

Marshall, H. (2011). Instrumentalism, ideals and imaginaries: theorising the contested space of global citizenship education in schools. *Globalisation, Societies and Education, 9*(3-4), 411-426.

Maslow, A. H. (1962). *Toward a psychology of being.* Princeton: D. Van Nostrand.

McClusky, H. Y. (1971). *Education: Background paper for 1971 White House conference of aging.* Washington, DC: White House Conference on Aging.

McClusky, H. Y. (1974). Education for Aging. In Grabowski, S. M., & Mason, W. D. (Eds), *Learning for aging.* Washington, D.C.: Adult Education for the USA.

Mcintosh, P. (2005). Gender perspectives on educating for global citizenship. In Noddings, N.(ed), *Educating citizens for global awareness* (pp.22-39). New York: Teachers College Press.

McIsaac, M. S., & Gunawardena, C. N. (1996). *Handbook of research for educational communications and technology: A project of the association for educational communications and technology*. New York: Simon & Schuster Macmillan.

McKenzie, L. (1982). *The religious education of adults.* Birmingham: Religious Education Press.

Merriam, S, B., & Bierema, L. L. (2014). *Adult learning: Linking theory and practice.* San Francisco, CA: Jossey-Bass.

Merriam, S. B., & Caffarella, R. S. (1999). *Learning in adulthood: A comprehensive guide.* (2nd ed.). San Francisco: Jossey-Bass.

Merriam, S. B., Caffarella, R. S., & Baumgartner, L. M. (2007). *Learning in adulthood: A comprehensive guide* (3rd ed.). San Francisco: Jossey-Bass.

Merriam, S., Mott, V., & Lee, M. (1996). Learning that comes from the negative interpretation of life experience. *Studies in Continuing Education, 18*(1), 1-23.

Mezirow, J. (1978). *Education for perspective transformation: Women's re-entry programs in community college.* New York: Teachers College, Columbia University.

Mezirow, J. (1995). Transformation theory of adult learning. In M. R. Welton(ed.), *In defense of the life world.* NY: State University of New York Press.

Moore, M. G. (1973). Toward a Theory of Independent Learning and Teaching. *The Journal of Higher Education, 44*(9), 661-679.

Moore, M. G. (1997). Theory of transactional distance. In D. Keegan (Ed.), *Theoretical principles of distance education.* New York: Routledge.

Morais, D. B., & Ogden, A. C. (2011). Initial development and validation of the global citizenship scale. *Journal of Studies in International Education. published online.*

Morris, R. M., Mitchell, N., & Bell, M. (1999). Student use of computer mediated communication in an open university level course: Academic if social?. *Journal of Interactive Media in Education, 99*(2), 1-23.

Muuss, R. E. (1996). *Theories of adolescence* (6th ed). New York: McGraw-Hill.

Nieto, S. (1992). *Affirming diversity: The sociopolitical context of multicultural education.* New York: Longman.

Noddings, N. (2005). Global citizenship: promises and problems. In Noddings, N.(ed), *Educating citizens for global awareness.* New York: Teachers College Press.

OECD. (1973). *Recurrent education: A strategy for lifelong learning.* Paris: OECD.

OECD. (2001). *Cities and regions in the new learning economy.* Paris: OECD.

OECD. (2003). *Definition and selection of key competencies.* Paris: OECD.

OECD. (2013). *Education policy outlook.* Finland: Finland. Paris: OECD.

Ohliger, J. (1974) "Is Lifelong Adult Education a Guarantee of Permanent Inadequacy": Public Lecture at Saskatoon, March 1974. Available from, University of Wisconsin.

Osler, A., & Starkey, H. (2005). *Changing citizenship: democracy and inclusion in education.* New York: Open University Press.

Oxfam. (2015). *Education for global citizenship: A guide for schools.* Oxford: Oxfam.

Penland, P. R. (1979). Self-initiated learning. *Adult Education, 29*(3), 170-179.

Perry, W. (1976). *Open university.* Milton Keynes: Open University.

Peterson, D. A. (1983). *Facilitating education of older learners.* San Frandisco: Jossey-Bass Publishers.

Peterson, D. A. (1990). A history of the education of older learners. In R. H. Sherron & D. B. Lumsden (Eds.), *Introduction to educational gerontology* (3rd ed.). NY: Hemishere Publishing Corp.

Pike, G. (2000). Global education and national identity: In pursuit of meaning. *Theory into Practice, 39*(2), 64-73.

Pink, D. H. (2005). *A whole new mind: Moving from the information age to the conceptual age.* New York: Riverhead Books. 김명철 역. (2010). 새로운 미래가 온다. 서울: 한국경제신문.

Piper, N., & Roces, M. (2003). Introduction: Marriage and Migration in an Age of Globalization. In Nicola Piper and Mina Roces (Ed.), *Wife or worker? Asian women and migration.* Boulder/Colorado: Rowman & Littlefield.

Read, H. E. (1946). *The grass roots of art.* Cleveland: World Pub. Co. 김기주 역. (1998). 예술의 뿌리: 산업시대 예술의 사회적 측면에 관한 강의. 서울: 현대미학사.

Rizvi, F. (2009). Towards cosmopolitan learning. *Studies in the Cultural Politics of Education, 30*(3), 253-268.

Rosenberg, M. J. (2001). *E-learning: Strategies for delivering knowledge in the digital age.* NY: McGraw-Hill.

Rousseau J. J. (1762). *Emile.* Paris. 김종웅 역. (2012). 에밀. 서울: 미네르바.

Savicevic, D. (1999). Understanding andragogy in Europe and America: Comparing and contrasting. In J. Reischmann, M. Bron, & Z. Jelenc (Eds.), *Comparative adult education 1998: The contribution of ISCAE to an emerging field of Study*(pp.97-119). Ljubljana, Slovenia: Slovenian Institute for Adult Education.

Schattle, H. (2008). Education for global citizenship: Illustrations of ideological pluralism and adaptation. *Journal of Political Ideologies, 13*(1), 73-94.

Schelsky, H. (1957). *Die Skeptische Generation: eine soziologie der deutschen Jugend.* Dusselodorf: E. Diederichs.

Schlosser, L. A., & Simonson, M. (2009). *Distance education: Definition and glossary of terms*(3rd ed). Information Age Publishing.

Scholte, J. A. (2001). *The globalization of world politics.* Second Edition Edited by John Baylis & Steve Smith.

Schwab, K. (2016). *The fourth industrial revolution.* New York: Crown Business. 송경진 역. (2017). **클라우스 슈밥의 제4차 산업혁명.** 서울: 새로운현재.

Sherron, R. H., & Lumsden, D. B. (1990). *Introduction to educational gerontology (3rd ed.)*. NY: Hemishere Publishing Corp.

Simonson, M., Smaldino, S., Albright, M., & Zvacek, S. (2003). *Teaching and learning at a distance: Foundations of distance education* (2nd ed). Upper Saddle River, N.J.: Merrill/Prentice Hall.

Soysal, Y. (1994). *Limits of citizenship: Migration and postnational membership in Europe.* Chicago: University of Chicago Press.

Stefoff, R. (1978). *Adolescence.* NY: Chelsea House Publishers.

Tanner, J. M. (1991). Growth spurt, adolescent. In R. M. Jerner, A. C. Petersen & J. Books-Gunn(Eds.), *Encyclopedia of adolescence.* New York: Garland.

Tawil, S. (2013). *Education for global citizenship: A framework for discussion.* Paris: UNESCO.

Tennant, M. C. (1993). Transformation and Adult Development. *Adult education quarterly, 44*(1), 34-42.

Toffler, A. (1980). *The third wave*. New York: Bantam Books.

Tomlinson, J. (1999). *Globalization and culture.* University of Chicago Press.

Tough, A. (1979). *The adult's learning projects: A fresh approach to theory and practice in adult learning.* Toronto: Ontario Institute for Studies in Education.

Tuijnman, A. (2002). "Themes and questions for a research agenda on lifelong learning." In Richard Edwards, Nod Miller, Nick Small and Alan Tait (eds.). *Supporting Lifelong Learning,* 3. London: The Open University.

UNESCO. (2014a). *2014-2021 Medium-term strategy.* Paris: UNESCO.

UNESCO. (2014b). *Global citizenship education: Preparing learners for the challenges of the twenty-first century.* Paris: UNESCO.

Vincent, J. (1959). *"The Rationale of the Chatauqua Movement,"* (1886). Inc. Hartley Grattan (ed.), *American Ideas about Adult Education,* 1710-1951. New York: Teachers College Press.

Waters, M. (1995). *Globalization.* London; New York: Routledge. 이기철 역. (1998). **세계화란 무엇인가: 그 사회학적 개념.** 서울: 현대미학사.

Watson, J. B. (1919). *Psychology: From the standpoint of behaviorist.* Philadelphia and London, J. B. Lippincott company.

Whitehead, A. N. (1931). "Introduction." In Wallace B. Donham, *Business adrift.* New York:

McGraw-Hill Book Co.

Wierenga, A. (2013). Introduction: educating for global citizenship. In Wierenga, A. & Guevara, J. R.(eds), *Educating for global citizenship: A youth-led approach to learning through partnerships*. Melbourne University Press.

Wittgenstein, L. (1921). *Tractatus logico-philosophicus.* London: Routledge and Kegan Paul.

Yarnit, M. (2000). *Towns, cities, and regions in the learning age: A survey of learning communities.* London: LGA Publications for the DfEE. NCA.

Youniss, J., & Hart, D. (2005). The intersection of social institution with civic development. In L. Jensen & R. W. Larson (Eds.), *New horizons in development theory and research*. New York: Wiley.

국가평생교육진흥원. (2024). https://www.nile.or.kr/index.do

글로벌학습도시네트워크. (2024). https://unesco.or.kr/gnlc/

다음백과사전. (2024). https://100.daum.net

다음한국어사전. (2024). https://dic.daum.net

문화예술교육지원법. (2023). https://www.law.go.kr

서울경제. (2020.08.31.). https://www.sedaily.com/NewsVIew/1Z6SKFPHFZ

위키백과사전. (2024). https://ko.wikipedia.org

이러닝산업법. (2022). https://www.law.go.kr

전자신문. (2016.06.15.). https://entertain.v.daum.net/v/20160615163505711?f=o

조선일보. (2017.03.16.). 유발 하라리 "학교 교육 90%, 30년 뒤엔 쓸모없어"

중앙일보. (2018.12.13.) https://www.joongang.co.kr/article/23204745

한국민족문화대백과사전. (2024). http://encykorea.aks.ac.kr

한국평생교육사협회. (2019). https://blog.naver.com/kale_2002/221669685415

http://program.tving.com/tvn/tvnalhambra

https://ittrue.tistory.com/16

https://movie.daum.net/moviedb

https://www.yankodesign.com/2010/01/07/hang-me-some-tea/

https://steemkr.com/kr/@tanama/xzykv-4

https://www.lifehack.org/articles/lifestyle/15-creative-packages-that-will-brighten-your-day.html

AUTHOR

저자소개

김동일

교육학박사, 사회복지학석사

광신대학교 초빙교수, 화순군가족센터 양성평등인권위원회 위원

이학곤

경영학박사과정, 경영학석사

세한대학교 객원교수, 숭실대학교 글로벌미래교육원 외래교수

박지유

사회복지학박사

성운대학교 미래휴먼복지학부 교수

이경수

교육학박사

대한신학대학원대학교 사회복지학과 교수

김예경

사회학박사수료

부산과학기술대학교 사회복지과 교수

평생교육론

초판 1쇄 인쇄 / 2025년 3월 5일
초판 1쇄 발행 / 2025년 3월 10일

공저자 / 김동일 · 이학곤 · 박지유
이경수 · 김예경
발행인 / 이 중 수
발행처 / 동 문 사

서울특별시 서대문구 홍제원 1길 12
(홍제동 137-8)
Tel: 02)736-3718(대), 736-3710, 3720
Fax: 02)736-3719
등록번호: 1974.04.27. 제9-17호
가격: 24,000원

ISBN: 979-11-6328-622-6 (93370)
E-mail: dong736@naver.com
www.dongmunsa.com